L'ENCICLOPEDIA DELLA
VITA

L'ENCICLOPEDIA DELLA

VITA

EDICART

EDICART è un marchio EDICART Style
Via Jucker, 28 - Legnano (MI) - Italia
Titolo originale: *Encyclopedia of Life*
Traduzione dall'inglese di *Michela Guardigli*

www.edicart.it

Referenze fotografiche

Gli Editori sono grati alle seguenti persone e organizzazioni per il permesso di riprodurre le loro opere. Si prega di segnalare le eventuali involontarie omissioni, alle quali si provvederà nelle prossime edizioni.

Copertina (fronte) Steven Kazlowski/NPL, (retro) nelik/Shutterstock; Dreamstime: 182(t) Cathy Keifer; FLPA: 115(t) Fred Bavendam/Minden Pictures; 115(b) OceanPhoto; 124(t) Norbert Wu/Minden Pictures; 185(b) Norbert Wu/Minden Pictures; Shutterstock.com: Pagina 1 Eric Isselee; 2–3 Rich Carey; 73(seppia, r) Rich Carey; 75(t)Frolova_Elena; 75(bl) Debra James; 79(bl) ChameleonsEye; 82(br) Krzysztof Odziomek; 137(b) Cathy Keifer; 159(b) Canon_Bob; 161(t) Peter Waters; 182(bc) dmvphotos; 183(t Liew Weng Keong; 192(tr) aaltair; 200(t) rzeszutko; 201(lcr) Mikhail Blajenov; 245(c) world-swildlifewonders; 245(bc) David Pegzlz; 327(bl) deb22; 352(t) Villiers Steyn

Tutte le altre immagini provengono dagli archivi Miles Kelly

INDICE

PIANTE

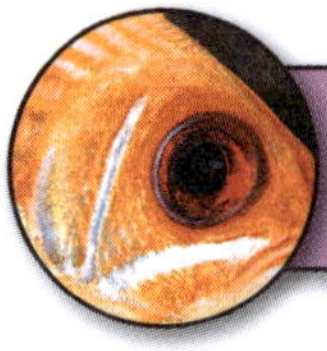

VITA ACQUATICA 70

INSETTI E ALTRI INVERTEBRATI 130

RETTILI E ANFIBI 190

UCCELLI 250

MAMMIFERI

PIANTE

Il mondo delle piante

Le piante contribuiscono al benessere del nostro mondo in tantissimi modi, compresa l'emissione di ossigeno e l'ancoraggio del suolo con le loro radici. Ci affidiamo inoltre alle piante per il cibo, le bevande, le medicine, i vestiti, il legname e la carta, così come per i combustibili come il carbone e il petrolio.

Gli alberi viventi più antichi sono i pini dai coni setolosi, alcuni dei quali hanno più di 4.000 anni. Hanno una lunga durata di vita, perché crescono molto lentamente e vivono in zone fresche e secche, come Nevada, Utah e California negli Stati Uniti.

Il piccolo e resistente sorbo, noto anche come frassino di montagna, cresce fino a 15 m di altezza. È più comune nelle parti occidentali e settentrionali del Regno Unito.

- Le prime piante ad apparire sulla terraferma erano piante semplici, come le epatiche, le felci e gli equiseti. Queste piante crescono da minuscole strutture semplici chiamate spore.

- Foglie fossili identiche a quelle degli attuali alberi di gingko sono state trovate in rocce formatesi durante il periodo giurassico, tra 213 e 144 milioni di anni fa.

- Il gingko è la più antica pianta-seme vivente del mondo.

Il cioccolato si ottiene macinando i chicchi di cacao fino a ottenere una pasta, che viene poi indurita in stampi per ottenere il cioccolato.

- Le alghe variano da microscopici organismi unicellulari a enormi alghe chiamate kelp giganti. "Foreste" di kelp giganti crescono al largo della costa della California, negli Stati Uniti.

- Poiché le alghe vivono spesso in modo molto diverso dalle piante, molti scienziati le classificano non nel regno delle piante (Plantae), ma in un regno separato (Protista), insieme alle muffe melmose. Altri scienziati classificano come protisti solo le alghe unicellulari.

- La resina proviene da diverse specie di pini. È usata nella preparazione di pitture, vernici e colle.

- Il tessuto di cotone è composto dalle soffici fibre bianche che circondano i semi delle piante *Gossypium*.

Energia vegetale

Ciò che tutte le piante condividono è la capacità di ottenere energia dalla luce solare. Le piante, come questo girasole, usano l'energia per alimentare i loro processi vitali, come la crescita e la riproduzione. Gli animali, a loro volta, traggono energia dalle piante mangiandole. In questo modo, le piante alimentano tutta la vita sulla Terra.

Gruppi di piante

Esistono circa 375.000 specie di piante. La più grande famiglia di piante è quella delle piante da fiore, o angiosperme, con oltre 250.000 specie. Altri gruppi di piante importanti sono i muschi e le epatiche (mostrate qui), le felci e gli equiseti, le conifere e le cicadofite. I funghi un tempo erano classificati come piante, ma dato che non possono produrre il proprio nutrimento, ora sono inseriti in una classe a parte, che comprende circa 100.000 specie.

Un fiore di orchidea può produrre più di 2 milioni di piccoli semi. Un seme di orchidea ha bisogno dell'aiuto di un fungo per germogliare e ottenere nutrimento.

Cicadofita

Le cicadofite e i gingko di oggi sono i discendenti diretti delle prime piante da seme apparse sulla terraferma.

Come tutte le conifere, i pini neri producono pigne. Le pigne hanno un aspetto molto diverso dai fiori, ma servono allo stesso scopo: creare i semi da cui cresceranno nuovi alberi.

❍ A differenza degli animali, la maggior parte delle piante non può spostarsi da un luogo all'altro. Il loro movimento consiste principalmente nel crescere verso il Sole per ottenere la luce. Le piante non hanno nemmeno dei veri sensi, come la vista e l'udito, con cui rilevare l'ambiente circostante come fanno gli animali.

❍ Le caratteristiche di una pianta determinano a quale gruppo appartiene. Le caratteristiche includono l'altezza, se cresce da sola o vicina a molte altre del suo genere, e che tipo di terreno preferisce. Altri indizi importanti per capire a quale gruppo appartiene una pianta sono le foglie e i fiori.

Molti animali, compresi i panda giganti, dipendono dalle piante per il nutrimento, quindi le piante sono il primo anello della catena alimentare.

Sorprendente!

Le cicadofite erano diffuse 250 milioni di anni fa. Probabilmente erano il cibo preferito di qualche dinosauro.

Una felce si riproduce per spore, non per semi. Le felci sono tra le piante più antiche presenti sulla terraferma.

❍ Il carbone è una roccia morbida costituita da piante morte che vivevano nelle paludi centinaia di milioni di anni fa. Le piante in decomposizione finivano sepolte sotto il fango. Col tempo, il calore e la pressione le hanno trasformate in carbone.

❍ Le palme sono un gruppo di piante molto antiche. Sono state trovate palme fossili che risalgono a 100 milioni di anni fa, al tempo dei dinosauri.

Grandi e piccole

Le piante vanno dai minuscoli muschi che assorbono l'acqua dall'aria umida agli alberi giganti che attingono l'acqua e altri alimenti dal terreno e li pompano per più di 100 metri fino alle foglie più alte. Gli alberi sono le piante più grandi, e il più grande singolo essere vivente sulla Terra è un albero.

I bonsai vengono potati e privati di nutrimenti e acqua per bloccarne la crescita.

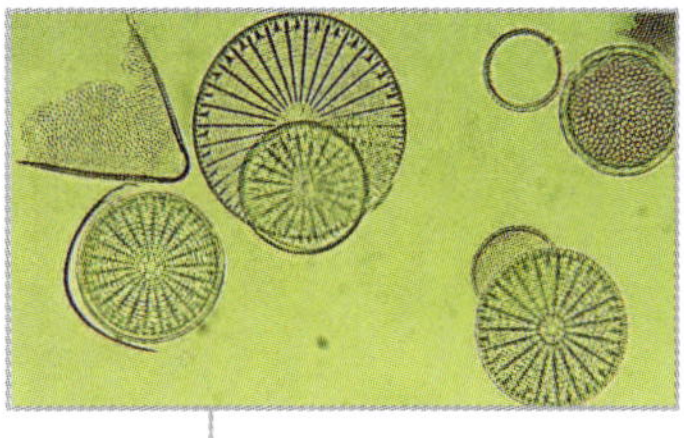

Le diatomee microscopiche sono alla base delle catene alimentari oceaniche. La maggior parte del fitoplancton (piante alla deriva) è davvero minuscolo, per questo viene chiamato nanoplancton o microplancton.

Alcune piante da fiore sono enormi: un glicine cinese in California ha rami lunghi 150 m e produce 1,5 milioni di fiori ogni anno. Il fiore più grande appartiene alla rafflesia, dall'odore pungente, del sud-est asiatico. Il suo fiore largo un metro (sotto) odora di carne in decomposizione, per attirare gli insetti.

Il "Generale Sherman", in California, negli Stati Uniti, è l'albero vivente più grosso. Si tratta di una sequoia gigante di oltre 83 m di altezza e 11 m di larghezza.

Il bambù sembra un albero ma in realtà è un'erba gigante. È l'erba più alta (raggiunge i 25 m) e la pianta che cresce più velocemente, aumentando di quasi 1 m al giorno.

Misurando fino a 2 m di larghezza, le foglie della ninfea gigante del Sud America tropicale sono così grandi e forti che questo airone può stare in piedi su di esse e attraversare uno stagno.

Sorprendente!

Il fiore più piccolo del mondo è quello della *Wolffia angusta* dell'Australia. Si tratta di una pianta acquatica galleggiante lunga 0,6 mm e larga 0,33 mm. Può essere vista chiaramente solo con una lente d'ingrandimento.

La più alta, la più grande, la più lunga

L'erba più alta	Bambù	25 m
Il cactus più alto	Saguaro	18 m
La felce più grande	Felce dell'isola di Norfolk	20 m
Il seme più grande	Palma di Coco de mer	20 kg
La più grande pianta carnivora	Vite di Nepenthes	10 m
Foglia più lunga	Palma della rafia	20 m
	Palma di bambù amazzonica	20 m
Alga più lunga	Kelp gigante	60 m

Il fiore più alto del mondo è l'aro titano, con i suoi 2,5 m, che cresce nelle giungle tropicali di Sumatra.

Il baniano o Ficus benghalensis presenta dei rami molto estesi che si sviluppano in centinaia di radici pendenti. Queste fanno presa sul terreno e fungono da supporto per i rami. Il baniano più noto si trova nel Giardino Botanico di Calcutta, in India. Si stima che abbia 1.775 radici sospese, e la sua enorme chioma copre un'area delle dimensioni di una piccola foresta.

La famiglia delle orchidee è una delle più grandi e più varie di tutte le famiglie di piante, contenendo tra 20.000 e 25.000 specie diverse.

Le sequoie della California sono alte circa 112 m – la lunghezza di un campo da calcio.

Il baobab africano ha un tronco a forma di botte che immagazzina acqua. Alcuni degli alberi più grandi possono misurare fino a 54 m di circonferenza del tronco.

Alberi altissimi

Alcuni alberi sono così alti che sembrano toccare il cielo. Ecco cinque alberi da record.

1

Eucalipto
Australia
132,6 m

2

Abete di Douglas
Stati Uniti
126,5 m

3

Abete di Douglas
Stati Uniti
116 m

4

Frassino di montagna
Australia
114 m

5

Sequoia della California
Stati Uniti
112 m (ancora in crescita)

Parti delle piante

Una pianta da fiore si compone di quattro parti principali: le radici, il fusto, le foglie e i fiori. La radice, il fusto e le foglie mantengono la pianta viva e ancorata al terreno, mentre i fiori producono i semi da cui cresceranno nuove piante.

Sorprendente!

Si crede che un albero di fico selvatico vicino a Ohrigstad, Mpumalanga, in Sudafrica, abbia radici che raggiungono una profondità di 120 m.

L'orchidea vaniglia produce l'aroma vaniglia, estratto dal frutto della pianta, o "baccello".

❍ Esistono due tipi di radici: le radici fibrose e i fittoni. Le piante erbose hanno molte radici fibrose lunghe e sottili che si diffondono nel terreno in ogni direzione. La carota è un fittone – questa radice ha una parte gonfia sotto il fusto che serve a immagazzinare nutrimento per la pianta. Le radici laterali crescono da un fittone.

❍ Il fusto di una pianta deve sostenere le foglie, in modo che possano assorbire la luce del sole e produrre nutrimento. Deve anche sostenere i fiori, in modo che possano raccogliere il polline e fare i semi. Molti steli di piante hanno fibre dure all'interno per rafforzarli e aiutarli a mantenersi eretti.

❍ Le foglie sono le superfici verdi della pianta per catturare la luce del sole. Usano l'energia del sole per convertire l'anidride carbonica e l'acqua in glucosio, di cui la pianta ha bisogno per crescere. Questo processo è noto come fotosintesi.

❍ Alcune piante da fiore, come i tulipani, producono un solo fiore. Altre, tra cui la rosa canina, hanno molti fiori che si sviluppano separatamente.

❍ In alcune piante, come la calendula del mais, i fiori sono raggruppati in grappoli conosciuti come capolini.

❍ I fiori contengono gli organi riproduttivi di una pianta. Perché i semi si sviluppino, il fiore deve essere impollinato.

❍ Alcune piante producono organi sotterranei di conservazione dei nutrimenti noti come bulbi, cormi e tuberi.

Molte piante che crescono dai semi hanno fiori, anche se non tutti sono così luminosi e colorati come questi ranuncoli

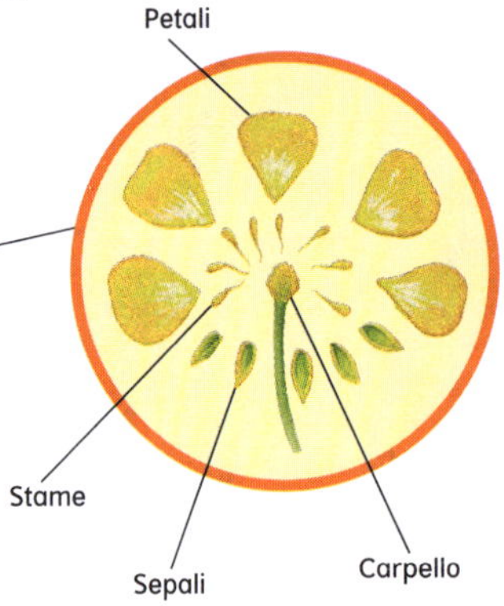

I fiori di solito si aprono solo per un breve periodo. Prima che si aprano, sono nascosti in stretti boccioli verdi

Foglie di tè

Il tè corrisponde alle foglie essiccate della pianta del tè sempreverde, che cresce ai tropici, per lo più a un'altitudine tra i 1.000 e i 2.000 m. Le piante di tè possono crescere fino a 9 m di altezza, ma nelle piantagioni vengono potate a 3 m. Le foglie vengono raccolte a mano dalle piante di tè mature. Queste vengono poi portate in una fabbrica vicina per essere essiccate, schiacciate e trattate.

Parti diverse di una pianta svolgono funzioni diverse.

❍ I frutti sono strutture protettive che si formano intorno ai semi dopo l'impollinazione.

❍ Quando un seme comincia a crescere, la sua prima radice è chiamata radice primaria. Questa si ramifica in radici secondarie.

❍ Le radici, i bulbi, i capolini e le foglie di alcune piante sono commestibili. Le carote e le pastinache sono radici. Le cipolle sono bulbi. Il cavolfiore e i broccoli sono i capolini di piante appartenenti alla famiglia dei cavoli. Mangiamo le foglie delle lattughe e i frutti di molte piante, come le mele.

Gelato alle alghe

Questo contadino sta raccogliendo delle alghe. Molte sono commestibili, e in alcuni luoghi sono considerate prelibatezze. Inoltre, l'alga è usata come ingrediente in molti prodotti alimentari, compresi i gelati. La maggior parte dell'acqua nel gelato si congela in cristalli di ghiaccio molto piccoli. L'aggiunta di sostanze chimiche ricavate dalle alghe rallenta la crescita dei cristalli di ghiaccio nel gelato e aiuta a mantenerlo morbido. Le alghe sono usate anche in cosmetica e come fertilizzante per le colture agricole.

❍ La punta della radice è coperta da un cappuccio di cellule viscide. Questo protegge le punte delle radici dall'usura mentre crescono nel terreno. Le radici contrattili si accorciano quando il terreno si asciuga, tirando una pianta verso il basso nel terreno.

La canna da zucchero è un'erba tropicale con steli legnosi alti 2–5 m. Cresce in luoghi come l'India e il Brasile. Il succo di zucchero si ottiene dalla canna sminuzzando e schiacciando gli steli e immergendoli in acqua calda per sciogliere lo zucchero.

Le radici crescono nel terreno o nell'acqua. Tengono la pianta ancorata al terreno, evitando che venga portata via dal vento. Consolidano anche il terreno. Quando gli alberi vengono abbattuti, il terreno viene facilmente danneggiato dal vento o dall'acqua.

Piante e acqua

L'acqua è essenziale per la vita delle piante. Le cellule non possono svolgere il loro lavoro senza acqua, né può avvenire la fotosintesi per alimentare la pianta. L'acqua aiuta anche a mantenere rigide le cellule. Senza acqua a sufficienza, le cellule si afflosciano e la pianta appassisce.

I tubi che trasportano acqua e cibo attraverso una foglia sono chiamati vene, perché simili alle vene che portano il sangue nel corpo di un animale.

○ Vicino alla punta di ogni radice sono presenti minuscoli peli delicati. Crescono per un breve tratto nel terreno e raccolgono l'acqua, che si sposta lungo il pelo e nella radice, dove entra in un tubicino apposito. A mano a mano che la punta della radice cresce attraverso il terreno, i peli più arretrati muoiono e nuovi peli crescono sulla punta della radice.

○ Se apri un gambo di sedano, vedrai delle fibre spuntare dall'estremità. Queste fibre sono costituite da gruppi di tubi xilematici che trasportano l'acqua attraverso la pianta. Gruppi di tubi come questi sono chiamati vasi. All'interno sono presenti spire di cellulosa. Queste aiutano a mantenere i tubi aperti, in modo che l'acqua possa sempre passare lungo di essi.

Le piante non usano alcuna energia per aspirare l'acqua o per pomparla alle loro foglie. L'acqua passa nelle radici di una pianta dal suolo. All'interno della radice, l'acqua viene trasportata attraverso la pianta fino alle foglie in tubicini detti xilemi. L'acqua che evapora attraverso i fori nelle foglie viene sostituita da altra acqua, che risale il fusto fino alle foglie.

○ Le piante perdono acqua per traspirazione, ovvero l'evaporazione attraverso i pori delle foglie, o stomi.

○ Quando l'acqua evapora attraverso gli stomi, altra acqua viene aspirata attraverso lo xilema.

○ Se l'acqua che sale dalle radici attraverso lo xilema non è sufficiente, le cellule collassano e la pianta appassisce.

Le foglie delle piante acquatiche hanno un rivestimento ceroso che impedisce di perdere o assumere troppa acqua.

○ Nelle piante, l'acqua riempie le minuscole cellule di cui sono fatte e le mantiene rigide, nello stesso modo in cui l'aria tiene gonfio un palloncino.

○ Per una pianta, l'acqua ha anche la stessa funzione del sangue nel corpo umano. Trasporta gas disciolti, minerali e nutrienti dove sono necessari.

○ Una parte dell'acqua passa da una cellula all'altra attraverso le pareti cellulari, in un processo chiamato osmosi.

○ L'acqua nei tubi xilematici di una pianta contiene molte sostanze disciolte.

Orchidee speciali

Le orchidee che vivono in alto sugli alberi della foresta pluviale hanno radici speciali che assorbono l'acqua dall'aria. Le loro foglie spesse e cerose aiutano a fermare la fuga d'acqua dalla pianta.

Se una pianta non riceve abbastanza acqua, le sue foglie inizieranno presto ad appassire e a perdere colore. Alla fine, le foglie cadranno completamente e la pianta morirà.

Come fuoriesce l'acqua

All'interno di una foglia ci sono piccoli spazi. Quando l'acqua li raggiunge, la maggior parte si trasforma in un gas chiamato vapore acqueo, che viene perso nell'aria circostante attraverso i pori (fori) sulla parte inferiore della foglia chiamati stomi. Ulteriore acqua viene aspirata dalla pianta per prendere il suo posto. Se l'aria all'esterno della foglia è calda e secca, il vapore acqueo sfugge rapidamente, quindi la pianta ha bisogno di molta acqua per mantenere l'approvvigionamento alle foglie.

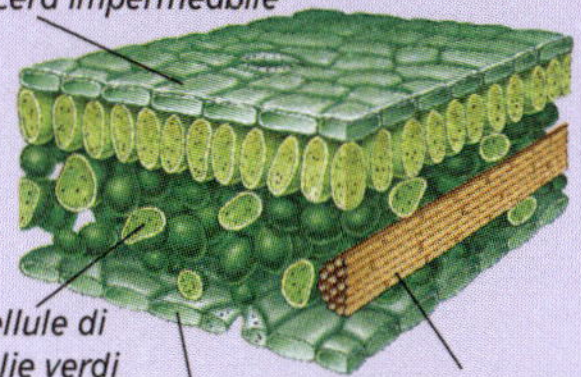

Sorprendente!

Alcune alghe sono composte per il 98% di acqua. Tutte le alghe hanno bisogno di acqua per la riproduzione.

Foglie

Le foglie sono la centrale energetica di una pianta, in cui la luce del sole viene sfruttata per produrre zucchero, il carburante della pianta. Molte foglie sono larghe e piatte per catturare la massima quantità di luce solare. Altre forme e stili possono aiutare a conservare l'acqua o consentire alle piante di aggrapparsi alle superfici.

Le foglie di alcuni alberi diventano più colorate poco prima di cadere, virando in tonalità di giallo, oro, arancione e rosso. I colori cambiano quando le foglie perdono la clorofilla (colorazione verde), il che permette ad altri colori delle foglie di diventare visibili.

Un cactus ha spine invece di foglie larghe e piatte. Questo riduce la perdita d'acqua negli habitat secchi. Le spine raccolgono anche la rugiada e intrappolano uno strato di umidità intorno alla pianta.

- Le foglie sono di molte forme e dimensioni diverse, ma ne esistono due tipi principali: foglie aghiformi e foglie larghe.
- Le conifere, come i pini, hanno foglie aghiformi.

Molti arbusti, come magnolie e buddleie, e alberi, come salici, ciliegi, castagni dolci e querce da sughero, hanno foglie lunghe e strette.

Foglie di salice lunghe e strette

Gli aceri, che crescono in luoghi dove non c'è sempre il sole, hanno foglie larghe che si sono adattate per raccogliere più luce possibile. Le stesse foglie avvizzirebbero e morirebbero in luoghi molto caldi e secchi.

- Le foglie larghe sono tipiche di alcuni alberi e altre piante legnose all'interno del gruppo delle piante da fiore. Una foglia larga può essere una singola foglia, come una foglia di quercia, o essere composta da un gruppo di foglioline, come una foglia di frassino.
- Le foglie sono unite al fusto da un gambo chiamato picciolo.
- La parte piatta della foglia è chiamata lamina.
- La lamina fogliare è come un sandwich, con due strati di cellule che trattengono uno spesso ripieno di cellule verdi.

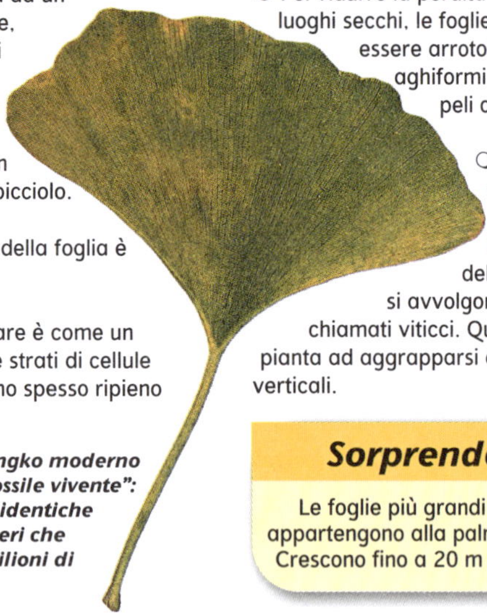

L'albero di gingko moderno è come un "fossile vivente": le sue foglie sono identiche a quelle degli alberi che crescevano 160 milioni di anni fa.

- Il verde della foglia viene dal pigmento chimico detto clorofilla. Questo intrappola l'energia solare, in modo che la pianta possa produrre zucchero con la fotosintesi.
- La clorofilla è contenuta in piccole sacche presenti in ogni cellula, chiamate cloroplasti.
- Per ridurre la perdita d'acqua nei luoghi secchi, le foglie possono essere arrotolate, lunghe e aghiformi, o ricoperte di peli o di cera.
- Le piante rampicanti, come i piselli, hanno le punte delle foglie che si avvolgono in steli chiamati viticci. Questi aiutano la pianta ad aggrapparsi alle superfici verticali.

Sorprendente!

Le foglie più grandi del mondo appartengono alla palma della rafia. Crescono fino a 20 m di lunghezza.

❍ Gli alberi di magnolia hanno le foglie e i fiori più grandi di qualsiasi albero al di fuori delle foreste tropicali.

❍ La bougainvillea (una pianta tropicale) non produce fiori colorati, ma ha invece foglie colorate.

❍ Le foglie del giacinto d'acqua si gonfiano d'aria per aiutare la pianta a galleggiare.

Alcune foglie di piante hanno vene parallele, mentre altre possiedono una rete ramificata, in cui le vene sono di dimensioni diverse.

Fronde piumose

Le felci arboree, che crescono nelle regioni tropicali, possono raggiungere altezze fino a 25 m. I loro tronchi senza rami sono sormontati da grappoli di foglie piumose chiamate fronde.

È possibile identificare gli alberi dalle loro foglie. Le caratteristiche da cercare non sono solo la forma generale, ma anche: il numero di foglioline sullo stesso stelo, se le foglioline sono accoppiate o sfalsate, e se ci sono piccoli "denti" intorno ai bordi delle foglie.

Quante foglie?

Una quercia in media produce e perde almeno 250.000 foglie l'anno.

Le palme hanno alcune foglie molto grandi chiamate fronde, che crescono dal germoglio principale in cima a un tronco alto e sottile. Se la gemma principale in cima al tronco è danneggiata, l'albero smetterà di crescere e morirà.

Forme di foglie

Le piante hanno sviluppato molte forme diverse di foglie per sopravvivere in condizioni diverse.

Nutrimento vegetale

Immagina di poterti nutrire semplicemente restando immobile in un campo con qualsiasi tempo. La maggior parte delle piante è in grado di farlo, utilizzando un processo chiamato fotosintesi. "Foto" significa "luce" e "sintesi" significa "costruzione", che è esattamente ciò che le piante sono in grado di fare: creano nutrimento usando la luce.

Rubare il cibo

Il vischio è una pianta semi-parassita che si avvolge intorno agli alberi. Attinge parte del nutrimento dall'albero e ne ricava un po' dalla luce del sole con le sue stesse foglie.

- La fotosintesi avviene in parti speciali delle foglie, chiamate cloroplasti, che contengono clorofilla, un pigmento verde che assorbe energia dalla luce del sole.

- L'energia alimenta una reazione chimica tra acqua e anidride carbonica.

Ogni pianta verde è come una fabbrica chimica, che prende l'energia dal sole e la usa per scindere l'acqua in idrogeno e ossigeno. La pianta poi combina l'idrogeno con l'anidride carbonica dell'aria per creare zucchero, il combustibile di cui la pianta ha bisogno per la crescita.

I funghi non possono produrre il proprio nutrimento con la fotosintesi, quindi si nutrono di "ospiti", come gli alberi.

- L'anidride carbonica proviene dall'aria aspirata nella foglia attraverso i pori sul lato inferiore chiamati stomi. L'acqua viene aspirata dal suolo dalle radici.

- La reazione chimica produce il glucosio, che viene poi trasportato all'interno della pianta, dove serve. L'ossigeno viene prodotto come elemento di scarto e finisce nell'aria.

- La luce del sole contiene luce di diversi colori. La clorofilla assorbe soprattutto quella rossa e blu. La luce verde si riflette sulla foglia, ed è per questo che le piante appaiono verdi.

- Parte del glucosio prodotto dalla fotosintesi viene bruciato subito, rilasciando energia e lasciando dietro di sé anidride carbonica e acqua. Questo processo è chiamato respirazione.

❍ Le piante usano il glucosio anche per produrre cellulosa, la sostanza che costruisce le pareti cellulari.

❍ Parte del glucosio si combina in molecole più grandi chiamate amidi, facili da immagazzinare. La pianta scompone questi amidi in zuccheri ogni volta che ha bisogno di energia extra.

❍ L'amido delle piante è il principale nutriente che otteniamo da alimenti come il pane, il riso e le patate.

❍ Nei cactus e in alcune altre piante, il cibo viene prodotto negli steli, piuttosto che nelle foglie.

❍ Alcuni batteri, come i cianobatteri, possono anche produrre cibo tramite la fotosintesi.

Le alghe non hanno radici, steli, foglie né fiori, ma sono comunque piante e si nutrono di luce solare.

Un elemento essenziale

L'ossigeno, uno dei prodotti di scarto della fotosintesi, viene rilasciato nuovamente nell'aria attraverso le foglie di una pianta. Gli animali, compresi gli esseri umani, e anche le piante, hanno tutti bisogno di ossigeno per vivere. Questo processo aiuta tutti gli esseri viventi sulla Terra.

La peste d'acqua comune emette bolle di ossigeno gassoso in acqua

Le foglie verdi contengono la clorofilla chimica. Durante la fotosintesi, le piante stendono le foglie per esporre una vasta area di clorofilla e intrappolare più luce solare possibile. Le foglie sono di solito disposte in modo da non oscurarsi a vicenda.

Sorprendente!

Insieme, le piante del mondo producono un totale combinato di circa 150 miliardi di tonnellate di zucchero ogni anno attraverso la fotosintesi.

Le patate sono tuberi, estremità rigonfie di steli sotterranei. Immagazzinano energia sotto forma di amido, ottenuto dal glucosio prodotto dalle foglie durante la fotosintesi.

Piante carnivore

Le piante che intrappolano gli insetti di cui si nutrono sono dette piante carnivore. Vivono in luoghi dove non possono ottenere abbastanza azoto dal suolo, pertanto lo ottengono dal corpo delle loro vittime, gli insetti.

Gli insetti sono attirati dal nettare contenuto nella trappola fogliare della venere acchiappamosche. Una volta che l'insetto atterra, le "fauci" si chiudono sulla vittima in una frazione di secondo. La pianta secerne immediatamente dei succhi digestivi che prima annegano e poi dissolvono l'insetto.

Le* Nepenthes *hanno un particolare coperchio (ascidio) che funge da piattaforma di atterraggio per gli insetti. Aiuta anche a evitare che l'acqua piovana diluisca i succhi digestivi all'interno dell'ascidio. Molte* Nepenthes *hanno due tipi di ascidio, uno a terra e uno più in alto nel fusto. Gli ascidi crescono da 5 cm a 35 cm di lunghezza.

- Esistono 550 specie di piante carnivore, diffuse in luoghi che vanno dalle alte vette della Nuova Zelanda alle paludi della Carolina, negli Stati Uniti.
- La pinguicola ha foglie che producono goccioline di liquido in grado di farle brillare come burro. Queste gocce contengono i succhi digestivi della pianta.
- La drosera sa distinguere la carne da altre sostanze e reagisce solo a questa.
- Le foglie della drosera sono ricoperte da tentacoli che trasudano una sostanza appiccicosa chiamata mucillagine.
- La drosera avvolge le vittime nei suoi tentacoli e le soffoca con la bava in meno di dieci secondi.

Tipi di trappola

Alcune piante carnivore, tra cui le Nepenthes, usano trappole passive, che non si muovono. Altri, come le drosere e la venere acchiappamosche, usano trappole attive, in cui la pianta si muove per catturare un insetto.

Cephalotus	Trappola passiva
Darlingtonia	Trappola passiva
Sarracenia	Trappola passiva
Nepenthes	Trappola passiva
Venere acchiappamosche *(Dionaea)*	Trappola attiva
Drosera	Carta moschicida (trappola attiva)
Pinguicula	Carta moschicida (trappola attiva)
Utricularia	Trappola per topi (attiva)

Piante carnivore

Le strane foglie delle piante carnivore si sviluppano dalle punte, che si estendono in viticci e poi si gonfiano come palloni. All'inizio sono pieni di aria, ma presto cominciano a riempirsi di succhi digestivi. La forma e la dimensione varia a seconda della specie, ma tutte contengono almeno un ascide. Le più piccole sono appese agli alberi, mentre le più grandi, come la rajah, poggiamo a terra e contengono litri di liquido. Gli insetti, attratti dall'ascide per via del suo profumo o colore, scivolano lungo le pareti e annegano nei succhi digestivi sul fondo. A differenza di altre piante carnivore, quelle dotate di ascide sono passive, il che significa che non si muovono per catturare le loro vittime.

In natura, animali come ragni, zanzare e raganelle creano le loro case all'interno delle piante carnivore. Anche alcune larve di insetti sono immuni ai succhi digestivi e sono in grado di vivere negli ascidi, nutrendosi di pezzi di piante e animali che si accumulano sul fondo.

- La trappola di una venere acchiappamosche si chiude solo se viene toccata almeno due volte in 20 secondi.
- Gli insetti sono attirati da molte piante carnivore che hanno un nettare dal sapore dolce – o dall'odore di carne in decomposizione.
- Il succo digestivo di una pianta cobra dissolverà un pezzo di bistecca in pochi giorni.
- Le vesciche dell'utricularia erano un tempo ritenute sacche d'aria per tenere a galla la pianta. In realtà, sono piccole trappole per gli insetti acquatici.

Quando un insetto atterra sui tentacoli appiccicosi di una drosera, lotta per liberarsi, ma la sua resistenza stimola i tentacoli a stringere la presa. I tentacoli producono poi un succo digestivo che scioglie la vittima.

Sorprendente!

Le veneri acchiappamosche a volte catturano piccole rane, e si dice che la rajah mangi i topi.

Scivolo senza uscita

Gli insetti che scivolano in una *Sarracenia* nordamericana non possono uscirne. I lati dell'ascide hanno delle particelle di cera fine che li rendono scivolosi, mentre i peli rivolti verso il basso vicino al fondo del tubo rendono impossibile la fuga.

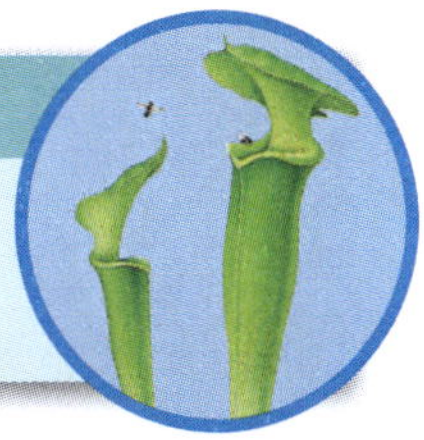

Funghi e licheni

I funghi non sono piante, perché non hanno clorofilla con cui produrre nutrimento. Per questo gli scienziati li hanno inseriti in un gruppo o regno tutto loro. I licheni rappresentano una collaborazione particolarmente riuscita tra alghe e funghi.

Sorprendente!

Un fungo velenoso può produrre fino a 1 milione di spore al minuto, per diversi giorni.

❍ Una volta si pensava che i funghi fossero semplici piante senza foglie. Ora sappiamo che ci sono molte differenze tra i funghi e le piante. Alcune di queste differenze sono legate ai tipi di sostanze chimiche che compongono i funghi, che sono diverse da quelle delle piante più semplici.

❍ I licheni sono in grado di sopravvivere in alcuni degli ambienti più difficili sulla Terra – in terreni aridi, sulle rocce e in alcune delle regioni più fredde, tra cui l'Artico e l'Antartico, e in alta montagna. Possono sopravvivere in condizioni così dure perché sono composti sia da funghi che da alghe – nessuno dei quali sopravviverebbe da solo.

❍ I funghi sono un enorme gruppo di 50.000 specie. Includono funghi, muffe e lieviti.

❍ Poiché i funghi non possono produrre il proprio nutrimento, devono convivere con altre piante e animali (i loro "ospiti") – a volte come partner, a volte come parassiti.

❍ I funghi si nutrono rilasciando sostanze chimiche chiamate enzimi che scompongono quelle del loro ospite. I funghi usano quindi tali sostanze chimiche come nutrimento.

❍ I *Penicillium* sono funghi comuni che crescono sulla frutta marcia. Una particolare specie, il *Penicillium notatum* produce una sostanza chimica che uccide i batteri, ed è usato nella penicillina, un fondamentale antibiotico.

Stella di spore

Al centro di un fungo delle Geastraceae c'è un oggetto di forma sferica con un buco nella parte superiore. Quando il fungo ha terminato la crescita, le spore fuoriescono dal buco nell'aria.

❍ Formaggi come il Camembert, il Roquefort, lo Stilton e il Danish Blue ottengono i loro sapori caratteristici dalle sostanze chimiche prodotte dalle muffe aggiunte per aiutarli a maturare. Le striature blu in alcuni formaggi sono in realtà muffe.

◀ Le alghe nei licheni sono piccole palline verdi che producono nutrimento grazie alla luce del sole per alimentare i funghi. I funghi formano uno strato protettivo intorno alle alghe e trattengono l'acqua.

Nuovi funghi

I funghi si riproducono rilasciando milioni di piccole spore. Il primo stadio di un nuovo fungo è una rete di ife filiformi chiamata micelio. Questo sviluppa un corpo fruttifero, che è in grado di produrre più spore.

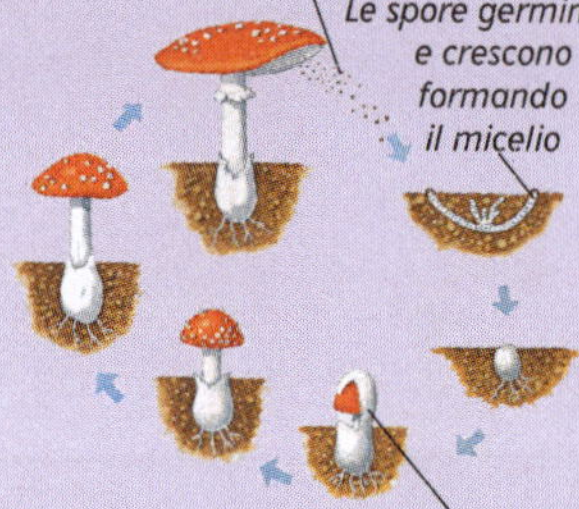

❍ I funghi parassiti si nutrono di organismi viventi; i funghi che vivono di piante e animali morti sono invece chiamati funghi saprofiti.

❍ I tartufi sono funghi che crescono vicino alle radici delle querce e dei noccioli. Sono apprezzati per il loro sapore e vengono individuati dai cani o dai maiali grazie al loro olfatto.

❍ Esistono 20.000 specie di licheni. Alcuni crescono sul suolo, ma la maggior parte cresce sulle rocce o sulla corteccia degli alberi.

❍ Solo in Antartide, ne esistono 400 specie. Alcuni licheni artici hanno più di 4.000 anni.

❍ I licheni tollerano anche condizioni di salinità e si trovano spesso sulle rocce in riva al mare.

❍ Alcuni licheni sono usati per realizzare antibiotici e coloranti per tessuti. I licheni, molto sensibili alle sostanze nocive nell'aria, in particolare l'anidride solforosa, quindi sono anche utilizzati per monitorare l'inquinamento atmosferico.

Tipi di fungo

Coprinus micaceus

Laccaria laccata

Rossella
Lactarius deliciosus

Crepidotus mollis

Spugnola
Morchella deliciosa

Fungo dell'aglio
Marasmius scorodonius

Agarico clavato
Clitocybe clavipes

Tremella mesenterica

Chiodino
Armillaria mellea

Pholiota squarrosa

Steccherinum septentrionale

Clavulinopsis fusiformis

Fungo dell'inchiostro
Coprinus comatus

Pholiota squarrosoides

Poliporo a mensola variopinto
Trametes versicolor

Vescia
Lycoperdon perlatum

Collybia dryophila

Ramaria stricta

Bubbolina rigata
Amanita fulva

Hypomyces lactifluorum

Difese delle piante

Le piante dispongono di difese per scoraggiare gli animali a mangiarle. Queste difese includono foglie molto dure, foglie pungenti, aculei, spine e pungiglioni. Le sostanze chimiche dal sapore sgradevole o velenose fanno in modo che l'animale non mangi più la stessa pianta.

Piante mimetizzate

Le pietre vive crescono nei deserti dell'Africa meridionale. Sviluppano foglie spesse e rotonde, colorate come pietre e ciottoli, per mimetizzarsi e proteggersi dagli animali che potrebbero mangiarle.

Un ciuffetto di steli spinosi come questo tiene gli animali a distanza. Pochi animali rischierebbero di mangiare un boccone così pungente.

Ci sono circa dieci specie di cicuta. Queste piante velenose hanno grappoli di fiori bianchi.

- L'abro ha dei bei semi rossi e neri che sono spesso usati per fare dei braccialetti. Ma mangiare solo uno di questi semi può uccidere un uomo.
- La cicuta appartiene alla famiglia del prezzemolo, ma è estremamente velenosa. Si dice che sia stata la pianta usata da Socrate, antico filosofo greco, per uccidersi.

Peli urticanti simili ad aghi crescono dalla superficie dello stelo e delle foglie di una pianta di ortica. Quando un animale sfiora un pelo pungente, la punta si rompe e una linfa velenosa viene spinta nella pelle dell'animale. Ogni pelo può pungere solo una volta.

Sorprendente!

La pianta della belladonna è velenosa per gli esseri umani, ma gli uccelli e i conigli possono mangiarla senza problemi.

- L'aristolochia è una vite velenosa, il suo nome deriva dal greco e in passato veniva usata per aiutare le donne durante il parto.
- Ranuncolacee come l'aconito e l'elleboro ed euforbie come il ricino e il croton sono tutte piante velenose.

Piante velenose

Edera velenosa

Ci sono migliaia di piante in giro per il mondo che risultano almeno in parte velenose. Alcune parti di piante commestibili sono velenose, come le foglie di patata e i noccioli di albicocca e di ciliegia. Alcune piante sono tossiche da mangiare; altre tossiche da toccare; alcune creano reazioni allergiche attraverso l'aria con il loro polline. L'edera velenosa contiene un olio che irrita e infiamma la pelle. È possibile avvelenarsi semplicemente camminando a piedi nudi tra le foglie.

❍ La falsa spugnola è un fungo velenoso con un cappello di 3-9 cm di diametro. Le spugnole vere sono innocue.

❍ Le amanite falloidi contengono tossine mortali, che per la maggior parte delle volte uccidono le persone che le mangiano.

❍ Gli arbusti di tasso si trovano spesso nei cortili di molte chiese in Europa – forse perché piantati dai pagani, prima del cristianesimo. Eppure la corteccia e i semi del tasso sono velenosi.

L'amanita muscaria contiene un veleno chiamato muscarina. Raramente uccide, ma causa malessere e agitazione. L'amanita muscaria era un tempo usata come veleno per uccidere le mosche.

❍ Molti arbusti della brughiera, come il ginestrone, sono spinosi per evitare che gli animali li mangino.

❍ Nelle regioni più secche, gli alberi come le acacie sono dotati di aculei per proteggersi dagli animali erbivori. Le spine possono essere lunghe fino a 50 cm.

❍ Circa 75 tipi di funghi risultano tossici per l'uomo. La maggior parte appartiene alla famiglia delle Amanite, compresi l'amanita falloide e l'amanita muscaria.

❍ La spina di un cactus è in realtà solo un gambo di foglia. Le spine crescono da rami laterali chiamati areole. Le spine supplementari proteggono la delicata punta di crescita del cactus.

Gli aculei appuntiti dei cactus, come questo fico d'India, impediscono agli animali di raggiungere l'acqua immagazzinata nei loro steli gonfi, vitale per la sopravvivenza delle piante.

Piante senza fiori

È difficile immaginare cosa possano avere in comune i piccoli muschi e le felci con le conifere giganti, come le sequoie del Nord America. Ma c'è una somiglianza chiave: né i muschi e le felci né le sequoie si riproducono dai fiori.

Spore e semi

Una delle principali differenze tra le piante primitive – tra cui felci, muschi, epatiche ed equiseti – e le piante più evolute è il modo in cui si riproducono. Le piante primitive producono spore invece di semi. Una felce, per esempio, produce migliaia di minuscole spore trasportate lontano dal vento.

❍ Un numero enorme di alghe nei mari produce la maggior parte dell'ossigeno che respiriamo, anche per chi abita lontano dalla costa.

❍ I muschi e i loro parenti, le epatiche, sono piante a crescita bassa che si trovano principalmente in zone umide. Non hanno uno strato esterno impermeabile che le protegga dall'essiccazione. Sono sprovviste anche di un sistema di vasi per trasportare l'acqua e altre sostanze in diverse parti della pianta.

La maggior parte delle alghe, come queste, vive nel mare o in laghi e stagni. Non hanno radici, foglie né fiori, anche se alcune alghe hanno fronde simili a foglie e radici per aggrapparsi alle rocce.

La maggior parte delle felci ha bisogno di condizioni umide per crescere. Molte specie vivono intorno alle basi degli alberi nelle profondità delle foreste.

❍ I muschi sono leggermente più complessi delle epatiche, ma entrambi sono sprovvisti di vere radici. Per ancorarsi alle superfici, hanno piccoli germogli chiamati rizoidi.

❍ Come i muschi e le epatiche, le felci crescono principalmente in zone umide e hanno bisogno di una fonte disponibile di acqua o umidità. Ma le felci hanno anche alcune delle caratteristiche delle piante più avanzate, tra cui radici vere e proprie, steli e foglie, e sistemi di tubi (xilema e floema) chiamati fasci vascolari che trasportano acqua e linfa. Questi adattamenti fanno sì che le felci siano in grado di crescere molto di più dei muschi o delle epatiche.

❍ Cuscini di muschio di pochi millimetri di spessore si formano su muri, rocce e tronchi. Il muschio può sopravvivere per settimane senza acqua, per poi assorbirla come una spugna quando piove.

❍ Lo sfagno, o muschio di torba, può assorbire 25 volte il suo peso in acqua.

L'araucaria araucana è originaria del Cile e dell'Argentina. Si chiama anche albero della scimmia perché i coloni europei erano perplessi su come facessero le scimmie a raggiungere le pigne in quel labirinto di rami spinosi. In realtà non si erano resi conto che non c'erano affatto scimmie.

❍ Le cellule maschili del muschio possono nuotare per fecondare le cellule femminili solo quando il muschio è parzialmente sott'acqua. Così i muschi crescono spesso vicino ai corsi d'acqua, dove è più probabile che vengano bagnati.

❍ Le spore della felce si formano in sacche chiamate sporangi. Corrispondono alle macchie marroni sul lato inferiore delle fronde e diffondono le spore. Alcune si depositano in luoghi adatti a crescere.

Sorprendente!

Le spore del licopodio officinale producono una polvere di colore giallo brillante che una volta era usata per realizzare fuochi d'artificio.

I muschi si riproducono da minuscole spore in due fasi. Le prime cellule sessuali maschili simili a girini si formano su steli che ricordano dei sacchi chiamati anteridi e nuotano per unirsi alle uova femminili su steli dalla forma a coppa chiamati archegoni. Poi dagli ovuli cresce un gambo chiamato sporofito. In cima c'è una capsula che contiene migliaia di spore. Al momento giusto, la capsula dello sporofito scoppia, espellendo le spore. Se atterrano in un luogo adatto, crescono steli maschili e femminili e il processo ricomincia.

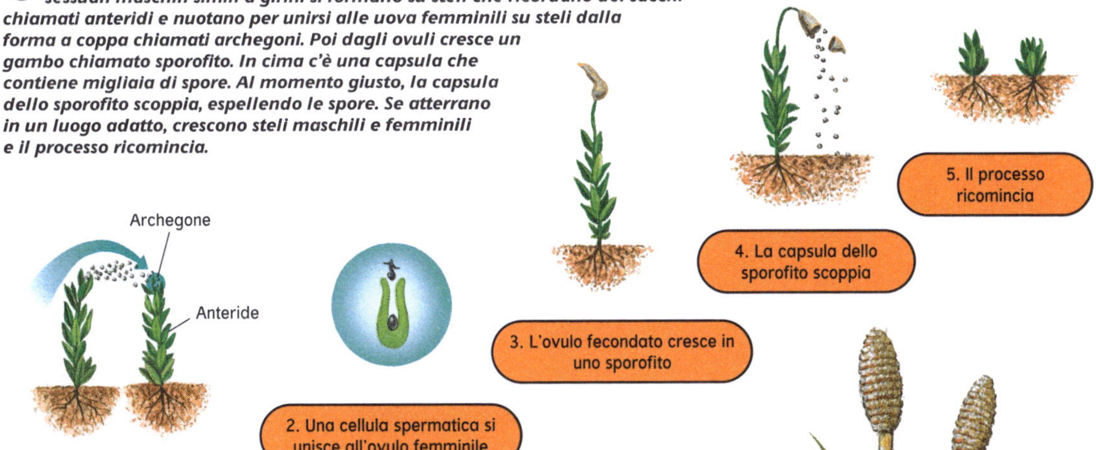

- Una volta che una spora di felce si è depositata, si sviluppa in una minuscola pianta a forma di cuore nota come protallo, che produce cellule sessuali sia maschili che femminili. Quando sono bagnate dalla pioggia, le cellule maschili nuotano verso le femminili, fecondandole. Una nuova radice e uno stelo iniziano a crescere, formando una vera e propria fronda di felce, e il piccolo protallo muore.

- Le conifere sono alberi con foglie aghiformi e sempreverdi, che producono i loro semi non in fiori ma in pigne.

- Con i gingko e le cicadofite, le conifere formano il gruppo di piante chiamate gimnosperme, che producono tutte i loro semi nelle pigne.

- Si pensa che l'araucaria araucana sia la conifera vivente più primitiva. Le piante maschili e femminili di questa specie sono alberi separati.

Pigne

Le pigne sono i duri ammassi di scaglie prodotti dagli alberi di conifere. Le pigne maschili producono una polvere gialla chiamata polline. Le pigne femminili producono semi quando ricevono il polline. Tutte le pigne sono verdi e piuttosto morbide quando si formano, diventano marroni e dure quando maturano. Le scaglie della pigna si aprono per rilasciare i semi non appena sono maturi.

Gli equiseti sono un gruppo di piante alte e a forma di felce che esistono sulla Terra da milioni di anni. Hanno parti simili a foglie che assomigliano ai raggi di una ruota, e parti riproduttive a forma di cono che producono spore. Gli equiseti crescono spesso come erbacce.

Esistono circa 10.000 specie diverse di felci. Una felce tipica ha piccole radici, uno stelo sotterraneo chiamato rizoma e una chioma di fronde (foglie) che cresce dalla superficie del suolo. Lo stelo si insinua orizzontalmente attraverso il terreno.

Piante da fiore

Esistono più di 250.000 specie di piante da fiore, tra cui fiori, verdure, erbe e alberi, tutte divise in due gruppi principali: le monocotiledoni, come le erbe e le piante da bulbo, e il gruppo molto più grande, le dicotiledoni.

Foglie embrionali

Le dicotiledoni sono piante in grado di far germogliare due foglie dai loro semi. Le monocotiledoni invece possono farne germogliare solo una. Un cotiledone è una foglia embrionale.

❍ Prima che un fiore si apra, il bocciolo è racchiuso in una stretta pallina verde chiamata calice. Questa è composta da piccoli lembi verdi chiamati sepali.

❍ La parte colorata del fiore è costituita da gruppi di petali, che formano la cosiddetta corolla. Insieme, il calice e la corolla formano il perianzio. Se petali e sepali sono dello stesso colore, prendono il nome di tepali.

❍ La pianta *Puya raimondii* impiega fino a 150 anni per sviluppare il suo primo fiore... e poi muore!

Le monocotiledoni, come il grano, tendono a crescere rapidamente e i loro steli sono solitamente morbidi e flessibili. Le vene nelle foglie delle monocotiledoni corrono parallele l'una all'altra. Le monocotiledoni sviluppano anche un fitto groviglio di radici sottili, piuttosto che una singola lunga radice "a fittone", come nelle dicotiledoni.

❍ Esistono circa 50.000 specie di piante monocotiledoni – circa un quarto di tutte le piante da fiore.

❍ Le parti del fiore delle monocotiledoni, come i petali, tendono a essere disposte a tre, o multipli di tre.

❍ I fusti delle monocotiledoni crescono dall'interno. Invece, le dicotiledoni hanno un cambium, uno strato di cellule in crescita vicino alla parte esterna del fusto. Le monocotiledoni raramente hanno un cambium.

❍ Si pensa che le monocotiledoni siano apparse per la prima volta circa 90 milioni di anni fa. Molto probabilmente si sono sviluppate da dicotiledoni che vivevano nelle paludi e nei fiumi, e che assomigliavano alle ninfee.

❍ Esistono circa 175.000 specie di dicotiledoni, oltre tre quarti di tutte le piante da fiore.

❍ Le dicotiledoni crescono lentamente. Almeno il 50 per cento ha steli legnosi.

❍ I fiori delle dicotiledoni hanno serie di quattro o cinque petali.

Le piante del deserto possono sembrare morte fino a quando non arriva la pioggia, quando improvvisamente ritornano in vita, crescendo e fiorendo rapidamente in modo che il deserto prosperi in fretta.

Monocotiledoni e dicotiledoni

Monocotiledoni	Dicotiledoni
Erbe	Rose
Giunchi	Magnolie
Carici	Gerani
Cereali	Malvarose
Bambù	Margherite
Palme	Melo
Orchidee	Ranuncoli
Tulipani	Denti di leone
Narcisi	Papavero
Gigli	Ibisco

1. Il fiore completamente formato è racchiuso all'interno di un bocciolo. I lembi verdi o sepali lo avvolgono strettamente

2. Quando il clima è sufficientemente caldo, il germoglio comincia ad aprirsi. I sepali si arricciano per rivelare i petali colorati

3. I sepali si aprono di più e i petali crescono verso l'esterno e all'indietro per creare la bella corolla del fiore

4. Il fiore si apre completamente per rivelare la sua gamma brillante di sacche polliniche o antere

Al momento giusto dell'anno, i boccioli cominciano ad aprirsi per rivelare la fioritura, in modo che il processo riproduttivo possa iniziare. Alcuni fiori durano solo un giorno o poco più. Altri fioriscono per mesi prima che gli ovuli siano fecondati e diventino semi.

Sorprendente!

Il più grande capolino è quello della *Puya raimondii* dalla Bolivia, che può raggiungere i 2,5 m di diametro e avere 8.000 fiori singoli.

I coltivatori controllano la quantità di luce, acqua e calore nelle serre, in modo che piante come questi ciclamini fioriscano tutte insieme.

- La maggior parte delle dicotiledoni ha fusti ramificati e una singola radice principale chiamata fittone.
- Le foglie delle dicotiledoni hanno di solito una rete di vene, al posto delle vene parallele presenti nelle monocotiledoni.

Esistono ormai pochi prati con ricchi spettacoli di fiori selvatici come questo. La maggior parte dei fiori selvatici sono più piccoli e delicati dei loro cugini da giardino.

Parti del fiore

Tutti i fiori sono disposti secondo uno schema simile. Ci sono quattro cerchi. Il cerchio esterno è fatto di sepali, con un cerchio di petali al suo interno. All'interno del cerchio di petali c'è un cerchio di parti maschili, mentre il cerchio più interno è composto da parti femminili. Nei fiori irregolari, le diverse parti non sono sempre equamente distanziate, e possono variare in numero o dimensioni. Alcune parti possono anche essere del tutto assenti.

Fiori

***P**iù dell'80 per cento di tutte le piante verdi hanno fiori. I fiori producono semi che si sviluppano in nuove piante. Una pianta che vive per un solo anno fiorisce alla fine della sua vita. La maggior parte delle piante che vivono per molti anni fioriscono ogni anno.*

I fiori rosa o bianchi della rosa canina sono profumati e hanno cinque petali.

Questi fiori provengono dalla pianta del lino, la fibra vegetale più importante in Europa prima del cotone. Si usa ancora come tessuto.

I fiori di phlox crescono sulle punte dei ciuffi d'erba su scogliere, rocce e paludi salmastre da aprile a ottobre.

Tutti i cactus producono fiori che fioriscono solo per pochi giorni prima di perdere acqua e morire.

I fiori dell'uccello del paradiso hanno una "piattaforma di atterraggio" piatta per invogliare gli uccelli a nutrirsi del nettare.

In autunno il sottobosco è ricoperto di foglie morte. Gli alberi senza foglie permettono alle piante di fiorire in primavera.

I papaveri muoiono non appena sfioriscono. Ogni fiore produce centinaia di semi.

Gli stigmi gialli del croco viola rendono lo zafferano una spezia preziosa.

I fiori di melo sono di solito rosa. Ottengono il loro colore dai pigmenti antociani, che rendono anche le foglie rosse in autunno.

Sorprendente!

Le erbe sono le piante da fiore più diffuse sulla Terra.

I fiori dell'iris hanno linee colorate sui petali che indicano la strada verso il dolce nettare alla base dei tre petali più grandi. Queste linee rappresentano delle vere e proprie piste di atterraggio per gli insetti impollinatori.

Gli ippocastani fanno crescere spighe di fiori bianchi eretti che sembrano candele.

I fiori di primula forniscono una fonte vitale di nettare per le farfalle di inizio primavera, come la cedronella. I fiori crescono dalla base della pianta su lunghi steli.

Le passiflore presentano, nel mezzo dei loro fiori, un insolito anello di filamenti.

Le margherite sembrano un unico fiore, ma in realtà sono composte da molti piccoli fiori. Quelli intorno al bordo hanno ciascuno un singolo petalo.

I fiori arancioni della colvillea racemosa del Madagascar pendono in grappoli simili a chicchi d'uva.

Le capsule raccolte del cotone si sviluppano dal baccello che rimane dopo che i petali del fiore del cotone sono caduti in estate.

I bucaneve fioriscono all'inizio dell'anno, utilizzando l'energia immagazzinata nei bulbi sotterranei.

Le erbe hanno fiori verdi poco appariscenti e minuscoli, raggruppati in cima ad alti steli.

Alberi

Gli alberi hanno un fusto alto, spesso e legnoso chiamato tronco, che ha uno spessore minimo di 10 cm per permettere all'albero di restare eretto. Gli alberi agiscono come "polmoni" della Terra, arricchendo l'aria di ossigeno. I tronchi forniscono il legname mentre dalla linfa degli alberi si ottiene la gomma.

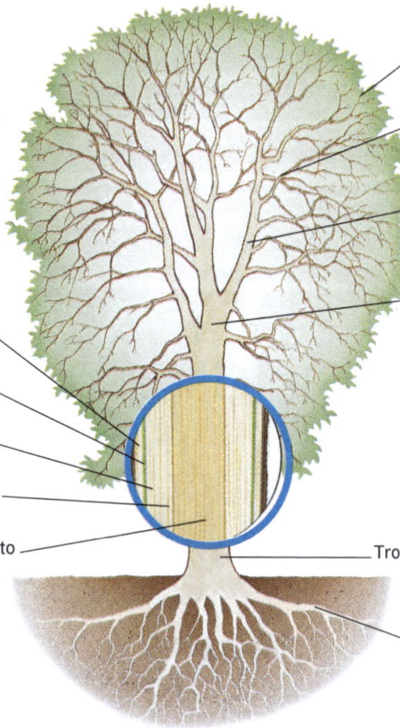

Questo è un tipico albero a foglia larga, con rami che crescono dal tronco. Il tronco e i rami hanno cinque strati. Questi sono (dal centro verso l'esterno): durame, alburno, cambium, floema e corteccia. Il durame è il legno scuro e morto al centro del tronco. L'alburno è un legno pallido e vivo, dove minuscoli tubi chiamati xilemi portano la linfa dalle radici alle foglie. Il cambium è lo strato sottile in cui l'alburno sta effettivamente crescendo; il floema è lo strato sottile che trasporta il nutrimento.

Sorprendente!

L'albero che cresce più velocemente al mondo è l'*Albizia falcata* che può crescere fino a 10 m in un solo anno.

La corteccia protegge l'interno di un albero dall'essiccazione e aiuta a prevenire i danni di insetti e funghi. Inoltre, isola l'albero dal clima molto caldo o molto freddo. Man mano che il legno all'interno della corteccia cresce, la corteccia si spacca, si sbuccia o si incrina in un modo che risulta diverso per ogni tipo di albero. Per esempio, la corteccia di pino (vista qui) si divide in piastre.

- Nelle regioni temperate fredde e nell'Artico, la maggior parte degli alberi sempreverdi sono conifere come pini e abeti. Hanno foglie aghiformi.
- I tronchi delle conifere crescono tipicamente fino alla cima dell'albero. I rami più bassi sono i più lunghi, perché crescono da più tempo. I rami superiori sono corti, perché sono i più giovani. Quindi l'albero ha una forma conica.
- Gli aghi di alcuni pini crescono fino a 30 cm di lunghezza. Gli aghi più grandi sono appartenuti alle Cordaites, piante estinte, con più di 1 m di lunghezza e 15 cm di larghezza.
- Gli alberi con foglie larghe e piatte sono chiamati latifoglie. Di solito hanno chiome con una forma arrotondata.
- Una foglia cade perché uno strato di sughero cresce attraverso il gambo, interrompendo gradualmente la sua fornitura di acqua.

Tipi di alberi

Deciduo	Sempreverde
Quercia	Pini
Faggio	Abeti
Betulla	Abete rosso
Castagno	Tasso
Aspen	Agrifoglio
Olmo	Sequoie
Acero	Cicuta
Sorbo	Cedri
Larice	Araucaria

L'albero più grande del mondo è una sequoia gigante chiamata 'Generale Sherman' che cresce nel Sequoia National Park in California, negli Stati Uniti. È alto quasi 84 m e misura 26 m di circonferenza. Pesa circa 2.500 tonnellate – equivalente al peso di 350 elefanti – e contiene abbastanza legno per fabbricare cinque miliardi di fiammiferi.

- Le foglie delle latifoglie sono tutte larghe e piatte per catturare il sole, ma variano molto nella forma.
- Alberi come le betulle e i pioppi hanno piccole foglie triangolari, o "deltoidi". Alberi come i pioppi e gli ontani hanno foglie rotonde.

Anelli di crescita

Se un albero viene segato trasversalmente, si possono vedere gli anelli di crescita annuali, che mostrano quanto l'albero è cresciuto ogni anno. Il bordo di ogni anello segna dove la crescita è cessata in inverno. Il conteggio degli anelli fornisce l'età dell'albero.

Tutti gli alberi hanno fiori, ma i fiori delle conifere sono di solito minuscoli rispetto a quelli delle latifoglie, come questo ciliegio in fiore.

La corteccia degli alberi da sughero, che crescono in Portogallo, Spagna e altri paesi, viene trasformata in tappi per bottiglie.

- I tigli e gli alberi dei sigari hanno foglie a forma di cuore, o "cordate".
- Gli aceri e i platani hanno foglie a forma di mano, ed è per questo che questa forma di foglia è descritta come "palmata".
- Il frassino e il noce hanno entrambi molte foglioline sullo stesso gambo, il che dà loro un aspetto piumato, o "pennato".
- Gli arbusti sono piccole piante simili ad alberi. I cespugli hanno più rami degli arbusti e sono di solito più piccoli. Gli arbusti hanno fusti legnosi e diversi rami che si estendono vicino al suolo.
- Gli arbusti forniscono un utile riparo per la fauna selvatica, come uccelli e piccoli mammiferi. I giardinieri spesso coltivano cespugli di frutta come l'uva spina, e arbusti ornamentali come fucsie, azalee e rododendri.

Foglie stagionali

Esistono due tipi di alberi: i sempreverdi, che mantengono le loro foglie tutto l'anno, e i decidui, che perdono le loro foglie in autunno nelle regioni temperate e ne sviluppano di nuove la primavera seguente (gli alberi decidui tropicali perdono le loro foglie all'inizio della stagione secca). Un albero sempreverde perde alcune foglie durante l'anno, ma non tutte in una volta; ha sempre alcune foglie sui suoi ramoscelli che lo fanno sembrare verde.

In giro per il mondo

Gli alberi e le piante crescono naturalmente vicini nelle foreste pluviali, nelle foreste di conifere e nelle foreste di latifoglie. Si trovano anche nelle praterie, nei deserti, nelle paludi e sui versanti delle montagne. Inoltre, le persone piantano alberi nelle città e nei giardini, e anche nelle piantagioni, dove si coltivano alberi per il legname e altri prodotti.

Le giovani palme hanno tronchi corti e larghi all'inizio, e poi crescono da un unico punto in cima alla pianta.

Gli alberi di baobab hanno tronchi spessi che immagazzinano acqua per aiutarli a sopravvivere alla stagione secca in Africa.

I bambù hanno fusti legnosi che assomigliano a sottili tronchi d'albero. Il bambù è un tipo di erba, non un albero.

Gli alberi delle piantagioni sono di solito piantati vicini in linee rette, il che li rende più facili da curare e tagliare.

I pioppi sono membri della famiglia dei salici a crescita rapida. Ne esistono 35 specie diverse.

Le campanule sono una vista comune nel sottobosco nel Regno Unito durante la primavera. Crescono da bulbi sotterranei.

Gli alberi di acacia offrono un riparo gradito agli animali nelle praterie della savana africana.

Le foglie di acero diventano gialle o arancioni in autunno prima di cadere, lasciando i rami spogli in inverno.

I bei fiori rosa dei ciliegi attirano gli insetti, che portano il polline da un albero all'altro.

Sorprendente!

In una giornata calda, una grande quercia assorbe circa 1140 l di acqua dal suolo. Fino al 98% di quest'acqua si perde attraverso le foglie dell'albero per evaporazione.

Gli alberi della foresta, come questi in una foresta pluviale americana, competono tra loro per la luce del sole crescendo il più alto possibile.

Appollaiate in alto sui rami degli alberi, le piante come questa felce Platycerium sono più vicine alla luce rispetto a quelle che crescono sul sottobosco.

Gli alberi sopravvivono anche nei deserti,dove sviluppano lunghe radici per raggiungere l'acqua in profondità nel sottosuolo.

In Giappone, i ciliegi da fiore sono coltivati per la loro sorprendente fioritura; la maggior parte di essi non produce frutti.

I cipressi delle paludi hanno una base larga e scanalata del tronco, che li aiuta a restare eretti in terreni acquitrinosi.

Gli alberi di Jacaranda sono spesso coltivati nelle parti calde del mondo per i loro fiori blu o viola.

Le palme, come questa palma da cocco, non sono veri alberi, anche se hanno tronchi legnosi.

I funghi uccidono molti alberi, come questo acero da zucchero. Il fungo si nutre dell'albero, facendone marcire il centro e indebolendolo.

Un albero di sequoia gigante produce circa 2.000 pigne l'anno. Ogni pigna contiene circa 200 semi.

Le foreste pluviali ospitano la metà delle specie animali e vegetali del mondo. Questa è la foresta di El Yunque di Porto Rico.

Gli alberi del New England, negli Stati Uniti, sono famosi in tutto il mondo per i brillanti colori dorati, rossi e arancioni delle loro foglie autunnali.

Impollinazione

Prima che un fiore possa produrre semi, il polline maschile deve essere trasferito allo stigma femminile del fiore. Questo fenomeno si chiama impollinazione. Il polline può essere trasportato da fiore a fiore da insetti e altri animali, e anche dal vento e dall'acqua.

❍ Alcuni fiori sono autoimpollinanti, il che significa che il polline si muove da un'antera a uno stigma sulla stessa pianta.

❍ Nei fiori a impollinazione incrociata, il polline dalle antere deve essere portato a uno stigma su una pianta diversa della stessa specie.

❍ Le api e le farfalle sono attratte dai fiori blu, gialli e rosa, mentre i fiori bianchi attirano le falene notturne.

Per attirare le api maschio, la vesparia ha un labbro che sembra e odora proprio come un'ape femmina. Ma se non arrivano le api, l'orchidea può piegarsi per impollinarsi da sola.

❍ Molti fiori hanno delle striature particolari per guidare le api. Sono spesso invisibili per noi e possono essere viste solo alla luce ultravioletta, che le api e alcuni altri insetti possono rilevare.

All'interno di un fiore c'è un anello di parti maschili chiamate stami. Ognuno ha un gambo lungo e sottile – il filamento – sormontato da un'antera a spazzola o a sacchetto, che contiene le cellule riproduttive maschili all'interno dei grani di polline. Al centro del fiore ci sono le parti femminili, conosciute come carpello. Questo ha un cuscinetto appiccicoso, chiamato stigma, in cima a un lungo gambo, chiamato stilo, che si allarga alla sua base in un ovario. All'interno dell'ovario sono presenti le cellule riproduttive femminili nei loro ovuli.

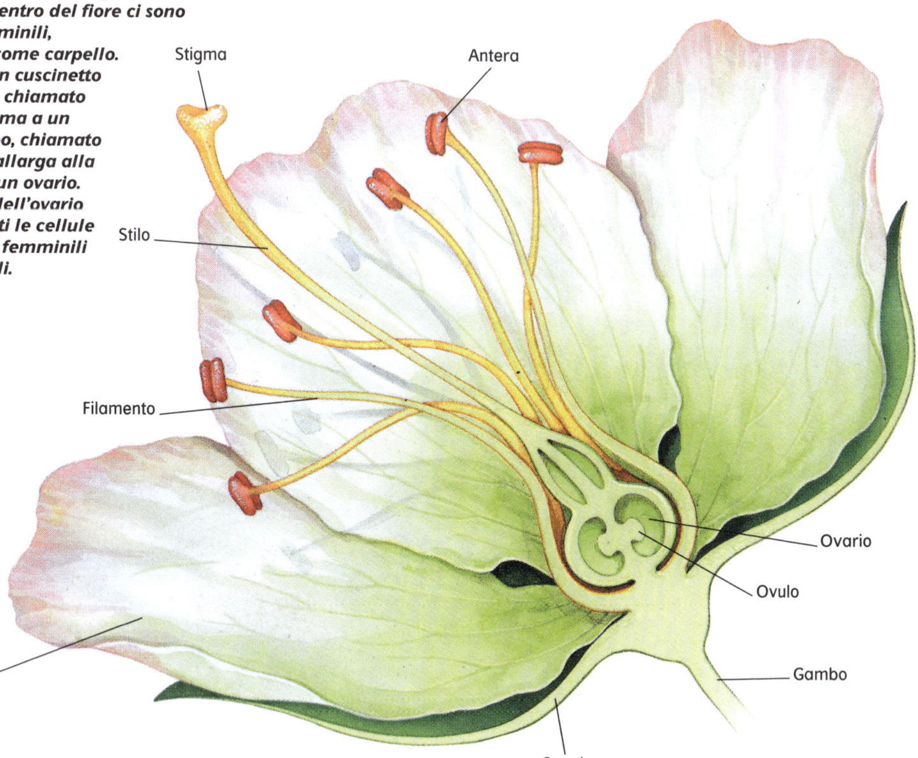

Alcuni alberi fanno crescere gruppi di fiori chiamati amenti che pendono da un ramoscello. Gli stami pendono all'esterno dei fiori in un amento. Producono polline che viene soffiato via dal vento. Gli amenti femminili sottili e verdi della betulla argentata sono molto diversi dagli amenti maschili lunghi e cadenti.

Pubblicità floreali

Per attirare gli insetti, alcuni fiori hanno petali dai colori vivaci e un potente profumo. Vicino alla base dei petali il fiore produce un succo zuccherino chiamato nettare che gli insetti possono bere. Mentre gli insetti cercano il nettare, raccolgono il polline appiccicoso con i loro corpi dalle antere. Quando visitano un altro fiore, gli insetti trasferiscono il polline dal corpo allo stigma appiccicoso dell'altra pianta.

- I fiori impollinati dagli animali producono una piccola quantità di polline appuntito. Le punte aiutano il polline ad attaccarsi ai peli sul corpo di insetti o altri animali di passaggio. Le punte trattengono il polline mentre l'animale vola tra i fiori.

Il gigalo scuro odora di sterco di mucca per attirare le mosche che ne trasportano il polline.

- I fiori impollinati dal vento, come i fiori dell'erba, non hanno bisogno di colori o profumi brillanti, quindi sono opachi e non hanno odore. Gli stami pendono dai fiori in modo che il vento possa soffiare via il polline.
- Molti fiori contengono sia organi riproduttivi maschili (stami) sia quelli femminili (carpello), ma alcune piante hanno solo uno o l'altro.

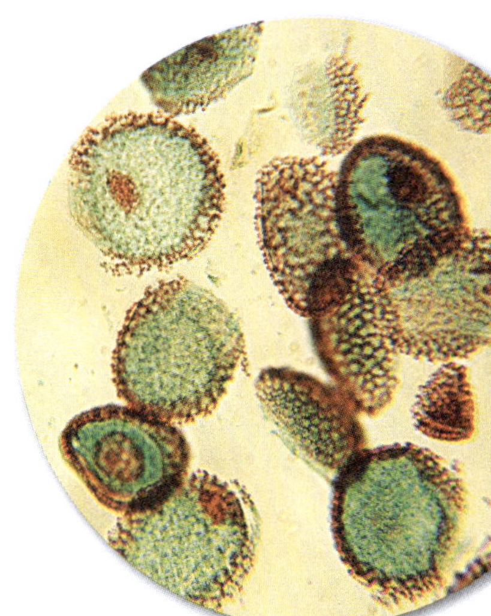

I grani di polline hanno una parete cellulare elaborata, che impedisce al polline di seccarsi. Il modello della parete cellulare differisce nel polline di diverse specie di piante.

- Le api raccolgono il polline sulle loro zampe posteriori per nutrire i loro piccoli.
- Un fiore può usare solo il polline che proviene dalla stessa specie di pianta.

Sorprendente!

Il polline dei fiori causa una reazione allergica in alcune persone. Si tratta della cosiddetta febbre da fieno.

Animali impollinatori

La maggior parte del polline è trasportato sui corpi degli insetti. Molti fiori tropicali usano i pipistrelli per trasportare il loro polline. Alcuni fiori si affidano all'impollinazione degli uccelli, come questo colibrì, che ha bisogno del nettare altamente energetico dei fiori per alimentare il suo rapido volo.

Semi

I semi sono le minuscole capsule dure da cui cresce la maggior parte delle nuove piante. I semi si sviluppano dall'uovo della pianta dopo che è stato fecondato dal polline. Ogni seme contiene una piccola pianta, più una riserva di cibo per tenerla in vita fino a quando non svilupperà le foglie per produrre il proprio cibo.

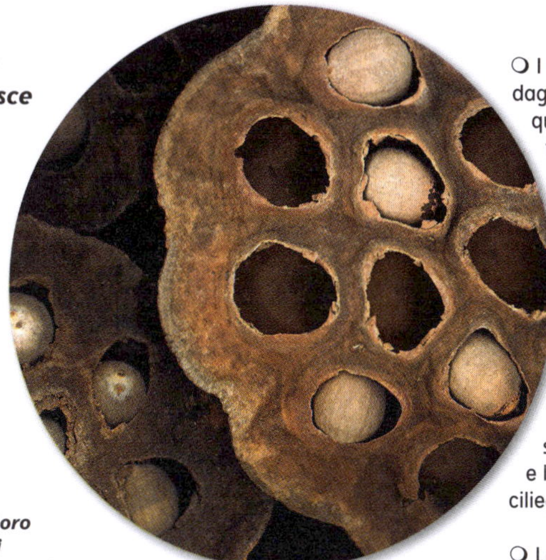

Le piante di loto sono piante acquatiche che producono i loro semi in una testa piatta. Quando i semi sono maturi, cadono in acqua e si lasciano trasportare.

- Tutte le 250.000 piante da fiore producono semi "chiusi". Si tratta di semi che crescono all'interno di sacche chiamate ovari, che si trasformano in un frutto intorno al seme.

- Le circa 800 conifere, cicadofite e gingko producono semi "nudi", il che significa che non ci sono frutti intorno a loro.

- Dopo la maturazione, i semi entrano in un periodo chiamato dormienza, durante il quale vengono sparsi e dispersi.

- I semi che cadono su un terreno sterile non crescono e non riescono a formare piante. Solo i semi che cadono in luoghi adatti cominceranno a crescere.

I semi di sicomoro hanno delle "ali" che li aiutano ad allontanarsi con il vento.

- I frutti sono spesso mangiati dagli animali. I semi si disperdono quando vengono espulsi nelle feci dell'animale. Alcuni semi si attaccano alla pelliccia degli animali. Hanno delle bave (piccole barbe) che si agganciano alla pelliccia, o anche un rivestimento appiccicoso. Frutti come gerani e lupini esplodono, facendo piovere semi in tutte le direzioni.

- Le drupe sono frutti carnosi i cui semi sono contenuti in "pietre" dure e legnose. Le drupe includono prugne, ciliegie, albicocche e pesche.

- Le noci, come le ghiande, sono frutti duri e secchi che contengono un solo seme.

Cosa sono i frutti?

Gli scienziati definiscono un frutto come l'ovario di una pianta dopo che gli ovuli sono stati impollinati e sono cresciuti diventando semi. I frutti carnosi, come le arance, hanno una polpa morbida e succosa. In altri frutti, come le nocciole e le mandorle, la polpa si trasforma in un guscio duro e secco. I frutti carnosi possono essere sia bacche, come le arance, che sono tutta carne, frutti aggregati, come le more, formati da molte bacche di un singolo fiore, o frutti multipli, come l'ananas, che è un singolo frutto da un intero capolino multiplo.

- Molti semi sono abbastanza leggeri da essere trasportati dal vento. I semi piumosi di alcune erbe sono così leggeri che possono essere sparsi per diversi chilometri.

- Alcuni semi possono essere dispersi dall'acqua. La loro parete di frutta contiene spazi d'aria o goccioline d'olio che li fanno galleggiare.

Le piante di rotolacampo si sradicano e rotolano nel vento per spargere i loro semi.

Come si forma un seme

Quando un grano di polline atterra sullo stigma di un fiore, fa crescere un tubo lungo lo stilo e nell'ovario. La punta del tubo pollinico si apre, rilasciando un nucleo maschile, che si unisce al nucleo femminile dell'ovulo. Questa unione è chiamata fecondazione, e la nuova cellula che si forma è l'inizio di un seme.

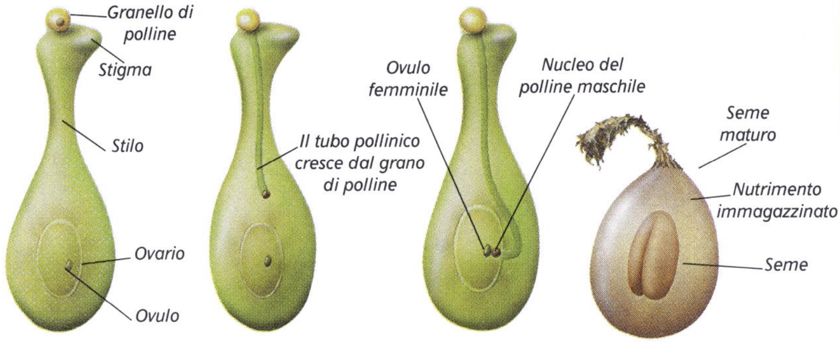

Quando i denti di leone maturano, formano dei semi piumosi che vengono spazzati via dal vento e fluttuano nell'aria come piccoli paracaduti.

Animali aiutanti

I semi vengono portati lontano dalla pianta madre per assicurarsi che non competano per lo stesso spazio, luce e acqua. Alcuni frutti si rendono attraenti per gli animali in modo da essere mangiati. Quando un animale mangia il frutto, dolce e succoso, i semi non vengono digeriti. Invece, lasciano il corpo dell'animale negli escrementi, e così ottengono una fornitura di letame per aiutare le nuove piante a crescere. Oltre a mangiare molti frutti e semi, gli scoiattoli li seppelliscono anche per avere cibo per l'inverno. A volte queste riserve di cibo sepolte vengono dimenticate, e i semi germogliano in nuove piante.

Le euforbie hanno grandi baccelli che si aprono quando sono pronte a rilasciare i loro semi.

Semi speciali

I frutti dell'olmo, del frassino, del tiglio e del carpino sono dotati di "alette" o "ali", che permettono loro di planare per distanze molto lunghe.

Il seme più grande del mondo proviene dalla palma a ventaglio gigante, o coco-de-mer, che cresce nelle isole Seychelles dell'Oceano Indiano. Un seme può pesare 20 kg.

Le sequoie giganti crescono da piccoli semi lunghi meno di 2 mm. Ci vorrebbero 271.000 semi di sequoia per arrivare a 1 kg.

I semi più piccoli del mondo sono quelli delle orchidee epifite. Sono necessari più di 990 milioni di semi per arrivare a 1 g.

- Le noci e le arachidi con il guscio non sono vere noci, ma semplicemente grandi semi.

- Le noci sono un alimento concentrato e nutriente, composto da circa il 50 per cento di grassi e il 10–20 per cento di proteine. Le arachidi contengono più energia alimentare dello zucchero e più proteine, minerali e vitamine del fegato.

Sorprendente!

Alcuni semi di loto sono germogliati dopo essere rimasti in uno stato dormiente (di riposo) per 400 anni.

Diffusione senza semi

Alcune piante crescono solo una volta, da un seme. Molte invece muoiono ogni anno ma ricrescono continuamente da parti della radice o del fusto. Questo fenomeno si chiama riproduzione vegetativa.

Tuberi di patata

Una pianta di patate sviluppa steli sotterranei, che si gonfiano con il nutrimento immagazzinato sulle punte per formare tuberi, chiamati patate. Gli "occhi" della patata possono crescere in nuove piante usando il nutrimento immagazzinato. Si tratta dei germogli presenti sul gambo gonfio.

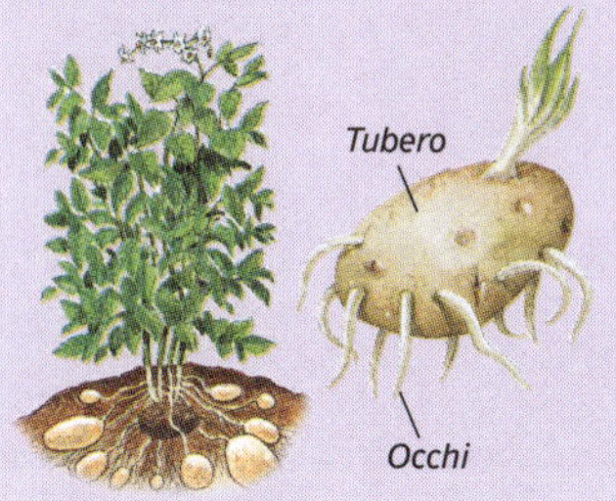

I narcisi sono tipiche piante monocotiledoni, con lunghe foglie lanceolate e petali a tre. I bulbi dei narcisi immagazzinano cibo durante l'inverno e in primavera forniscono alla pianta l'energia necessaria per sviluppare nuove foglie e fiori.

- Piante come i lupini crescono sulla base di un vecchio stelo. Con l'età, lo stelo si allarga e il centro muore, lasciando un anello di piante separate intorno all'esterno.

- Il gigalo scuro si sviluppa da uno stelo sotterraneo gonfio, chiamato cormo. Un cormo ha una forma rotonda ed è coperto da sottili scaglie o foglie.

- I tuberi conservano l'amido di una stagione di crescita per alimentare la crescita precoce in quella successiva.

- Le piante possono anche riprodursi inviando lunghi steli, chiamati stoloni, che strisciano sul terreno, o polloni, che crescono sotto terra.

- I fusti spinosi e legnosi delle piante di rovo crescono fino a 3 m di lunghezza, spesso si inarcano e si radicano sul terreno.

- Molte piante si diffondono per mezzo di steli sotterranei rampicanti chiamati rizomi. Questi formano dei germogli che si spingono verso l'alto attraverso il terreno mentre crescono gli steli.

- I tulipani si sviluppano dai bulbi, steli sotterranei accorciati che conservano il nutrimento nelle loro scaglie carnose.

La celidonia minore, uno dei primi fiori di bosco dell'anno, è in grado di fiorire presto sfruttando l'energia immagazzinata nei suoi tuberi sotterranei.

Piante nuove dalle vecchie

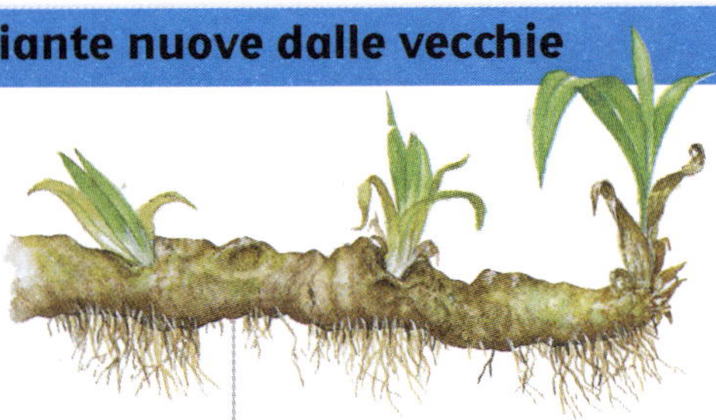

Piante come l'iris spuntano da fusti spessi chiamati rizomi, che crescono lateralmente sotto il terreno.

I bulbi d'aglio sono separati in quattro o cinque segmenti chiamati spicchi. I bulbi e i cormi producono piccoli bulbi e cormi attaccati al bulbo madre. Questi possono essere staccati e fatti crescere in nuove piante.

I bulbi, come quelli di tulipani, narcisi e cipolle, sembrano cormi, ma in realtà sono fatti di foglie gonfie avvolte intorno a un corto stelo sotterraneo. Questo è il motivo per cui i bulbi hanno degli strati.

Alcuni fiori, come i crochi e i gladioli, hanno una base bulbosa nel loro stelo, chiamata cormo.

- I tulipani sono piante monocotiledoni che producono una grande fioritura a forma di campana alla fine di ogni stelo. Esistono circa 100 specie di tulipani selvatici che crescono in tutta l'Asia.

- Carolus Clusius creò un giardino fiorito a Leida, in Olanda, alla fine del XV secolo. Qui vennero coltivati i primi tulipani dalla Cina, dando vita all'industria olandese dei bulbi.

- Le patate venivano coltivate in Sud America 1800 anni fa. Vennero portate in Europa dagli spagnoli nel XVI secolo.

Sorprendente!

Le nuove piante di fragola spuntano da steli lunghi e spinosi chiamati stoloni, che crescono in superficie.

I gigli, come questi gigli tigrati, crescono anche da bulbi. I gigli sono una delle più grandi e importanti famiglie di fiori, composta da circa 4.000 specie.

Germogli dalle radici

Il prugnolo selvatico è un arbusto deciduo e spinoso che spesso forma dense boscaglie producendo germogli (polloni) dalle radici. Appartiene alla famiglia delle rose ed è un antenato dei prugni da giardino.

Crescita

All'interno di un seme c'è una piccola pianta, o embrione, che aspetta di crescere. Quando il seme si deposita nel terreno, assorbe l'acqua, si gonfia e si apre in modo che la nuova pianta possa crescere. Questo processo è noto come germinazione.

❍ Alcuni semi, come quelli degli eucalipti, devono essere bruciati dal fuoco prima di germinare.

❍ Le palme da cocco crescono sulle spiagge tropicali e le noci di cocco cadono e germogliano sulla spiaggia. Possono anche cadere in mare e a volte viaggiano per 2.000 km seguendo diverse correnti oceaniche prima di finire su un'altra spiaggia calda, dove possono germogliare e dare vita a una nuova palma da cocco.

Sorprendente!

Alcuni bonsai hanno centinaia di anni, anche se sono ancora alberi molto piccoli.

I tronchi di palma non diventano più spessi come i tronchi d'albero; semplicemente diventano più alti. Alcune palme hanno tronchi non più grandi di una matita; altre sono alte 60 m e larghe 1 m.

❍ Quando una nuova pianta ha esaurito la riserva di cibo nel suo seme, deve trovare un'altra fonte di cibo. La radice assorbe acqua e minerali, così da crescere abbastanza forte da tenere la pianta al suo posto. Il germoglio cresce verso la luce, in modo che le prime foglie possano produrre cibo.

L'albero dà nuova vita

Nelle foreste gli alberi muoiono in continuazione. In passato, le guardie forestali eliminavano gli alberi morti o abbattevano quelli che stavano morendo. Ma ora è diventato chiaro che questi alberi giocano un ruolo vitale nell'ecosistema dei boschi. Man mano che l'albero in decomposizione viene scomposto, non solo fornisce cibo per piante, funghi, insetti e batteri, ma arricchisce anche il suolo.

❍ Solo alcune parti della pianta, chiamate meristemi, possono crescere. Di solito corrispondono alle punte dei germogli e delle radici. Dato che una pianta cresce alle estremità, i germogli e le radici diventano man mano più lunghi. Questo fenomeno è noto come crescita primaria. In seguito, nel corso della sua vita una pianta può crescere diventando più spessa o ramificare.

Centinaia, o anche migliaia, di semi di papavero a volte germogliano insieme, riempiendo prati e campi coltivati con tappeti di fiori colorati.

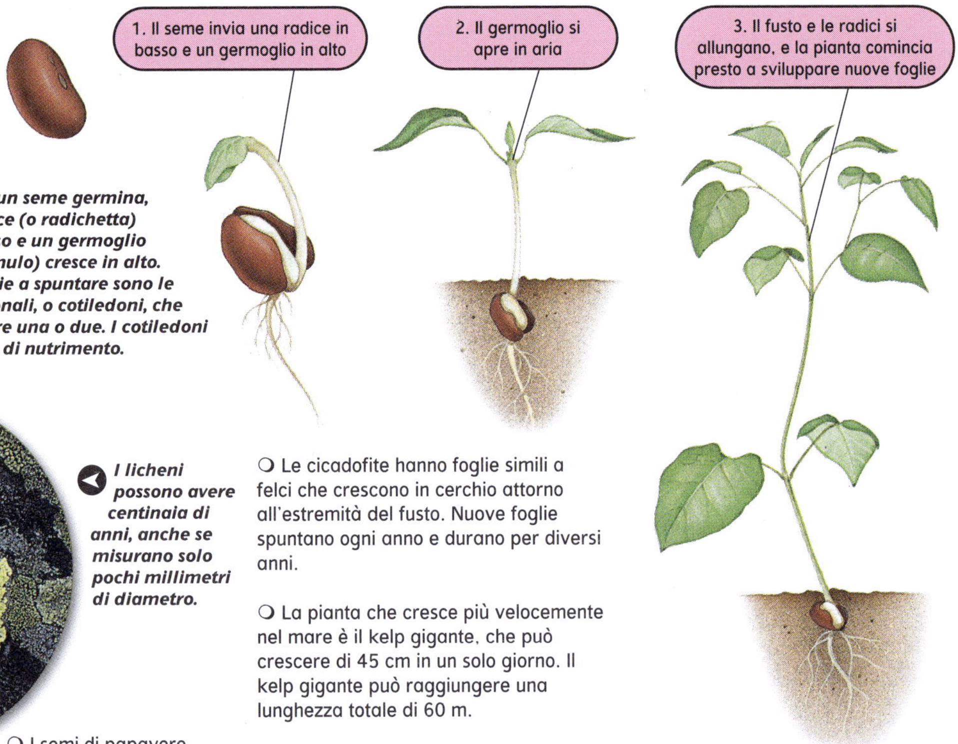

Quando un seme germina, una radice (o radichetta) cresce in basso e un germoglio verde (o plumulo) cresce in alto. Le prime foglie a spuntare sono le foglie embrionali, o cotiledoni, che possono essere una o due. I cotiledoni sono depositi di nutrimento.

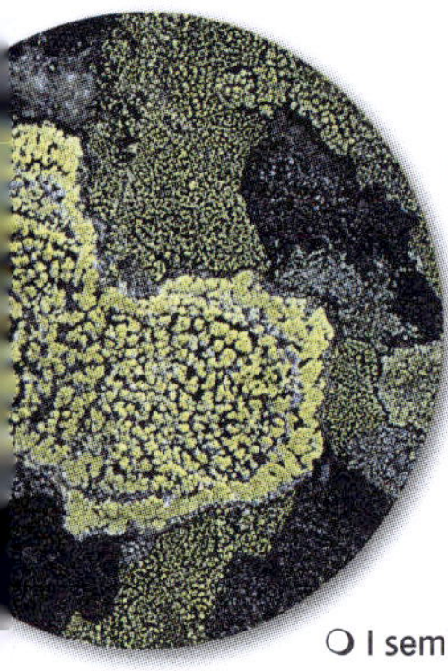

I licheni possono avere centinaia di anni, anche se misurano solo pochi millimetri di diametro.

- Le cicadofite hanno foglie simili a felci che crescono in cerchio attorno all'estremità del fusto. Nuove foglie spuntano ogni anno e durano per diversi anni.
- La pianta che cresce più velocemente nel mare è il kelp gigante, che può crescere di 45 cm in un solo giorno. Il kelp gigante può raggiungere una lunghezza totale di 60 m.
- Gli alberi di quercia possono vivere per un migliaio di anni o più, e crescere fino a 40 m di altezza. In Europa, le querce sono gli alberi più antichi.
- I semi di papavero possono rimanere sepolti nel terreno per anni, finché non vengono portati in superficie dall'aratura, permettendo loro di germinare.
- La maggior parte dei licheni sono a crescita estremamente lenta. Il colorato lichene delle rocce *Acarospora chlorophana* cresce solo di pochi millimetri ogni secolo.
- In piante come la fava, i cotiledoni (foglie embrionali) rimangono sottoterra.
- La pianta della welwitschia, proveniente dai deserti dell'Africa meridionale, può vivere fino a 2.000 anni.

La capitozzatura è il taglio dei rami più alti di un albero in modo che i nuovi germogli crescano dal tronco alla stessa lunghezza. I segni della capitozzatura sono facili da vedere negli alberi durante l'inverno, in assenza di foglie.

Crescita dell'eucalipto

Gli alberi di eucalipto, o alberi della gomma, crescono meglio in luoghi caldi che presentano stagioni umide e secche alternate, come l'Australia e gli Stati Uniti meridionali. In inverno, gli eucalipti smettono semplicemente di crescere e non producono nuovi germogli. Le foglie di eucalipto forniscono al koala il suo alimento base, ma possono essere dannose per altri animali.

Cicli di vita

Ogni specie adotta un ciclo di vita che massimizza le sue possibilità di sopravvivenza. Alcune piante, chiamate annuali, crescono dai semi, producono i propri fiori e semi, e muoiono entro un solo anno. Altre, conosciuti come biennali, completano il loro ciclo di vita in due anni. Le piante chiamate perenni vivono per molti anni.

Sorprendente!

La maggior parte delle piante perenni si diffondono inviando germogli dalle loro radici, che si sviluppano in nuovi steli.

- Con una pianta annuale, la formazione di fiori, frutti e semi esaurisce le riserve alimentari della pianta, quindi le parti verdi muoiono.
- Le annuali hanno radici poco profonde, in modo che possano colonizzare rapidamente il terreno nudo.
- La lobelia, una pianta annuale, era un tempo usata dai nativi americani come erba medicinale.
- Una biennale fiorisce nel suo secondo anno. Nel primo anno, costruisce una riserva di cibo sotterranea, come un bulbo o una radice a fittone, per far sopravvivere la pianta all'inverno.

Le piante perenni delle regioni temperate (fresche) – come astri, iris, erysimum, lupini, peonie e primule – hanno bisogno di un inverno freddo per incoraggiare la crescita di nuovi germogli in primavera.

Semi annuali

Appena si forma un seme, c'è una piantina vivente al suo interno. Il seme di una pianta annuale può cadere dalla pianta madre in autunno e restare tutto l'inverno nel terreno. La primavera seguente, la piantina spunta dal seme e cresce costantemente per alcuni mesi. Infine produce dei fiori e, dopo che i suoi semi si sono formati e diffusi, la pianta muore. La maggior parte delle colture sono annuali, compresi piselli e fagioli, zucche e cereali come il mais e il grano. Anche molte erbacce sono annuali.

Le piante perenni, come i tulipani, hanno una spessa riserva sotterranea di nutrimento, chiamata bulbo, cormo o rizoma che rimane in vita durante l'inverno, quando il resto della pianta è morto.

- Le piante perenni possono non fiorire il primo anno, ma in seguito fioriranno ogni anno.
- Poiché fioriscono per molti anni, le piante perenni non hanno bisogno di produrre molti semi per sopravvivere.
- Alcune piante perenni sono erbacee, cioè hanno steli morbidi. Gli steli appassiscono alla fine di ogni estate, e nuovi steli crescono la primavera successiva.
- Le piante erbacee perenni passano l'inverno come bulbi, cormi, tuberi, radici e rizomi sotterranei dormienti.
- Altre piante perenni hanno fusti legnosi, come alberi, arbusti e viti. I loro steli rimangono vivi e crescono più a lungo a ogni stagione di crescita.
- Le piante perenni legnose passano l'inverno sopra la terra, ma smettono di crescere in questo periodo.
- Una perenne legnosa fiorirà solo quando sarà diventata una pianta matura, il che può richiedere molti anni.

Effimere

Il seme della pianta della borsa del pastore germoglia subito dopo essere atterrato nel terreno. Tali piante crescono rapidamente, fioriscono, spargono semi e muoiono in poche settimane e sono chiamate piante effimere. Durante l'anno si susseguono uno dopo l'altro svariati cicli di vita della borsa del pastore. Questo significa che i semi sono sparsi in giro a intervalli regolari, quindi c'è una migliore possibilità che alcuni possano trovare un posto per crescere.

Annuali	Biennali	Perenni
Papavero	Erysimum	Astro
Lobelia	Garofani	Iris
Petunia	Garofano dei poeti	Lupinus
Ranuncolo	Primula	Narciso
Girasole	Barbabietola	Begonia
Piselli e fagioli	Carota	Violetta africana
Cucurbita	Digitale	Glossinia
Mais	Lunaria	Aquilegia
Grano	Non-ti-scordar-di-me	Quercia

Cicli di vita brevi

Le annuali, come i papaveri, completano il loro ciclo di vita in una sola stagione di crescita; le biennali, come il gigaro chiaro, lo completano in due. Le annuali e le biennali sono utilizzate spesso dai giardinieri. Facili da coltivare, esistono in molti colori e dimensioni.

Annuali

Una pianta annuale investe la sua energia per riprodursi il più rapidamente possibile. La pianta madre muore poco dopo la dispersione dei suoi semi. L'intero ciclo – dal seme alla pianta che cresce e fiorisce e di nuovo al seme – non dura più di un anno.

Capsula di semi

La piantina germoglia

Si sviluppano i boccioli

Si formano i fiori della pianta e i semi di papavero

Biennali

Le biennali formano una radice, forse un breve stelo e una rosetta di foglie nel primo anno. La loro riserva di cibo assicura che possano continuare il loro sviluppo l'anno seguente, quando fioriscono, formano i semi e poi muoiono, completando il loro ciclo vitale.

Il gigaro chiaro cresce per un anno

Si sviluppano i boccioli

I fiori cominciano ad aprirsi

La pianta fiorisce

I fiori si impollinano e vengono fecondati

I semi si formano e vengono dispersi

I semi crescono nella terra

La piantina germoglia

Giovane pianta

❍ Le piante perenni tropicali, come le begonie, moriranno se lasciate all'aperto negli inverni temperati.

❍ I polyanthus sono un incrocio tra due piante perenni: la primula e la primula odorosa.

❍ Le effimere (piante di breve durata), come la gramigna o il senecione, possono occupare rapidamente il terreno nudo e diventare erbacce (piante infestanti).

Gli steli delle piante perenni legnose non appassiscono, ma la maggior parte perde le foglie in autunno.

Piante acquatiche

Una pianta è composta da più del 90 % d'acqua. Non è sorprendente che le piante vivano bene in acqua, a condizione che siano abbastanza esposte alla luce solare. Alcune galleggiano in superficie, altre radicano sul fondo di stagni o ruscelli.

- Le ninfee giganti hanno foglie enormi con i bordi rovesciati, come una padella poco profonda, per tenerle a galla.

- Molte piante simili all'erba crescono nell'acqua, tra cui canne, millefogli d'acqua, iris e giunchi, come gli scirpi e le tife.

- I carici sono come le erbe, ma hanno steli solidi e triangolari. Crescono in luoghi umidi vicino alle rive.

- I giunchi hanno foglie lunghe e cilindriche e crescono in cespi in luoghi umidi lungo la riva.

- Le cannucce di palude sono erbe alte con steli rotondi, foglie piatte e fiori violacei. Crescono in letti densi in acque aperte.

- Le piante galleggianti, come le lemnaceae e il limnobium, sono comuni nelle paludi. Nei fiumi, verrebbero trasportate via dalla corrente.

I giacinti d'acqua sono fiori d'acqua viola diffusi in America. Crescono rapidamente e possono intasare i corsi d'acqua lenti.

- Gli equiseti d'acqua sono parenti moderni di piante che dominavano le vaste paludi del periodo Carbonifero, 360–286 milioni di anni fa.

Papiro

Il papiro è una pianta acquatica alta e simile all'erba che cresce nel fiume Nilo in Africa. Gli steli venivano arrotolati in modo da renderli piatti dagli Antichi Egizi per poterci scrivere sopra. La parola 'carta' viene dal greco charta *papyri*, che significa foglio di papiro.

I cipressi delle paludi, o cipressi calvi, crescono nelle zone paludose del Nord America. I loro tronchi sono larghi alla base, il che aiuta a sostenerli nel fango scivoloso. Le loro radici crescono come "ginocchia" a forma di cono sopra l'acqua per prendere aria, dato che il fango liquido non contiene molto ossigeno.

Gli alberi di mangrovia aiutano a proteggere le coste tropicali intrappolando il fango con le loro radici e impedendo che la terra sia spazzata via dalle maree o dalle tempeste.

Le alghe crescono sulle rive rocciose o sott'acqua vicino alla costa. Si aggrappano alle rocce per evitare di essere spazzate via. La parte che tiene l'alga ancorata alla roccia si chiama aptere e assomiglia a una radice. Afferra la roccia saldamente come una ventosa. Le alghe hanno fronde (foglie) dure e coriacee per resistere ai colpi delle onde. I loro corpi flessibili possono muoversi nelle correnti d'acqua senza rompersi.

I giunchi producono grappoli di piccoli fiori verdi o marroni, impollinati dal vento. Le parti del fiore sono disposte in gruppi da sei.

Sorprendente!

I giacinti d'acqua crescono così rapidamente che possono raddoppiare di numero ogni dieci giorni.

- Le alghe sono generalmente rosse, verdi o brune. Le alghe rosse sono piccole e simili a felci, e crescono a 30–60 m di profondità nei mari tropicali. Le alghe brune, come il kelp gigante, sono grandi e crescono fino a profondità di circa 20 m, soprattutto in acqua fredda. Le alghe verdi di piccole e medie dimensioni si trovano in pozze e tra le rocce costiere nelle regioni temperate e tropicali.

- Alcune alghe, come la quercia marina, hanno tasche di gas per aiutare le loro fronde (foglie) a galleggiare.

Un numero enorme di uccelli selvatici, compresi gli svassi maggiori, trascorrono l'inverno nei canneti. In molte parti del mondo, le canne vengono tagliate e utilizzate come materiale per i tetti.

Ninfee

Le foglie piatte delle ninfee galleggiano sulla superficie dell'acqua. All'interno della pianta, ci sono molti spazi d'aria per aiutarla a galleggiare. L'acqua scorre facilmente sulla superficie cerosa delle foglie, il che impedisce che si impregnino d'acqua. I pori di respirazione (stomi) sono sulla superficie superiore della foglia, invece che sotto, come nelle piante terrestri. Questo permette ai gas necessari alla respirazione e alla fotosintesi di passare facilmente dall'aria alla foglia. I gambi delle foglie di ninfea sono flessibili, ed è meno probabile che si spezzino con l'acqua che scorre.

Deserto e prateria

Le praterie si formano dove non c'è abbastanza pioggia per far crescere gli alberi. Qui di solito si alternano una lunga stagione secca e una breve stagione delle piogge. Un deserto è un luogo dove cade poca pioggia. Le piante non prosperano senza un terreno ricco di minerali e acqua sufficiente.

❍ Le praterie coprono quasi un quarto della superficie terrestre.

❍ Le praterie temperate comprendono le praterie del Nord America, le pampas del Sud America, le steppe dell'Eurasia. La prateria tropicale dell'Africa è conosciuta come savana.

❍ L'erba dei prati è la più comune di tutte le erbe, si trova nelle praterie di tutto il mondo e nei prati dei giardini.

Cactus saguaro

Gli enormi cactus saguaro dell'Arizona e della California negli Stati Uniti e del Messico possono vivere più di 200 anni. Di solito le caratteristiche "braccia" non spuntano prima dei 75 anni di vita. Le pieghe del gambo si espandono come una fisarmonica quando il cactus si impregna d'acqua. Fino al 90 per cento del peso di un cactus proviene dall'acqua immagazzinata nel suo stelo carnoso.

Nelle praterie della savana africana, diversi animali al pascolo evitano di competere per il cibo mangiando erba di altezze diverse. Le zebre, per esempio, mangiano l'erba alta, mentre gli gnu mangiano i germogli centrali e le gazzelle si accontentano dei germogli più bassi.

❍ I molti fiori della prateria includono liatris, echinacee, girasoli, astri e solidago.

❍ Le praterie eurasiatiche fioriscono con vecce, trifogli e orchidee, oltre a molti tipi di erbe.

❍ Quando le praterie vengono distrutte dall'agricoltura intensiva, il suolo può essere spazzato via dal vento.

❍ Molti alberi da prato sono detti sclerofilli. Questo significa che hanno foglie e steli duri per risparmiare acqua.

❍ Il mesquite ha radici che possono raggiungere profondità fino a 50 m.

❍ Le fenestrarie crescono praticamente sottoterra. Piante a forma di sigaro, spuntano nel terreno, lasciando solo una piccola "finestra" verde in superficie per catturare la luce del sole.

Anche i cactus ricorrono all'impollinazione: a distanza di qualche anno, producono grandi fioriture colorate per attirare gli insetti.

Benefici reciproci

Le praterie dell'Africa ospitano mandrie di animali al pascolo. Arrivano quando le piogge rendono verdi le praterie con le nuove piante e mangiano l'erba. Ma anche l'erba ne beneficia: gli animali producono grandi quantità di escrementi che arricchiscono il suolo di sostanze nutritive.

❍ L'albero faretra lascia cadere i suoi rami per risparmiare acqua in tempi di siccità.

❍ Durante la breve stagione delle piogge, l'erba cresce e la terra diventa verde con le nuove crescite e fiori dai colori vivaci coprono il terreno. I fiori creano i semi, ma si seccano e muoiono quando le piogge si fermano.

❍ Alcune piante del deserto in fiore sono visibili solo per pochi giorni. I loro semi restano inattivi nel terreno, forse per anni, finché non arrivano le piogge. Poi le piante germogliano e fioriscono rapidamente. Questi fiori a crescita rapida sono chiamati effimere. Il loro intero ciclo di vita – da una generazione di semi alla successiva – può durare solo due o tre settimane.

❍ Le piante del deserto hanno sviluppato degli adattamenti speciali per impedire all'acqua di evaporare dalle loro foglie. La maggior parte ha foglie piccole, dure, con un rivestimento resistente. La superficie ridotta significa che ci sono meno foglie esposte alla luce calda del sole, il che fa evaporare l'acqua della pianta. Altre piante del deserto, come i cactus, non hanno foglie.

❍ Nella maggior parte dei deserti crescono piante con adattamenti speciali per far fronte al calore del giorno e alla mancanza d'acqua. Gli adattamenti includono radici profonde, la capacità di raggiungere l'acqua molto in profondità, o radici diffuse che coprono una vasta area vicino alla superficie. Le radici poco profonde sono in grado di assorbire rapidamente l'umidità superficiale da forti rugiade e piogge occasionali. Gli steli gonfi sono anche utilizzati per immagazzinare acqua preziosa.

Sorprendente!

Nelle praterie della savana africana, l'erba elefantina può crescere fino a 4 m di altezza.

Le piante più grandi nella maggior parte dei deserti sono chiamate succulente. I loro fusti spessi e carnosi o le foglie immagazzinano acqua per aiutare la pianta a sopravvivere ai periodi di siccità.

Erbe del mondo

Molte erbe si riproducono propagando steli sotterranei o lunghi germogli, da cui cresce una nuova pianta. Se la parte superiore dell'erba viene tagliata, mangiata o bruciata, nuova erba cresce dai germogli sottoterra.

Themeda triandra
Savana africana

Spinifex
Cespuglio dell'Australia centrale

Gramigna pettinata
Steppe russe

Paspalum dilatatum
Pampa sudamericana

Bouteloua gracilis
Praterie del Nord America

Foresta pluviale

Le foreste pluviali tropicali sono calde e umide, con oltre 2.000 mm di pioggia all'anno e temperature medie superiori ai 20 °C. Queste condizioni le rendono gli habitat vegetali più ricchi del mondo. Le piante da fiore hanno avuto origine nelle foreste pluviali tropicali.

- La maggior parte degli alberi della foresta pluviale sono latifoglie e sempreverdi.
- Gli alberi della foresta amazzonica includono il palissandro, il noce del Brasile, la gomma, il mirto e l'alloro, oltre alle palme. Gli alberi della foresta pluviale africana includono mogano, ebano, limba, wenge, agba, iroko e sapele.

Gli alberi della foresta pluviale sono ricoperti di epifite — piante con radici che non raggiungono il suolo, ma che prendono acqua e minerali dall'acqua piovana e dai detriti vegetali che cadono su di loro.

Sorprendente!

La metà della foresta pluviale rimanente nel mondo rischia di scomparire entro pochi anni se si continuerà a tagliarla al ritmo attuale.

Foresta amazzonica

Coprendo gran parte dell'area settentrionale del Sud America, la foresta amazzonica ospita più specie di piante e animali di qualsiasi altro posto sulla Terra. Per questo motivo, gli ambientalisti fanno di tutto per proteggere le aree di foresta pluviale a rischio di essere abbattute da chi intende coltivarle o costruirvi insediamenti.

- Molte piante della foresta pluviale hanno fiori grandi e luminosi per attirare uccelli e insetti nell'oscurità. I fiori impollinati dagli uccelli sono spesso rossi, quelli delle falene notturne bianchi o rosa e quelli degli insetti diurni gialli o arancioni.

La maggior parte delle foreste pluviali riceve tra 150 e 400 cm di pioggia ogni anno. Le piante crescono rapidamente nelle condizioni calde e umide. Per esporre le loro foglie alla luce del sole (per produrre nutrimento con la fotosintesi), alcuni alberi della foresta pluviale crescono fino a 50 m di altezza.

Le radici della pianta del fico strangolatore crescono intorno alle radici degli alberi della foresta pluviale, "strangolandoli" e sottraendo loro l'acqua. L'albero muore, lasciando le radici di fico come un "tronco" cavo.

- Il buio fa sì che molte piante abbiano bisogno di grandi semi per immagazzinare abbastanza cibo mentre crescono. Producono frutti fragranti che attirano gli animali, che mangiano i frutti e diffondono i semi con i loro escrementi. I pipistrelli della frutta sono attratti dai manghi.
- Molti alberi coltivano fiori sui loro tronchi per renderli facilmente raggiungibili dagli animali. Questo tecnica è chiamata caulifloria.
- Molte piante sono parassite, si nutrono di altre piante, come il vischio e la rafflesia.
- Le epifite sono spesso conosciute come "piante d'aria", perché sembrano vivere nell'aria, non essendo attaccate né al suolo né a fonti di nutrimento.

Noci del Brasile

Le noci del Brasile sono raccolte dagli alberi della foresta pluviale quando cadono sul suolo della foresta. Le noci si sviluppano all'interno di una capsula rotonda e legnosa che assomiglia a una grande noce di cocco. All'interno di ogni capsula ci sono 8–24 noci, disposte come le sezioni di un'arancia. Le noci vengono estratte dalle capsule ed essiccate al sole.

- Le epifite nelle foreste tropicali includono varie orchidee, felci e bromeliacee.
- Alcune foreste tropicali ricoprono i fianchi delle montagne. Gli alberi qui sono più bassi, e più piante crescono su o vicino al terreno. Le foreste pluviali di montagna più alte sono chiamate foreste di "nuvole", perché gran parte di esse è coperta da nuvole basse, che forniscono umidità a tutti i tipi di muschi, felci ed erbe.
- Molti alberi della foresta pluviale hanno una relazione simbiotica con i funghi che vivono sulle loro radici. I funghi ottengono energia dagli alberi, e in cambio forniscono loro fosforo e altri nutrienti.
- Alcune formiche che vivono nelle foreste pluviali, come le formiche tagliafoglie e le formiche raccoglitrici, foderano i loro nidi di foglie. Le formiche tagliano le foglie per fornire cibo ai funghi. Questi, a loro volta, forniscono loro nutrimento.

Le foglie degli alberi più alti formano un livello superiore discontinuo nella foresta pluviale, chiamato strato emergente. La luce del sole che passa tra questi alberi permette la crescita di un secondo strato più basso e uniforme. Questa è la calotta principale, ed è la parte più densa della foresta pluviale. La calotta è un groviglio di viti ed epifite. Questo strato blocca la maggior parte della luce solare rimanente, quindi gli strati più bassi della foresta – sul terreno o vicino a esso – hanno poche piante. Vi crescono alcune piantine, così come funghi e altri organismi che non hanno bisogno di molta luce.

I frutti di durian attirano i mammiferi, come gli oranghi, con il loro strano odore. I mammiferi mangiano il frutto del durian e contribuiscono a disperderne i semi nei loro escrementi.

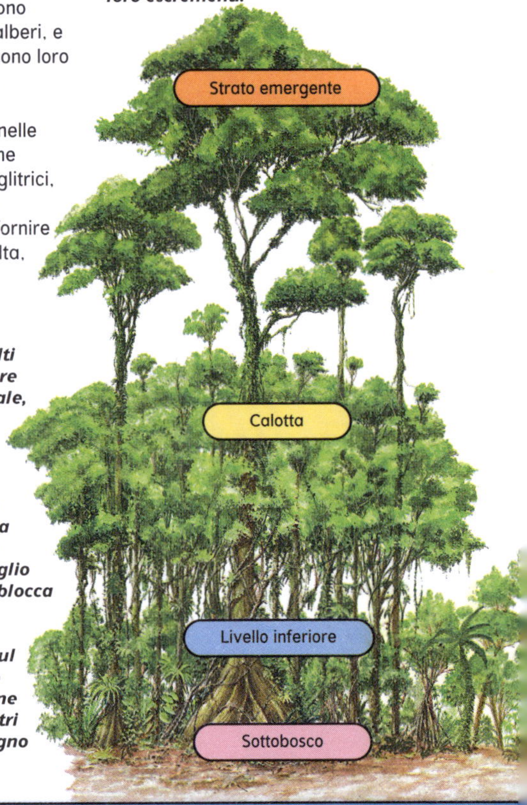

Foreste di conifere

Le foreste di conifere sempreverdi delle regioni fresche che confinano con il circolo polare artico – come il nord dell'Asia, l'Europa settentrionale e il Nord America – sono chiamate foreste boreali. La parola boreale significa "settentrionale". Gli inverni nelle regioni boreali sono lunghi e molto freddi.

Legno tenero

Il legno tenero è il legname che proviene da alberi di conifere come il pino, il larice, l'abete e l'abete rosso. Tra il 75 e l'80 per cento delle foreste naturali dell'Asia settentrionale, dell'Europa e degli Stati Uniti è costituito da alberi di legno tenero. I pini crescono velocemente e dritti, raggiungendo la loro piena altezza in meno di 20 anni – ecco perché forniscono il 75% del legname mondiale.

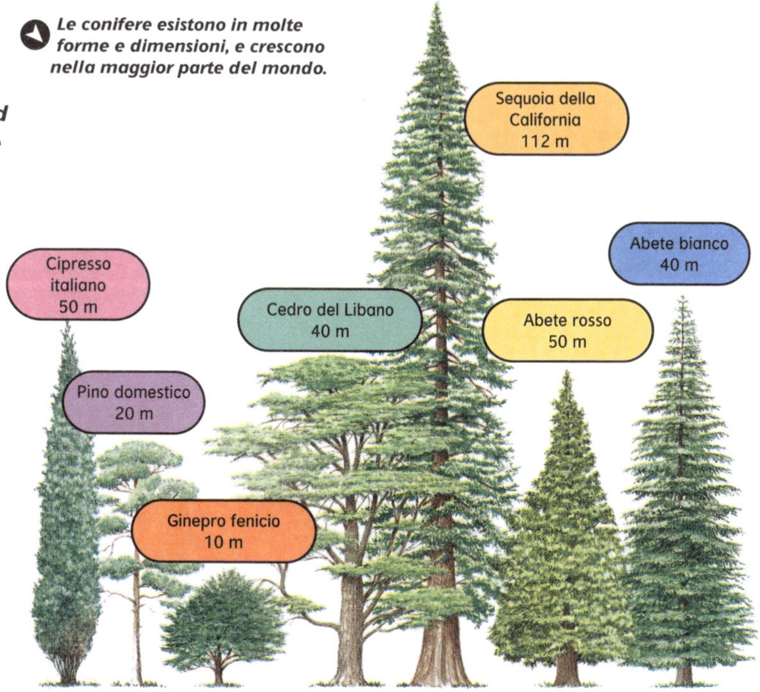

Le conifere esistono in molte forme e dimensioni, e crescono nella maggior parte del mondo.

- Per nove mesi l'anno le foreste boreali sono fredde e buie, ma prendono vita nel breve calore dei tre mesi estivi.

- In Russia e in Siberia, la foresta boreale è chiamata taiga, una parola russa che significa "bastoncini".

- Molte conifere sono a forma di cono, il che le aiuta a liberarsi della neve dai rami in inverno.

- La forma aghiforme e il rivestimento ceroso delle foglie delle conifere aiuta l'albero a risparmiare acqua.

- I pini morbidi, o bianchi, come i pini di Lambert e i pini del Colorado, fanno crescere i loro aghi in fasci da cinque, e producono poca resina.

Gli alberi di Natale sono di solito abeti. La moderna tradizione dell'albero di Natale è iniziata in Germania, ma l'uso di alberi sempreverdi come simbolo di vita eterna era un'antica usanza degli Egiziani, dei Cinesi e degli Ebrei.

Le foreste boreali sono principalmente conifere sempreverdi come il pino (specialmente il pino silvestre), l'abete rosso, il larice e l'abete. Molte conifere sono immediatamente riconoscibili dalle loro forme coniche, le loro foglie sempreverdi, simili ad aghi e le loro pigne marrone scuro.

❍ I pini duri o gialli, come i pini silvestri e i pini neri, fanno crescere i loro aghi in fasci da due o tre, e producono molta resina.

❍ I pini eurasiatici includono il pino silvestre, il pino nero, il pino nero giapponese, il pino marittimo e il pino domestico.

❍ I pini nordamericani includono pini bianchi americani, pini di Lambert, pini domestici, pini del Colorado, pini gialli, pini di Monterey, pini di Banks e pinus contorta.

❍ Il pino di Lambert è il più grande di tutti i pini, spesso cresce fino a 70 m di altezza e 3,5 m di spessore. Il pino bianco americano ha un legno bianco pregiato e fine.

❍ Altri alberi della foresta nordamericana includono abeti balsamici e abeti neri.

❍ Gli alberi della foresta boreale riescono a riprendersi facilmente dopo un incendio. Le pigne del pino di Banks e dell'abete nero si aprono per rilasciare i loro semi solo dopo un incendio.

Le foglie delle conifere possono essere a scaglie, come qui, o ad aghi. Le foglie simili a scaglie si aggrappano allo stelo.

Le pigne delle conifere sono verdi all'inizio, ma diventano marroni quando maturano. Con il clima caldo e secco, le scaglie della pigna si aprono per rilasciare i semi di conifera, che vengono soffiati via dal vento su ali di carta.

Sottobosco

Poiché gli alberi delle foreste di conifere crescono molto vicini e mantengono le loro foglie tutto l'anno, poca luce raggiunge il sottobosco, quindi solo muschi, licheni e altre piccole piante possono crescervi. Il suolo nelle foreste di conifere di solito si congela una volta all'anno, rendendo difficile per le piante assorbire l'acqua.

Nelle foreste boreali più fredde, l'acqua – di cui tutte le piante hanno bisogno per sopravvivere – è bloccata sotto forma di ghiaccio per tutto l'inverno. Per adattarsi a queste condizioni, le conifere hanno sviluppato foglie sottili e aghiformi. La forma stretta delle foglie permette a poca acqua di evaporare, così l'albero è in grado di conservare le sue scorte d'acqua per sopravvivere al gelido inverno. Le conifere sono sempreverdi, il che significa che le loro foglie non cadono di anno in anno.

Sorprendente!

Le foreste boreali coprono circa 1,5 miliardi di ettari – circa l'11% della superficie terrestre.

Boschi di latifoglie

Le foreste di latifoglie e alberi decidui crescono nelle regioni temperate come il Nord America, l'Europa occidentale e l'Asia orientale, dove ci sono estati calde e umide e inverni freddi. Pochissimi boschi in Europa sono interamente naturali; la maggior parte sono boschi "secondari", che crescono su terreni un tempo disboscati per le fattorie.

La farnia è probabilmente l'albero britannico più comune e cresce fino a 35 m di altezza. Le ghiande hanno lunghi gambi, chiamati peduncoli.

- Nell'umida Europa occidentale, gli alberi di faggio dominano i boschi su terreni ben drenati e poco profondi, soprattutto su terreni gessosi; le querce preferiscono terreni argillosi profondi. Gli ontani crescono in ambienti sommersi.
- Nell'Europa orientale più secca, i faggi sono sostituiti da rovere e carpino, e in Russia dai tigli.
- Nei boschi nordamericani, il faggio e il tiglio sono più rari che in Europa, mentre le querce, i noci americani e gli aceri sono più comuni.
- Ippocastani e liriodendri dominano nei monti Appalachi del Nord America.
- Una vasta gamma di arbusti cresce sotto gli alberi nei boschi di latifoglie tra cui corniolo, agrifoglio e magnolia, così come i fiori del bosco.

Sorprendente!

In una quercia matura si possono trovare circa 300 specie di insetti e fino a 40.000 bruchi.

Molta luce riesce a filtrare attraverso gli alberi decidui, pertanto nei boschi crescono tutti i tipi di cespugli e fiori, che spesso fioriscono in primavera prima che gli alberi sviluppino le loro foglie. Le campanule possono crescere così vicine da decorare i boschi primaverili con uno straordinario tappeto di fiori blu-violacei brillanti.

Campanula

Funghi del sottobosco

Molte specie diverse di funghi crescono nell'ambiente scuro e umido del sottobosco. Si nutrono di legno in decomposizione e di altro materiale vegetale. L'amanita muscaria ha un rapporto speciale con le radici della betulla. Il fungo prende gli zuccheri dall'albero, ma in cambio gli fornisce nutrienti che non può facilmente ottenere dal suolo.

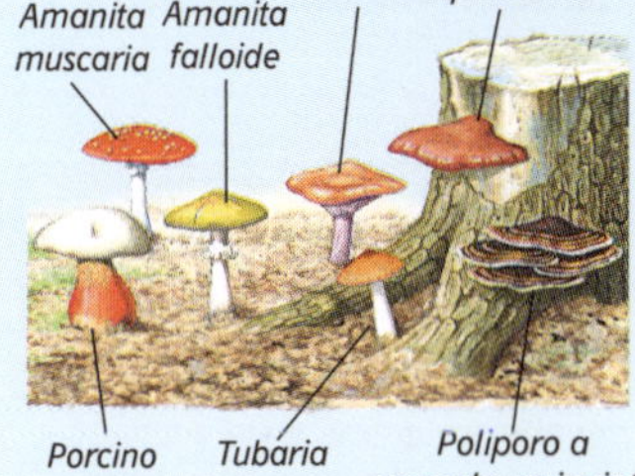

Il bosco di latifoglie con vari alberi e arbusti fornisce una casa a molte specie animali.

❍ Nel sottobosco crescono felci e muschi. Le piante rampicanti, come l'edera, si arrampicano sui tronchi degli alberi per raggiungere la luce.

❍ Il tannino della corteccia di quercia viene usato per trattare il cuoio fin dai tempi dell'antica Grecia.

❍ Il legno di quercia è molto forte e durevole, per questo è stato il principale legno da costruzione per secoli. Veniva usato per realizzare telai di legno per le case e per costruire navi.

❍ Lo sciroppo d'acero si ricava da diversi alberi d'acero nordamericani, tra cui l'acero da zucchero e l'acero nero. Lo sciroppo si ottiene dalla linfa che scorre dalle ferite durante il disgelo, quando non c'è crescita.

❍ Pochi fiori possono crescere nei boschi di faggio durante l'estate, a causa dell'ombra profonda proiettata dagli alberi e del fitto tappeto di foglie cadute. Le noci di faggio sono molto nutrienti e sfamano uccelli e piccoli mammiferi.

Il nocciolo è comune nel sottobosco dei boschi di querce. È sottoposto spesso a ceduo, ovvero tagliato alla base per produrre una massa di rami alti e dritti.

Caduta autunnale

Perdere le foglie in autunno aiuta gli alberi a risparmiare acqua quando "chiudono" il sistema di raccolta del nutrimento per l'inverno. I tubi del nutrimento all'interno dei rami dell'albero sono sigillati, e quando le foglie sono tagliate fuori dalla fornitura di cibo, muoiono. La clorofilla che mantiene le foglie verdi si disgrega, e le foglie diventano rosse, gialle e marroni prima di cadere. All'interno dell'albero viene immagazzinato nutrimento a sufficienza per garantire che le gemme possano crescere in primavera.

Luoghi freddi

Sulle cime delle montagne e nelle regioni polari, le piante devono sopravvivere a lunghi inverni gelidi, forti venti e terreni sottili e ghiacciati. Piccole piante, come muschi e licheni, sono comuni. I fiori appaiono solo nei brevi mesi estivi.

In montagna al freddo

Le condizioni diventano più fredde, più ventose e più umide in cima alle montagne, quindi le piante diventano più piccole e più resistenti. In Australia, gli eucalipti crescono vicino alla linea degli alberi. In Nuova Zelanda, Cile e Argentina crescono faggi meridionali. I fiori alpini come la sassifraga viola e stellata hanno radici dure che crescono nelle fessure e spaccano le rocce. Ci sono pochi insetti a queste quote, quindi fiori come la sassifraga e la genziana delle nevi hanno grandi fioriture per attirarli. I fiori alpini come le stelle alpine hanno peli lanosi per proteggersi dal freddo. Le margherite della Tasmania crescono in fitte formazioni a cuscino per tenersi al caldo.

La pianta del caffè è una pianta di montagna che cresce meglio ad altitudini tra i 1.000 e i 2.500 m. I chicchi sono in realtà i semi all'interno delle bacche rosse. Queste appaiono verdi all'inizio, poi diventano gialle e alla fine rosso vivo quando maturano.

- Intorno alle coste dell'Artico, all'interno del Circolo Polare, sono presenti vaste regioni di terra paludosa, chiamate tundra. La tundra artica ospita più di 400 specie di piante da fiore, tra cui eriche o brughi, morette comuni, mirtilli, anemoni, sedum e sassifraghe.

- Gli alberi di salice crescono nell'Artico, ma a causa del freddo e del vento intenso, sono alti meno di 10 cm e devono spargersi lungo il terreno piuttosto che crescere verso l'alto.

Sorprendente!

Il papavero artico è la pianta che fiorisce più vicino al Polo Nord.

Fiori colorati sbocciano sulla tundra durante la breve estate, quando il sole non tramonta mai. Salici e betulle corti, stentati e contorti si aggrappano al terreno nelle cavità più protette, diffondendo le loro radici nelle zone poco profonde del terreno scongelato. I caribù, o renne, raschiano via la neve per nutrirsi di muschio di renna – un tipo di lichene.

I crochi e altri fiori primaverili crescono e addirittura sbocciano quando c'è ancora uno strato di neve sul suolo artico.

- Alcuni fiori che crescono nell'Artico restano rivolti tutto il giorno verso il sole per assorbire più luce possibile e per tenersi caldi.
- Molte piante artiche sono sempreverdi, quindi sono pronte a sfruttare al meglio la breve estate.
- Le farfalle e le api sono rare nell'Artico, quindi molte piante, compresa la senape, si affidano al vento per l'impollinazione.
- Il suolo è così povero nell'Artico che i semi sfruttano al massimo le sostanze nutritive degli animali morti, come le carcasse dei buoi muschiati. I fiori artici spuntano spesso dentro i teschi e vicino alle ossa.
- Alcune piante hanno foglie e steli di colore scuro, che assorbono rapidamente il calore del sole e aiutano a sciogliere la neve.
- Numerosi tipi di conifere, tra cui pini, abeti, abeti rossi e larici, crescono sui pendii delle montagne più basse.
- Al di sopra di una certa altezza, detta linea degli alberi, le condizioni diventano troppo fredde per la loro crescita.
- Sopra questa linea crescono arbusti stentati, erbe e piccoli fiori. Si tratta della cosiddetta vegetazione alpina.
- Per sfruttare al meglio le brevi estati, la campanula alpina fa crescere i suoi boccioli l'estate precedente, poi lascia i boccioli dormienti durante l'inverno sotto la neve. Quando la neve si scioglie, i boccioli dei fiori emergono.
- Le piante di montagna hanno subito vari adattamenti per far fronte alle condizioni estreme ad alta quota. Le loro foglie sono pelose, per resistere al freddo e al gelo, e le piante si tengono vicine alla terra mentre crescono, il che le ripara dal vento. Spesso formano piccoli cumuli, o cuscini, in cui le foglie e i germogli al centro sono protetti dalle foglie all'esterno.

- L'unica parte dell'Antartide con una vera varietà di piante è la Penisola Antartica, che sporge verso nord e si estende appena oltre il Circolo Polare Antartico. Vi crescono circa 350 specie di piante – soprattutto licheni, muschi e alghe – e tre specie di piante da fiore.

Il garofanino scuro supera raramente i 30 cm in altezza – più in alto finirebbe presto vittima del vento gelido dell'Artide.

Terreno congelato

La maggior parte delle piante nelle regioni polari deve crescere nei primi 30 cm circa di terreno. Al di sotto di questa profondità, il terreno rimane costantemente congelato – anche durante l'estate. Questo strato è chiamato permafrost.

Cereali

I cereali come il grano, il mais, il riso, l'orzo, il sorgo, l'avena, la segale e il miglio sono le principali fonti di nutrimento al mondo. I cereali sono erbe, di cui mangiamo i semi, o grani. I cereali vengono anche lavorati per produrre alimenti come farine, oli e sciroppi.

Sorprendente!

Il mondo coltiva abbastanza grano in un anno da riempire una fila di camion che si estende per un quarto della distanza dalla Terra alla Luna.

❍ Nel mondo sviluppato – cioè in regioni come il Nord America e l'Europa – il grano è la coltura alimentare più importante. Ma per metà della popolazione mondiale, compresa la maggior parte delle persone nel sud-est asiatico e in Cina, è il riso l'alimento base.

Popcorn

Il popcorn è uno snack molto conosciuto. Quando vengono riscaldati in una padella, i chicchi di mais fanno un forte rumore, il cosiddetto "pop", e saltano letteralmente fuori dalla padella. Il popcorn "scoppiato" può essere mangiato subito o insaporito con sale o zucchero, per esaltarne il gusto.

La spiga, o testa, di una pianta di mais è chiamata pannocchia. È ricoperta da chicchi gialli o bianchi, tutti compattati insieme. I chicchi sono la parte commestibile della pianta.

❍ Molti cereali sono usati per distillare bevande alcoliche come il whisky. Un processo chiamato fermentazione trasforma l'amido dei chicchi in alcol. La speciale lavorazione dell'orzo crea un alimento chiamato malto, usato dai birrai per ottenere birra e lager.

Il grano cresce su più terreni agricoli di qualsiasi altra coltura. È l'alimento base per il 35% della popolazione mondiale.

❍ Il mais, o granturco, è la principale coltura degli Stati Uniti e la seconda coltura più importante del mondo dopo il grano. Il riso è la terza coltura chiave.

❍ Il popcorn non ha amido, a differenza della maggior parte degli altri cereali. Quando viene riscaldato, l'umidità nei chicchi si trasforma in vapore e si espande, facendoli esplodere.

❍ Il grano è stato una delle prime colture mai coltivate. Venne piantato dai primi agricoltori almeno 10.000 anni fa.

❍ La pasta è fatta con grano duro. In Italia viene usata in cucina dal XIII secolo, ma i piatti di pasta sono ormai popolari in tutto il mondo.

❍ Quando il grano è maturo viene tagliato dai suoi steli. Questa attività si chiama mietitura.

❍ Dopo la mietitura, il grano deve essere separato dai gambi e dalla pula (scarto). Questa attività si chiama trebbiatura.

❍ Dopo la trebbiatura, il grano deve essere pulito e separato dalla lolla. Questa attività si chiama vaglio.

Una mietitrebbia è una macchina agricola che raccoglie il grano, lo trebbia, lo pulisce e poi lo versa in sacchi, o serbatoi.

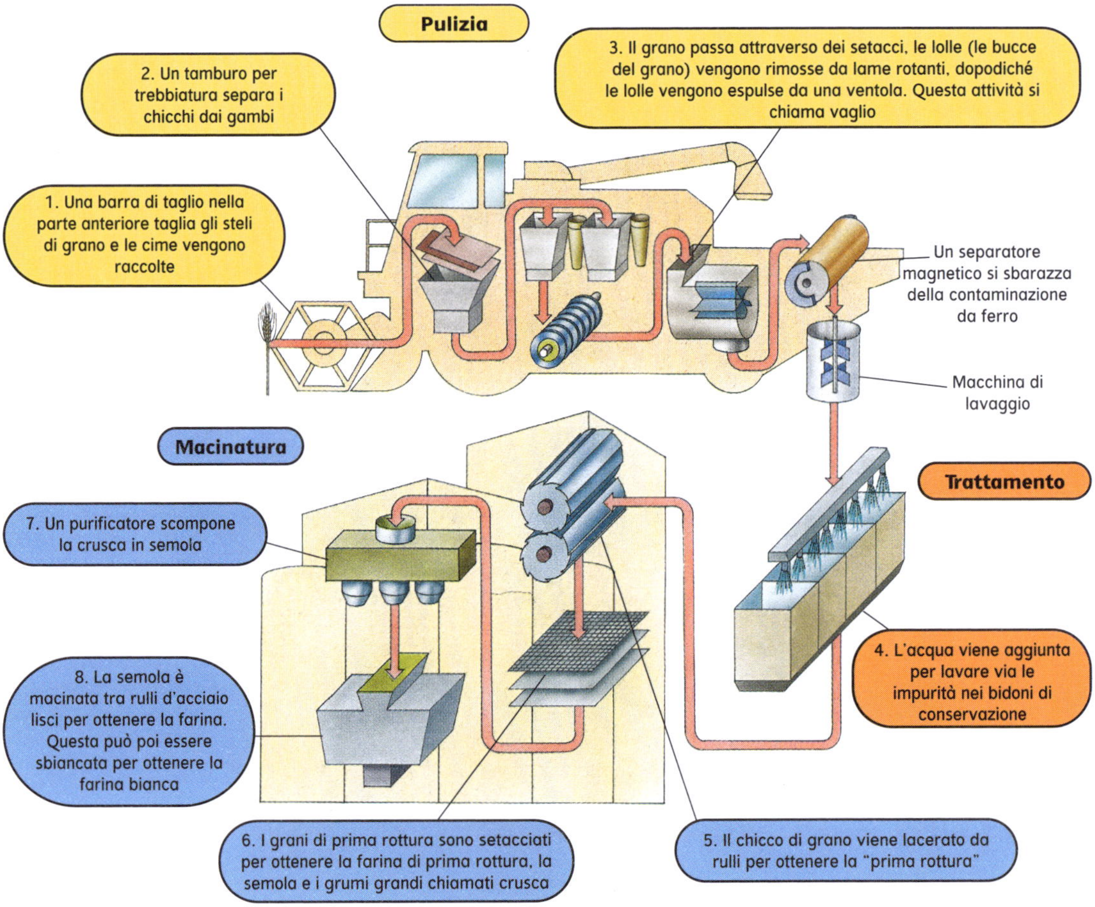

❍ Molto grano viene dato in pasto al bestiame, mentre il 95% di tutto il riso viene consumato dalle persone.

❍ Il riso integrale è il chicco di riso con la lolla rimossa. Il riso bianco è il chicco di riso con lo strato di crusca interno macinato e rimosso, ed è molto meno nutriente.

❍ Il riso fornisce più del 20 percento delle calorie consumate dagli esseri umani.

A ***Raccogliere il grano e usarlo per ottenere la farina è un processo sorprendentemente complesso. In alcune parti del mondo questa operazione viene ancora eseguita con strumenti semplici. Ma nel mondo sviluppato, l'intero processo è in gran parte meccanizzato.***

La coltivazione del riso

Il riso viene coltivato dal 3.000 A.C. circa. I semi di riso vengono collocati in un terreno più asciutto, ma quando le giovani piantine hanno circa due mesi, vengono trapiantate in risaie che vengono inondate con fino a 10 cm di acqua. L'acqua impedisce alle erbacce di sostituirsi al raccolto di riso. L'acqua viene poi drenata, lasciando il riso pronto per il raccolto. Il riso può essere coltivato anche nelle regioni collinari, con terrazze di risaie ricavate dai fianchi delle colline.

Frutta e verdura

Per "verdura" si intendono piante erbacee, vegetali in genere, ortaggi, e anche i legumi. Una dieta sana include almeno cinque diversi tipi di frutta e verdura al giorno.

Asparagi

L'asparago appartiene alla famiglia dei gigli. L'asparago da giardino è apprezzato fin dall'epoca romana. I giovani steli commestibili sono chiamati lance. Se non vengono raccolte, crescono in piante alte e piumose. Ad Argenteuil, in Francia, gli asparagi vengono coltivati sottoterra per mantenerli bianchi, così da risultare particolarmente teneri e saporiti. Le piante di asparagi sono perenni – producono lance ogni anno e possono continuare a farlo per 25 anni.

- Le verdure verdi sono le parti verdi commestibili delle piante, comprese le foglie di piante come i cavoli e le lattughe.
- Le foglie delle verdure verdi sono ricche di molte vitamine essenziali, tra cui la vitamina A, la vitamina E e l'acido folico (una delle vitamine del gruppo B).
- I legumi (fagioli e piselli) sono una buona fonte di proteine.
- Gli agrumi sono un gruppo di frutti succosi e morbidi ricoperti da una buccia molto spessa, cerosa e di colore uniformemente giallo, arancione o verde. Gli agrumi includono limoni, lime, arance, pompelmi e pomeli.

I frutti tropicali crescono principalmente ai tropici, dove fa caldo, perché non possono sopravvivere nemmeno a una leggera gelata.

- I frutti delle regioni temperate devono trascorrere un inverno fresco per crescere bene.
- I principali frutti temperati sono mele, pere, prugne, albicocche, pesche, uva e ciliegie.
- I frutti tropicali più conosciuti sono le banane e l'ananas. Altri includono guaiave, frutti del pane, litchi, meloni, manghi e papaie.
- Le bacche sono frutti carnosi che contengono molti semi. Molte piante producono bacche, tra cui pomodori, viti e banane.
- Fragole, lamponi e more non sono vere bacche. Sono chiamati frutti 'aggregati', perché sono costituiti da gruppi di piccoli frutti, ognuno dei quali contiene un seme.
- L'uva si trova in tutto il mondo, in luoghi con estati calde e inverni miti.
- L'uva è coltivata su viti legnose. I grappoli possono essere neri, blu, dorati, verdi, viola o bianchi, a seconda della specie di vite. L'uva viene mangiata cruda, pressata per ottenere succo d'uva e vino, ed essiccata come uva passa.

Banane

Le piante di banano sono gigantesche, con tronchi che crescono fino a 3–6 m di altezza. Le banane vengono raccolte verdi e acerbe, spedite in navi refrigerate e poi fatte maturare artificialmente con il gas "etilene" per farle diventare gialle. Ne esistono centinaia di varietà.

Sorprendente!

Gli agrumi contengono più vitamina C di qualsiasi altro tipo di frutta o verdura.

Scheda

Gli spinaci sono ricchi di vitamine A e C, oltre che di ferro.

La vitamina C (acido ascorbico) si trova in molta frutta e verdura fresca, specialmente negli agrumi. La vitamina C è importante per la crescita di ossa, denti e vasi sanguigni, inoltre aiuta la guarigione delle ferite.

Le verdure a radice sono parti di piante che crescono sottoterra. Le carote sono ortaggi a radice e rappresentano una ricca fonte di vitamina A.

L'uva è una bacca succosa e dalla buccia liscia che cresce in grappoli stretti su piante legnose chiamate viti.

Il pompelmo è un tipico agrume. Il succo degli agrumi contiene alti livelli di acido citrico, che conferisce loro il tipico sapore pungente.

Le lattughe sono tra le verdure verdi da insalata più popolari.

Le pere sono il secondo frutto temperato più importante dopo le mele. Il principale produttore è la Cina.

La pesca è composta per l'87% di acqua, e ha molte meno calorie di frutta come mele e pere.

La pianta dell'ananas cresce a terra e prende il suo nutrimento dall'aria o dalla materia vegetale in decomposizione vicino alle sue radici.

Il pomodoro non è un ortaggio, ma un frutto chiamato bacca.

Un baccello di pisello si forma dall'ovario di una pianta di pisello. Solo gli ovuli di pisello fecondati possono crescere come semi. Quando il baccello viene aperto, può contenere alcuni semi che non sono riusciti a crescere.

Le prugne sono originarie delle montagne del Caucaso in Turchia, e la Turchia è ancora il principale produttore di prugne al mondo.

Persone e piante

Non saremmo in grado di sopravvivere senza le piante. Formano la base della catena alimentare e producono l'ossigeno di cui tutti gli esseri viventi hanno bisogno per respirare e rimanere in vita. Le piante ci forniscono anche molti materiali utili, tra cui legno, cotone, vernici, gomma e medicine.

Le erbe sono piccole piante usate come medicine o per insaporire il cibo. Molte erbe sono perenni e hanno steli morbidi che muoiono in inverno. Di alcune erbe, come il rosmarino, si usano solo le foglie. Di altre, come l'aglio, si usa invece il bulbo. Il finocchio è usato per i suoi semi, così come il suo bulbo e le sue foglie. Il coriandolo è usato sia per le sue foglie che per i suoi semi. Il sapore proviene da quelli che sono chiamati 'oli essenziali' nelle foglie.

- I Cinesi e Greci coltivavano alberi da frutto, verdure ed erbe nei giardini per scopi alimentari e medici.
- Nel XV secolo, c'erano cinque famosi giardini botanici in Europa progettati per studiare e coltivare erbe per la medicina.
- I primi giardini botanici furono creati a Pisa (1543) e Padova (1545).
- La noce moscata, una spezia dal sapore dolce, proviene dalla parte interna dei semi prodotti dall'albero della noce moscata, una specie di magnolia
- I Cinesi usavano gli steli cavi del bambù per ricavarne flauti da prima dell'età della pietra. Gli aborigeni australiani usano steli di bambù per creare degli strumenti a fiato chiamati didgeridoo.
- La palma da dattero viene coltivata nelle zone più calde del Nord Africa e del Medio Oriente da almeno 5.000 anni. I musulmani lo considerano l'albero della vita.

Il giusquiamo è un'erba pungente e velenosa. Da questa erba si ricava la iosciamina, il farmaco che dilata le pupille degli occhi.

Sciroppo d'acero

Diversi alberi d'acero nordamericani producono sciroppo d'acero. Lo sciroppo d'acero era usato dai nativi americani delle regioni dei Grandi Laghi e del fiume San Lorenzo molto prima che gli Europei arrivassero in Nord America. Ogni primavera, i tubi inseriti negli alberi d'acero spillano la linfa nei secchi. La linfa liquida viene riscaldata finché l'acqua evapora, così da lasciare lo sciroppo d'acero. Sono necessari circa 30 l di linfa per produrre 1 l di sciroppo d'acero. La foglia dell'acero da zucchero è il simbolo nazionale del Canada.

Sorprendente!

Un farmaco ricavato dalla pervinca del Madagascar, una pianta perenne, aiuta i bambini a combattere la leucemia.

Impieghi del legno

Nei paesi in via di sviluppo, molte persone bruciano la legna come combustibile. Circa il 90% del legname tagliato in India, per esempio, viene bruciato per cucinare su stufe a legna. Il legno è anche usato per l'edilizia, per realizzare mobili e (come polpa) per ottenere la carta da giornale. Nelle foreste sostenibili, nuovi giovani alberi vengono piantati per sostituire gli alberi maturi che vengono abbattuti. Eppure molte foreste tropicali vengono abbattute sconsideratamente, per ottenere rapidi profitti.

- Il legno di eucalipto è usato per realizzare una vasta gamma di oggetti, dalle barche ai pali del telegrafo.
- La maggior parte degli alberi tropicali sono legni duri a crescita lenta, come il teak e il mogano. Una volta abbattuti, ci vogliono molti anni per sostituirli.
- Il teak è un albero deciduo che proviene dall'India. È uno dei legni più resistenti ed è usato per costruire navi ed edifici da più di 2.000 anni.
- Il chicle è la gomma drenata dall'albero sapota dell'America centrale nella stagione delle piogge. È l'ingrediente principale della gomma da masticare. Il chicle di migliore qualità viene dal Guatemala.

Man mano che gli esseri umani si impadroniscono di aree sempre più grandi del mondo, e gli agricoltori usano sempre più diserbanti, molti fiori selvatici, come questa orchidea scarpetta di Venere, stanno diventando molto rari. Alcuni sono ormai così rari da essere protetti per legge.

- Le foreste forniscono combustibile, legname, carta, resine, vernici, coloranti, gomma, kapok e molto altro ancora.
- Il medico scozzese James Lind (1716–94) ha contribuito a sradicare la malattia dello scorbuto – causata da una carenza di vitamina C – dalla Marina britannica raccomandando ai marinai di mangiare arance e limoni durante i lunghi viaggi in mare.

Piante da coltura più antiche

	Anno (a.C.)
Grano	10.000
Pisello	9.000
Segale	6.500
Fagiolo	5.000
Orzo	4.500
Lattuga	4.500
Ravanello	3.000
Riso	3.000

Prodotti dalle piante

Tre dei prodotti vegetali più utilizzati sono il cotone, il legno e la gomma. Sono mostrati qui con le piante da cui si ricavano.

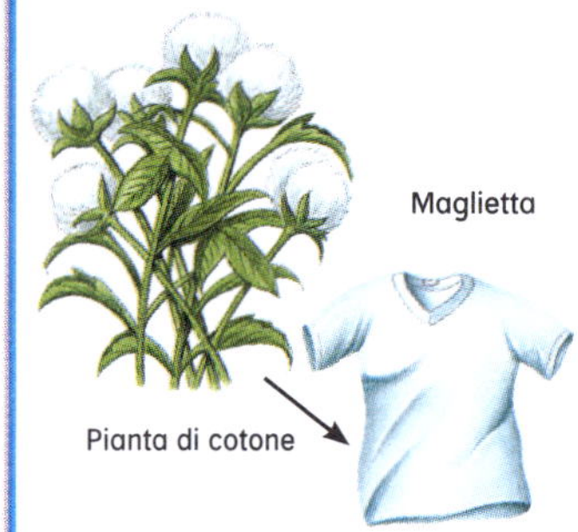

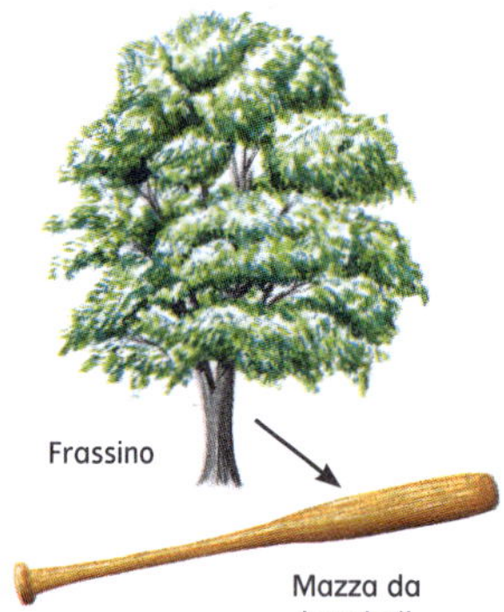

Glossario

Albero a foglia larga Un albero con foglie larghe e piatte. Può indicare un albero sempreverde o deciduo.

Alga Un organismo semplice, simile a una pianta, che produce il proprio nutrimento tramite la fotosintesi. Le alghe sono composte da una o più cellule e vanno dalle microscopiche diatomee alle grandi alghe marine. Non hanno radici, fusti né foglie.

Angiosperma Una pianta da fiore, come una rosa o un'orchidea. I semi di un'angiosperma sono protetti all'interno di un ovario durante la crescita – la parola "angiosperma" significa "seme contenitore".

Annuale Una pianta da fiore che completa il suo intero ciclo di vita in un anno.

Antartide Un vasto continente ghiacciato che circonda il Polo Sud.

Antera La parte maschile di un fiore, che produce il polline.

Artico L'enorme oceano ghiacciato e le terre fredde intorno al Polo Nord.

Biennale Una pianta da fiore che impiega due anni per completare il suo ciclo vitale.

Bonsai Una pianta in vaso o un piccolo albero che viene fatto crescere in un formato molto più piccolo rispetto a quanto avverrebbe naturalmente.

Bulbo Un breve stelo sotterraneo avvolto in basi di foglie rigonfie, come un bulbo di narciso o di tulipano.

Calice Un cerchio di sepali all'esterno di un fiore.

Capitozzatura Taglio dei rami superiori di un albero per incoraggiare la crescita di molti fusti sottili da questo punto.

Carpello Parte femminile di un fiore in cui si creano i semi. Un carpello di solito consiste in un ovario con un gambo (lo stilo), dotato di una punta appiccicosa (lo stigma).

Catena alimentare Una sequenza di legami alimentari che mostra come le piante vengono mangiate dagli animali, che a loro volta vengono mangiati da altri animali.

Cellula Elemento costitutivo di base di tutte le creature viventi. I tipi di cellule si diversificano in base all'attività che svolgono per mantenere in vita la pianta.

Cicadofita Una gimnosperma con foglie lunghe e divise (come una palma) e un fusto massiccio. Le pigne maschili e femminili crescono su piante separate.

Clorofilla Un pigmento verde presente nelle piante, che cattura l'energia luminosa necessaria per la fotosintesi.

Cloroplasto Una sacca microscopica nelle cellule delle piante verdi in cui avviene la fotosintesi.

Conifera Un albero, come un pino, un abete o un larice, che produce pigne con cui creare polline e semi.

Cormo Uno stelo sotterraneo gonfio che contiene nutrimenti immagazzinati. Dalle sue gemme crescono nuove piante per propagazione vegetativa. A differenza dei bulbi, i cormi non contengono scaglie carnose.

Corolla Un cerchio di petali in un fiore, all'interno del calice.

Corpo fruttifero Una struttura vegetale che produce spore, come un fungo.

Cotiledone La prima o le prime foglie di una pianta da seme, all'interno di quest'ultimo. I cotiledoni conservano il nutrimento per la nuova piantina e possono essere molto diversi dalle altre foglie della pianta.

Dicotiledone Una pianta da fiore con due cotiledoni (foglie embrionali) all'interno del seme. Le dicotiledoni hanno di solito foglie larghe, con una rete di vene al loro interno. I loro fiori hanno petali e altre parti raggruppate in quattro o cinque elementi.

Effimera Una pianta dalla vita breve, che completa il suo ciclo vitale in poche settimane.

Epifita Una pianta che cresce sulla superficie di altre piante per ricevere sostegno, ma senza prendere acqua o nutrimenti da esse. La parola "epifita" significa "in cima a una pianta".

Evaporazione Un processo attraverso il quale un liquido si trasforma in un gas, come l'acqua che si trasforma in vapore acqueo.

Filamento Il gambo dello stame di una pianta da fiore, che produce polline.

Fittone La radice principale lunga e dritta nelle gimnosperme e nelle dicotiledoni. In alcune piante, come le carote e le rape, la radice a fittone è usata per conservare i nutrimenti.

Floema I tubi alimentari viventi all'interno delle piante attraverso i quali la linfa zuccherina viene trasportata verso tutte le parti della pianta.

Foresta pluviale Una foresta vicino all'Equatore dove il clima è caldo e umido tutto l'anno.

Fossili I resti di esseri viventi, conservati nelle rocce.

Fotosintesi Il processo con cui le piante verdi impiegano l'energia del sole per trasformare l'anidride carbonica e l'acqua in nutrimento vegetale zuccherino.

Fronda La foglia di una felce.

Fungo Un essere vivente che non può produrre il proprio nutrimento ma assorbe sostanze alimentari semplici da materiale vivo o morto.

Germinazione Processo attraverso cui una nuova pianta inizia a crescere da un seme o da una spora.

Gimnosperma Una delle piante coniche (conifere) o dei loro parenti stretti che producono semi ma non hanno fiori.

Habitat La casa naturale di una pianta o di un animale.

Impollinazione Il trasferimento del polline dalla parte maschile di un fiore alla parte femminile.

Meristema Un punto di crescita in una pianta, di solito sulla punta delle radici e dei germogli.

Micelio La rete di ife che costituiscono il corpo di un fungo.

Mimetizzazione Colori, segni o motivi che aiutano le piante a mimetizzarsi con l'ambiente circostante ed evitare di essere mangiate.

Monocotiledone Una pianta da fiore con un solo cotiledone nel suo seme. Le monocotiledoni hanno foglie lunghe e strette, con venature parallele. I loro fiori hanno petali e altre parti raggruppate in tre elementi.

Nettare Un liquido zuccherino prodotto dai fiori per attirare uccelli, insetti e altri animali per l'impollinazione.

Ovario La parte del fiore che contiene gli ovuli.

Ovulo La parte dell'ovario nelle piante da seme che contiene la cellula uovo e si sviluppa nel seme dopo la fecondazione.

Parassita Una pianta che ottiene il suo nutrimento da un'altra specie, di solito causando danni.

Perenne Una pianta che vive per molti anni.

Pianta carnivora Una pianta che si nutre di animali, come gli insetti, oltre a produrre il proprio cibo.

Pianta decidua Una pianta che perde regolarmente tutte le foglie, per esempio prima di una stagione molto fredda o molto secca.

Pigna La struttura riproduttiva di una tipica gimnosperma. Le pigne maschili producono polline, quelli femminili semi.

Polline Una fine polvere gialla prodotta dalle antere e dalle pigne maschili delle piante da seme. Ogni granello di polline contiene una cellula sessuale maschile.

Propagazione vegetativa Un processo in cui alcune piante possono produrre nuove piante da una piccola parte di se stesse senza bisogno di fiori o semi.

Respirazione Un processo che avviene all'interno delle cellule viventi in cui il nutrimento viene consumato in presenza di ossigeno per liberare energia.

Seme Una struttura che si forma dall'ovulo dopo la fecondazione e consiste in una minuscola pianta con una riserva di nutrimento, circondata da un involucro protettivo.

Sempreverde Una pianta che mantiene le sue foglie tutto l'anno, come l'abete.

Sepalo Una struttura simile a una foglia che protegge il bocciolo di un fiore.

Simbiosi La stretta associazione tra due specie diverse in cui entrambe traggono beneficio. Le alghe e i funghi di un lichene vivono in una partnership simbiotica.

Specie Un gruppo di esseri viventi simili che possono riprodursi insieme per produrre esemplari giovani fertili.

Spora Una piccola struttura riproduttiva di una felce, muschio, alga o fungo, in grado di crescere in una nuova pianta. Le spore sono di solito composte da una cellula e non sono il risultato della fecondazione.

Stame Una struttura che produce il polline in una pianta da fiore. Uno stame è costituito da un gambo, o filamento, con sacche di polline, chiamate antere, all'estremità.

Stigma Una struttura che riceve il polline ed è solitamente collegata all'ovario da un gambo chiamato stilo.

Stilo Il gambo che collega lo stigma (superficie di ricezione del polline) con l'ovario in un fiore.

Stolone Un lungo stelo che cresce sul terreno e poi forma una nuova pianta.

Stomi Minuscoli fori nella superficie di una foglia, che possono aprirsi e chiudersi per controllare il movimento dell'aria e del vapore acqueo dentro e fuori la foglia.

Taiga Le vaste foreste di conifere che crescono nella Russia settentrionale e in Siberia.

Traspirazione L'evaporazione dell'acqua dalle foglie delle piante. La traspirazione fa salire l'acqua dalle radici, attraverso lo stelo e fino alle foglie.

Tubero Un rigonfiamento arrotondato alla fine di una radice o di un germoglio sotterraneo, come una patata.

Tundra Zone del mondo fredde e prive di alberi, intorno alle regioni polari.

Xilema Un sistema di tubi d'acqua all'interno delle piante, costituito da colonne di cellule morte unite tra loro. L'acqua risale dalle radici alle foglie all'interno dei tubi dello xilema.

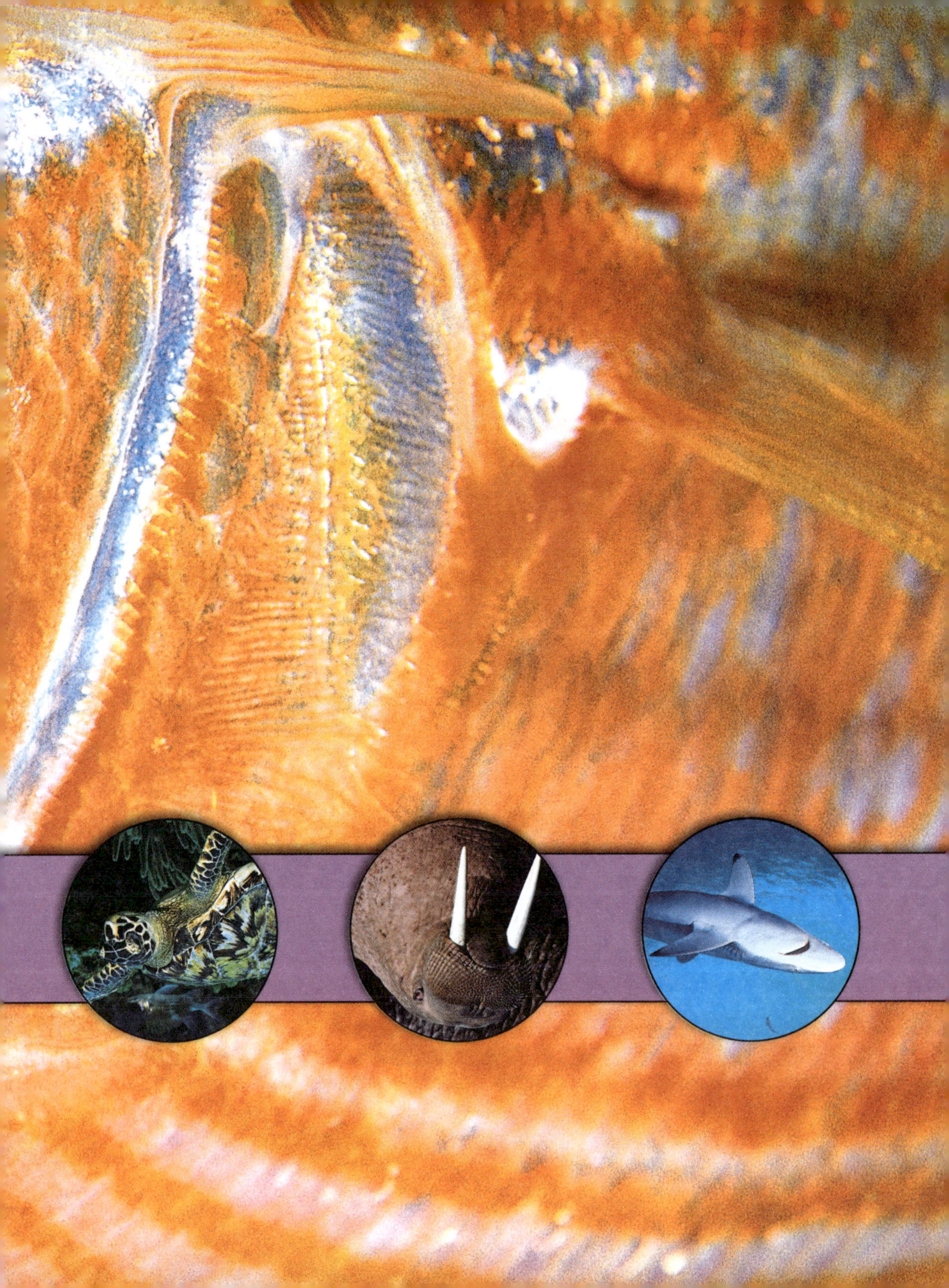

VITA ACQUATICA

Vivere in acqua

La vita è iniziata in mare. Ed è lì che rimane per la maggior parte. Dalle meduse ai crostacei fino ai pesci spada, gli oceani brulicano di una vasta gamma di creature. E non si tratta solo di pesci – ci sono anche rettili, come serpenti e tartarughe marine, e mammiferi, come delfini e foche.

Le stelle marine sono molto diverse da qualsiasi animale terrestre. Hanno strutture corporee radiali, o "circolari", senza occhi o cervelli veri e propri, e bocche sulla parte inferiore del corpo.

Sorprendente!

Di tutta l'acqua del mondo, meno di un trentesimo è dolce – cioè non salata. Solo un centesimo di questo trentesimo è acqua di superficie (sulla terraferma): ruscelli, stagni, fiumi e laghi.

- Gli oceani coprono più di due terzi della superficie terrestre. L'area totale è di circa 362 milioni di km quadrati. Questo significa che gli oceani sono due volte più grandi delle terre emerse, e che sono di gran lunga l'habitat più esteso per la fauna selvatica.

- Ci sono dei fiumi negli oceani. Tutta l'acqua degli oceani è in costante movimento, ma in alcune zone vi sono correnti che seguono percorsi particolari. Una di queste è la calda Corrente del Golfo che viaggia intorno al margine settentrionale dell'Oceano Atlantico.

- L'acqua del mare è una "zuppa" di piccole piante e animali galleggianti chiamati plancton, di cui si nutrono i pesci più piccoli, come le aringhe e le sardine. A loro volta, i pesci più piccoli vengono mangiati da quelli più grandi, come i barracuda e gli squali, formando le catene alimentari dell'oceano.

- I pesci sono animali a sangue freddo, con una temperatura corporea uguale a quella dell'acqua che li circonda – tranne il tonno, i cui muscoli sono così grandi e attivi che producono molto calore, mantenendo il tonno "caldo" nel mare freddo. I muscoli caldi lavorano meglio, ed è per questo che i tonni nuotano così velocemente.

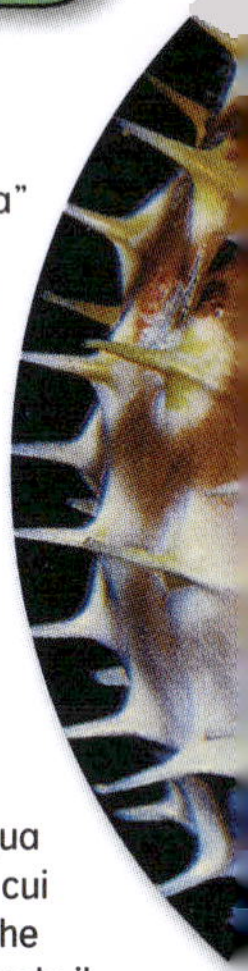

Un guscio duro copre e protegge il corpo della tartaruga marina. Rispetto a quella d'acqua dolce, la tartaruga marina ha un guscio più piatto e meno bombato, che la aiuta a nuotare più velocemente.

❍ In acqua vivono anche animali che respirano aria, come le enormi balene. Ci sono anche i pacifici lamantini, che si nutrono di piante, i delfini di fiume, schivi e quasi ciechi, i trichechi dalle lunghe zanne e i narvali.

❍ Le tartarughe liuto sono le girovaghe dell'oceano. Si immergono in cerca di prede fino a 1.200 m. Le tartarughe marine più grandi (fino a 2 m di lunghezza) compiono anche le immersioni più profonde. Le tartarughe liuto si nutrono principalmente di meduse.

Quanti pesci ci sono?

Esistono tanti tipi, o specie, di pesci – quasi 25.000 – quanti sono tutti gli altri animali vertebrati (anfibi, rettili, uccelli e mammiferi).

❍ Alcuni pesci si difendono con il veleno, che possono inoculare nei nemici usando le pinne rigide e affilate. Il pesce leone, o pesce scorpione, del sud-est asiatico ha grandi pinne dall'aspetto elegante e colori brillanti per avvisare i predatori che è velenoso. Al contrario, il pesce pietra si mimetizza tra le rocce per proteggersi.

❍ Si credeva che le mitiche sirene attirassero i marinai verso la morte. Secondo alcune leggende, le sirene – rappresentate come esseri metà donna e metà pesce – confondevano i marinai con il loro bel canto, facendo sì che le loro navi finissero contro gli scogli.

Gli animali acquatici spesso si difendono con gli stessi sistemi degli animali terrestri. Il pesce istrice è il "riccio del mare". Di solito le sue spine sono piatte, ma quando si riempie d'acqua e si gonfia, sporgono per proteggersi.

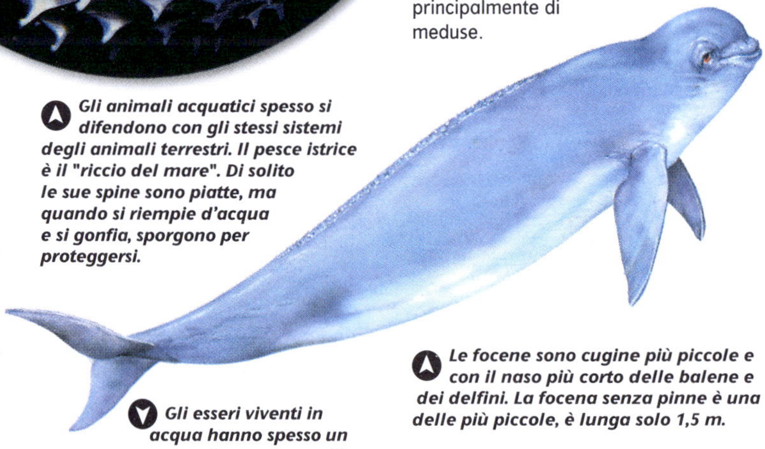

Le focene sono cugine più piccole e con il naso più corto delle balene e dei delfini. La focena senza pinne è una delle più piccole, è lunga solo 1,5 m.

Gli esseri viventi in acqua hanno spesso un aspetto molto diverso da quelli sulla terraferma. Questo "albero" arancione ramificato non è una pianta, ma un corallo molle - un gruppo o colonia di piccoli animali chiamati polipi di corallo, uniti tra loro.

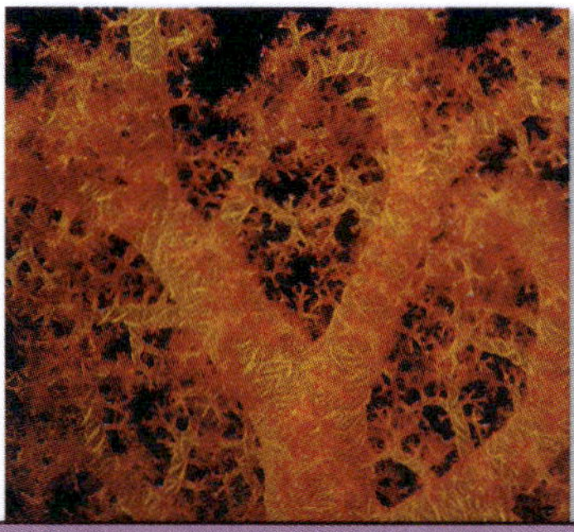

Gli animali acquatici come la seppia sono sostenuti dall'acqua che li circonda. Questo significa che i loro corpi non hanno bisogno del supporto forte e rigido necessario agli animali terrestri. Una seppia fuori dall'acqua diventa floscia e ha difficoltà a muoversi.

Il ritorno dei celacanti

I pesci chiamati celacanti vissero durante l'era dei dinosauri, circa 250 milioni di anni fa, e si pensava fossero estinti. Tuttavia, a partire dal 1930 dei celacanti sono stati scoperti nell'Oceano Indiano e anche nel sud-est asiatico.

Biodiversità della vita in acqua

Il regno sottomarino ospita una sorprendente biodiversità. Le piante vanno dalle microscopiche alghe unicellulari alle alghe giganti, grandi come querce sulla terraferma. La vita animale è ancora più varia: da strani vermi dall'aspetto alieno, più spessi di un braccio, agli animali più grandi di tutti, le enormi balene.

La sanguisuga è una delle molte migliaia di vermi che vivono in acqua. Si attacca e succhia il sangue agli animali più grandi che si avvicinano all'acqua per bere.

Balenottera azzurra

Il più grande animale del pianeta vive nei nostri oceani. È la sorprendente balenottera azzurra, che può misurare fino a 30 m di lunghezza e pesare fino a 200 tonnellate.

- Le alghe vanno da minuscole a gigantesche e sono la base della vita oceanica. Esistono agricoltori specializzati nella loro coltivazione. Sono deliziose da mangiare, e sono anche un ingrediente utile in prodotti come il gelato e il fertilizzante per le piante.

- Le spugne sono le creature più semplici. Non hanno occhi o orecchie, nervi o cervello, ossa o muscoli, ma sono comunque animali.

- Le spugne hanno corpi fatti di molte cellule microscopiche, e assumono cibo nel loro corpo "mangiando". Una spugna aspira l'acqua nel suo corpo a forma di sacchetto o fiaschetta attraverso molti piccoli fori nella sua parete, quindi assorbe pezzetti di cibo attraverso il rivestimento interno della parete, e spruzza l'acqua fuori attraverso un foro più grande posto in cima.

In un grande banco, pesci come questi lutiani coda gialla hanno meno possibilità di essere mangiati da un predatore.

Il riccio matita di ardesia è un membro dell'enorme gruppo degli echinodermi, che non si trova né sulla terraferma né in acqua dolce, ma solo nell'acqua salata di mari e oceani.

- Esistono circa 4.500 tipi diversi di spugne nel mare e alcune specie in acqua dolce. La spugna naturale che si usa nella vasca da bagno è una spugna secca, morta da tempo.

A volte le versioni marine di comuni animali terrestri possono essere molto pericolose. Questa lumaca cono, che si trova nelle coste tropicali, assomiglia a un'innocua lumaca, ma nasconde un pungiglione che può causare un dolore intenso per molte ore.

- I vermi più familiari sono chiamati anellidi. Hanno un corpo lungo composto da molte sezioni o segmenti.

- Molti anellidi vivono nell'acqua, tra cui, in riva al mare, Nereididi, Sabellidae e Siboglinidae, nel mare, sanguisughe a forma di foglia, e, nell'acqua stagnante di paludi e fossati, Glycera.

La vita su una barriera corallina si basa sulle alghe, che variano da grandi piante verdi che ondeggiano nella corrente a piccole escrescenze sulle rocce della barriera.

- Un pesce di norma vive nell'acqua, ha un corpo lungo e sottile, grandi occhi, una coda alettata che oscilla da un lato all'altro per nuotare, pinne per controllare i movimenti, un rivestimento di scaglie e branchie simili a piume su entrambi i lati della testa che prendono l'ossigeno dall'acqua.

- Molti pesci sono privi di una o più di queste caratteristiche. Le anguille sono lunghe e sottili come i serpenti e di solito sono prive di scaglie, i pesci polmonati possono respirare fuori dall'acqua e molti pesci gatto hanno una pelle coriacea o piastre ossee al posto delle scaglie.

- Balene, delfini, foche, leoni marini e trichechi sono mammiferi a sangue caldo che si sono adattati alla vita nell'oceano.

- Le foche e i leoni marini sono pinnipedi, letteralmente "piedi a pinna". Hanno pinne al posto delle zampe, molto più utili per nuotare. Hanno anche corpi affusolati, a forma di proiettile, e uno strato di grasso sotto la pelle, per tenersi caldi nelle acque fredde.

Sorprendente!

Nel 2006 gli scienziati hanno scoperto il pesce più piccolo del mondo in una palude di Sumatra, nel sud-est asiatico. Chiamato paedocypris, questo minuscolo pesce è lungo appena 8 mm. È anche il più piccolo vertebrato.

Il corallo gorgonia cresce in un elaborato sistema di rami, simile a un ventaglio di pizzo. È fatto da una colonia di minuscoli animali semplici, simili ad anemoni, chiamati polipi di corallo.

Il merluzzo è uno dei pesci più conosciuti e un potente predatore che raggiunge 1,2 m di lunghezza. Nella maggior parte degli habitat acquatici, i pesci sono gli animali dominanti.

Lontre marine

Le lontre marine sono i più piccoli mammiferi marini. Queste giocose creature vivono al largo della costa del Pacifico tra enormi foreste di alghe giganti, chiamate kelp, a cui si ancorano mentre dormono. Quando schiacciano un pisolino, si avvolgono un ciuffo di kelp intorno al corpo per evitare di essere trascinate in mare.

Respirare in acqua

Le branchie sono come dei polmoni rovesciati. Hanno la stessa struttura ramificata e frondosa, ma si trovano fuori dal corpo, a contatto con l'acqua. L'ossigeno disciolto filtra dall'acqua al sangue che scorre attraverso le branchie. La maggior parte degli abitanti dell'acqua, compresi pesci e granchi, e molluschi come polpi e lumache di mare, hanno qualche tipo di branchie.

Sorprendente!

Alcuni pesci non usano le branchie solo per respirare, ma anche per nutrirsi: le branchie hanno delle rastrelliere simili a pettini – dette branchiospine – che raccolgono piccoli pezzi di cibo.

I molluschi, come le vongole, le cozze e le ostriche, hanno delle branchie simili a ornamenti all'interno delle loro conchiglie. Quando queste ultime si aprono, entra un flusso d'acqua, che porta ossigeno disciolto.

- Nei pesci, l'acqua scorre attraverso la bocca e sopra le branchie, ossia lamelle piumose con pareti sottili e piene di sangue. L'ossigeno passa dall'acqua al sangue che scorre attraverso le branchie permettendo al pesce di "respirare". Privata dell'ossigeno, l'acqua esce poi attraverso le fessure branchiali sui lati posteriori della testa del pesce.

- I pesci polmonati si sono ben adattati alla vita in fiumi lenti e fangosi, laghi erbosi e paludi poco profonde. Come gli altri pesci hanno le branchie. Tuttavia, se l'acqua è carente di ossigeno, per esempio quando è molto bassa e calda, i pesci polmonati possono anche convogliare aria ai loro polmoni tubolari.

Molte foche e leoni marini possono trattenere il respiro sott'acqua per alcuni minuti mentre inseguono prede come i pesci. Dopo la caccia, emergono dall'oceano e si riposano su una riva o una roccia.

- I pesci polmonati sudamericani e africani possono sopravvivere alla siccità, quando l'acqua si asciuga, scavando nel fango umido sotto il letto del fiume. Quando arriva la stagione secca e i fiumi e le pozze si restringono, i pesci polmonati spostano il fango lateralmente per creare una camera a forma di vaso o di tubo. Si raggomitolano all'interno e la pelle crea uno strato di muco. Questo va a formare un rivestimento impermeabile o bozzolo per la camera.

Letto nel fango

Nel loro bozzolo nel fango, i pesci polmonati possono sopravvivere per diversi anni. Ottengono le sostanze nutritive e l'energia scomponendo i loro stessi muscoli.

La fessura branchiale sul "collo" è chiaramente visibile in questo barracuda. Il lembo branchiale (opercolo) che copre le branchie stesse è inclinato, in modo che l'acqua possa uscire attraverso la fessura.

❍ Per respirare, la maggior parte degli squali deve nuotare continuamente, in modo che l'acqua scorra sulle branchie. Alcuni squali possono restare fermi e far scorrere l'acqua sulle branchie tramite i muscoli della bocca e del collo.

❍ Balene, delfini e focene devono venire in superficie per respirare. Questo perché sono mammiferi, come noi. I capodogli trattengono il respiro più a lungo. Possono rimanere sott'acqua per quasi due ore.

Respiro con le branchie!

Come gli altri pesci, gli squali respirano sott'acqua usando le branchie. La maggior parte degli squali ha cinque fessure branchiali su entrambi i lati. Tuttavia, le fessure non sono coperte da un lembo duro – o copertura branchiale – come nei pesci ossei.

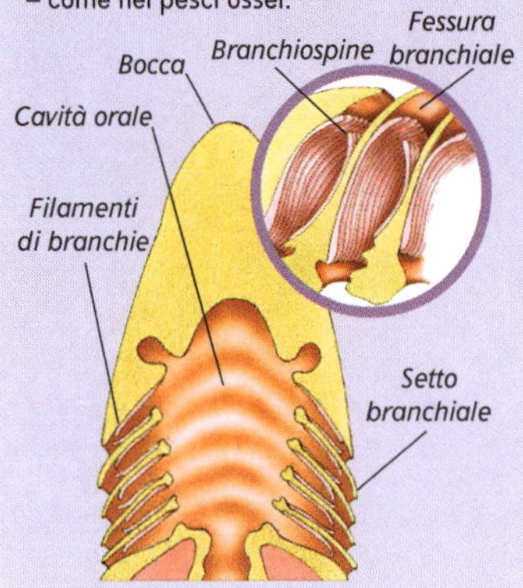

❍ Gli anfibi immettono aria nei polmoni, ma possono anche assorbire ossigeno e "respirare" attraverso la pelle. Tuttavia, la pelle deve rimanere umida, altrimenti l'ossigeno non può passare.

❍ L'axolotl, un tipo di salamandra, mantiene le sue branchie da girino anche da adulto.

Le murene, come la murena maculata, si nascondono nelle fessure e nelle grotte. Per respirare aprono la bocca e si girano verso la corrente, in modo che l'acqua scorra sulle branchie.

Le lumache di mare hanno ciuffi di branchie sul dorso, che spesso contengono veleni per dissuadere altri animali dal rosicchiarle. Il nome scientifico delle lumache di mare – nudibranco – significa letteralmente "branchia nuda".

Quando un pesce spalanca le mascelle per nutrirsi o per "sbadigliare", le branchie rosse, piene di sangue, sono visibili su entrambi i lati nella parte posteriore della bocca.

❍ Alcune creature, come i vermi e i vermi piatti, non hanno organi speciali per la respirazione. L'ossigeno attraversa direttamente la pelle. Grazie alla loro forma appiattita, nessuna parte del corpo si trova a più di qualche millimetro dalla pelle, e l'ossigeno può facilmente colmare questa distanza.

❍ In mare si possono trovare dei serpenti velenosi. Come altri rettili, devono venire in superficie per immettere aria nei polmoni. Il serpente di mare bocca gialla esplora le barriere coralline alla ricerca del suo cibo preferito: le anguille.

Muoversi in acqua

L'acqua è molto densa, quindi una forma del corpo liscia permette a pesci, delfini, foche e altre creature marine di muoversi facilmente. I pesci veloci, come il marlin, il tonno e il wahoo, hanno corpi lunghi e sottili che si restringono a punta. La spinta (la forza per muoversi in avanti) proviene dalla coda, che viene tirata da un lato all'altro da enormi gruppi di muscoli lungo entrambi i lati del corpo.

Il guscio in due parti della capasanta non serve solo da protezione. La capasanta sbatte le due metà – o valve – insieme e nuota a scatti sul fondale marino spinta da getti d'acqua.

❍ I pesci nuotano tramite un movimento laterale del corpo. I muscoli costituiscono circa il 70% del peso totale. Un pesce usa le pinne per direzionarsi: la pinna caudale, per esempio, funge da timone.

Il pesce più veloce

Misurare la velocità massima dei pesci oceanici, grandi e veloci, è molto difficile. Ma il pesce vela può probabilmente raggiungere una velocità di circa 100 km/h.

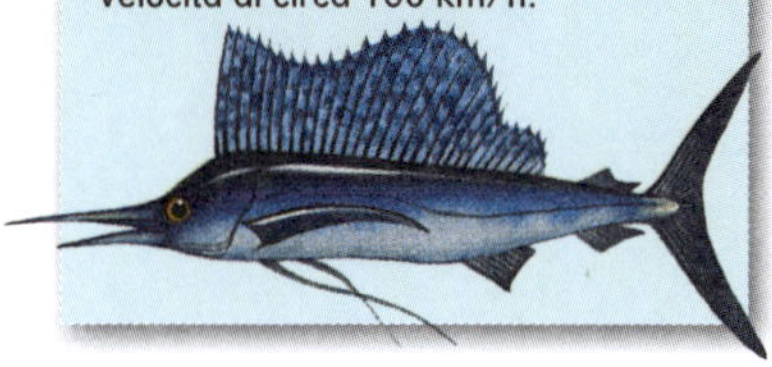

❍ Non tutti i pesci hanno la stessa forma, la quale spesso determina il modo in cui si muovono. I pesci piatti hanno corpi piatti, modellati per giacere sul fondale marino piuttosto che per nuotare. Le anguille sono lunghe e sottili e nuotano principalmente dimenandosi – proprio come un serpente – piuttosto che usando le pinne, e invertendo il movimento possono nuotare all'indietro.

❍ La maggior parte dei pesci ha diverse pinne che li aiutano a nuotare e a tagliare l'acqua. Sul dorso sono presenti le pinne dorsali. Le pinne pettorali sono poste sui lati inferiori vicino alla parte anteriore, mentre le pinne pelviche si trovano sui lati inferiori vicino alla coda. La pinna anale si trova nella parte inferiore, proprio davanti alla coda. La coda stessa è chiamata pinna caudale. La pinna dorsale di uno squalo impedisce al corpo di oscillare da un lato all'altro mentre il pesce nuota.

❍ La coda di un delfino, composta da due lobi, è simile a quella di un pesce. Un delfino nuota inarcando il corpo verso l'alto e verso il basso, non piegandosi da un lato all'altro come un pesce. I lobi però non sono "zampe", non hanno ossa al loro interno. Tuttavia, le pinne, come quelle di una foca, sono "braccia", con ossa di mani e dita all'interno.

Sorprendente!

I pesci più lenti sono alcuni tipi di cavallucci marini. Nuotano con la sola pinna dorsale e hanno una velocità massima di 0,015 km/h, cioè circa 4 mm al secondo.

Rapidi e feroci, i mako sono squali cacciatori forti e muscolosi che possono nuotare a grande velocità. Hanno corpi lunghi e affusolati con musi molto appuntiti, e raggiungono i 4 m di lunghezza.

Le razze, come la pastinaca, nuotano increspando le loro "ali" laterali, che sono in realtà pinne pettorali particolarmente carnose.

Le tartarughe marine si muovono "volando" con le loro pinne, che sbattono su e giù in un movimento a forma di otto e funzionano come le ali di un uccello, piuttosto che spingere l'acqua all'indietro come remi o pagaie.

La forma di un pesce fornisce indizi sulla sua velocità in acqua. Il pesce chirurgo pinna gialla ha un corpo alto e voluminoso e una piccola coda triangolare, il che significa che si muove in modo relativamente lento.

- Gli arti delle foche si sono modificati in potenti pinne che le aiutano a nuotare. Il corpo forte e a forma di siluro di una foca la rende una grande nuotatrice.

- Le otarie hanno lunghe pinne posteriori, più mobili di quelle delle foche. Anche le loro pinne anteriori sono grandi e più potenti. Le otarie usano principalmente le loro pinne anteriori per spostarsi.

- I pinguini hanno ali forti ma non possono volare, perlomeno non in aria. Tuttavia, quando nuotano sott'acqua, compiono dei movimenti simili a quelli del battito delle ali in volo.

Il gronco cresce fino a 3 m di lunghezza. Le anguille non hanno una pinna caudale separata, ma un'unica pinna "avvolgente" lungo il dorso, la parte posteriore e la parte inferiore. Non sono grandi nuotatrici e passano molto tempo a nascondersi in fessure e grotte.

Il pinguino tiene il becco, la testa e il collo dritti in avanti e piega le zampe indietro, per rendersi più affusolato e raggiungere una maggiore velocità di nuoto.

Scalciare e nuotare

Molti animali vivono sia sulla terra che in acqua, quindi usano le zampe per correre e nuotare. Lontre, coccodrilli e rane hanno dita unite da lembi di pelle, per creare un'ampia superficie in cui scalciare e nuotare. Le zampe posteriori palmate scalciano per nuotare mentre quelle anteriori stabiliscono la direzione in acqua. Le rane si muovono anche saltando, il che permette loro di sfuggire rapidamente ai predatori.

Catene alimentari in acqua dolce

Una catena alimentare si verifica quando una pianta viene mangiata da un animale erbivoro, che viene poi mangiato da un animale carnivoro, e così via. Le catene alimentari si collegano tra loro in reti alimentari. In acqua dolce molte catene alimentari iniziano con le piante acquatiche, come le ninfee o le alghe, o con le piante intorno alle rive, come giunchi, canne e carici.

Sorprendente!

La catena alimentare tra un'alga e un pesce spada può avere anche una decina di anelli.

Pesce sensibile

Il pesce gatto è una "lingua vivente" con papille gustative poste sulla maggior parte del corpo. Può anche rilevare minuscoli impulsi elettrici dai corpi viventi di altre creature vicine, così da trovare le prede nascoste nel fango.

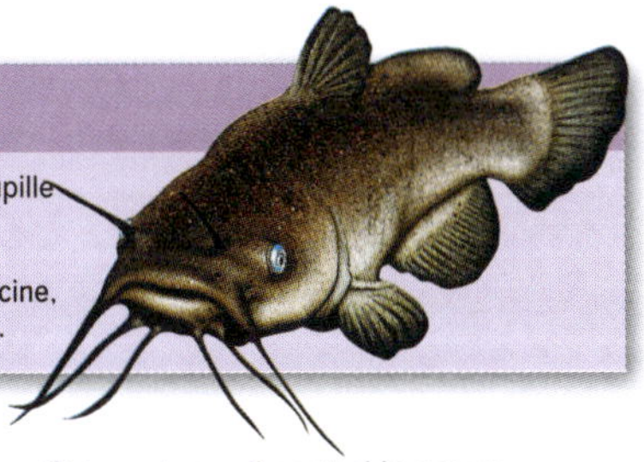

La lampreda di fiume che succhia il sangue è solo uno dei tanti parassiti che infestano gli animali acquatici più grandi.

Il coccodrillo del Nilo non può masticare. Spesso trattiene la sua preda e poi gira come una trottola per strappare pezzi abbastanza piccoli da poter ingoiare.

- Le catene alimentari in acqua tendono a essere più lunghe di quelle sulla terraferma. In un fiume la catena potrebbe avere sei o sette anelli: per esempio, dalla pianta alla lumaca di fiume, al piccolo pesce, al gambero, al pesce più grande, alla lontra e infine al coccodrillo.

- La pulce d'acqua o di stagno – daphnia – è un crostaceo che prende il nome dalla sua somiglianza con un insetto. Ha due antenne con molte diramazioni, come piccoli alberi.

- Le pulci d'acqua sono abitanti molto comuni di stagni e ruscelli. Mangiano pezzi microscopici di piante e piccole creature, e a loro volta sono un cibo importante per pesci, larve, vermi e creature simili.

- La famiglia dei ciprinidi annovera quasi tremila specie di pesci d'acqua dolce. Alcuni sono lunghi solo 10 cm e sono vittime comuni di pesci più grandi. Rappresentano anelli comuni nelle catene alimentari tra piccole piante e animali predatori più grandi.

Mangiare i morti

Le tartarughe azzannatrici si nutrono di carogne, come cervi e maiali annegati, trovandole tramite l'olfatto. Sono state utilizzate per localizzare i corpi di persone assassinate e gettate in laghi profondi.

La terrapin dipinta si nutre principalmente di piante acquatiche, ma mangia anche alcuni vermi e larve. Animali come questo, che mangiano sia piante che creature, vengono definiti onnivori.

Il luccio afferra la sua preda con la grande bocca carica di denti piccoli ma molto affilati. I lucci vivono in laghi e fiumi erbosi in tutto il nord del mondo.

L'opossum acquatico, o yapok, del Sud America collega le catene alimentari in acqua e sulla terra. Caccia nelle pozze e nei fiumi pesci, rane, gamberi e insetti. Poi torna sulla terraferma per riposare, dormire e riprodursi – rischiando di finire nelle grinfie di un predatore terrestre, come un giaguaro.

❍ La sanguinerola è un anello comune nelle catene alimentari d'acqua dolce. Si nutre di piccoli vermi e altre piccole creature tra le pietre e nel fango, e viene poi mangiata da pesci più grandi.

❍ Il naso è un pesce che vive in fiumi veloci e con fondali di ghiaia in Europa e in Asia occidentale. È un erbivoro e raschia piccole piante dalle pietre con le sue labbra dure e cornee.

❍ Il luccio è un potente cacciatore lungo fino a 100 cm con una bocca piena di denti affilati. Si lancia fuori dalle piante acquatiche per tendere un'imboscata alla sua preda. In molti fiumi e laghi, è il primo carnivoro alla fine di varie catene alimentari.

❍ La lampreda di solito vive come parassita. Si attacca a un pesce più grande, il suo ospite, e si fa strada attraverso la pelle per succhiare il sangue e i fluidi del corpo del pesce. Le lamprede sono pesci molto strani, con una struttura del corpo quasi preistorica. Non hanno mascelle: la bocca è una ventosa rotonda orlata di piccoli denti.

❍ Il coccodrillo del Nilo è il principale predatore in molte zone acquatiche dell'Africa. Afferra grandi animali o uccelli che vengono a bere, li trascina sotto la superficie per annegarli, poi strappa pezzi di carne e ossa da ingoiare. Un singolo pasto può durare anche sei mesi per un coccodrillo del Nilo.

Il tritone crestato, un anfibio, è grande come una mano, ma può diventare il principale carnivoro di un piccolo stagno. È un feroce cacciatore di piccoli animali acquatici, come vermi, insetti acquatici e pesciolini.

Catene alimentari marine

Le piante sono la base di tutte le catene alimentari, ma sembrano mancare nell'oceano aperto. Tuttavia, esistono, sotto forma di piccole alghe fluttuanti chiamate fitoplancton. Vengono mangiate da piccoli animali, chiamati zooplancton, così da formare le catene alimentari.

❍ I copepodi sono crostacei, tra i più numerosi di tutti gli animali. Ognuno ha un corpo rivestito da un esoscheletro e arti sfrangiati che ondeggiano per nuotare. Servono anche per raccogliere cibo. Nel mare, i copepodi si nutrono e si riproducono nell'acqua chiara vicino alla superficie. Vasti ammassi o sciami di copepodi si nutrono di piante e animali microscopici. Insieme al krill, i copepodi sono il cibo principale per i pesci e altri animali marini.

Fast food del mare

Le aringhe sono una famiglia di piccoli pesci marini argentei che nuotano in grandi banchi. Si trovano spesso nelle acque temperate e poco profonde del Nord Atlantico e del Nord Pacifico. Le aringhe si nutrono di piccoli pesci e di plancton. Sono, a loro volta, una parte importante della dieta di creature più grandi, come squali, foche, balene e uccelli marini. Esistono più di 360 specie (tipi) nella famiglia delle aringhe, che comprende pesci come le sardine, le acciughe, l'alosa, i menadi e gli spratti.

❍ Il krill assomiglia a piccoli gamberetti e di solito è lungo da 2 a 3 cm. Milioni di loro, insieme ad altre piccole creature, costituiscono il plancton. I krill sono mangiati da molte creature tra cui uccelli marini, pinguini, pesci come l'enorme squalo balena e grandi balene.

Le razze, come la razza maculata, sgranocchiano i molluschi che trovano sepolti nella sabbia rilevando i minuscoli e deboli impulsi elettrici naturali prodotti dai muscoli dei molluschi.

❍ Le iguane marine sono erbivore. La maggior parte delle lucertole preferisce la vita sulla terraferma, dove è più facile riscaldare i loro corpi a sangue freddo, ma le iguane marine dipendono dal mare per il loro cibo. Si immergono per rosicchiare le alghe e le piante acquatiche che crescono sulle rocce e sui coralli.

❍ Le orche sono tipi di delfini e vivono in tutti i mari, anche nelle fredde regioni artiche e antartiche. Si nutrono di molti tipi di pesci, calamari e prede simili. Sono anche l'unico tipo di balena o delfino che caccia regolarmente vittime a sangue caldo, tra cui focene, grandi balene, foche, leoni marini e uccelli marini (come i pinguini), e anche altri delfini.

Gli squali, come questo squalo tigre della sabbia, sono pesci carnivori e quasi tutti vivono nel mare. Alcuni inseguono la preda, altri rimangono in attesa di afferrare le vittime. Altri sono spazzini, ovvero si nutrono dei corpi morenti e morti di altri animali, come balene e foche.

Il pesce scorpione si trova alla fine di una catena alimentare. Quasi nessun cacciatore tenta di mangiarlo, a causa del veleno contenuto nelle sue affilate spine delle pinne. Tuttavia, quando muore diventa cibo per i detritivori – piccoli vermi, granchi e creature simili che consumano la carne in decomposizione delle carcasse.

Pesci grandi come la cernia dalla coda a mezza luna ingurgitano un pasto e poi si riposano o nuotano lentamente per diversi giorni, finché non hanno di nuovo fame. Le cernie di solito si nascondono sotto sporgenze rocciose o in grotte.

❍ Molti uccelli marini mangiano pesce o calamari. La tecnica di alimentazione delle sule è quella di tuffarsi a capofitto nell'oceano e prendere un pesce nel becco. Si tuffa in velocità, senza paura di farsi male, dato che la testa è protetta da sacche d'aria che assorbono la maggior parte degli urti.

❍ I pesci, come le aringhe, non hanno particolari strumenti di difesa, se non la loro velocità e il far parte di un gruppo enorme. La colonia si muove insieme, torcendosi e cambiando direzione nello stesso momento per far assomigliare il banco a un unico superanimale e confondere o spaventare i predatori.

Sorprendente!

Gli squali elefante sono al secondo posto tra i pesci più grandi, raggiungendo 10 m di lunghezza e 6 tonnellate di peso. Come gli squali balena, filtrano piccoli animali, come il krill, e altri pezzi di cibo dal mare.

Foca cancrivora

La foca cancrivora o foca mangiagranchi ha un nome poco azzeccato. Vive e si nutre nell'Oceano antartico dove non ci sono granchi, e si nutre di krill...

Diete degli squali

Lo squalo smeriglio sfrutta la vista acuta per inseguire il suo cibo preferito: piccoli pesci di banco come lo sgombro. Con un improvviso colpo di coda, si lancia nel banco e sceglie una vittima.

La coda dell'alopias è lunga quanto il suo corpo. La lancia in velocità attraverso l'acqua per schiaffeggiare e stordire i pesci più piccoli, che l'alopias torna poi a mordere un pezzo alla volta o ingoiare interi.

Lo squalo tigre è famoso per inghiottire qualsiasi cosa trovi, finendo però per ingurgitare anche oggetti come lattine e sandali.

Lo squalo tappeto è ben mimetizzato per confondersi con le rocce e le alghe. Rimane in attesa che i pesci più piccoli, o prede simili, nuotino appena sopra di lui, poi si alza per afferrarli.

Lo squalo argentato è un nuotatore elegante e veloce che insegue altre creature delle acque intermedie, principalmente pesci più piccoli, con attacchi a sorpresa.

Riproduzione in acqua

Rispetto agli animali terrestri, gli animali e le piante acquatici hanno un vantaggio quando si riproducono: possono sfruttare le correnti d'acqua del fiume o del mare per portare via le loro uova o il loro seme e diffonderli in lungo e in largo. Così alcune creature acquatiche hanno colonizzato quasi tutti i mari e gli oceani del mondo.

Dopo la schiusa, i piccoli di tartaruga devono scavare fino alla superficie e poi correre lungo la spiaggia fino al mare. Molti predatori, come lucertole, volpi, lontre, sciacalli, gabbiani e altri uccelli marini, si riuniscono lungo la riva per banchettare con i piccoli.

Seduzione profumata

Gli squali hanno un modo complicato di trovare un partner. Emanano degli odori, o "profumi", nell'acqua per attirarne uno. Poi i due si strofinano l'un l'altro, avvolgono i loro corpi l'uno attorno all'altro, e forse si mordono anche.

- Le seppie vivono perlopiù sole ma si riuniscono in piccoli banchi per riprodursi. Ogni seppia usa il suo colore e le sue striature per segnalare la sua disponibilità ad accoppiarsi mentre ondate di strisce nere, gialle e marroni passano rapidamente lungo il suo corpo.

- Sulla terraferma, quando una femmina e un maschio si accoppiano, di solito lo sperma penetra nel corpo della femmina per fecondare le uova, la cosiddetta fecondazione interna. In acqua, molti tipi di rane, pesci, crostacei, e altri animali rilasciano le loro uova e lo sperma nell'acqua, e lasciano la fecondazione al caso: è questa la fecondazione esterna.

- Le creature acquatiche attirano un partner al momento della riproduzione, proprio come gli animali sulla terraferma. I suoni e gli odori viaggiano molto più lontano nell'acqua che nell'aria, e anche i suoni si trasmettono più velocemente, quindi molti abitanti dell'acqua ne fanno uso per attirare l'attenzione di un partner.

- Balene, delfini e focene, in particolare, compiono tutta una serie di squittii, clic e grugniti durante il corteggiamento. Man mano che si avvicinano l'uno all'altro, usano anche il tatto: accarezzano i loro partner.

Le femmine di tartaruga ritornano sulla spiaggia dove sono nate per scavare i loro nidi. Dopo aver deposto le uova, tornano subito in acqua. Le tartarughe embricate possono deporre fino a 140 uova in una volta, mentre alcune femmine di tartaruga verde raggiungono le 800 uova in un anno.

Piccoli squali

Alcuni squali hanno centinaia di piccoli contemporaneamente. Lo squalo balena può dare alla luce fino a 300 cuccioli, ognuno di circa 60 cm di lunghezza.

Alcuni pesci cambiano sesso quando crescono. Le cernie possono iniziare come maschi, per poi trasformarsi in femmine quando diventano più grandi. Questo dipende in parte da quante altre cernie maschio e femmina ci sono nella zona.

Un piccolo di gattuccio si sviluppa lentamente nella sua custodia protettiva, chiamato borsellino della sirena. Man mano che diventa più grande la sua riserva di cibo, il tuorlo, si riduce. Infine si schiude dopo circa otto mesi.

- Il maschio di amia crea un nido poco profondo, simile a una scodella, sul fondo dell'oceano, strappa via le piante a morsi e spazza via il fango e le pietre con la coda. Dopo che la femmina vi ha deposto le uova, le custodisce gelosamente. Si tratta di uno dei padri più impegnati tra tutti i pesci. Protegge i suoi piccoli fino a quando non raggiungono circa 10 cm di lunghezza.

- Alcuni squali si riuniscono in grandi gruppi, o banchi, per riprodursi. I pesci martello si riuniscono in centinaia o addirittura in migliaia, in modo che le femmine e i maschi possano scegliere i partner per l'accoppiamento. Anche gli squali bonnethead, nutrice e gli squalidi in generale formano banchi di riproduzione.

Sorprendente!

I cavallucci marini maschi partoriscono? Non è esattamente così, ma conservano le uova in un sacchetto sul loro ventre. Quando le uova sono pronte a schiudersi, un flusso di cavallucci in miniatura esce dalla tasca del maschio.

Il maschio di amia del Nord America è più grande della femmina, ha una macchia in cima alla coda, e fornisce più cure parentali ai suoi piccoli di quasi tutti gli altri pesci nell'oceano.

- Alcune madri di squalo, come le madri di gattuccio, depongono le uova. Ogni uovo ha una struttura resistente che contiene uno squalo in via di sviluppo, chiamato embrione. La struttura ha filamenti lunghi, che si attaccano alle alghe o alle rocce. Prova a cercare sulle spiagge le sue uova aperte, sono note come borsellini delle sirene.

- In alcune zone tutti gli animali corallini si riproducono contemporaneamente, di solito per adattarsi alle maree e alle correnti dell'oceano. I coralli rilasciano così tante uova e sperma nell'acqua che questa diventa torbida e se sei sott'acqua puoi vedere solo pochi metri più in là. Gradualmente l'acqua viene ripulita dalle correnti.

Il nesogobius pulchellus erge la sua pinna dorsale, tenendola sollevata come una vela quando vuole avvisare un altro esemplare nel suo territorio o attirare un partner per l'accoppiamento.

Nuotatori di lunga distanza

Animali come le balene e gli uccelli combinano più metodi di orientamento – usando la posizione del Sole, della Luna e delle stelle, grandi punti di riferimento come montagne o scogliere, e anche il campo magnetico della Terra. Le tartarughe, le aragoste e i pesci si orientano basandosi sull' "odore" e sul "gusto" delle sostanze chimiche naturali che cambiano in diversi fiumi o parti dell'oceano.

Le aragoste spinose passano l'estate a nutrirsi al largo della costa della Florida, ma in autunno si dirigono a sud in acque più profonde. Viaggiano per circa 50 km lungo il fondale marino, in colonne che possono essere formate da più di 50 esemplari. Comunicano con il tatto, usando le loro antenne lunghe e appuntite.

❍ La maggior parte degli Istioforidi, come il marlin bianco, compiono migrazioni stagionali. Si spostano a nord o a sud in estate e tornano ai tropici in inverno. Il bianco è il più piccolo dei quattro tipi di marlin, con un peso di circa 70-80 kg. Vive nelle regioni più calde dell'Oceano Atlantico. (Il più grande è il marlin nero, che può superare i 700 kg.)

❍ La falsa aringa atlantica, un tipo di alosa cugina dell'aringa, migra come il salmone. Vive lungo le coste atlantiche del Nord America, poi risale i fiumi per deporre le uova. Raggiunge circa 40 cm di lunghezza. Tuttavia, alcune false aringhe atlantiche rimangono tutta la vita in acqua dolce, soprattutto nei Grandi Laghi degli Stati Uniti e del Canada, e sono più piccole.

❍ Molti tipi di squali percorrono lunghe distanze nel corso della loro vita. Poiché tutti i mari e gli oceani del mondo sono collegati, è facile per gli squali percorrere distanze enormi.

I pesci volanti hanno pinne laterali allargate che funzionano come ali. Non sbattono ma scivolano sulla superficie dell'acqua. Per le loro dimensioni, questi pesci fanno grandi viaggi, percorrendo centinaia di chilometri in pochi giorni verso nuove zone di alimentazione.

I tonni rossi sono pesci potenti e muscolosi che possono raggiungere una velocità di 90 km/h. I loro muscoli producono così tanto calore che questi pesci diventano a sangue caldo. Si nutrono di diversi tipi di pesce in grandi banchi, poi nuotano per più di 2.000 km in pochi giorni verso le zone costiere per riprodursi.

❍ Gli squali blu compiono le migrazioni più lunghe di tutti gli animali marini. Seguono la corrente del Golfo attraverso l'Atlantico dal Mar dei Caraibi all'Europa, e nuotano verso sud lungo la costa africana, poi attraversano nuovamente l'Atlantico per tornare ai Caraibi. Una verdesca può coprire una distanza di più di 6.000 km in meno di un anno.

❍ Gli squali sembrano avere una bussola incorporata. Le persone usano le bussole magnetiche, che rilevano il magnetismo naturale della Terra e indicano il nord, per orientarsi nei mari e in terre remote. Gli squali riescono a rilevare il magnetismo terrestre, e questo potrebbe aiutarli a orientarsi negli oceani. Anche altri animali, come certi uccelli e tartarughe, hanno questa abilità.

Il viaggio dei salmoni

I salmoni passano da due a sei anni nel loro fiume natale, poi si dirigono verso il mare dove crescono fino a 1,5 m di lunghezza e diventano forti e veloci nutrendosi di pesci più piccoli. Trascorsi da uno a quattro anni in mare, risalgono il fiume per riprodursi nella corrente dove sono nati. La maggior parte muore, ma alcuni compiono il viaggio due volte.

Alcune orche sono sempre in movimento. Coprono migliaia di chilometri l'anno e sono conosciute come "transienti". Altri gruppi di orche invece sono "stanziali" e rimangono all'interno di una piccola area per la maggior parte della loro vita.

I delfini di fiume compiono viaggi stagionali, seguendo le loro fonti di nutrimento, come il pesce. Possono percorrere diverse centinaia di chilometri in un anno.

Balene grigie

Le balene grigie migrano più lontano di qualsiasi altro mammifero. Le balene possono nuotare per quasi 20.000 km l'anno, facendo la spola tra il Messico e l'Alaska.

La remora può percorrere centinaia di chilometri, senza compiere quasi alcuno sforzo. La sua pinna dorsale è una forte ventosa con cui si aggrappa a grandi animali, come squali, balene o tartarughe.

- I piccoli di tartaruga comune compiono un viaggio lungo due anni. Nascono sulle spiagge del Giappone. I piccoli si affrettano a raggiungere il mare e attraversano il Pacifico verso il Messico: un viaggio di 10.000 km. Passano circa cinque anni in Messico, poi tornano in Giappone per riprodursi.

- I misteriosi e poco conosciuti delfini di fiume vivono in alcuni dei più grandi fiumi al mondo. Ne esistono cinque tipi, o specie: due nella regione indiana, due in Sud America e una in Cina. I loro viaggi regolari lungo il fiume per seguire le prede durante le migrazioni stagionali sono fortemente disturbati da dighe, centrali idroelettriche e canali di irrigazione.

- Le anguille comuni si schiudono nel Mar dei Sargassi nell'Atlantico occidentale e vanno alla deriva in Europa con le correnti oceaniche, sviluppandosi come larve. Crescono in fiumi e laghi d'acqua dolce e ritornano nel Mar dei Sargassi per accoppiarsi.

La piccola bocca dell'abramide può essere estesa in avanti come un tubo per succhiare larve di insetti e vermi dal fango. Questo pesce è tra quelli che si spostano meno, dato che a volte rimane in un piccolo tratto di fiume per tutta la vita.

Sorprendente!

Molti tipi di piante marine microscopiche (alghe) migrano verticalmente - su e giù. Salgono in superficie di giorno per sfruttare la luce del sole per crescere, poi di notte scendono in profondità, lontano dai piccoli animali di superficie che potrebbero mangiarle.

Fiumi e laghi

Un fiume fornisce molti habitat per diversi animali. Inizia come un ruscello di acqua fredda e chiara che scorre su un letto sassoso, rallenta fino a diventare un fiumiciattolo con un letto sabbioso e sponde circondate da alberi, e infine diventa un fiume largo, lento e con il fondo fangoso. Anche i laghi variano molto: per esempio, passano da poco a molto profondi.

I pesci gatto tendono a preferire laghi profondi, fiumi lenti e canali. Di solito vivono sul fondo o nelle sue prossimità, mangiando tutti i tipi di vermi e cibo simile. Usano i loro lunghi "baffi", chiamati barbigli, per individuare le prede.

❍ Il tritone punteggiato si nutre di molte creaturine acquatiche, tra cui piccoli pesci, vermi e persino i suoi stessi girini.

❍ La trota iridea è un pesce di torrenti a scorrimento veloce, dove l'acqua contiene molto ossigeno disciolto. Alcune specie rimangono in acqua dolce per tutta la vita. Le iridee migrano verso il mare, come i salmoni, e poi ritornano per riprodursi.

❍ In uno stagno le uova di libellula si schiudono in giovani chiamate ninfe. Come il girino, la ninfa non assomiglia molto al suo genitore, essendo priva di ali. Eppure, come il genitore, è una feroce cacciatrice di piccole prede.

I denti del piranha sono molto affilati ma anche sottili, come lame triangolari. Si spezzano facilmente se la preda lotta per liberarsi.

❍ I piranha hanno denti affilati come rasoi e si riuniscono intorno a un grande animale in acqua per strapparne pezzi di carne. Vivono nei fiumi e nelle paludi del Sud America. Si nutrono di altri pesci, insetti e frutta, ma come un feroce gruppo predatore possono attaccare e uccidere piccoli mammiferi e persino esseri umani.

La maggior parte dei pellicani vive vicino all'acqua dolce. Sono forti nuotatori e gli uccelli subacquei più grandi di tutti. Usano la tasca elastica della gola come una paletta per catturare i pesci.

Squalo d'acqua dolce

Solo un tipo di squalo risale regolarmente i fiumi, soprattutto in Sud America. Lo squalo toro può attaccare persone che pescano, si lavano o fanno il bagno nei laghi, a 2.000 km dal mare.

Lo storione è un pesce enorme, lungo fino a 3 m, che vive per una parte dell'anno intorno alle coste. In primavera risale i fiumi per riprodursi. La femmina depone più di due milioni di piccole uova nere e appiccicose, una prelibatezza chiamata caviale.

❍ Le lontre di fiume nuotano a grande velocità, girandosi in una frazione di secondo mentre inseguono la preda. La lontra si sposta in avanti spingendosi con le zampe palmate posteriori. Le zampe anteriori sono tenute contro il corpo, tranne quando si muove lentamente, sfruttando tutte e quattro le zampe.

❍ I baffi cespugliosi della lontra di fiume le consentono di orientarsi nell'acqua fangosa, per individuare al tatto prede come vermi e molluschi. Quando nuota velocemente, la lontra allunga la testa e il collo in avanti per rendere la parte anteriore più appuntita e affusolata.

Ogni tipo di pesce ha le sue preferenze in fatto di velocità, temperatura e limpidezza dell'acqua. Il temolo preferisce torrenti e ruscelli limpidi e freschi.

❍ Durante la loro migrazione a monte del fiume, i salmoni agitano i corpi lunghi e flessibili per spostarsi contro corrente, saltando su rapide e cascate alte più di 3 metri.

❍ I delfini di fiume hanno occhi minuscoli e sono quasi ciechi, perché la vista è poco utile nell'acqua fangosa. Tuttavia, possono nuotare velocemente e cacciare usando gli squittii e i clic dell'ecolocalizzazione o sonar, come altri delfini (e anche i pipistrelli). Trovano le loro prede – pesci e animali simili – anche dal suono, afferrando le vittime nei loro lunghi becchi, dotati di oltre 100 piccoli denti affilati.

Sorprendente!

L'enorme bocca del pesce gatto europeo è abbastanza grande da ingoiare un bambino di due anni.

Quando il boto viene in superficie ed espira, il rumore che produce sembra un sospiro umano. Il suo dorso ha una gobba bassa piuttosto che una pinna dorsale.

Il delfino del fiume Indo ha occhi minuscoli ed è quasi cieco. Si sposta attraverso l'acqua fangosa usando l'ecolocalizzazione e trascinando la sua pinna attraverso il letto del fiume.

Pesci combattenti

Questi piccoli pesci, lunghi solo da 5 a 7 cm, vivono negli stagni e nei fiumi lenti della regione della Thailandia. I maschi vengono allevati da migliaia di anni per produrre molte varietà diverse di pesci combattenti, in una vasta gamma di colori e dimensioni. Alcuni hanno pinne molto lunghe, che stendono per intimorire i rivali.

I più grandi habitat d'acqua dolce

Rio delle Amazzoni	Sud America	Più acqua, 200.000 mc/sec
Fiume Nilo	Africa	Più lungo, 6.695 km
Lago Superiore	Nord America	Area più grande, 82.400 km2
Lago Baikal	Asia centrale	Più profondo, 1.620 km

Paludi e acquitrini

Durante un'estate lunga e calda, alcune paludi possono iniziare a seccarsi. Le pozze si restringono e le creature acquatiche si affollano in aree più piccole. Il calore rimuove anche l'ossigeno dall'acqua, così gli animali che respirano sott'acqua con le branchie cominciano a soffocare.

Pesce polmonato

I pesci polmonati africani crescono fino a 2 m di lunghezza e sono temibili cacciatori di piccole creature acquatiche come rane, gamberi, lucertole e uccelli acquatici. Al momento della riproduzione il maschio si dimena e scava una buca nella sabbia o nel fango per la femmina in cui deporre le uova. Le custodisce mentre si sviluppano e si schiudono.

L'alligatore americano ha gli occhi e le narici sulla parte superiore della testa. Può restare immobile e quasi sommerso e tuttavia vedere, respirare e fiutare un'eventuale preda.

- Gli anfibi sono comuni nelle paludi. Iniziano la vita in acqua e poi si spostano sulla terraferma quando diventano adulti. Gli anfibi includono rane e rospi senza coda, salamandre e tritoni, che hanno sviluppato la coda al termine dello loro crescita.

- La gambusia preda le larve acquatiche delle zanzare che prosperano nelle paludi. Senza di lei, le larve si trasformerebbero in adulti e diventerebbero infestanti.

- Alcuni animali di palude affrontano la siccità "dormendo". Entrano in un periodo di inattività chiamato estivazione, simile al letargo. Scavano in profondità nel fango umido per proteggersi e rimangono lì fino a quando le piogge autunnali non riempiono di nuovo le pozze.

L'arapaima, o pirarucu, può respirare con le branchie e anche aspirando aria nella gola e spingendola giù fino alla vescica natatoria. Questo enorme pesce della regione amazzonica raggiunge una lunghezza di più di 4 m e può pesare più di 200 kg.

- Come gli altri pesci polmonati, il tipo sudamericano non respira aria attraverso le narici come gli animali terrestri. L'aria viene aspirata dalla gola e dall'esofago e poi, attraverso una fessura, arriva ai polmoni. Questo pesce polmonato raggiunge circa 1,2 m di lunghezza e, come il suo parente africano, usa le pinne inferiori come lunghe antenne.

- I rettili sono comuni in molte paludi nelle regioni più calde. Coccodrilli e alligatori si nascondono nell'acqua fangosa e poco profonda. Vari tipi di serpenti sanno nuotare bene e alcuni si tuffano a caccia di pesci e rane. Le tartarughe d'acqua dolce afferrano piccoli animali o si nutrono di alghe.

- Nelle zone paludose si trovano diversi tipi di uccelli trampolieri. Gli aironi restano immobili, in attesa che un pesce o una rana passi, per colpirli con il becco a forma di lancia.

- Molti tipi di lumache vivono in paludi e acquitrini nutrendosi di piante acquatiche, raschiandole con la piccola "lingua" simile a una lima, la radula, ricoperta da centinaia di piccoli denti.

Durante la stagione della riproduzione, i tritoni crestati si nascondono tra le erbacce dello stagno e le piante acquatiche. Ma con il passare dell'estate, lasciano l'acqua per cercare cibo sulla terraferma.

Garzetta rossastra

La garzetta rossastra, un piccolo airone, preferisce cacciare le prede in acque poco profonde rispetto ai suoi colleghi aironi o garzette. Spesso corre veloce sfruttando le ombre delle sue ali per confondere la preda.

Sorprendente!

In alcune paludi tropicali l'acqua può superare i 40 °C, troppo per farci il bagno. Le piante in decomposizione rendono l'acqua acida al punto che farebbe marcire i nostri vestiti in un paio di giorni. Eppure qui vivono pesci e altre creature.

Quando la pozza paludosa dell'Anabas testudineus si secca, il pesce può dimenarsi attraverso la terraferma per raggiungerne un'altra. Si sposta usando le forti pinne pettorali e gli spuntoni sulle coperture branchiali per afferrarsi al terreno, assistito dalla coda.

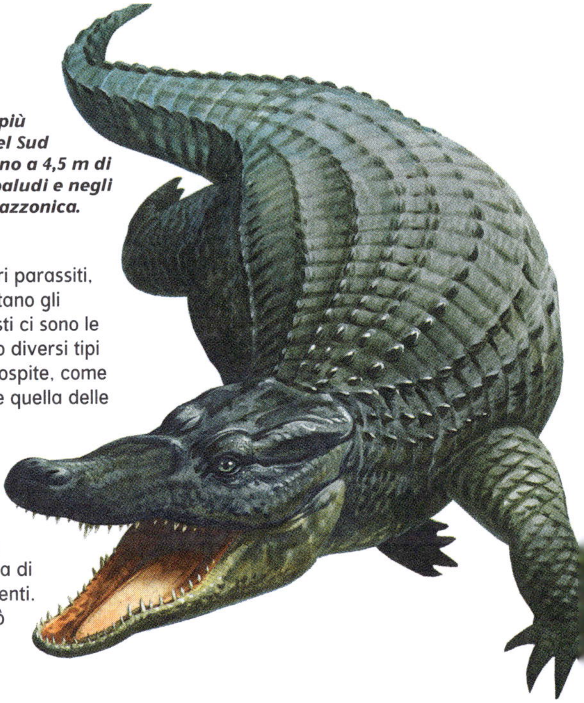

Il caimano nero è il più grande predatore del Sud America. Può crescere fino a 4,5 m di lunghezza e vive nelle paludi e negli stagni della regione amazzonica.

- Le paludi ospitano vari parassiti, ovvero animali che sfruttano gli altri per vivere. Tra questi ci sono le sanguisughe. Ne esistono diversi tipi per ogni tipo di animale ospite, come la sanguisuga dei pesci e quella delle lumache.

- Per nutrirsi, la sanguisuga pratica un foro nella pelle dell'ospite usando la sua bocca arrotondata, orlata di aculei affilati e simili a denti. Risucchia il sangue e può inghiottire fino a cinque volte il suo peso in un solo pasto.

- La tartaruga di stagno europea passa il freddo inverno in letargo. Inattiva nel fango sul fondo della palude, si risveglia in primavera per nutrirsi e riprodursi. Ma se le pozze si asciugano, entra in estivazione (un "sonno" indotto dalla siccità) e rimane nuovamente inattiva sul fondo.

- Le pozze paludose sono una "nursery" per le forme giovani di vari insetti, come libellule, damigelle, tricotteri, effimere e plecotteri. Si tratta di forme giovani di larve, senza ali e che rappresentano anche un'importante fonte di cibo per rane, pesci e uccelli acquatici.

Estremi acquatici

***S**ulla terraferma, le condizioni estreme includono deserti roventi e cime di montagne ghiacciate. Anche gli habitat acquatici hanno molti estremi, tra cui temperature basse e alte, correnti veloci e lagune costiere salate, dove l'acqua è dieci volte più salata di quella del mare.*

❍ Le artemie possono schiudersi da uova che sono state bagnate dopo essersi essiccate e conservate per più di 1000 anni. Questi gamberi, come i crostacei, possono anche sopravvivere in un'acqua piena di sale, così calda da scottarci. Queste condizioni si trovano nelle lagune salate e nelle saline delle regioni calde.

❍ Poche creature possono sopravvivere nelle oscure e gelide profondità dell'oceano. Il cibo è così difficile da trovare che il melanoceto non spreca energia per inseguire la preda: ha sviluppato una tecnica di pesca intelligente. Una "canna da pesca" filiforme con una punta luminosa si estende dalla sua pinna dorsale o pende sopra la sua mascella. Questa attira i pesci piccoli verso la sua grande bocca.

❍ I pinguini imperatore maschi mantengono in equilibrio un uovo sulle zampe per tenerlo riparato dal ghiaccio antartico dove congelerebbe. La femmina lascia al compagno la cura dell'uovo, che dovrà sopravvivere a temperature di -40 °C per i due mesi necessari alla schiusa, durante i quali il maschio rimarrà senza cibo.

Gli animali delle regioni polari includono orsi polari e trichechi, che si trovano nell'Artico (a sinistra), e pinguini, che si trovano solo nell'Antartico (a destra).

❍ Le balene beluga vivono per una parte dell'anno tra gli iceberg e i banchi di ghiaccio dell'Artico. Imparentata con i delfini, la balena beluga adulta è di colore bianco latte. Il suo nome deriva dalla parola russa *belukha* che significa bianco. I beluga non hanno una pinna dorsale, il che rende il nuoto sotto il ghiaccio molto più facile.

Questa orsa polare e i suoi cuccioli stanno nuotando in un'acqua che è al di sotto del punto di congelamento di 0 °C. Il sale presente nell'acqua di mare, e il suo continuo movimento con le onde e le correnti, fanno sì che non si congeli fino a diversi gradi sotto lo zero.

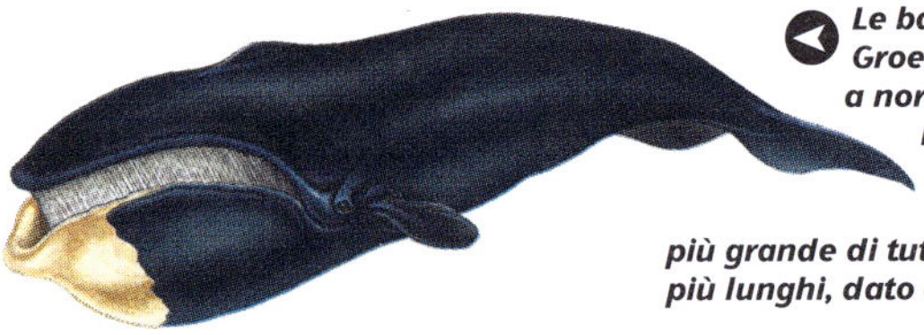

Le balene della Groenlandia si avventurano a nord in acque più gelide rispetto a qualsiasi altra grande balena. Hanno anche la bocca più grande di tutte le balene e i fanoni più lunghi, dato che superano i 4 metri.

- Le foche settentrionali si trovano nelle gelide acque del Pacifico settentrionale, in particolare nel Mare di Bering e nel Mare di Okhotsk. Hanno piccole orecchie esterne, e uno spesso strato di grasso, o blubber, che protegge la foca settentrionale dalle temperature estremamente fredde.

- Alcune foche hanno anche una pelliccia spessa, con due strati. Il mantello ha un sottopelo spesso di pelliccia morbida, coperto da un pelo più lungo e grossolano. Queste foche si mantengono calde intrappolando l'aria nella pelliccia, in modo da crearsi uno strato isolante.

- Alcuni animali acquatici non vedono mai la luce del giorno. Trascorrono tutta la loro vita in laghi e ruscelli sotterranei in grotte buie, nutrendosi di ciò che giunge nella grotta dall'esterno. La loro dieta include pesci ciechi, salamandre, gamberi e lumache.

Cetacei "armati"

Il narvalo, lungo 5 metri, è il più settentrionale di tutti i mammiferi e sopravvive nei gelidi mari artici. Ha solo due denti. Nel maschio della specie, l'incisivo superiore sinistro continua a crescere e diventa una zanna lunga e appuntita che può raggiungere quasi 3 m di lunghezza. L'altro dente è lungo circa 20 cm.

- Il tricheco giace sul ghiaccio artico e "prende il sole" a temperature inferiori a -20 °C. Il tricheco maschio è molto più grande della femmina. Cresce fino a 3,3 m di lunghezza e supera i 1.200 kg di peso.

- La rana pescatrice vive nelle oscure profondità marine. Ha una testa e una bocca enormi. Ha anche numerosi denti affilati per intrappolare le prede. Alcune rane pescatrici sono lunghe solo mezzo metro, mentre altre crescono fino a 2 metri.

L'acqua artica è molto fredda, quindi gli squali della Groenlandia possono nuotare solo molto lentamente. A volte giacciono sul fondo del mare per giorni e giorni. Lo squalo della Groenlandia mangia la carne di qualsiasi animale morto. Il suo pasto include la carne di balene, foche, delfini, altri squali, calamari e persino animali terrestri annegati, come le renne.

Sorprendente!

Alcune sorgenti emettono acqua "surriscaldata". L'acqua è sottoposta a una tale pressione quando sgorga dalle fessure delle rocce da risultare più calda del livello di ebollizione, eppure alcune piccole forme di vita chiamate batteri riescono comunque a vivere al suo interno.

Le foche da pelliccia, come la foca nordica, passano ore a pulirsi. Usano i loro denti e artigli per spalmarsi oli impermeabilizzanti sulla pelliccia e per assicurarsi che sia priva di fango e grovigli, in modo da mantenere al meglio il calore del corpo.

Il pinguino più veloce

L'uccello che nuota più velocemente è il pigoscelide comune, che sfreccia sott'acqua. Può raggiungere una velocità di 27 km/h.

I beluga sono balene molto rumorose che producono molti suoni diversi, dai clic agli squittii fino agli strilli. Questi suoni riecheggiano tra e sotto gli iceberg, rendendo difficile localizzare l'esatta posizione del beluga.

Spiagge rocciose

La costa rocciosa è un habitat molto duro con onde che si infrangono, massi che rotolano, sole cocente, pioggia battente, venti freddi e l'escursione delle maree. Quasi ogni pozza rocciosa ha degli abitanti, come anemoni, granchi, gamberi, stelle marine, crostacei e piccoli pesci – oltre ai ghiozzi, con la loro pelle viscida e coriacea, grandi teste smussate, forti pinne spinose e code affusolate.

Sorprendente!

Alcune isole rocciose ospitano più di 50.000 sule, che vi si riproducono ogni estate. Il rumore combinato dei loro forti e duri richiami "arrh" e "urrà" può quasi assordare una persona.

❍ Le grandi alghe chiamate kelp hanno lunghi steli che si ancorano alle rocce sottostanti. Formano una "foresta sottomarina galleggiante" dove vivono, si nutrono e si nascondono molti tipi di animali.

❍ Le pozze di roccia pullulano di ogni genere di creatura. Le patelle sono un tipo di mollusco. Vivono sulle rocce e nelle pozze delle coste. Qui si nutrono di alghe verdi e viscide. Devono resistere alla marea che si infrange e per farlo si aggrappano alla roccia con il loro piede muscoloso, muovendosi solo quando la marea scende.

Il maschio di dragonetto è lungo 30 cm ed è un pesce molto colorato, con due pinne posteriori variopinte come le vele di uno yacht. I dragonetti vivono lungo le coste rocciose dell'Oceano Atlantico orientale e del Mar Mediterraneo.

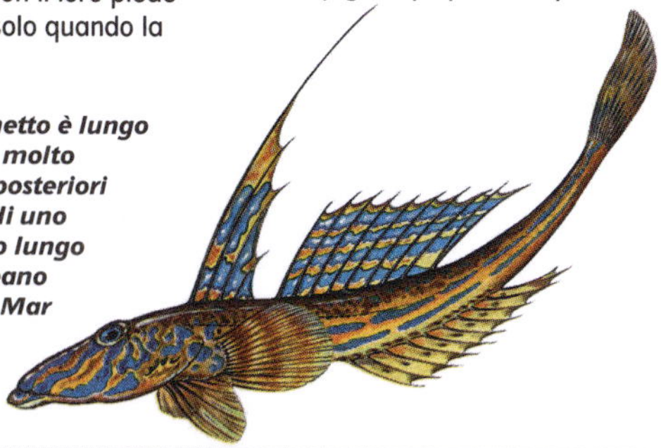

Quasi ogni fessura, crepa e grotta su una riva rocciosa è occupata – qui da un granchio scarlatto. I granchi in particolare lottano tra loro per accaparrarsi i migliori nascondigli.

❍ Le stelle marine scivolano lentamente sulle rocce. Sono in grado di farsi crescere nuove braccia. Possono arrivare ad avere fino a 40 braccia, o raggi. Se un predatore ne afferra uno, la stella marina abbandona il raggio e usa gli altri per fuggire.

❍ Alcuni ricci di mare indossano un travestimento. I ricci di mare verdi a volte si coprono con pezzi di conchiglie, ciottoli e alghe. Questo rende più difficile per i predatori individuare il riccio in una pozza.

❍ Il pallido e screziato ghiozzo delle rocce argenteo-marrone si mimetizza perfettamente su un fondale disseminato di rocce e pietre. Le sue spine sono rigide e taglienti, soprattutto lungo le pinne posteriori (dorsali). Queste tengono alla larga gabbiani, lontre, spigole, polpi e altri predatori.

Il cavalluccio marino di solito si nasconde tra le alghe, le rocce e il corallo di una riva rocciosa, tenendosi contro la corrente e le onde con la sua coda arricciata.

Gabbiani rumorosi

Le risse appartengono alla famiglia dei gabbiani. Il loro richiamo ha un suono particolare, simile a "kitti-wake". Nidificano in grandi colonie su strette sporgenze di scogliera. Sono l'unica specie della famiglia dei gabbiani che fa il nido sulle scogliere.

Conchiglie in prestito

Il paguro prende in prestito il guscio lasciato da un buccino morto o da un altro mollusco per proteggere il suo corpo morbido.

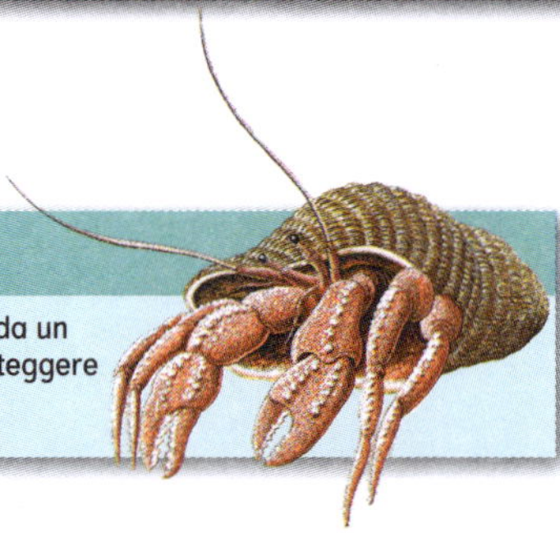

Quando arriva la marea, gli anemoni stendono i loro tentacoli urticanti per catturare piccole prede. Al suo ritiro, la marea lascia le rocce asciutte e gli anemoni ritraggono i loro tentacoli che appaiono come bolle di gelatina rosa.

Il leone marino di Steller è il tipo più grande di leone marino, il maschio cresce fino a quasi 3 m di lunghezza. Vive lungo le coste rocciose dell'Oceano Pacifico settentrionale, immergendosi a quasi 200 metri di profondità alla ricerca di calamari, polpi e pesci.

- Come altri gobidi, il ghiozzo tigrato si nutre di una varietà di creature piccole o giovani nelle pozze rocciose, come gamberetti della sabbia, gamberi, granchi e lumache di mare. Le sue strisce lo nascondono tra le fronde delle alghe e delle erbe marine, come la zostera. Il corpo viscido dalla pelle spessa e dalle squame dure gli permette di dimenarsi tra i ciottoli.

- Gli Hemiscyllium ocellatum sono squali che possono lasciare l'acqua e muoversi sulla terraferma. Possono trascinarsi lungo la riva del mare da una pozza di roccia all'altra usando le loro forti pinne pettorali come braccia.

- La beccaccia di mare si nutre di ostriche, cozze, vongole, patelle e molti altri tipi di molluschi, nonché di granchi, gamberi e vermi. Ha un becco simile a uno scalpello e forti muscoli del collo per colpire le prede, scegliendo attentamente il punto per rompere il guscio o fare leva per aprirlo.

Le foche e i leoni marini si riposano e dormono sulle rive rocciose, a volte in gruppi di migliaia di esemplari.

Pozze di roccia

***U**na pozza di roccia è come una giungla subacquea in miniatura. La maggior parte degli anemoni sono fissati alla roccia, ma i molluschi, come le patelle, le buccine e le littorine, possono scivolare lentamente sotto le fronde delle alghe. Quanto l'alta marea ritorna, porta con sé acqua più fresca e forse un pesce morto o un'altra fonte di cibo per gli spazzini come il paguro e il granchio di terra.*

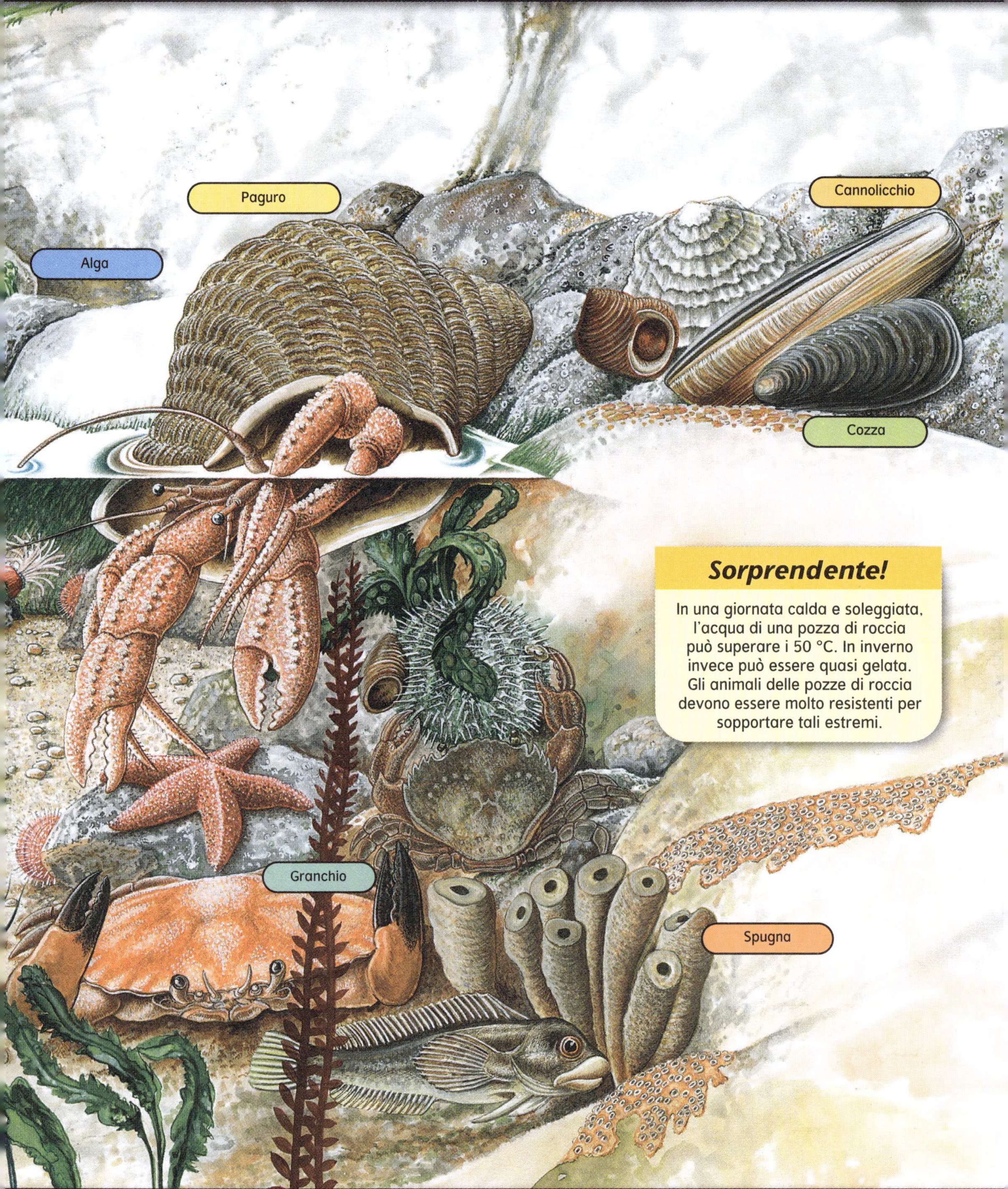

Sorprendente!

In una giornata calda e soleggiata, l'acqua di una pozza di roccia può superare i 50 °C. In inverno invece può essere quasi gelata. Gli animali delle pozze di roccia devono essere molto resistenti per sopportare tali estremi.

Rive sabbiose

Quando c'è bassa marea, una riva sabbiosa può apparire completamente priva di esseri viventi. Tuttavia, appena sotto la superficie della sabbia ci sono vermi, molluschi, granchi, ricci e una miriade di altre creature della riva che aspettano il ritorno del mare.

❍ I cicerelli non sono vere e proprie anguille, ma membri della famiglia dei persici, lunghi e sottili, a forma di anguilla, e cugini stretti dei gobidi. Crescono fino a circa 20 cm di lunghezza e possono dimenarsi come vermi nei fondali sabbiosi, quasi senza essere visti.

❍ Gli squali tappeto vivono sul fondale marino. Hanno dei bellissimi motivi sulla pelle che li aiutano a confondersi con l'ambiente circostante. La maggior parte di questi squali si trova lungo le coste sabbiose e vicino alle barriere coralline. Appartengono a questo gruppo gli squali wobbegong, gli squali nutrice, gli squali zebra, gli squali bambù e gli squali tappeto dal collare.

Sorprendente!

Un pulcinella di mare può accumulare nel becco più di una decina di cicerelli, con cui fa ritorno nella tana, per nutrire i piccoli.

Coccodrillo da record

Il più grande rettile vivente è il coccodrillo d'acqua salata, chiamato anche coccodrillo indopacifico, australiano o estuarino. Può superare i 7 m di lunghezza.

❍ Le "piume" colorate del verme pavone sono in realtà tentacoli frondosi, simili ad antenne, posti intorno alla sua testa. Sono rivestiti di muco appiccicoso che intrappola piccoli pezzi di cibo fluttuanti. Il verme pavone costruisce la sua casa tubolare con sabbia e fango incollati con muco indurito. I tentacoli si ritirano in presenza di un pericolo.

❍ Le strisce di un giovane squalo zebra possono mimetizzarlo mentre giace sulle creste di sabbia formate dalle correnti d'acqua. Le strisce si fondono anche con le ombre sul fondo marino proiettate dalle increspature sulla superficie sovrastante. A mano a mano che lo squalo cresce, le sue strisce si dividono in macchie.

Alcuni pesci, come il pesce minatore, scavano tane nella sabbia. Vi tornano di corsa per nascondersi se appare un pericolo.

I cicerelli vivono a migliaia nella zona di marea e appena al di sotto di essa. Sono cibo comune per i pesci più grandi e per gli uccelli come i pulcinella di mare e i gabbiani.

❍ I gabbiani hanno un becco affilato e uncinato, che li aiuta a catturare piccoli uccelli e prede simili. Hanno anche zampe palmate per avanzare sulle superfici d'acqua. I gabbiani non possono immergersi sott'acqua. Si nutrono in acque poco profonde di vermi, granchi e altri animali che trovano nella sabbia.

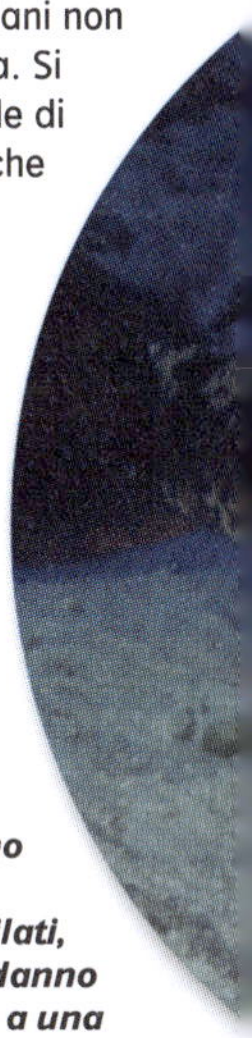

❍ Alcune rive sono paludose. Questo rende il confine tra terra e mare difficile da individuare. Le coste fangose includono paludi tropicali di mangrovie inondate dall'acqua salata del mare.

Il pesce lucertola rosso vive lungo le calde coste sabbiose e fangose dell'Oceano Pacifico occidentale. Ha mascelle larghe con denti affilati, e le squame lucide e pesanti danno al suo corpo un aspetto simile a una lucertola.

Il gabbiano comune è un visitatore frequente delle spiagge e delle coste fangose. Becca granchi, vermi e altro cibo, e si nutre anche di pesci morti e creature spiaggiate dalla marea.

I pesci piatti, come la passera pavone, si muovono lentamente sul fondale marino, alla ricerca di cibo sepolto come vermi e molluschi.

❍ Le triglie possono nuotare dal mare salato all'acqua salmastra (parzialmente salata) degli estuari, dove l'acqua dolce di un fiume sfocia nell'oceano. La triglia striata raggiunge i 90 cm di lunghezza e vive nelle regioni costiere più calde di tutto il mondo, così come in mare aperto. Si nutre succhiando fango e sabbia nella bocca e filtrando piccoli pezzi commestibili con le sue branchie specializzate.

❍ Il lamantino della Florida vive nelle acque calde dalla Florida, intorno ai Caraibi fino alla parte settentrionale del Sud America. Predilige le rive sabbiose del mare ma nuota anche in fiumi e laghi. Può crescere fino a 4,5 m di lunghezza e 1.500 kg di peso. I lamantini mangiano enormi quantità di piante acquatiche.

❍ Gli uccelli, come i gabbiani e i trampolieri, si nutrono lungo le rive di sabbia e fango, cercando vermi e molluschi. Si riuniscono spesso quando arriva la marea, per catturare gli animali che riemergono dalla sabbia.

Squali mimetizzati

I pesci angelo hanno corpi larghi e piatti dello stesso colore della sabbia. Si mimetizzano perfettamente nel fondale sabbioso mentre restano in attesa di una preda. Sono chiamati pesci "angelo" perché le loro pinne si allargano come le ali di un angelo.

La cernia leopardo è un visitatore giornaliero del fondale sabbioso, alla ricerca di una preda, come un piccolo pesce, gamberi o vermi. Di notte la cernia si sposta in una zona rocciosa per dormire in una fessura o sotto una sporgenza.

Uno squalo sega può perdere e far ricrescere fino a 30.000 denti durante la sua vita. Passa il lungo muso attraverso la sabbia e il fango per raccogliere piccoli animali, come crostacei e vermi.

Mari e oceani

Gli oceani ospitano più di 250 specie di mammiferi e rettili, numerose piccole creature e più di 20.000 specie di pesci. Gli oceani sono divisi in due regioni: la zona bentonica, o il fondo dell'oceano, e la zona pelagica, che è la vasta distesa d'acqua.

Sorprendente!

L'albatro urlatore ha le ali più lunghe di qualsiasi altro uccello, dato che misurano più di 3,5 m da punta a punta.

❍ La zona pelagica è ulteriormente suddivisa in altre tre zone. La più alta di queste, chiamata zona epipelagica, ospita circa nove decimi della vita marina. Oltre alle piante, molte specie di pesci, rettili e mammiferi abitano la zona epipelagica.

❍ La zona mesopelagica è appena sotto la zona epipelagica. Pochissima luce solare raggiunge questa zona, rendendo impossibile la sopravvivenza delle piante. Tuttavia, in questa zona si trovano animali come polpi, calamari, pesci accetta, pesci vipera e altri pesci delle profondità marine.

Tra tutti gli uccelli marini, gli albatri sono quelli che passano più tempo sull'oceano. Riescono perfino a dormire in volo. Quando crescono, prima di riprodursi, possono non toccare terra per tre o quattro anni.

❍ La zona batipelagica è la sottozona più bassa ed è sempre completamente buia e fredda. Pochissime creature vivono in questa zona e la maggior parte di esse non ha occhi.

Pesci al sole

I pesci luna sono chiamati anche pesci sole per la loro abitudine di prendere il sole sulla superficie dell'oceano aperto. Il più pesante pesce osseo, il pesce luna, depone un numero sorprendente di uova: circa 300 milioni. La maggior parte viene mangiata da altri pesci e animali marini.

❍ Il marlin è un grande pesce marino, della famiglia di pesce spada, pesce vela e pesce lancia. Marlin e pesci vela appartengono alla famiglia degli istiofòridi. La mascella superiore di un marlin si estende fino a formare un "naso" lungo e arrotondato simile a una lancia, con cui cattura il cibo. La sua dieta consiste in calamari, aringhe, sgombri e granchi.

Le mante sono le razze più grandi, dato che misurano fino a 7 m se si considerano le "ali". Mentre l'acqua scorre attraverso la bocca a paletta della manta, piccole creature come il krill vengono filtrate da parti a pettine poste sulle branchie.

Un naso temibile

Il pesce spada può pesare 650 kg ed essere lungo quasi 5 m. Un pesce spada ha conficcato il suo naso per 55 cm nel legno di una nave, e la punta del naso si è staccata.

❍ L'albatro è l'uccello marino più grande, con un peso di circa 12 kg. Si trova negli oceani dell'emisfero meridionale, ma anche nel Pacifico settentrionale. Gli albatri hanno un becco appuntito con una mascella superiore uncinata. Hanno anche narici tubolari e zampe palmate.

❍ Gli albatri sono così pesanti che devono saltare dalle scogliere per lanciarsi in volo. Predano calamari, seppie e piccole creature marine. A differenza dei gabbiani, questi grandi uccelli possono bere acqua di mare.

❍ Gli zifidi sono balene di medie dimensioni con bocche lunghe e strette a forma di becco, come quelle dei delfini. Esistono circa 20 tipi di zifide, ma alcuni sono molto rari. Il tasmaceto, lungo circa 7 metri, è stato avvistato da vivo meno di 20 volte.

❍ A differenza della maggior parte delle razze, che trascorrono ore mimetizzate sul fondo dell'oceano, le mante passano gran parte del loro tempo nuotando vicino alla superficie. La manta gigante del Pacifico è la razza più grande, con una lunghezza di circa 5 m. La manta atlantica è leggermente più piccola.

Il nautilus è come un calamaro nel guscio di una lumaca. Caccia calamari, pesci e altre prede usando gli enormi occhi e il senso del tatto. Rileva le increspature create dagli animali in movimento e afferra le vittime con i numerosi tentacoli, per poi trascinarsele nella bocca, che si trova al centro dell'anello di tentacoli.

Delfini

Il lagenorinco scuro è uno dei diversi tipi che non presenta un becco stretto come muso. Vive in grandi gruppi, non solo della sua stessa specie, ma anche con altri delfini, balene, alcuni tipi di pesci e persino uccelli marini.

Il tursiope vive in tutti gli oceani più caldi e cresce fino a circa 3,5 m di lunghezza. A volte insegue i pesci fino in spiaggia e li afferra prima di tornare indietro.

La stenella maculata pantropicale raggiunge circa 2,2 m di lunghezza e pesa fino a 110 kg. Nuota velocemente e compie una serie di salti bassi o uno molto alto, rimanendo sospesa in aria prima di ricadere in mare.

Per secoli, gli artisti hanno dipinto e scolpito i delfini comuni, che presentano marcature e colori molto variabili. Vivono in tutto il mondo.

Il delfino di Risso cresce fino a 4 m di lunghezza e pesa 370 kg. Le cicatrici sulla pelle provengono dai combattimenti con i suoi simili al momento della riproduzione.

La stenella dal lungo rostro è tra i delfini più acrobatici. Salta fuori dall'acqua e gira come una trottola. Vive nell'oceano aperto e si nutre principalmente di pesce.

Barriere coralline

Piccoli animali costruiscono enormi habitat chiamati barriere coralline. Le barriere sono costituite da coralli, gli scheletri di creature marine chiamate polipi. Nel corso di milioni di anni, gli scheletri si sono accumulati formando enormi strutture simili a pareti. Le barriere coralline sono piene di nascondigli e sono una casa accogliente per ogni genere di forma di vita sorprendente e colorata. Sono gli habitat più ricchi del mare.

❍ Le barriere coralline sono formate da colonie di polipi di corallo, piccoli animali che utilizzano i minerali del mare per produrre uno scheletro esterno protettivo, una struttura dure e ramificata chiamata barriere coralline. I polipi di corallo usano i loro tentacoli per catturare piccole creature chiamate zooplancton.

❍ Le barriere coralline si trovano in acque calde e poco profonde, di solito entro 30° a nord e a sud dell'equatore. Sono la casa di numerosi animali marini. Stelle marine, squali di barriera, spugne, meduse, granchi, aragoste, anemoni, anguille e un'enorme varietà di pesci si aggiungono alla varietà di forme di vita delle barriere coralline.

Sorprendente!

La sabbia fine e argentea della barriera corallina è dovuta in realtà agli escrementi dei pesci. Proviene dal cibo sbriciolato da pesci come i pesci pappagallo, che raschiano e ingoiano gli scheletri di corallo roccioso.

Vivere in simbiosi

I pesci pagliaccio sono chiamati anche pesci anemone. Questi pesci conducono una vita protetta tra i tentacoli degli anemoni di mare, che li proteggono dai predatori, mentre i pesci pagliaccio restituiscono il favore tenendo puliti i tentacoli dei loro ospiti. Il loro strato protettivo di muco li tiene al sicuro dalle punture dei tentacoli degli anemoni di mare.

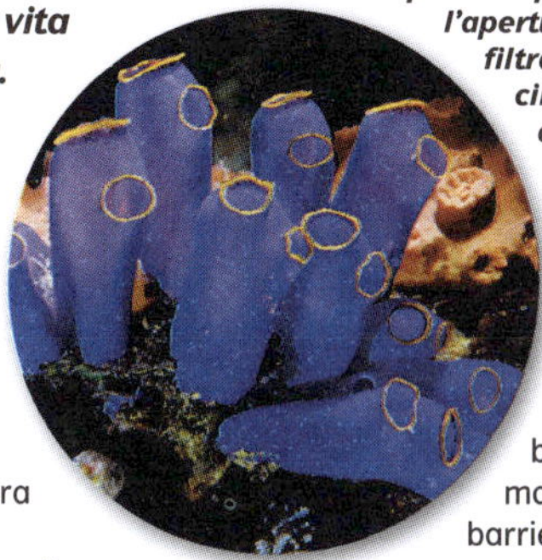

Le ascidie, o tunicati, sono animali coriacei, simili a borse, fissati alle rocce coralline. Ognuno di essi aspira l'acqua attraverso l'apertura superiore, filtra piccoli pezzi di cibo e la espelle attraverso un'apertura laterale.

❍ Esistono tre tipi di barriera corallina. La barriera corallina marginale, la barriera corallina vera e propria e gli atolli. La prima si estende dalla terra al mare. La seconda si trova più lontano dalla riva, separata dalla terraferma da una laguna. Gli atolli sono formazioni ad anello di isole coralline, poste intorno a una laguna.

❍ La Grande Barriera Corallina nel Mar dei Coralli, al largo della costa nord-orientale dell'Australia, è la più grande di tutte, sebbene le barriere coralline si trovino anche nell'Oceano Indiano e nel Mar Rosso. Alcune di esse si estendono anche lungo l'Oceano Atlantico dalla Florida negli Stati Uniti fino al Mar dei Caraibi e al Brasile.

Un pesce pappagallo stacca pezzi di corallo con i denti anteriori a forma di becco e poi sgranocchia il corallo con i denti posteriori.

❍ Le barriere coralline, specialmente la Grande Barriera Corallina, sono importanti attrazioni turistiche, a causa delle loro strutture affascinanti, dei colori vibranti e della ricca vita marina. Una singola barriera corallina può ospitare fino a 3.000 specie di esseri viventi.

❍ I gobidi delle acque tropicali tendono ad avere colori più brillanti di quelli dei mari più freddi, in modo che possano essere notati tra i coralli. Il ghiozzo al neon si appoggia spesso sulle sue pinne pettorali, come se si appoggiasse sui suoi "gomiti". Come la maggior parte dei gobidi nuota solo per brevi intervalli. Nel resto del tempo rimane immobile, tenendo d'occhio prede e predatori.

❍ Alcuni pesci della barriera corallina sembrano pietre. I pesci pietra riposano sul fondo del mare, confondendosi tra le rocce che li circondano. Se vengono avvistati, gli aculei velenosi sulla schiena possono stordire un aggressore in pochi secondi.

***Lo pseudocorynactis caribbeorum* dispiega i suoi tentacoli solo di notte, come fanno molti tipi di polipi di corallo. Questo significa che di giorno la barriera corallina appare spenta e scialba. Solo dopo il crepuscolo i suoi colori si "animano", quando possono essere visti dai subacquei con l'aiuto di una torcia.**

❍ I pesci pappagallo si trovano di solito vicino alle barriere coralline. Hanno corpi lunghi e teste piuttosto grandi, alcune lunghe circa 1 m. Altri, come il pesce pappagallo dell'Indo-Pacifico, sono molto più piccoli, intorno ai 45 cm. I denti della mascella del pesce pappagallo sono uniti per formare una sorta di becco. Questo becco è usato per raschiare alghe e altro cibo dalle barriere coralline e dalle rocce.

❍ Gli squali del reef vivono vicino alle barriere coralline. Sono più comuni nelle acque tropicali poco profonde degli oceani Indiano e Pacifico. Esistono tre specie principali di squali del reef: lo squalo pinna nera, lo squalo pinna bianca e lo squalo grigio. Questi squali si nutrono di calamari, polipi e pesci di barriera, come storioni e triglie.

❍ I serpenti di mare fasciati usano il veleno per stordire la loro preda, ma il serpente di mare dal ventre giallo ha un trucco più subdolo. Quando la sua parte inferiore colorata attira dei pesci, si lancia all'indietro, in modo che si ritrovino vicino alla sua bocca aperta. Il veleno dei serpenti marini è più potente di quello di qualsiasi serpente terrestre.

I labridi sono piccoli pesci che vengono "pagati" per i loro servizi di pulizia. I pesci più grandi, come le cernie e le murene, fanno visita ai labridi, che rosicchiano tutti i parassiti e altri pezzi di sporco dal corpo dei pesci più grandi, dalle branchie e dagli occhi.

Serpenti che nuotano

Circa 30 tipi di serpenti si sono specializzati per vivere in mare, specialmente dentro e intorno alle barriere coralline. Includono il serpente di mare fasciato e il serpente di mare dal ventre giallo. Le specie più grandi raggiungono quasi i 3 metri di lunghezza.

Le barriere coralline ospitano alcuni dei colori più brillanti del mondo vivente, dai vibranti anemoni ai pesci color arcobaleno.

Pesci tropicali

***I** mari tropicali del mondo pullulano di una gamma apparentemente infinita di pesci dai colori meravigliosi. Le tonalità di alcuni di questi pesci si fondono con i coralli e le alghe. Altri si distinguono dall'ambiente circostante, per far capire che occupano la loro zona o il loro territorio di barriera, o per attirare un partner per la riproduzione.*

Sorprendente!

Più di 500 specie di pesci tropicali sono comunemente tenute in acquario. Sali speciali vengono aggiunti all'acqua in modo da renderla più simile possibile al loro habitat naturale.

Come la maggior parte dei pesci pappagallo, il pesce pappagallo dalla coda gialla ha una bocca dura, simile a un becco, perfetta per raschiare piccole alghe e animali corallini dalle rocce.

I blennidi leopardo vivono tra i rami di corallo duro, ben mimetizzati tra le macchie di luce e ombra grazie alle loro macchie leopardate.

Al momento della riproduzione, il maschio e la femmina del pesce farfalla fasciato si accoppiano per produrre dei discendenti.

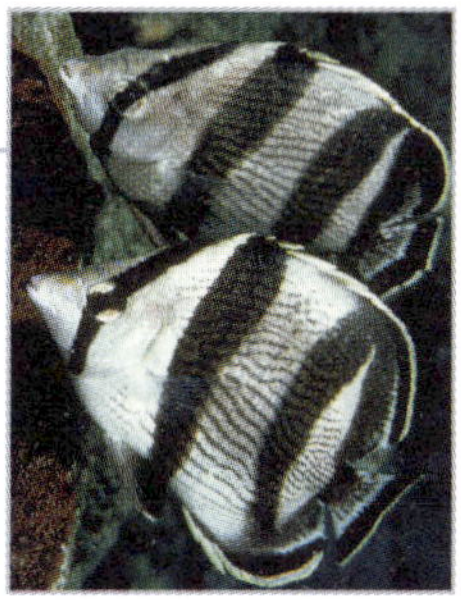

Il pesce balestra pagliaccio si trova lungo le rocce, le coste e le barriere coralline degli oceani Indiano e Pacifico occidentale.

L'Acanthostracion polygonius ha forti placche ossee nella sua pelle, come un involucro protettivo. Cresce fino a 50 cm di lunghezza.

La cernia corallina, chiamata anche trota o spigola corallina, cresce fino a 70 cm di lunghezza. Nuota a profondità da 5 a 50 m.

L'Hypoplectrus puella è un pesce curioso ma timido. Ha linee blu elettrico che circondano l'occhio.

La rana pescatrice, ben mimetizzata, usa un'esca per attirare la preda. Si posiziona e aspetta la preda sul fondo del mare.

Il pesce soldato vive nel Mar Rosso. Ha grandi occhi ed è un pesce notturno, che si nasconde durante il giorno sotto le sporgenze e nelle grotte.

I pesci scatola hanno un muso lungo e labbra che possono essere estese in avanti o rese sporgenti.

Questa castagnola dorata sta ricevendo le cure di un labride, che rimuoverà piccoli parassiti, pezzi di pelle vecchia e sporco dal corpo, dalle pinne, dagli occhi e dalle branchie.

Il pesce lima dal rostro è uno dei circa 80 tipi di pesce lima. Prendono il nome dalle piccole spine sulle squame che producono una sensazione pungente, come una raspa.

I pesci farfalla intrecciati prendono il nome dal motivo a croce sul lato del corpo. Appartengono al gruppo chiamato chaetodontidi, che comprende più di 200 tipi di pesci farfalla e pesci angelo.

La Pseudanthias tuka è un membro del grande gruppo dei Serranidae, che comprende decine di pesci marini tropicali colorati.

Il lungo e sottile pesce trombetta cresce fino a 1 m di lunghezza.

Le barriere coralline tropicali ospitano molti tipi di pesci angelo, come l'Holacanthus tricolor, con la sua testa e la coda giallo brillante, ma il corpo quasi nero.

I Myripristis jacobus nuotano in un banco affiatato, sfrecciando attraverso la barriera corallina mentre si attorcigliano e girano insieme.

Il pesce unicorno prende il nome dal lungo 'corno' posto sopra la bocca, simile a quello dell'unicorno. È molto corto quando il pesce è giovane ma si allunga con l'età.

Habitat corallini

I primi 10 sono luoghi del mondo dove una grande varietà di vita marina è concentrata in una piccola area, ma sono anche fortemente minacciati:

1. Filippine
2. Golfo di Guinea
3. Isole Sunda
4. Isole Mascarene meridionali
5. Sudafrica orientale
6. Oceano Indiano settentrionale
7. Giappone meridionale, Taiwan e Cina meridionale
8. Isole di Capo Verde
9. Caraibi occidentali
10. Mar Rosso e Golfo di Aden

Mari poco profondi

I mari costieri poco profondi sono le parti più produttive dell'oceano, ovvero quelle con più vita. Le acque ricevono molta luce solare anche vicino al fondo, così le piante possono crescere e sfamare una grande varietà di vita animale.

La forma appiattita e la colorazione spenta della passera aiutano a mimetizzarla sul fondo del mare.

Corpi morbidi

Gli anemoni di mare sono creature colorate che a volte vengono confuse con i polipi di corallo. A differenza dei coralli, gli anemoni di mare non hanno uno scheletro che li protegge. Si attaccano a superfici solide, come il fondale marino, i coralli o le rocce.

❍ La murena verde delle secche costiere cresce fino a circa 2 m di lunghezza e si nasconde tra le alghe e la zostera. I racconti dei sub sulle murene ci dicono che i loro morsi sono velenosi, e una volta che hanno chiuso i denti su qualcosa non lo lasciano più. Ma una murena molla presto la presa se viene tirata fuori dall'acqua.

❍ Il grande barracuda è un pesce molto curioso. Nuota vicino ai sub e li segue, osservando i loro movimenti e le loro azioni. Questa minaccia silenziosa è una delle ragioni della pessima reputazione del barracuda.

❍ Alcuni attacchi di barracuda possono essere dovuti al fatto che questi pesci sono stati provocati o sorpresi da sub o nuotatori. Ma ci sono anche storie di morsi improvvisi senza motivo apparente.

Le stelle marine hanno molte braccia e un ampio corpo centrale, o disco. Questa stella marina vive lungo la costa occidentale delle Americhe.

Tigri del mare

I barracuda sono predatori temibili, che catturano, feriscono e fanno a pezzi altri pesci con i loro denti affilati. I grandi barracuda in genere crescono fino a circa 2 m di lunghezza, anche se c'è chi sostiene che raggiungano dimensioni molto più grandi.

I dugonghi sono membri del gruppo di mammiferi chiamato sireni, o mucche di mare. Vivono in acque calde e riparate intorno all'Africa, all'India, al sud-est asiatico e all'Australia, nutrendosi di alghe.

Questo riccio matita è un riccio di mare primitivo, o cidaride. Può inclinare i suoi spessi aculei per "camminare" sul fondo del mare.

Il pesce pipistrello dalle labbra rosse "cammina" sulle sue pinne carnose. Vive tra le alghe e le rocce nelle secche intorno alle isole del Pacifico, come le Galapagos.

❍ La focena comune è quella che si vede più spesso, in parte perché ha una distribuzione molto ampia, che comprende le acque del Pacifico settentrionale e dell'Atlantico settentrionale, e i mari Mediterraneo e Nero. La focena comune nuota più vicino alle coste e non è così timida con le navi e i corsi d'acqua trafficati come le altre specie. Vive in gruppi di circa dieci esemplari e si nutre principalmente di pesci e seppie.

❍ I ricci di mare sono piccole creature con gusci sferici. Come le stelle marine, anche i ricci di mare hanno spine sul corpo. Gli aculei del riccio di mare sono mobili e servono per la difesa e il movimento. Le spine possono essere minuscole o, in alcuni casi, lunghe più di 20 cm.

Sorprendente!

Le acque basse della piattaforma continentale ai margini dei grandi continenti sono meno di un decimo della superficie dell'oceano. Eppure contengono oltre nove decimi di tutta la vita oceanica!

Si dice che i morsi delle murene, come la murena verde, siano velenosi. Non è così, ma il morso può essere infettato dai germi presenti nella bocca e nei denti della murena o nell'acqua circostante.

❍ I ricci di mare mangiano piccole piante e animali e, in alcuni casi, spugne. Il pesce balestra e il pesce palla, tra gli altri, possono staccare le spine del riccio di mare con le loro teste dure e mangiarne la carne morbida del guscio.

❍ Le passere hanno una forma unica: sono piatte e quasi rotonde. Appartengono all'ordine dei Pleuronettiformi. Entrambi gli occhi della passera si trovano sullo stesso lato del corpo: sulla superficie superiore.

Minuscoli granchi di porcellana vivono tra i tentacoli urticanti degli anemoni. Il granchio è protetto dalle punture e mangia il cibo avanzato dell'anemone per mantenerne puliti i tentacoli.

❍ Non tutte le passere hanno gli occhi dalla stessa parte. Alcune hanno gli occhi sul lato sinistro, quindi si distendono sul fondale dal lato destro, altre li hanno sul lato destro, quindi si distendono dal lato sinistro. Le passere preferiscono vivere e nuotare vicino al fondo del mare.

❍ La famiglia dei pesci piatti è molto numerosa, ne fanno parte anche la sogliola, la platessa, la limanda, il rombo liscio, il rombo chiodato e l'halibut. L'olio di fegato dell'halibut, uno dei più grandi pesci piatti, contiene più vitamine del famoso olio di fegato di merluzzo.

❍ Il dugongo cresce fino a circa 4 m di lunghezza e superare gli 800 kg. Preferisce le acque costiere basse e riparate dei tropici al mare aperto. Il suo cibo preferito sono le alghe, che crescono fino a 4 m.

Animali marini semplici

Alcune creature acquatiche sembrano essere poco più che un ammasso di gelatina o fasci di spine, senza un cervello o arti, e senza un comportamento complesso. Eppure nei mari vivono milioni di queste creature – non bisogna essere complicati per sopravvivere in natura!

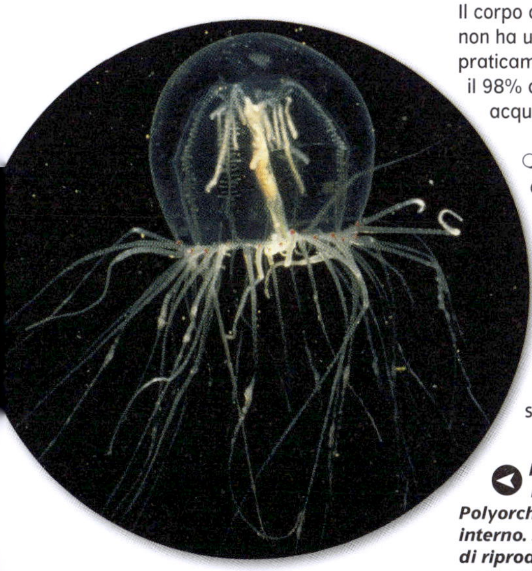

Le stelle marine, come queste stelle arancioni dalle braccia sottili, scivolano lentamente sulle rocce sui loro piedini a tubo. Sono alla ricerca di piccole piante e animali da raschiare e mangiare.

Sorprendente!

Le punture velenose della cubomedusa, presente in tutto il sud-est asiatico e in Australia, possono uccidere una persona in dieci minuti.

❍ Meduse, anemoni di mare e polipi di corallo sono tutti membri del gruppo degli cnidari, che contiene quasi 10.000 specie diverse. La maggior parte vive nel mare e ha un corpo o un gambo gelatinoso e un anello di tentacoli per pungere la preda.

❍ Le meduse sono tra gli animali marini più temuti. Presenti negli oceani di tutto il mondo, hanno la forma di una campana e tentacoli velenosi. Il corpo di una medusa è morbido e non ha una forma fissa. La sua pelle è praticamente trasparente perché quasi il 98% del suo corpo è costituito da acqua.

❍ Le meduse hanno una cavità centrale nella loro campana che funge da stomaco e da intestino. Mangiano plancton, altre meduse e piccoli pesci. Le meduse non hanno branchie o polmoni. L'ossigeno viene assorbito e l'anidride carbonica viene rilasciata attraverso la pelle simile a una membrana.

I corpi trasparenti delle meduse, come questa Polyorchis penicillatus, mostrano il loro interno. Si possono notare gli organi di riproduzione (come mostrato qui) e anche il loro ultimo pasto.

La medusa quadrifoglio, conosciuta come aurelia, cresce fino a circa 30 cm di diametro. Spesso giunge in baie, estuari e porti in banchi che possono contare molte centinaia di esemplari.

❍ Gli anemoni di mare sono di norma molto piccoli, ma alcune varietà possono crescere fino a più di 1 m di diametro. Hanno un corpo cilindrico e un'apertura nella parte superiore che funge da bocca. Circondata da tentacoli, la bocca di un'anemone di mare è usata per afferrare il cibo e per difendersi. I tentacoli hanno cellule pungenti che paralizzano la preda.

❍ I tentacoli portano anche la preda direttamente alla bocca. Il muco appiccicoso presente su di essi consente loro di afferrare anche piccoli pesci.

❍ Gli anemoni di mare che vivono in acque poco profonde secernono muco o scavano nella sabbia bagnata per evitare che i loro corpi si secchino. Alcuni possono vivere da 70 a 100 anni. A causa dei loro colori sgargianti sono molto ricercati per l'esposizione negli acquari.

Le spugne sono gli animali più semplici in assoluto, essendo prive di muscoli, occhi, nervi o cervello. Questa callyspongia plicifera ha un echinoderma che cresce su di essa, chiamato giglio di mare o crinoide, che è una versione a stelo e capovolta della sua parente stretta, la stella di mare.

Non tutti i coralli costruiscono coppe o contenitori di pietra intorno a sé. I coralli molli non hanno un involucro esterno duro e crescono in colonie strettamente unite.

Pericolo oscuro

La cubomedusa prende il nome dal corpo squadrato, o campana. È anche chiamata vespa di mare per il dolore bruciante delle sue punture. I tentacoli possono allungarsi per diversi metri e il corpo è quasi trasparente, è quindi una minaccia invisibile e pericolosa per i nuotatori, che spesso indossano apposite mute per difendersi.

A caccia con le piume

I sabellidi sono dei vermi marini piumati. Estendono i loro tentacoli piumati verso l'esterno per catturare il cibo, ma al minimo accenno di pericolo si ritirano in un tubo protettivo, che giace parzialmente sepolto nella sabbia o nel fango.

❍ Tutti gli echinodermi vivono nel mare. Il loro nome significa "con la pelle spinosa" e comprendono stelle marine e ricci, la maggior parte dei quali ha spine taglienti, a volte velenose. Altri tipi di echinodermi includono i cetrioli di mare, che sono di solito a forma di salsiccia e setacciano il fango del fondo marino in cerca di particelle di cibo. Anche i gigli di mare sono echinodermi.

❍ La maggior parte delle stelle marine ha cinque braccia, ma alcune specie ne hanno sette e altre ne hanno fino a 40. Le stelle marine hanno sviluppato un modo unico di muoversi. Hanno centinaia di piedini tubolari sotto le braccia, che li aiutano a strisciare.

❍ Le stelle marine non hanno occhi. Hanno invece un piccolo occhio sulla punta di ogni braccio. Questi occhietti sono collegati a una rete di nervi. Le stelle marine hanno anche un tatto e un olfatto ben sviluppati. Alcune stelle marine possono rigenerare le braccia perse, e una stella marina completamente nuova può essere rigenerata da un singolo braccio attaccato a una porzione del disco centrale.

Le stelle marine si trovano nella maggior parte degli oceani del mondo. Vivono sul fondo del mare e sono solitamente attive di notte. Alcuni tipi mangiano coralli e molluschi.

Granchi e crostacei

Il termine "crostaceo" include animali come granchi, aragoste, gamberi, gamberetti, krill e cirripedi, tutti dotati di un involucro esterno duro e diverse paia di zampe articolate. Esistono più di 40.000 specie di crostacei e la maggior parte vive nel mare. Sono l'equivalente degli insetti sulla terraferma: sciamano negli oceani a miliardi di unità, e sono un alimento fondamentale per le creature marine più grandi, come foche, delfini e balene.

❍ La maggior parte dei granchi vive in mare, ma alcune specie possono essere trovate in acqua dolce. Il granchio di riva comune può vivere sia in acqua salata che in acqua dolce. Può anche rimanere fuori dall'acqua per alcune ore.

Il granchio fantasma è così chiamato perché è di colore bianco o grigio chiaro. Si nasconde in una tana nel fango quando la marea se ne va.

❍ I granchi hanno cinque paia di arti. Un paio di grandi arti simili ad artigli, chiamati chele, consente loro di afferrare le prede. Il resto degli arti serve per muoversi. La parte posteriore del granchio, chiamata addome, è molto piccola e può essere infilata sotto il guscio. Un granchio usa le chele anche per difendersi. Scava un buco con le chele e si seppellisce sotto la sabbia per nascondersi dai predatori.

Pulizia ed esca

Il Periclimenes yucatanicus non solo pulisce i tentacoli dell'anemone di mare, ma attira anche altre creature marine, così che l'anemone possa predarle.

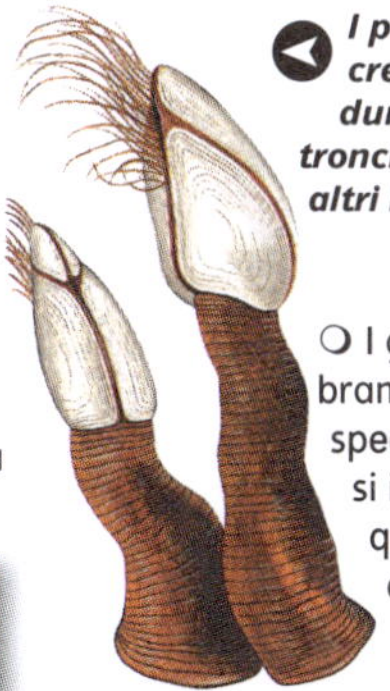

I pedunculata crescono su lunghi e duri steli attaccati a tronchi galleggianti e altri legni alla deriva.

❍ I granchi hanno branchie altamente specializzate che non si intasano neanche quando si trovano in acque fangose. A differenza di altri crostacei, i granchi possono muoversi lateralmente. A causa della loro particolare conformazione corporea, è più facile per i granchi nascondersi nelle tane in questo modo. Il granchio gigante del Giappone è il più grande di tutti. Con gli arti distesi può misurare più di 3,5 m di larghezza. Si trova nell'Oceano Pacifico settentrionale.

Lo Stenopus hispidus setaccia la sabbia argentea del corallo, alla ricerca di piccoli pezzi di cibo. Gamberi e gamberetti aiutano a mantenere pulita la barriera corallina e a riciclare piante e animali in decomposizione.

Cirripedi

I cirripedi sono piccoli crostacei che si trovano negli oceani, nei mari e nei laghi di tutto il mondo. Il corpo di un cirripede è ricoperto da un guscio duro composto da strutture simili a piastre. Alcune balene hanno la testa ricoperta di cirripedi, che si attaccano saldamente al punto da non poter essere rimossi.

I granchi del cocco scavano nella sabbia e si nascondono durante il giorno. Son bravissimi ad arrampicarsi sugli alberi. Il loro nome deriva dal fatto che possono rompere le noci di cocco con le loro potenti chele.

❍ I granchi del cocco sono particolarmente attratti dai materiali lucidi. Alcuni esemplari hanno rubato pentole, padelle e persino telefoni cellulari da case e tende.

❍ Le aragoste appartengono allo stesso gruppo dei granchi, quello dei decapodi. A differenza dei granchi, questi crostacei hanno corpi allungati. Sono spesso confusi con i gamberi di fiume, che sono più piccoli e d'acqua dolce. Le aragoste hanno grandi teste e il loro corpo è coperto da un carapace. Hanno cinque paia di zampe, una o più delle quali si sono modificate in chele.

❍ Le aragoste vivono di norma sul fondo dell'oceano, dove possono nascondersi infilandosi negli spazi tra le rocce. Si nutrono principalmente dei resti di creature morte. Le aragoste mangiano anche vongole, lumache, vermi e ricci di mare.

❍ Gamberi e gamberetti sono molto simili nell'aspetto. Entrambi sembrano aragoste in miniatura. Un carapace indurito copre il loro corpo, ma non è così spesso o duro come quello delle aragoste.

❍ I gamberi hanno corpi appiattiti dall'alto in basso, mentre il corpo di un gamberetto è appiattito da entrambi i lati. I gamberi strisciano sul fondo del mare, mentre i gamberetti nuotano usando cinque paia di arti simili a palette, che si trovano sull'addome.

Sorprendente!

Uno dei più grandi cirripedi è il Coronula diadema, che diventa grande quasi quanto un pugno e vive saldamente attaccato alla pelle di una grande balena.

Le aragoste hanno spesso chele di dimensioni diverse. La chela destra tende a essere più grande e smussata, per schiacciare e rompere. La chela sinistra è normalmente più piccola e stretta, per raccogliere e tagliare.

Il gambero mantide usa le chele per rompere i gusci dei granchi e aprirli. Il suo movimento è uno dei più veloci del mondo animale: l'occhio umano non riesce a vederlo in azione.

Lumache e frutti di mare

Le lumache e i frutti di mare, insieme a polpi e calamari, appartengono all'enorme gruppo dei molluschi. La maggior parte dei molluschi piccoli ha un guscio esterno duro per proteggere il corpo morbido e carnoso all'interno.

❍ Esistono più di 50.000 tipi di lumache, tra cui buccini, conchiglie a guglia, patelle, trochidae, littorine, cipree e conchiglie a cono.

❍ Le lumache sono gastropodi. Alcune lumache di mare vivono lungo la costa, in pozze di roccia e acque poco profonde, altre vivono sui fondali profondi. A differenza delle lumache di terra, alcune lumache di mare sono molto colorate.

Una perla si forma quando un oggetto estraneo si deposita all'interno del guscio di un'ostrica, una vongola o una cozza. Queste creature rivestono l'oggetto con una sostanza chiamata nacre, che di solito riveste l'interno della conchiglia. Le perle sono in gran parte di colore bianco o giallo pallido. Tuttavia, alcune possono essere nere, grigie, rosse, verdi o blu.

❍ Alcune lumache di mare nuotano o fluttuano insieme alle correnti oceaniche. Altre usano i piedi muscolosi, o le parti inferiori del corpo, per strisciare sul fondo del mare.

Lo squalo di Port Jackson è specializzato nel mangiare crostacei. Ha dei denti larghi e piatti nella parte posteriore della bocca per schiacciarli.

Colori di avvertimento

Anche le lumache di mare sono molluschi e hanno un corpo morbido e viscido. Tuttavia, il loro corpo non è racchiuso in un guscio duro. Alcune si nutrono di spugne velenose e ne assumono i veleni, che entrano nei loro tentacoli. I colori brillanti della lumaca di mare avvertono che si tratta di un boccone velenoso.

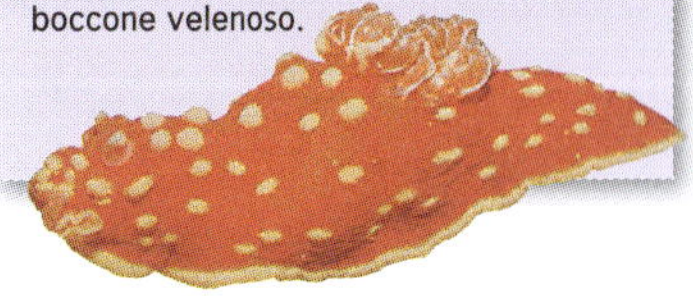

❍ La maggior parte delle lumache di mare ha quattro tentacoli sulla testa. Un paio serve per orientarsi, mentre l'altro ha spesso degli occhi sulla punta. Alcune specie non hanno occhi. Queste creature hanno un organo simile alla lingua chiamato radula, composto da tanti piccoli denti. Alcune lumache di mare usano la radula per perforare i gusci di piccoli animali.

Il mollusco più grande

Le vongole giganti sono comuni nell'Oceano Pacifico tropicale, specialmente tra le barriere coralline. Possono crescere fino a 1,2 m di diametro.

Sulle conchiglie delle cozze possono essere visti degli anelli concentrici. Questi si formano durante le diverse stagioni, quando la conchiglia cresce più velocemente o più lentamente e quindi possono indicare l'età della cozza. Queste creature hanno muscoli forti che le aiutano ad aprire e chiudere i gusci protettivi.

- In tutto il mondo sono presenti diverse specie di cozze d'acqua dolce e marine. Di solito sono a forma di cuneo o di pera e sono lunghe da 5 a 15 cm. Le cozze sono conosciute come molluschi bivalvi, perché hanno due parti di conchiglia (valve) che racchiudono il loro corpo morbido. Di questo gruppo fanno parte anche ostriche, vongole, capesante e cardidi.

- Le cozze respirano con l'aiuto delle branchie, dotate di filamenti simili a capelli – chiamati ciglia – su cui passa l'acqua. Le ciglia servono anche per catturare il cibo. Le cozze sono filtratori che si nutrono di piante e animali planctonici. In alcune zone le cozze sono così abbondanti che questa azione di filtraggio pulisce l'acqua normalmente torbida.

- La maggior parte delle cozze ha un piede forte e muscoloso a forma di lingua che si estende dal corpo e a volte rimane fuori dalle conchiglie. Usano questo piede per scavare. All'estremità del piede si trova la ghiandola del bisso, o fossa, che produce un filamento duro. La cozza usa questo filo per attaccarsi a varie superfici, come le rocce.

- Le vongole appartengono allo stesso gruppo delle cozze, i bivalvi, e si trovano in tutto il mondo. Come altri bivalvi, le vongole hanno una conchiglia in due parti che copre il corpo. Alcune vongole possono chiudere ermeticamente il guscio quando sono in pericolo. Le vongole hanno anche un piede muscolare che le aiuta a scavare. Usano questo piede per farsi strada nella sabbia.

Alcune lumache di mare sono ermafrodite. Questo significa che la lumaca di mare ha parti riproduttive sia femminili che maschili. Quando due esemplari ermafroditi si accoppiano, entrambi depongono le uova.

Sorprendente!

La perla più grande mai trovata era presente in una vongola gigante e aveva un diametro di 12 cm. Un'ostrica aveva otto piccole perle all'interno.

Lo strombo è una lumaca di mare tropicale con una conchiglia che ha la forma di un pezzo di carta arrotolato. Scruta dall'interno del guscio usando i due occhi, ciascuno posto su un lungo tentacolo flessibile.

Polpi e calamari

Calamari, polpi e seppie sono animali dal corpo molle. Appartengono a un gruppo di molluschi chiamati cefalopodi. Tutti sono predatori spietati.

Un calamaro ha due pinne laterali all'estremità posteriore, che lo aiutano a cambiare direzione e gli impediscono di girare come un cavatappi mentre si muove.

Sorprendente!

Il calamaro gigante ha gli occhi più grandi di qualsiasi altro animale. Possono raggiungere i 40 cm di diametro, circa le dimensioni di un pallone da calcio.

Il polpo può spruzzare acqua da un'apertura chiamata sifone (qui a destra). Proprio come i calamari e le seppie, la forza del getto d'acqua fa schizzare il polpo all'indietro.

❍ Tutti i calamari hanno dieci tentacoli, o braccia, due dei quali sono lunghi e sottili. Tutti i tentacoli hanno ventose alle estremità. Sono usati per afferrare le prede. Queste creature possono nuotare molto velocemente. Si muovono rilasciando getti d'acqua attraverso un tubo carnoso chiamato sifone, situato vicino alla testa.

❍ Quando è in pericolo, il calamaro spara una nuvola di liquido scuro, simile all'inchiostro. Questo ostacola la visione dell'aggressore, permettendo al calamaro di fuggire. La dieta di un calamaro include pesce, granchi e gamberi, oltre che calamari più piccoli. I predatori dei calamari includono balene, squali e grandi pesci.

❍ La seppia sembra un piccolo calamaro appiattito. Ha una pinna che corre per tutta la lunghezza del corpo. Come il calamaro, anche la seppia ha dieci tentacoli, otto dei quali sono piccoli. Le seppie si muovono nello stesso modo dei calamari, rilasciando getti d'acqua in brevi raffiche rapide.

Il polpo più grande

Il polpo gigante supera i 7 metri di lunghezza. La femmina può avere fino a 280 ventose su ogni braccio, mentre il maschio ne ha solo 100.

❍ La pelle della seppia ha piccole macchie di vari colori. Usando muscoli speciali, la seppia può controllarne le dimensioni. Le seppie sono anche conosciute come "camaleonti del mare", per la loro capacità di cambiare colore a seconda dell'ambiente circostante.

❍ I polpi hanno corpi morbidi, simili a sacchi e grandi occhi in grado di distinguere i colori. La caratteristica più sorprendente del polpo sono le otto braccia, o tentacoli. Ogni tentacolo ha due file di ventose, che aiutano il polpo non solo a trattenere la sua preda, ma anche a scalare le rocce.

Le seppie tengono nascosti i due lunghi tentacoli mentre battono le pinne per fluttuare sopra il fondale marino, alla ricerca di granchi, gamberi e piccoli pesci.

Il polpo gigante può stendere il suo corpo come un enorme ombrello per catturare le correnti oceaniche e farsi trasportare dalle acque. In alternativa, può arrotolarsi in una palla e scendere rapidamente fino al fondale marino.

Le femmine di calamaro del reef depongono le uova in aree ben protette. Compiuto il loro scopo, le femmine muoiono. Le uova vengono deposte in grappoli che vengono poi fecondati dal maschio. I giovani calamari si riuniscono vicino a isole a diversi centimetri sotto la superficie per evitare gli uccelli predatori.

Predatore gigante

Il calamaro gigante vive nelle profondità dell'oceano e raramente viene visto vivo. Potrebbero esistere più tipi di questo enorme animale. Si vocifera inoltre dell'esistenza di un tipo ancora più enorme, chiamato calamaro titanico.

- I polpi usano le braccia per afferrare la preda e avvicinarla alla bocca. Secernono saliva velenosa per paralizzare la preda e la masticano con le bocche simili a un becco.

- La dieta principale del polpo consiste in granchi e aragoste. Alcune specie si nutrono di piccoli crostacei e plancton. A loro volta, i polpi vengono mangiati da squali e murene, ma non solo.

- I polpi sono in gran parte abitanti del fondale marino e vivono in piccole insenature. Creano un mucchio di detriti davanti al loro nascondiglio o tana per proteggersi.

Squali

Gli squali appartengono al gruppo dei pesci cartilaginei. Ne esistono più di 350 specie negli oceani di tutto il mondo. Alcuni squali, come lo squalo toro, possono sopravvivere anche in acqua dolce.

Il grande squalo seta prende il nome dalle sue piccolissime scaglie di pelle a punta, o dentelli dermici. Questi la fanno sentire liscia e setosa al tatto, a differenza della pelle ruvida degli altri squali.

Temibile cacciatore

Il più grande pesce predatore, o cacciatore, del mondo è il grande squalo bianco. È davvero grande: 6 m di lunghezza e più di 1 tonnellata di peso. Gli squali bianchi vivono in tutto il mondo, principalmente nei mari più caldi. Hanno una pessima reputazione e possono attaccare l'uomo.

- La maggior parte degli squali ha un corpo a forma di siluro, che li rende snelli e quindi ottimi nuotatori. Hanno anche grandi pinne caudali che forniscono loro la maggior parte della potenza richiesta per il nuoto.

- La pelle di uno squalo non è ricoperta di squame lisce come i pesci ossei. Invece, presenta minuscole strutture simili a denti chiamate dentelli dermici che danno alla pelle una consistenza simile alla carta vetrata.

Lo squalo pinna bianca del reef è chiamato così per la sua pinna dorsale dalla punta bianca. Cresce fino a circa 1,5 m di lunghezza.

- Gli squali sono i principali predatori, o cacciatori, dell'oceano. Hanno abilità speciali per localizzare le prede. Il grande squalo bianco, il predatore più temuto di tutti, può rilevare l'odore di una sola goccia di sangue in 100 l d'acqua.

- L'arma più potente che ha uno squalo sono i suoi denti. Uno squalo può avere fino a 3.000 denti disposti su tre file. Il pesce si affida alla prima fila di denti per sferrare il primo colpo. Questa prima carica spesso ferisce o uccide la preda.

- La maggior parte degli squali ha un ottimo senso dell'olfatto. Si ritiene che quasi un terzo del cervello dello squalo sia dedicato al rilevamento dell'odore.

- Gli squali non hanno lembi esterni dell'orecchio. Le loro orecchie sono all'interno della testa, su entrambi i lati della scatola cranica. Ogni orecchio porta a un piccolo poro sensoriale posto sulla pelle della testa dello squalo. Si ritiene che gli squali possano sentire a una distanza di 250 m.

- Una coppia di canali pieni di fluidi corre lungo entrambi i lati del corpo dello squalo, dalla testa alla coda. Si tratta della linea laterale, che aiuta il pesce a percepire le minime vibrazioni nell'acqua. I canali della linea laterale sono rivestiti da minuscole sporgenze simili a peli. Queste protuberanze si attivano al minimo movimento, e a loro volta allertano il cervello dello squalo.

Sorprendente!

Lo squalo più piccolo è lo squalo lanterna nano, lungo appena 20 cm. È così piccolo che potrebbe restare raggomitolato in una mano.

Il pesce più grande

Gli squali balena sono i pesci più grandi del mondo. La lunghezza media è di circa 14 m. Tuttavia, si dice che alcuni siano arrivati a più di 18 m di lunghezza.

❍ La testa a forma di martello può migliorare i sensi dell'omonimo squalo. Le narici sono poste a ogni estremità del "martello". Gli odori che si spostano lateralmente raggiungono una narice molto prima dell'altra. Facendo oscillare la testa da un lato all'altro, il pesce martello può individuare più rapidamente la direzione di un odore. Gli squali martello spesso nuotano vicino ai fondali marini, alla ricerca di pesci e molluschi sepolti.

Uno squalo ha uno scheletro, che comprende un cranio, costole e colonna vertebrale come gli altri pesci. Questo scheletro non è fatto di ossa, ma di cartilagine, che è forte, leggera e flessibile.

❍ Gli squali limone si trovano negli oceani Atlantico e Pacifico e preferiscono vivere in acque subtropicali. Si trovano in abbondanza nel Mar dei Caraibi. Prendono il nome dal loro colore. La parte superiore del corpo è giallo intenso o giallo-marrone. Il ventre è bianco sporco o crema.

Lo squalo dal collare ha un aspetto strano: ha grandi fessure branchiali, il cui primo paio arriva proprio intorno alla testa, come un collare. Ha una sola pinna dorsale, invece di due come nella maggior parte degli squali. Questa pinna è posizionata molto indietro verso la coda dello squalo.

Tipi di squalo

Lo squalo mako nuota a 55 km/h, molto più veloce di un velocista umano. Insegue prede come sgombri, tonni e calamari.

Lo squalo nutrice nuota lentamente e spesso si riposa sul fondo del mare. Ha macchie scure quando è giovane, ma queste svaniscono con l'età.

Il grande squalo martello è uno squalo grande e potente, lungo fino a 6 metri. In alcuni casi può attaccare le persone.

Lo squalo tigre della sabbia raggiunge circa 3 m di lunghezza. Ha denti sottili, affilati e distanziati.

Lo squalo tappeto tassellato ha fronzoli di carne intorno alla bocca. Questi fronzoli sembrano alghe e servono per la mimetizzazione.

Grandi balene

Il gruppo delle balene, noto come cetacei, comprende circa 83 tipi di balene, delfini e focene. Circa 12 di questi sono balene dotate di fanoni, lunghe strisce che filtrano l'acqua di mare per raccogliere piccole creature come il krill. Il resto sono balene dentate, che catturano prede come pesci e calamari.

La balena dal becco di Cuvier è una delle più numerose e diffuse del gruppo delle balene dal becco. Può raggiungere 7 m di lunghezza ed è spesso ricoperta di cirripedi.

La megattera cresce fino a 15 m di lunghezza e pesa 30 tonnellate. Ha pinne più lunghe di qualsiasi balena, che possono raggiungere 4 m.

La balenottera azzurra è la balena più lunga e pesante e vive negli oceani di tutto il mondo.

Il piccolo beluga, o balena bianca, è grigio scuro o grigio-rosa alla nascita. Diventa gradualmente più pallido nel corso di circa cinque anni.

Le balene pilota sono chiamate "globicefali". Sono tra le balene che si arenano regolarmente lungo le spiagge e le coste.

Questo piccolo di balena grigia nasce dalla coda. La madre lo aiuta a salire in superficie per respirare. Il piccolo crescerà fino a 15 m di lunghezza e peserà 35 tonnellate.

I cogia di De Blainville o cachalot minori tendono a restare in superficie quando si riposano. Scompaiono improvvisamente sotto la superficie dell'acqua quando si avvicinano a una barca. Sono lunghi circa 3 metri.

L'orca non è una balena, ma rappresenta il più grande tipo di delfino. Raggiunge 9 m di lunghezza e 10 tonnellate di peso. Può uccidere e mangiare quasi tutte le creature del mare, e si nutre anche "scivolando" sulla sabbia e afferrando una giovane foca o un leone marino.

Sorprendente!

La più piccola delle grandi balene è la balenottera minore. È comunque molto più grande di qualsiasi animale terrestre, dato che cresce fino a 10 m di lunghezza e pesa fino a 10 tonnellate.

Il mesoplodonte di Sowerby vive nell'Atlantico del Nord, raggiungendo anche l'Islanda e la punta meridionale della Groenlandia.

L'iperodonte boreale può raggiungere 9 m di lunghezza e 7 tonnellate di peso. Può immergersi sott'acqua per lunghi periodi, trattenendo il respiro fino a due ore. Compie ampi spostamenti nell'Oceano Atlantico del Nord.

Le eubalaene hanno una grande testa e una mascella inferiore a forma di arco. Sono facilmente riconoscibili per la presenza di escrescenze simili a verruche di colore chiaro chiamate callosità. Queste si trovano di solito sulla testa, vicino allo sfiatatoio e intorno agli occhi e alle mascelle.

Il capodoglio è la più grande balena dentata. Si avventura nelle acque dell'Artico e dell'Antartico, fredde anche in estate.

Fanoni da record

Numero di fanoni (lamine nella bocca) presenti nelle balene:

Balenottera boreale	700
Balenottera azzurra	660
Balenottera minore	600
Balena della Groenlandia	580
Eubalaena	480
Balena grigia	320

La zona mesopelagica

La cupa zona intermedia copre profondità che vanno da circa 100 m a 1.000 m – a seconda della limpidezza dell'acqua del mare – al di sotto della quale è tutto quasi completamente nero. Negli oceani tropicali e subtropicali molti pesci poco conosciuti, dagli occhi grandi e colorati, nuotano nella penombra, spesso sfoggiando pinne lunghe o appuntite.

Sorprendente!

La parte centrale del Pacifico è la zona più profonda dell'oceano, in media raggiunge i 4.300 m, e più del 99 per cento di questo vasto habitat è completamente buio.

Il ronco è uno degli squali che nuotano più in profondità, infatti spesso lo si trova tra i 500 e i 1.000 m. Alcune delle sue scaglie di pelle, o dentelli dermici, sono molto grandi, assicurandogli un sistema di difesa particolarmente "spinoso". Si nutre di pesci e crostacei, come gamberi e granchi.

○ Alcuni squali brillano al buio, specialmente gli squali lanterna. Vivono in acque profonde e scure e hanno macchie luminose sul corpo, in particolare intorno alla bocca e lungo i fianchi. Le macchie possono attirare piccole creature curiose, come pesci e calamari, in modo che lo squalo possa catturarle.

○ La maggior parte dei pesci con organi che producono luce vivono in acque profonde. Gli Anomalopidae invece, lunghi 30 cm, prediligono le profondità medie intorno al sud-est asiatico. Presentano un grande fotoforo a forma di fagiolo posto sotto ciascun occhio, dotato di una palpebra cutanea in grado di diventare chiara o scura, utilizzata per attrarre le prede. Di notte brilla come una lanterna e si accende e si spegne quando il pesce si agita.

Lo squalo tagliatore è lungo solo 50 cm. Con i denti affilatissimi afferra la carne dei pesci più grandi, poi si immerge in acque più profonde, fino a 500 m, per riposare e digerire il pasto.

I più grandi habitat del mondo sono le immense pianure sabbiose o fangose che costituiscono vaste aree dei fondali marini.

L'opah si trova di solito a profondità da circa 150 a 500 m. Tuttavia, è un pesce raro e raramente viene avvistato.

❍ Il pesce re o opah si trova nelle acque di media profondità di tutto il mondo. Forte e pesante – raggiunge 1,5 m di lunghezza e 75 kg di peso – è privo di denti e sembra tutt'altro che veloce o agile. Eppure l'opah riesce comunque a catturare prede che nuotano velocemente – come calamari e merlani – grazie alla bocca sporgente e alle labbra spesse.

Bocca massiccia

Lo squalo megamouth ha una bocca enorme, larga più di 1,3 m. Il suo corpo morbido e flaccido è lungo circa 5 metri. Apre la grande bocca mentre nuota attraverso banchi di piccole creature marine, come krill e giovani pesci. Le piccole prede rimangono intrappolate nella bocca e vengono inghiottite.

Le meduse a volte scendono nella zona mesopelagica di giorno, per evitare di essere individuate da predatori come le tartarughe. Salgono di notte per catturare le loro prede, che includono piccoli pesci e calamari.

❍ Pesci, calamari e altre creature della zona mesopelagica hanno spesso colori brillanti, ma solo quando li vediamo nelle condizioni di luce in superficie. Nel profondo delle acque, tutto ciò che è visibile è una forma grigia e ombrosa nella penombra.

❍ Il pesce nastro ha un'insolita coda a ventaglio, che punta verso l'alto come se fosse unita al corpo ad angolo retto rispetto ad altri pesci. Ha anche una caratteristica pinna rossa che scorre lungo quasi tutto il dorso del pesce. I pesci nastro crescono fino a 2,5 m di lunghezza e vivono nell'Atlantico settentrionale orientale. Si nutrono di piccoli calamari e pesci.

❍ Il pesce San Pietro ha un corpo alto ma sottile se visto di fronte. È dotato di una bocca sporgente, che si apre in avanti come un ampio tubo per inghiottire le vittime. Il pesce San Pietro è lungo 65 cm e si trova nel Mar Mediterraneo e nell'Oceano Atlantico orientale.

Il pesce più lungo

I Regalecidi sono considerati i pesci ossei più lunghi del mondo. Di solito crescono fino a circa 6 m di lunghezza, ma ci sono stati casi segnalati di esemplari che hanno superato i 16 m.

I gigli di mare sono cugini sottili e piumosi delle stelle marine e dei ricci di mare. Sono alcuni degli animali che vivono più in profondità, con alcuni esemplari individuati ben al di sotto dei 5.000 m. Scivolano sul fondale marino, filtrando piccoli pezzi di cibo dal fango.

La zona abissopelagica

L'habitat più costante del mondo è anche il più misterioso. Le profondità dell'oceano sono infinitamente nere e fredde. Pesci e altri animali sopravvivono grazie alla "pioggia" di detriti in decomposizione che galleggiano dall'alto, o si mangiano a vicenda.

❍ Sul fondo delle profondità marine, non c'è quasi luce. Alcune creature qui hanno occhi enormi per scrutare nell'oscurità. Altri trovano il cibo principalmente attraverso l'olfatto e il tatto, e anche percependo deboli impulsi di elettricità emessi nell'acqua dai muscoli in funzione di una preda che nuota.

❍ Il cogia di Owen ha una forma simile a quella di una focena, senza la fronte sporgente del capodoglio. Raggiunge circa 2,5 m di lunghezza. Si trova più spesso nei mari più caldi, soprattutto nelle zone profonde al largo delle coste del Sudafrica, dell'India e dell'Australia. Viene avvistato raramente in oceano aperto, come il cogia di De Blainville.

❍ Le prede sono scarse nella vastità nera delle profondità oceaniche, per questo i pesci come l'anguilla gulper hanno grandi bocche con cui afferrare tutto ciò che possono. Eppure questa anguilla non è certamente un gigante delle profondità, con i suoi 60 cm di lunghezza.

I lofiformi hanno un corpo lungo circa 15 cm, ma la loro "canna da pesca" flessibile e simile a una frusta può superare i 20 cm.

Il 23 gennaio 1960, il tenente della marina statunitense Don Walsh e lo scienziato svizzero Jacques Piccard stabilirono un record scendendo fino al fondale del Challenger Deep, a bordo del batiscafo Trieste della marina statunitense. Raggiunsero una profondità di 10.900 m. Videro svariati nuovi tipi di creature marine. Il loro lavoro prosegue ancora oggi con gli attuali esploratori delle profondità marine che continuano a fare scoperte sulla vita nell'oceano.

Sorprendente!

Nelle profondità marine, oltre ai pesci luminosi, ci sono anche ricci di mare, stelle marine, vermi, polpi e molti altri tipi di creature che emettono luce.

Gli stomidi salgono più vicino alla superficie di notte per inseguire prede come piccoli pesci e calamari, per poi ritornare nelle profondità marine di giorno.

- Circa 1.500 pesci diversi delle profondità marine emettono luce. Oltre a tentare la preda, la luce confonde anche i predatori.

- Tutto il corpo del pesce lanterna si illumina, mentre gli stomidi hanno organi luminosi disseminati lungo i lati e il ventre. Il ventre dello squalo tagliatore emette un bagliore spettrale.

- Gli astronesthes, come molti altri pesci delle profondità marine, hanno file di punti luminosi o bioluminescenti lungo i lati. Questi possono segnalare agli altri esemplari della stessa specie la disponibilità all'accoppiamento.

Le spugne crescono in ogni parte dell'oceano, comprese le grandi profondità. Le loro camere e i loro canali diventano la casa di altre creature, come granchi e gamberi.

Un pesce che cammina

Il pesce tripode è uno dei pesci che vivono più in profondità, si trova infatti a più di 6.000 m sotto la superficie. Cammina lungo il fango morbido del fondale marino sulle lunghe spine delle sue due pinne laterali inferiori (pelviche) e sulla parte inferiore della coda. Probabilmente si nutre di piccoli gamberi e crostacei simili.

- Il Rhycherus filamentosus è appena più grande di un pollice. Questa rana pescatrice ha straordinarie nappe carnose sul mento che ricordano le alghe, oltre alla solita esca luminosa posta su una sottile spina dorsale che sporge dalla fronte, che usa per attirare le prede.

- Il Chauliodus ha un aspetto temibile ed è uno dei più grandi predatori delle profondità oceaniche, eppure è lungo solo 30 cm. La generale scarsità di cibo nelle profondità marine fa sì che gli animali siano per lo più piccoli.

- La prima spina sulla pinna dorsale del Chauliodus è molto lunga e flessibile. Ha una punta simile a una goccia che brilla nell'oscurità. Piccole creature vengono a curiosare e il Chauliodus le afferra nelle sue ampie fauci spalancate, foderate di lunghi denti aghiformi.

- Oltre ad attirare le prede, la luce attira anche i partner nel periodo della riproduzione. Molti pesci delle profondità marine sono rari e vivono in un habitat vasto, quindi qualsiasi caratteristica che possa aiutarli a trovare un partner e a riprodursi è estremamente utile.

Gli organi luminosi o fotofori lungo il corpo del Chauliodus possono essere utilizzati per attirare altri esemplari durante il periodo dell'accoppiamento.

Il più grande cacciatore

Il possente capodoglio è lungo più di 20 m e pesa 40 tonnellate, il che lo rende la più grande balena dentata – e di gran lunga il più grande predatore sulla Terra. I capodogli si immergono regolarmente a più di 1.000 m sotto la superficie e rimangono sott'acqua per un'ora mentre cacciano vicino al fondo dell'oceano per trovare pesci, calamari, granchi e prede simili.

Sorgenti calde nelle profondità

Tutta la vita sulla Terra, compresa quella marina, dipende dall'energia luminosa del Sole, o almeno così si pensava. Nelle oscurità del mare esistono animali che ricavano energia da un'altra fonte. Si tratta dei minerali che sgorgano in acque caldissime dalle profondità del fondale marino.

○ Le sorgenti calde si trovano sul fondo del mare, lungo la dorsale medio-oceanica. Si formano quando l'acqua penetra sotto la dura superficie esterna della Terra (crosta). Quest'acqua è riscaldata dal magma rovente che si trova molto più in basso e sale attraverso le fessure del fondale oceanico.

○ La temperatura dell'acqua all'interno e intorno a uno sfiatatoio (sorgente calda) può raggiungere i 400 °C. Quest'acqua è ricca di minerali e di gas idrogeno solforato.

I denti dei pesci predatori delle profondità marine, come questo temibile anoplogaster, sono sottili, affilati, appuntiti e aguzzi, per sopraffare le prede – così preziose e rare in questo ambiente – in modo che non possano liberarsi.

○ Man mano che i minerali si solidificano intorno alla bocchetta, costruiscono forti camini che diventano sempre più alti. Uno di questi camini era alto come un edificio di 15 piani: circa 50 m.

○ Sui fondali marini si trovano vermi lunghi come automobili. I vermi tubo giganti si raggruppano intorno alle sorgenti idrotermali del fondo dell'oceano. Si nutrono di particelle minuscole che filtrano dall'acqua. Alcuni sono lunghi più di 3 metri, con corpi spessi quanto un braccio umano.

Sorprendente!

A ogni esplorazione in sommergibile in una nuova zona ricca di bocche idrotermali, gli scienziati scoprono decine di tipi sconosciuti di pesci, granchi, vermi e altre creature.

Chimere delle profondità

Le chimere sono dette anche pesci ratto per via della loro coda lunga e affusolata. La maggior parte è lunga circa 1 m. Sono cugine degli squali e delle razze, con uno scheletro fatto di cartilagine, non di ossa. Diversi tipi vivono nelle acque oceaniche molto profonde.

I vermi tubo delle bocche termali delle profondità marine hanno branchie rosse brillanti e piene di fronzoli per raccogliere l'ossigeno e anche minuscole particelle di cibo. Hanno microbi nel corpo – tipi di batteri che li aiutano a nutrirsi dei minerali che sgorgano dal fondale.

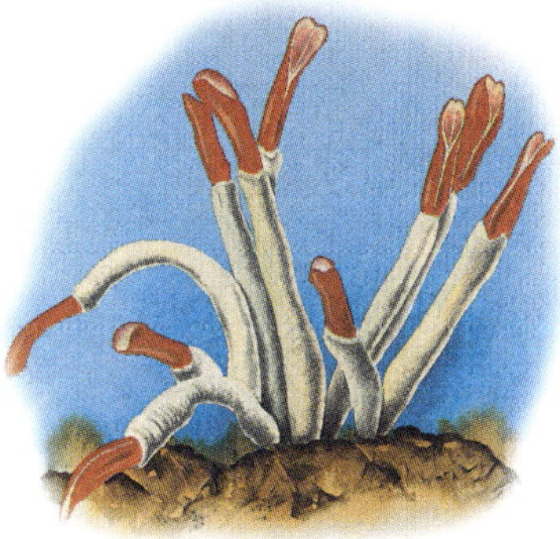

L'anguilla gulper è composta principalmente dalla bocca, e le sue mascelle elastiche possono estendersi per inghiottire una vittima più grande di lei. A volte viene catturata dai granchi nelle sorgenti termali delle profondità marine.

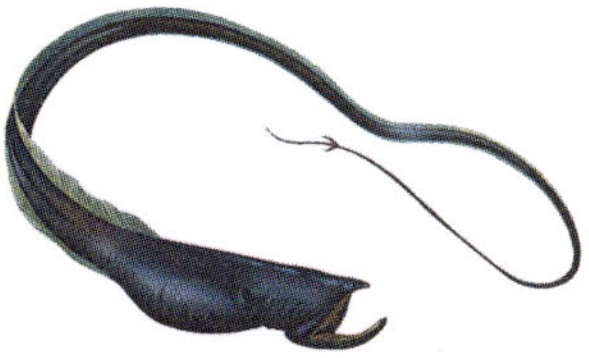

Specie conosciute nelle sorgenti idrotermali

1980	circa 20
1990	più di 100
2000	più di 250

La più recente scoperta di un grande sorgente

Bacino di Lau, Sud Pacifico

Profondità	circa 2.500 m
Lunghezza della fenditura	400 km
Scienziati coinvolti	circa 100

❍ Tra i giganteschi vermi tubo vivono granchi bianchi ciechi, vari tipi di molluschi bivalvi, come cozze e vongole, pesci senza occhi rosa e molte altre specie che non si trovano in nessun altro habitat al mondo.

❍ L'acqua bollente si mescola con l'acqua fredda circostante per creare getti d'acqua calda simili a camini. Questi getti sono spesso neri, a causa del contenuto minerale dell'acqua. Di conseguenza, queste bocche idrotermali sono chiamate anche fumarole nere.

❍ La maggior parte delle sorgenti idrotermali delle profondità marine si trova nel mezzo dell'Oceano Atlantico e ai margini dell'Oceano Pacifico. In queste zone, le rocce della superficie terrestre sono in movimento, con frequenti terremoti, che avvengono sulla terra e anche sott'acqua, causando enormi onde conosciute come tsunami.

Le rane pescatrici nuotano intorno ai bordi delle bocche idrotermali nelle profondità marine, sperando di attirare piccoli pesci e gamberi con l'"esca" luminosa sulla loro "canna da pesca".

Pesci come l'anguilla gulper sembrano flaccidi e flosci, ma vivono nelle profondità dell'oceano e sotto soggetti a un'incredibile pressione dell'acqua, che schiaccerebbe un animale terrestre in un istante.

Nuova scoperta

Una sorgente idrotermale è come un'oasi di vita, con molte creature che vi prosperano. Tutto intorno c'è il freddo nero del mare profondo, con pochissima vita. Le bocche idrotermali sono state scoperte per la prima volta nel 1977 vicino alle isole Galápagos lungo il bacino orientale dell'Oceano Pacifico. Gli scienziati che viaggiavano nel sommergibile *Alvin* hanno osservato queste bocche a circa 2.500 m sotto la superficie dell'oceano.

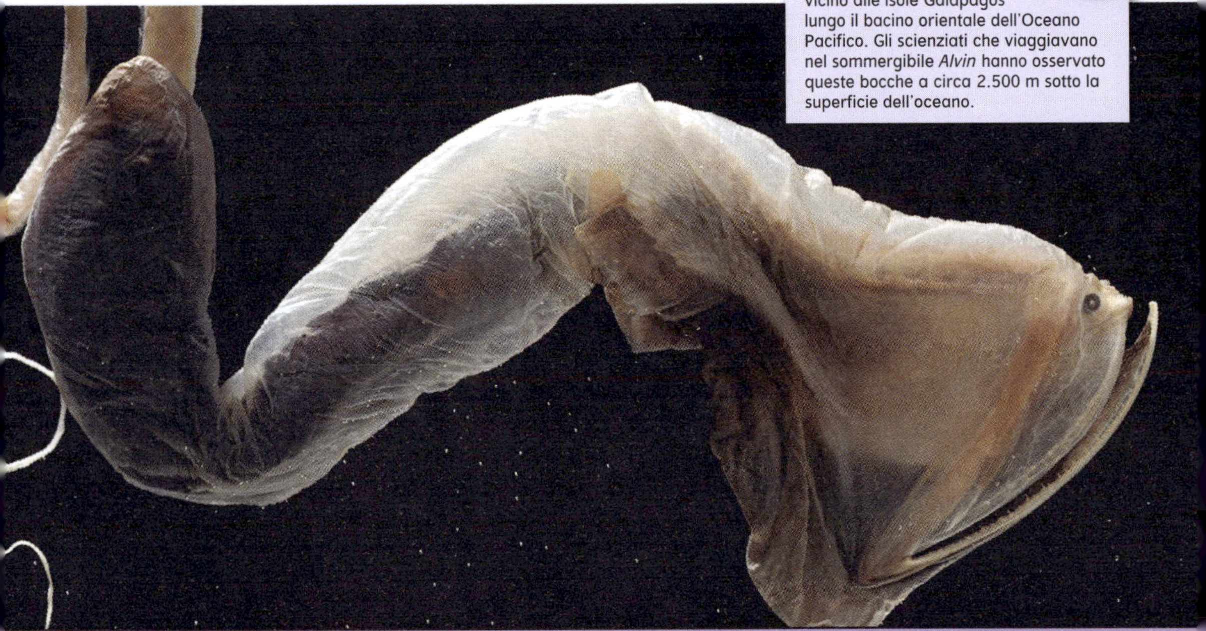

Biologia marina

La biologia marina è lo studio della vita negli oceani e in altri ambienti correlati, come estuari e lagune. L'oceanografia biologica e la biologia marina sono spesso confuse tra loro. Entrambe studiano le creature marine. Tuttavia, l'oceanografia biologica studia gli effetti dei cambiamenti degli oceani sulla vita marina.

Sorprendente!

Ogni anno più di un milione di giovani nei college e nelle università di tutto il mondo scelgono di studiare biologia acquatica, per saperne di più su laghi, fiumi, mari, oceani e gli esseri viventi che abitano questi ambienti.

I granchi sono "pulitori del mare" e si nutrono dei resti di piante e animali. I biologi sono interessati a come i granchi sono influenzati dall'inquinamento. Senza i granchi, i detriti potrebbero accumularsi sul fondo del mare.

La biologia marina offre momenti elettrizzanti, come filmare un grande squalo bianco attraverso il tetto aperto di una gabbia protettiva per squali.

Esperti di pesci

Gli ittiologi si occupano di vari aspetti legati ai pesci, come la loro classificazione, comportamento, evoluzione e habitat.

- La biologia marina comprende diversi sottocampi, come lo studio dell'acquacoltura, la biologia marina ambientale, l'ecologia delle profondità marine, l'ittiologia, la mammologia marina e l'etologia marina.
- La biologia marina ambientale è lo studio della salute degli oceani e dell'effetto dello sviluppo costiero sull'ambiente marino. Esamina anche l'impatto degli inquinanti, come le fuoriuscite di petrolio e altri rischi chimici, sulla vita marina circostante.
- L'ecologia delle profondità marine esamina da vicino come le creature acquatiche degli abissi si adattano all'ambiente buio e freddo.
- L'ittiologia è lo studio dei pesci, sia marini che d'acqua dolce. La mammologia marina è una materia relativamente nuova che si occupa esclusivamente dello studio dei mammiferi marini, come balene, delfini e foche.
- L'etologia marina ci aiuta a capire il comportamento degli animali marini nel loro ambiente naturale. Si concentra anche sui modi per salvare le specie in pericolo i cui habitat sono minacciati dall'attività umana o dai cambiamenti nell'ambiente.

Le aringhe, come questa aringa atlantica, un tempo facevano parte di banchi lunghi molti chilometri, con centinaia di migliaia di esemplari. Ma i pescherecci ne hanno catturato la maggior parte e ora il loro numero è sceso. I biologi marini studiano il ciclo di vita dell'aringa, e le dimensioni delle catture, per vedere se è possibile riportare questa specie ai numeri di un tempo.

❍ I biologi marini usano vari metodi avanzati per raccogliere dati per le loro ricerche. Diversi nuovi strumenti, come le reti da plancton, i veicoli azionati a distanza e le fibre ottiche hanno reso lo studio degli oceani molto più facile.

❍ Gli habitat subacquei artificiali sono costruiti a circa 20 m sotto la superficie dell'acqua per ospitare gli scienziati che lavorano sott'acqua per periodi più lunghi.

❍ Lo studio degli squali è talvolta chiamato elasmobranchiologia. Sapere di più sugli squali – come il modo in cui si riproducono e ciò di cui hanno bisogno per sopravvivere – ci aiuterà a proteggerli e a fermarne l'estinzione. Per scoprire come vivono gli squali, gli scienziati devono studiarli in natura. Questa attività si chiama "lavoro sul campo".

❍ Gli scienziati catturano anche squali e altri animali marini per poterli studiare in cattività. Ciò permette loro di osservare da vicino come gli squali nuotano, mangiano, si riproducono e si comportano. Negli acquari, gli scienziati testano le reazioni degli squali per vedere come funziona il loro cervello e i loro sensi.

❍ Nei laboratori, gli scienziati studiano elementi come il sangue, la pelle e la cartilagine degli squali per scoprire come funziona il loro corpo.

Molti pescatori comprendono l'importanza della biologia acquatica. Gran parte della nostra conoscenza della vita acquatica proviene dalle persone che catturano pesci, granchi e altre creature, per sport (come illustrato qui) o in mare aperto in enormi navi da traino per scopi alimentari.

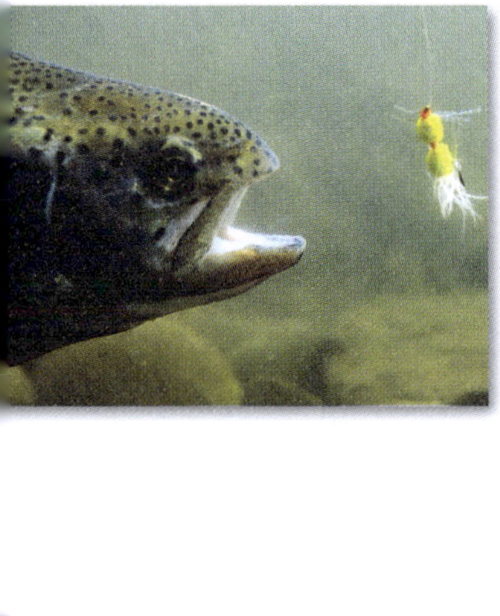

Il Rajidae è un tipo di razza che arriva fino a 3 m di lunghezza. È stato a lungo catturato per il consumo alimentare, ma si sa ancora poco della sua vita e delle sue abitudini – per esempio, perché si sposta per lunghe distanze durante i mesi estivi.

Esplorazione subacquea

L'invenzione dell'autorespiratore da parte dei sommozzatori francesi Jacques Cousteau ed Émile Gagnan nel 1942 rese popolare l'immersione subacquea. Una bombola ad alta pressione, indossata sulla schiena del sub, è collegata alla bocca con un tubo dotato di una valvola. Questo fu il primo "autorespiratore subacqueo", abbreviato in SCUBA, dall'espressione inglese "Self-Contained Underwater Breathing Apparatus".

Glossario

A sangue caldo Qualsiasi animale che è in grado di generare il proprio calore corporeo piuttosto che assorbire semplicemente il calore dall'ambiente.

A sangue freddo Un animale che non può generare il proprio calore corporeo e quindi ha una temperatura corporea simile a quella dell'ambiente circostante.

Acqua dolce Acqua che non è salata, ma che ha solo piccole quantità di sale (principalmente cloruro di sodio) disciolte in essa.

Acquatico Che vive in acqua, dolce (ruscelli, stagni, fiumi, laghi), salmastra (parzialmente salata) o salata (mari, oceani).

Alghe Piante semplici, comprese le piante marine, che non hanno fiori, frutti o radici vere e proprie.

Anale Relativo all'estremità inferiore o posteriore di un animale, come la pinna anale di un pesce, o la fine del tratto digestivo di un animale.

Anellidi Grande gruppo di vermi con molte sezioni o segmenti del corpo, compresi i lombrichi e i vermi che vivono nell'acqua, come Nereididi, Sabellidae, Siboglinidae e le sanguisughe.

Anfibi Principale gruppo animale che comprende rane, rospi, salamandre e tritoni, in cui le larve (giovani o girini) vivono principalmente in acqua mentre gli adulti si spostano sulla terraferma.

Banco Un grande gruppo di animali acquatici, specialmente pesci, che nuotano vicini e si attorcigliano, girano e si muovono insieme nella stessa direzione.

Bentonico Che vive sul fondo di un mare, oceano, lago o fiume (confronta con Pelagico).

Blubber Spesso strato di grasso appena sotto la pelle negli animali d'acqua fredda come foche, leoni marini, trichechi e balene.

Branchie Parti del corpo specializzate per ricavare l'ossigeno disciolto nell'acqua circostante.

Branchiospine Parti simili a pettini o spazzole sulle branchie di alcuni animali che filtrano piccoli elementi di cibo dall'acqua.

Carnivoro Un animale che mangia principalmente altre creature piuttosto che piante.

Catena alimentare Una serie di passaggi in cui una pianta viene mangiata da un animale, che viene mangiato da un altro animale, e così via.

Cetaceo Un membro del gruppo delle balene, delfini e focene.

Ciglia Minuscole strutture simili a peli utilizzate in vari modi dagli animali, ad esempio per creare una corrente d'acqua.

Cnidari Principale gruppo di animali semplici con corpo molle, tra cui meduse, anemoni di mare e polipi di corallo.

Corteggiamento Quando gli animali si riuniscono ed emettono odori e suoni e si mettono in mostra per attirare un partner per la riproduzione.

Crostacei Principale gruppo di animali dotati in genere di un involucro corporeo duro e arti snodati, che comprende pulci d'acqua (daphnia), cirripedi, krill, gamberi, gamberetti, granchi e aragoste.

Decapodi Gruppo di crostacei che comprende granchi, aragoste, gamberi e scampi (il nome significa "dieci arti").

Detritivoro Un animale che mangia principalmente materiale morto, morente e in decomposizione.

Dorsale Sulla superficie superiore o sulla schiena, come la pinna dorsale di un pesce.

Echinodermi Principale gruppo di animali dalla pelle spinosa che vivono nel mare, tra cui stelle marine, ricci di mare, gigli di mare, stelle piumate e cetrioli di mare.

Ecolocalizzazione L'invio di suoni come squittii o clic, e l'ascolto dell'eco di ritorno, per capire la posizione di oggetti vicini.

Embrione Uno stadio molto precoce nello sviluppo di un essere vivente a partire da un uovo.

Erbivoro Un animale che mangia principalmente cibi vegetali piuttosto che altre creature.

Estivazione Quando un animale diventa inattivo per sopravvivere a un lungo periodo di aridità o siccità.

Estuario La foce o la fine di un fiume, dove si allarga e sfocia nel mare.

Fanoni Le lunghe parti che pendono dalla mascella superiore all'interno della bocca di una grande balena, con bordi a spazzola o a pettine per filtrare le particelle di cibo dall'acqua.

Fitoplancton Le piccole piante del plancton.

Habitat Un determinato tipo di ambiente, come uno stagno, un fiume lento, un lago profondo o un oceano aperto.

Kelp Grandi alghe con fronde appiattite ("foglie") a forma di cinghie, lame o ventagli.

Larva Lo stadio giovane di un animale in fase di crescita, che di solito ha un aspetto diverso dall'adulto; per esempio, il girino di una rana.

Letargo Quando un animale diventa inattivo per sopravvivere a un lungo periodo di freddo, di solito l'inverno.

Lobi Le parti della coda di una balena, delfino, focena o sirena (dugongo o lamantino).

Marino Che ha a che fare con mari, oceani e acqua con sali disciolti (principalmente cloruro di sodio).

Migrazione Lungo viaggio, di solito effettuato nello stesso periodo o stagione ogni anno.

Mimetizzazione Quando un essere vivente si mimetizza o si fonde con l'ambiente circostante, usando caratteristiche come la forma del corpo, i colori, le striature e persino i movimenti.

Molluschi Enorme gruppo principale di animali con corpi morbidi spesso racchiusi in una conchiglia dura, compresi cozze e ostriche, lumache e polpi.

Muco Sostanza appiccicosa e viscida prodotta da molti animali per varie ragioni, come catturare il cibo, proteggersi o attaccarsi a una superficie.

Nudibranchi Lumache di mare, cugine d'acqua salata delle lumache di terra.

Onnivoro Un animale che mangia diversi alimenti, tra cui materiale vegetale e carne.

Opercolo Il lembo osseo che copre le branchie di animali come i pesci, con uno spazio o una fessura lungo l'estremità posteriore.

Palmata Detto della zampa dei vertebrati palmipedi acquatici, in cui le dita sono collegate fra loro da una membrana interdigitale che fornisce maggiore spinta durante il nuoto.

Parassita Un essere vivente che ottiene cibo o riparo da un altro essere vivente, chiamato ospite, a cui causa un danno.

Pelagico Che vive in acqua aperta, sopra il fondale marino (confronta con Bentonico).

Pelvico Che ha a che fare con gli arti posteriori o la regione dell'anca, per esempio le pinne pelviche sono le pinne laterali posteriori di un pesce.

Pesci piatti Gruppo di pesci in cui il corpo è appiattito da un lato all'altro e il pesce passa molto tempo sdraiato su un lato (destro o sinistro) sul fondo del mare.

Pettorale Che ha a che fare con gli arti anteriori o la regione delle spalle, per esempio, le pinne pettorali sono le pinne laterali anteriori di un pesce.

Pinnipede Con i "piedi a pinna", il nome del gruppo che comprende foche, leoni marini e trichechi.

Plancton Il "brodo" galleggiante di piante e animali minuscoli, molti invisibili senza un microscopio, che si trova in mari e oceani (plancton marino), e anche in grandi laghi (plancton d'acqua dolce).

Polipo Un animale con una forma semplice, di solito un corpo simile a un gambo con un anello di tentacoli in cima, come nei polipi di corallo (animali corallini) che costruiscono le barriere coralline.

Preda Una creatura che viene catturata e mangiata da un altro animale, il predatore.

Predatore Un animale cacciatore che insegue e cattura altre creature per nutrirsi.

Respirazione L'attività di respirare o di portare l'ossigeno dall'ambiente circostante al corpo di un animale.

Rete alimentare Molte catene alimentari che hanno piante e animali in comune e quindi si uniscono o collegano tra loro.

Salmastro Acqua che è in parte salata e in parte dolce, come quella che si trova nelle foci dei fiumi e in alcune lagune costiere.

Sireni Piccolo gruppo di mammiferi marini, a volte chiamati mucche di mare, che comprende dugonghi e lamantini.

Tuorlo Una riserva di cibo per i piccoli in via di sviluppo nelle uova deposte da alcuni animali, come gli squali.

Valva In molluschi o bivalvi come le cozze, una metà del guscio a due parti.

Veleno Una sostanza velenosa o nociva, specialmente quella usata dagli animali come i serpenti e i pesci velenosi come il pesce pietra.

Vertebrato Un animale con una colonna vertebrale o spina dorsale fatta di singole ossa chiamate vertebre.

Zanna Un dente molto grande o lungo, come nel narvalo.

Zona batipelagica Le acque nere e non illuminate del mare profondo o dell'oceano, al di sotto della zona mesopelagica.

Zona epipelagica Le acque superficiali illuminate di un mare o di un oceano, al di sopra della zona mesopelagica.

Zona mesopelagica Le acque poco illuminate di un mare o di un oceano, al di sotto della zona epipelagica.

Zooplancton I piccoli animali che compongono il plancton.

INSETTI E ALTRI INVERTEBRATI

Invertebrati terrestri

Gli invertebrati sono animali che non possiedono una spina dorsale. Rappresentano un gruppo incredibilmente vario e diffuso di animali che hanno relativamente poche caratteristiche in comune. Si trovano quasi in ogni tipo di habitat, ma sono più numerosi negli oceani. Tuttavia, alcuni tipi di invertebrati, come gli insetti e i ragni, sono ben adattati alla vita sulla terraferma.

Sorprendente!

In Asia, una specie di lombrico si arrampica sugli alberi salvandosi così dall'annegamento dopo un forte acquazzone.

❍ Gli invertebrati sono stati i primi animali a evolversi, forse già un miliardo di anni fa (anche se la documentazione fossile risale solo a circa 600 milioni di anni fa, quindi non possiamo esserne certi).

❍ Gli invertebrati costituiscono circa il 97% di tutte le specie animali conosciute. Comprendono artropodi, molluschi, vermi ed echinodermi.

Gli Oniscidea sono crostacei che si sono adattati alla vita sulla terraferma. Vivono in ambienti umidi e si trovano spesso nel legno in decomposizione e sotto le pietre, oltre che nelle case.

❍ Gli invertebrati sono animali a sangue freddo. Ciò significa che dipendono dall'ambiente circostante per mantenere la temperatura corporea.

❍ Gli artropodi sono invertebrati con uno scheletro esterno flessibile – composto da placche dure e articolate di una sostanza chiamata chitina – che prende il nome di esoscheletro. Gli artropodi comprendono insetti, aracnidi (ragni e scorpioni), crostacei e miriapodi.

❍ I miriapodi sono artropodi terrestri con corpi lunghi e tubolari e molte zampe. Vivono nel suolo e nel sottobosco. Questa classe comprende centopiedi e millepiedi.

Gli insetti, come questa farfalla Junonia coenia, costituiscono il gruppo di invertebrati più numeroso. Le farfalle si sono evolute quando le piante da fiore hanno cominciato a diffondersi sulla Terra e sono state tra i primi insetti impollinatori.

Sanguisughe

Le sanguisughe sono vermi segmentati che vivono sulla terraferma e anche in acqua. Possono nutrirsi di materiale vegetale sia morto che in decomposizione. Alcune si nutrono di insetti e altri vermi, come i lombrichi, mentre altre specie succhiano il sangue dei mammiferi, compresi gli esseri umani.

Curiosità sugli invertebrati

Il lombrico più lungo del mondo	Lombrico gigante sudafricano	1,36 m di lunghezza
Il lombrico più corto	*Chaetogaster annandalei*	0,5 mm di lunghezza
La lumaca terrestre più grande	Chiocciola gigante africana	20 cm di lunghezza media della conchiglia
L'aracnide più grande	*Heterometrus swannerdami* scorpione	18 cm di lunghezza
L'aracnide più piccolo	Eriophyidae	0,25 mm
Il miriapode più lungo	*Scolopendra moristans* millepiedi	33 cm di lunghezza
Più zampe	*Illacme plenipes* millepiedi	con 750 zampe

Finora sono state scoperte circa 3.000 specie di millepiedi. Molti sono relativamente piccoli, con una lunghezza di 0,5–5 cm, ma il millepiedi gigante può raggiungere i 30 cm di lunghezza.

❍ Gli artropodi terrestri hanno un rivestimento ceroso impermeabile sull'esoscheletro per proteggersi dall'essiccazione. I crostacei non hanno questo rivestimento, quindi la maggior parte di essi vive in acqua. Le oniscidee sono tra i pochi crostacei che vivono sulla terraferma.

❍ I vermi sono creature snelle e dal corpo molle. I tre gruppi più importanti sono i vermi cilindrici, i vermi piatti e i vermi segmentati. I lombrichi che troviamo nei giardini sono un tipo di verme segmentato.

Il lombrico è un invertebrato molto utile, poiché rende il terreno fertile scavando e aggiungendo le sue escrezioni (rifiuti corporei). Alimentandosi e creando cunicoli, i lombrichi permettono all'aria di permeare il suolo e di decomporre la materia organica, favorendo la crescita delle piante.

❍ Alcuni invertebrati sono parassiti, cioè vivono sul corpo o all'interno di altri animali, detti ospiti. Le zecche e le sanguisughe sono parassiti esterni. Alcuni vermi piatti e cilindrici, tra cui tenie e vermi solitari, sono parassiti interni.

❍ Le lumache e le chiocciole sono molluschi dotati di un "piede" muscoloso per muoversi e di una lingua ricoperta di piccoli denti per raccogliere il cibo.

❍ La maggior parte degli invertebrati cambia forma durante la crescita, un processo chiamato metamorfosi. Permette agli adulti e ai giovani di avere stili di vita diversi.

❍ Alcuni invertebrati si nutrono dei resti di piante e animali morti. Conosciuti come "decompositori", questi animali svolgono un ruolo prezioso nella scomposizione e nel riciclaggio dei materiali di scarto del mondo naturale.

Questa coloratissima lumaca **Urocyclus flavescens** *utilizza il suo piede muscoloso per farsi strada lungo uno stelo d'erba. Le lumache* **Flavescens** *sono parassite delle piantagioni di banane nell'Africa meridionale.*

Vermi cilindrici

I vermi cilindrici, o nematodi, sono tra gli animali più comuni. Sono presenti praticamente in ogni tipo di ambiente. I vermi cilindrici parassiti sono una delle principali cause di malattie umane e animali.

La maggior parte delle lumache trascorre il giorno all'interno del guscio protettivo, emergendo di notte per cercare cibo. Si muovono scivolando sul muco secreto dal loro grande piede.

Insetti

Gli insetti sono di gran lunga il tipo di animale più comune. Più di nove specie viventi su dieci sono insetti. Prosperano in quasi tutte le parti del mondo, tranne che sotto il mare e nei luoghi più freddi. La diffusione degli insetti è dovuta ai loro potenti esoscheletri, alla loro capacità di volare e alle loro piccole dimensioni.

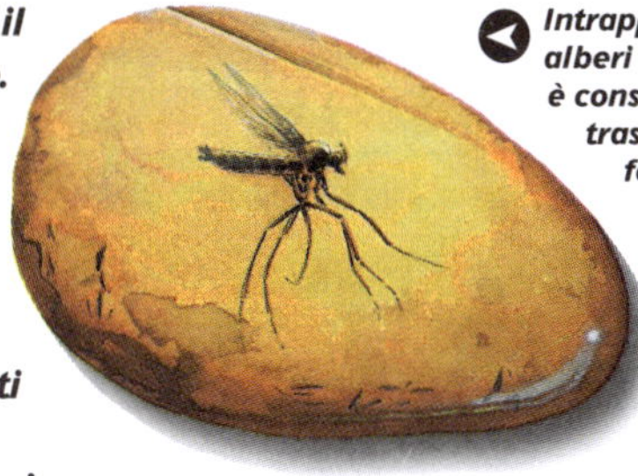

Intrappolato nella resina appiccicosa degli alberi milioni di anni fa, questo insetto si è conservato mentre la resina morbida si trasformava in ambra dura. È difficile trovare fossili di insetti, perché i loro corpi molli di solito si decompongono prima di poter diventare fossili.

Sorprendente!

In passato, i medici inserivano larve nelle ferite per mangiare la carne morta e disinfettare le ferite uccidendo i batteri.

- Il corpo segmentato di un insetto è diviso in tre parti: testa, torace (sezione centrale) e addome (sezione posteriore).
- Tutti gli insetti hanno sei zampe unite al torace. Di solito hanno una o due paia di ali, anch'esse unite in corrispondenza del torace.
- Gli insetti hanno un esoscheletro, ovvero uno scheletro esterno resistente che protegge il corpo.
- I muscoli e gli organi delicati degli insetti sono racchiusi e protetti dall'esoscheletro.
- La testa contiene le antenne, gli occhi, il cervello e l'apparato boccale.
- Gli apparati digerente e riproduttivo degli insetti sono contenuti nell'addome.
- Gli insetti hanno un sistema circolatorio aperto, senza molti vasi per il trasporto del sangue. Il cuore di un insetto è un semplice tubo che pompa sangue giallo-verdastro in tutto il corpo.

Questo schema di un'ape mostra le parti principali del corpo di un insetto. L'ape ha due paia di ali.

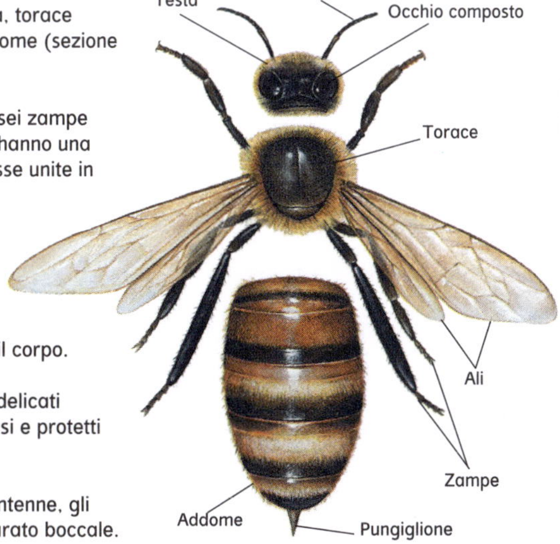

Insetti sociali

Gli insetti sociali – termiti, formiche, api e vespe, per esempio – vivono insieme ai loro simili in gruppi grandi e complessi chiamati colonie. All'interno di una colonia, gli insetti lavorano insieme come una squadra per trovare cibo e riparo. Di solito solo una femmina della colonia – la regina – depone le uova.

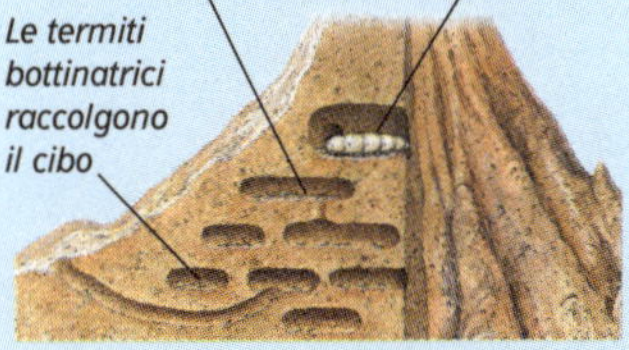

- Gli insetti respirano attraverso speciali aperture ai lati del corpo, dette spiracoli.
- Gli insetti hanno un minuscolo cervello, composto solo da un insieme di cellule nervose fuse insieme. Il cervello invia segnali per controllare tutti gli altri organi del corpo.
- Come tutti gli altri invertebrati, gli insetti sono a sangue freddo. La loro temperatura corporea cambia in base all'ambiente circostante, quindi la loro crescita e il loro sviluppo dipendono dal clima caldo o freddo.

Insetti da record

Il più lungo	Insetto stecco gigante	33 cm
Il più corto	vespa *Dicopomorpha echmepterygis*	0,21 mm di lunghezza
Il volo più veloce	libellula *Austrophlebia costalis*	58 km/h
Il corridore più veloce	scarafaggio *Periplaneta americana*	5,4 km/h
L'uovo più grande	Insetto stecco malese	1,3 cm di lunghezza
L'insetto con più discendenti	Afide ceroso	Potenzialmente miliardi!
Il più forte	Scarabeo rinoceronte	Può trasportare 850 volte il proprio peso

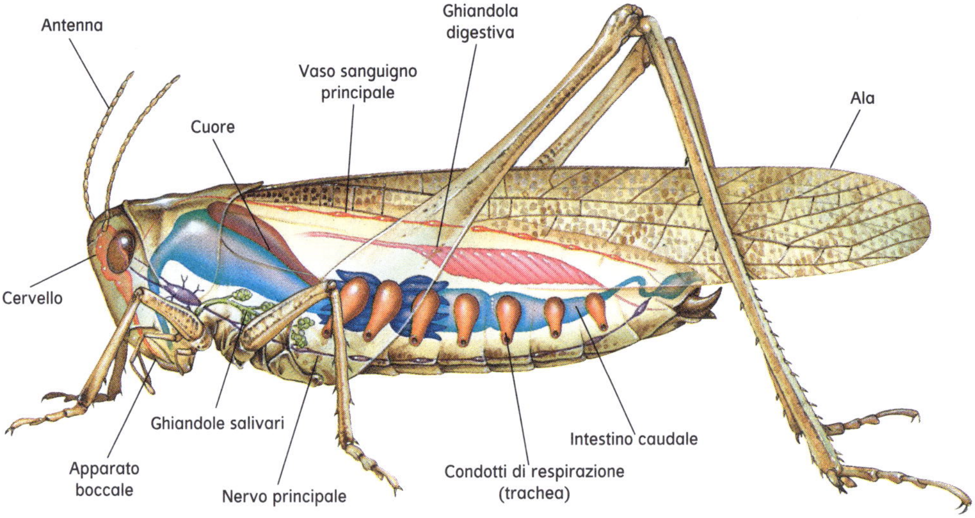

Una cavalletta ha le parti del corpo di un normale insetto. Gli insetti respirano attraverso una rete di tubi (trachea) che partono da piccoli fori (spiracoli) lungo il corpo.

❍ Gli insetti hanno sempre rivestito una grande importanza per le civiltà umane e alcuni di essi vengono allevati per i materiali che se ne possono ricavare. Ad esempio, i bachi da seta vengono allevati per la seta che producono e le api da miele per il miele e la cera che forniscono.

❍ Gli insetti svolgono un ruolo fondamentale nell'impollinazione dei fiori. Sono molte le piante che dipendono interamente dagli insetti per l'impollinazione.

Le piante da fiore e gli animali impollinatori, come quest'ape, si sono evoluti insieme, ognuno in modo totalmente dipendente dall'altro. Questo processo è noto come co-evoluzione.

Sensi degli insetti

Gli occhi degli insetti sono classificabili in due tipi. Gli occhi composti, costituiti da molti piccoli ommatidi, sono in grado di rilevare il movimento. Gli occhi semplici registrano solo la luce e il buio. Le antenne degli insetti funzionano come organi del tatto, dell'olfatto e del gusto.

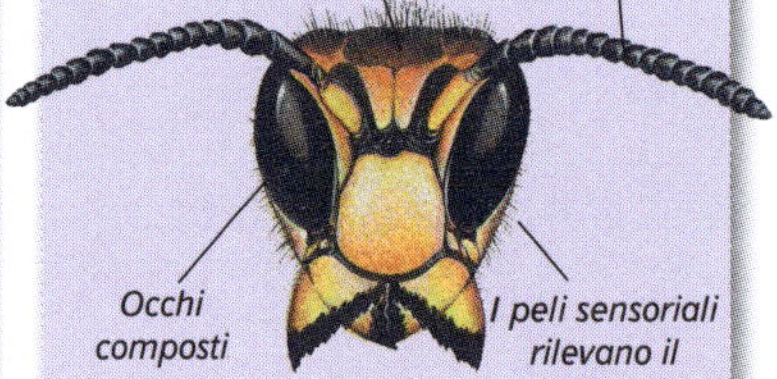

Testa di vespa

Alcuni insetti danneggiano le colture e sono considerati infestanti. Le cocciniglie sono parassiti degli agrumi e delle piante di serra.

Aracnidi

Esistono circa 75.500 specie di aracnidi. Comprendono una varietà di creature, tra cui ragni, scorpioni, zecche, acari, opilionidi e pseudoscorpioni. I fossili di aracnidi suggeriscono che sono stati tra i primi animali terrestri. Queste creature sono presenti quasi ovunque sulla Terra, ma sono più comuni nelle regioni secche e tropicali.

Sorprendente!

Gli pseudoscorpioni si attaccano spesso alle zampe di insetti, come mosche domestiche, tipulidi e coleotteri, per fare l'autostop. Sanno anche camminare all'indietro.

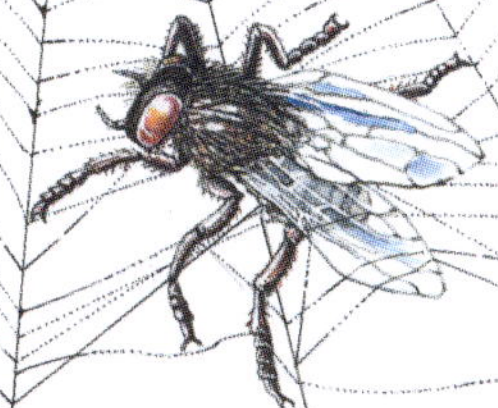

I ragni sono aracnidi predatori che usano le zanne per iniettare il veleno nelle loro prede. Per catturarle, alcuni ragni tessono ragnatele di seta.

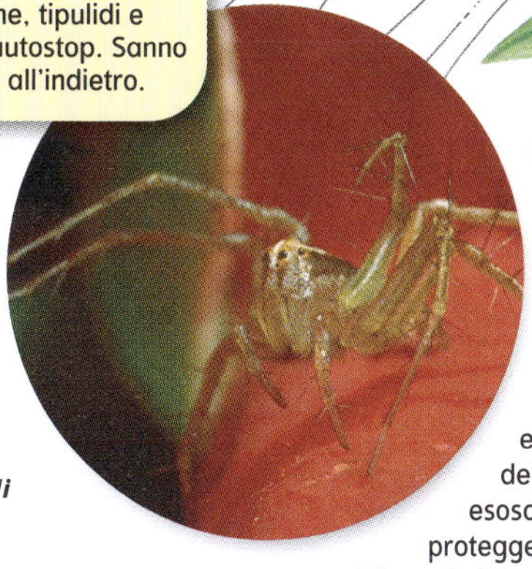

I peli sensoriali sulle zampe di questo ragno sono chiaramente visibili. Essendo privi di orecchie, bocca e lingua, i peli permettono ai ragni di toccare, assaggiare e sentire il mondo che li circonda.

I ragni del sole non sono veri ragni. Questi cacciatori notturni di solito staccano a morsi le zampe delle loro prede prima di mangiarle partendo dalla testa. La maggior parte delle specie si nutre di ragni, scorpioni, zecche e acari.

- Gli aracnidi hanno otto zampe. Hanno anche due paia di appendici (cheliceri e pedipalpi) nella parte anteriore del corpo, che servono per afferrare e trattenere le prede.

- Diversi nelle dimensioni, gli aracnidi vanno da pochi millimetri a oltre 20 cm di lunghezza. L'involucro duro e segmentato del corpo, o esoscheletro, li protegge dai nemici. L'esoscheletro è composto da carboidrati e calcio.

- Il corpo di un aracnide è diviso in due parti: il cefalotorace (testa e torace uniti) e l'addome. Il cefalotorace è dotato di organi sensoriali, apparato boccale, stomaco e arti, mentre l'addome contiene cuore, polmoni, intestino, organi riproduttivi e ano.

- Gli aracnidi non hanno denti e mascelle per masticare il cibo e la maggior parte di essi non è in grado di digerire cibi solidi. Per questo motivo succhiano i liquidi dal corpo della preda.

Pseudoscorpione

Gli pseudoscorpioni non sono scorpioni. Nonostante la somiglianza, non hanno la lunga coda con il pungiglione sulla punta. Producono veleno nei loro pedipalpi a forma di tenaglia. Gli pseudoscorpioni sono dotati di ghiandole speciali con aperture sulle mascelle – o cheliceri – dette ghiandole sericigene. Utilizzano la seta per filare i bozzoli, nei quali fanno la muta e vivono durante l'inverno.

A prima vista, i ragni e gli opilionidi sembrano simili. Ma mentre i ragni hanno due parti del corpo distinte, separate da una cintura o da un peduncolo, gli opilionidi hanno un corpo "monoblocco", arrotondato o ovale. Inoltre, gli opilionidi non hanno organi in grado di secernere il filo di seta per tessere nidi e ragnatele.

Gli scorpioni sono temuti dagli esseri umani a causa del loro potente pungiglione. Anche le loro chele, simili a tenaglie, risultano particolarmente minacciose.

- Invece di avere i polmoni, gli aracnidi hanno due tipi di meccanismi di respirazione: i polmoni a libro e le trachee.
- A volte le zampe di un aracnide vengono utilizzate per catturare e bloccare i nemici.
- Gli aracnidi utilizzano peli sensoriali, occhi semplici e organi a fessura per rilevare e interpretare l'ambiente circostante.
- Gli aracnidi sono ecologicamente importanti per l'uomo, poiché contribuiscono a controllare le popolazioni di insetti nocivi.
- La durata di vita degli aracnidi è piuttosto breve. Nelle regioni temperate, di solito vivono circa un anno, ma nei luoghi più caldi la loro vita può allungarsi.
- Quando vengono catturati dai predatori, alcuni aracnidi lasciano cadere gli arti catturati per fuggire.
- Gli aracnidi sono classificati come invertebrati, cioè animali privi di spina dorsale.
- Gli aracnidi sono creature a sangue freddo che ricavano calore dall'ambiente.

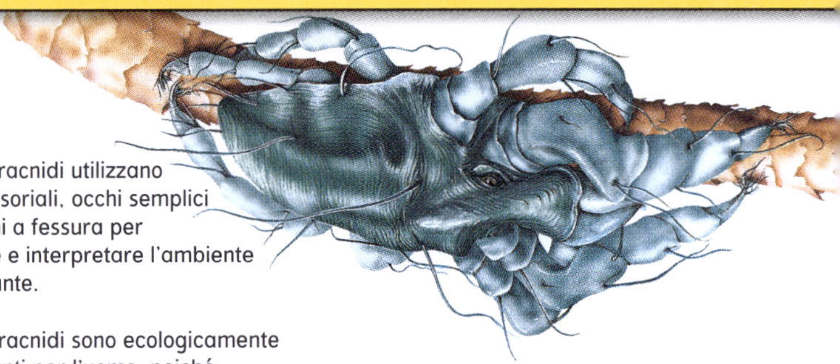

Molti acari sono così piccoli da essere invisibili a occhio nudo, ma rappresentano comunque un importante gruppo di aracnidi. Alcuni acari vivono autonomamente, altri sono parassiti.

Zecche

Le zecche sono parassiti che si nutrono del sangue dei mammiferi, come gli esseri umani, i cervi, le pecore, i cani e le mucche. Una zecca ha le dimensioni di un chicco di riso. Si arrampica su un animale ospite, lo afferra saldamente con le zampe e affonda l'apparato boccale nella pelle dell'ospite. Quando si è ingozzata di sangue, il suo corpo a forma di sacco si gonfia come un palloncino e la zecca si stacca dall'ospite.

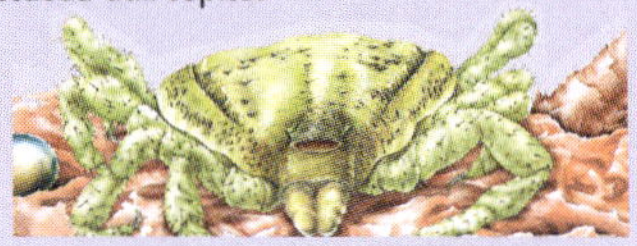

Tutti i ragni possono produrre seta. La estraggono da organi chiamati seritteri, di solito con le zampe, e la usano per tessere le ragnatele e avvolgere prede e uova.

Corteggiamento e riproduzione

I maschi e le femmine devono accoppiarsi per produrre dei discendenti. Molte specie usano gli odori per trovare un partner, mentre altre ricorrono a suoni, danze, spettacoli luminosi e persino doni. Dopo che le femmine hanno deposto le uova, la maggior parte degli insetti mostra scarso interesse per la prole. Tuttavia, alcune specie si assicurano almeno che ci sia una fonte di cibo pronta per i giovani (larve) dopo la schiusa.

Le femmine di cervo volante depongono le uova nei tronchi d'albero in decomposizione. Le larve si nutrono del legno in disfacimento.

- I maschi di cicale, grilli e cavallette "cantano" per attirare i partner, mentre il ragno Anyphaenidae maschio batte l'addome su una foglia per lanciare un segnale alle femmine.

- Le farfalle e le falene eseguono elaborati voli di corteggiamento, o "danze", e possono anche produrre profumi chimici chiamati feromoni per attirare il sesso opposto.

Molti ragni fissano il loro ovisacco di seta a una pianta o a un'altra superficie, mentre altri lo nascondono in una camera del nido. Alcuni ragni portano perfino le uova con sé.

- I ragni bolas sono in grado di produrre feromoni identici a quelli delle femmine di alcune falene, e li utilizzano per attirare e intrappolare i maschi.

- Alcuni insetti e ragni maschi offrono "doni" di corteggiamento alle femmine. I maschi di mosca Hybotidae offrono cibo avvolto nella seta per impressionare le potenziali compagne.

- La femmina di dermattero custodisce le uova fino alla schiusa, pulendole regolarmente. In modo insolito per un insetto, accudisce e nutre i piccoli fino a quando non sono in grado di badare a loro stessi.

Lucciole

La lucciola non è una mosca ma un tipo di coleottero. I maschi delle lucciole "danzano" nell'aria al crepuscolo, facendo lampeggiare le luci dai loro addomi mentre volano. Le femmine rimangono su ramoscelli e foglie e rispondono lampeggiando anche loro come parte del rituale di corteggiamento. Le luci sono prodotte da sostanze chimiche presenti nel corpo dei coleotteri.

- Gli scorpioni danno alla luce dei piccoli vivi. Le femmine di alcune specie piegano le zampe per creare una sorta di cesto che cattura i piccoli alla nascita.

- I ragni avvolgono le uova nella seta per formare un ovisacco. Alcuni piccoli ragni hanno un dente d'uovo che usano per uscire dal guscio.

Scontri tra cervi volanti

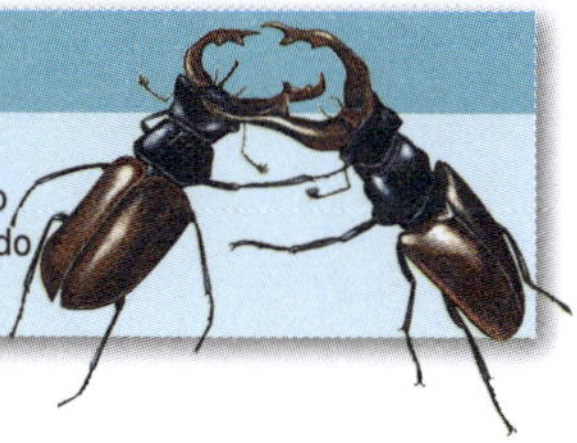

I cervi volanti hanno mascelle enormi, simili a corna. I maschi rivali le usano per lottare tra loro per il diritto di accoppiarsi con le femmine. La sfida termina quando un cervo volante si ritira o viene rovesciato sul dorso.

Dopo l'accoppiamento, la femmina del coleottero del Colorado depone gruppi di 20–45 uova.

Le minuscole larve di coleottero del Colorado, lunghe non più di 3 mm, emergono circa una settimana dopo la deposizione delle uova.

❍ I piccoli ragni si spostano da un luogo all'altro utilizzando un filo di seta rilasciato dal loro corpo. Il vento trasporta questo filo e i ragni si aggrappano per farsi un giro gratis. Questo metodo di locomozione è chiamato ballooning.

❍ I bruchi – le larve di farfalle e falene – si nutrono di piante. La maggior parte dei bruchi si nutre solo di determinate piante. Le femmine adulte si assicurano di deporre le uova su foglie della specie corretta, in modo che alla schiusa dei piccoli ci sia cibo in abbondanza.

❍ Le vespe parassite, come le vespe icneumonidi, depongono le loro uova sul corpo di altri insetti o al loro interno. Quando le larve si schiudono, si nutrono dell'insetto ospite e possono anche impuparsi all'interno del suo corpo.

Dopo l'accoppiamento, la femmina della vedova nera a volte mangia il maschio. Si accoppia solo una volta nella vita, per questo viene chiamata "vedova". La femmina immagazzina lo sperma del maschio nel suo corpo.

❍ Le larve degli insetti sociali che formano colonie, come le formiche, le api, le vespe e le termiti, ricevono forse le cure migliori tra tutti i giovani insetti. Gli insetti lavoratori adulti della colonia curano e proteggono le uova e nutrono le larve una volta che si sono schiuse.

Sorprendente!

Alcuni maschi di falena possono rilevare i feromoni di una femmina a più di 11 km di distanza.

Un alveare di api, che mostra alcune delle celle utilizzate per conservare polline, miele, uova e larve in via di sviluppo. Le api operaie nutrono le larve con la "pappa reale" (una specie di saliva nutriente) e successivamente con miele e polline.

Crescita e cambiamento

Tutti gli artropodi devono liberarsi periodicamente del loro duro esoscheletro per poter crescere, poiché questo non si allunga. Tale fenomeno è noto come muta. Tuttavia, lo sviluppo dall'uovo all'età adulta varia tra i diversi gruppi e tra le specie.

- Per fare la muta, gli insetti espandono il proprio corpo ingerendo aria o acqua, oppure aumentando la pressione sanguigna. L'esoscheletro si spacca e l'insetto si libera.
- Un nuovo esoscheletro morbido prende il posto di quello vecchio. Il nuovo esoscheletro è più grande e permette all'insetto di crescere.
- Il nuovo esoscheletro si indurisce e diventa di colore più scuro.
- La muta richiede molto tempo e l'insetto è vulnerabile agli attacchi durante questo periodo, quindi la maggior parte degli insetti esegue la muta in luoghi appartati. La muta è controllata da sostanze chimiche chiamate ormoni presenti nel corpo dell'insetto.

Una giovane libellula adulta emerge durante la muta finale. Dopo essersi riposata per un po', pompa il sangue nelle sue corte ali accartocciate per distenderle fino a raggiungere le dimensioni di un adulto.

Vite diverse

Nel mondo degli insetti, gli esemplari giovani e adulti hanno spesso non solo corpi diversi, ma anche vite molto diverse, con ambienti e diete contrastanti.

Le ninfe di damigella (a sinistra) vivono sott'acqua, nutrendosi di pesci, girini e coleotteri acquatici. Gli adulti (a destra) sono cacciatori aerei che catturano in volo mosche e zanzare.

I bruchi Antheraea Polyphemus (a sinistra) si nutrono di foglie di querce e salici. Gli adulti di falena *Antheraea Polyphemus* (a destra) non hanno un apparato boccale e non si nutrono.

Ninfa di cicala

La larva della cicala può vivere sottoterra per più di dieci anni. I vari tipi di cicale rimangono nel terreno per periodi di tempo diversi. La cicala periodica americana è probabilmente quella che si attarda di più: impiega 17 anni per trasformarsi in pupa e poi in adulto.

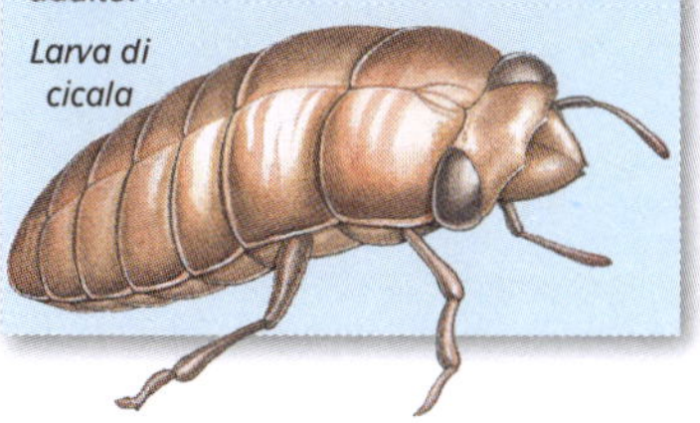

Larva di cicala

1. La femmina di farfalla depone piccole uova, di solito sotto le foglie

2. L'uovo si schiude e il bruco mangia le foglie

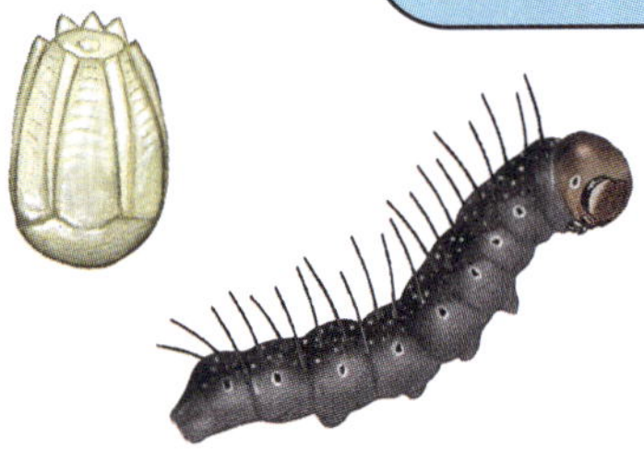

3. Il bruco diventa pupa

4. L'involucro della pupa si spacca

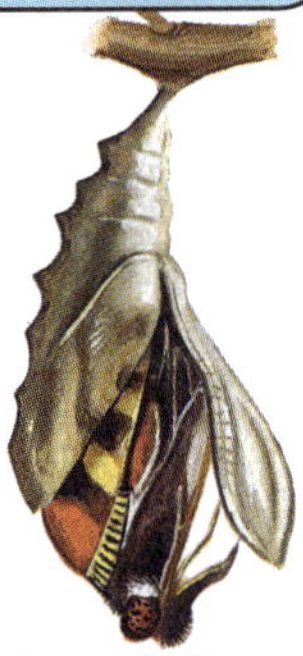

5. Emerge la farfalla adulta

Queste illustrazioni mostrano la metamorfosi completa di una farfalla.

Sorprendente!

Un bruco cresce di circa 2000 volte rispetto alle sue dimensioni al momento della nascita. Se un bambino umano di 3 kg crescesse allo stesso ritmo, dopo un mese peserebbe quanto un autobus.

Muta ininterrotta

In due gruppi di insetti primitivi, i pesciolini d'argento e i machilidi, la muta non si arresta alla maturità e non vi è alcun cambiamento di forma tra giovani e adulti. Molti insetti completano solo 5–10 mute, ma i pesciolini d'argento possono effettuare fino a 60 mute nell'arco della loro vita. Questi insetti prendono il nome dalle minuscole scaglie lucide che ricoprono il loro corpo a forma di carota. Come i machilidi, hanno tre "code" simili a setole, oltre a sporgenze addominali chiamate stili che li aiutano a muoversi su superfici ripide o irregolari.

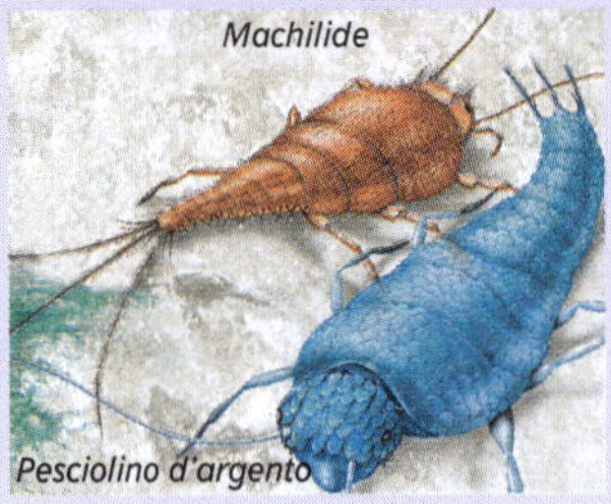

❍ In alcuni insetti, come le cavallette e le libellule, i piccoli, detti ninfe, assomigliano ai genitori, anche se sono più piccoli e privi di ali.

❍ Le ninfe si sviluppano gradualmente in adulti attraverso una serie di mute. Poiché i loro corpi subiscono pochi cambiamenti, questo tipo di sviluppo è detto metamorfosi incompleta.

❍ Altri insetti, come farfalle, falene, coleotteri, api, vespe e formiche, presentano maggiori cambiamenti nella forma del corpo tra lo stadio giovanile (larvale) e l'età adulta. Si dice che sperimentino una metamorfosi completa.

Grilli e cavallette attraversano una metamorfosi incompleta. Le ali si sviluppano gradualmente all'interno di "gemme alari" all'esterno del corpo della ninfa. Alla muta finale, la ninfa diventa un adulto completamente formato, in grado di riprodursi.

❍ Negli insetti la muta cessa con l'età adulta, mentre negli aracnidi si protrae per tutta la vita. Anche se aumentano di dimensioni, non c'è un vero e proprio cambiamento nell'aspetto, poiché gli aracnidi immaturi sembrano semplicemente delle versioni più piccole degli adulti.

Ali e volo

Gli insetti volano per sfuggire al pericolo, per trovare compagni adatti, per procacciarsi il cibo o per trovare un nuovo posto dove deporre le uova. Alcuni insetti possono coprire distanze molto lunghe in cerca di cibo, mentre altri possono attraversare interi continenti quando migrano. Le ali aiutano a distinguere i gruppi di insetti.

Sorprendente!

Una grande farfalla sbatte le ali una o due volte al secondo. Alcune piccole mosche le sbattono quasi 1000 volte al secondo.

I Corydalinae assomigliano alle libellule. Gli adulti presentano venature sulle ali, di colore grigio.

- Gli insetti sono stati i primi animali a sviluppare la capacità di volare.

- La maggior parte degli insetti ha sviluppato due paia di ali, che li aiutano a volare. I primi insetti avevano ali che li aiutavano a planare in aria. Queste ali si sono evolute in ali più robuste che potevano essere sbattute in alto e in basso.

- Non tutti gli insetti sanno volare. Alcuni hanno perso le ali nel corso dell'evoluzione, mentre altri hanno imparato a volare bene.

- In molti gruppi di insetti volanti, lo stadio larvale è privo di ali.

- Le ali degli insetti sono strutture simili a membrane. Hanno vene e nervi che le attraversano e in cui circolano sangue e ossigeno. Il bordo alare è solitamente più spesso e robusto della parte principale dell'ala. Questo aiuta l'ala a fendere l'aria più facilmente durante il volo.

Alcune mosche sono predatori spietati e sfruttano la loro abilità per catturare altri insetti in volo.

- Le vene forniscono supporto alle ali e permettono loro di torcersi in volo.

- Le ali sono attaccate al torace dell'insetto (sezione centrale) da forti muscoli, che aiutano l'insetto a sbattere le ali.

Monarca in migrazione

Ogni autunno, un numero enorme di farfalle monarca vola dalle fredde aree settentrionali del Nord America verso il caldo della Florida, della California e del Messico. In primavera, le nuove generazioni di farfalle monarca compiono nuovamente il lungo viaggio di ritorno verso nord.

○ Se l'aria è fredda, gli insetti devono crogiolarsi al sole per riscaldare i muscoli del volo prima di poter decollare. I bombi possono anche far "vibrare" i loro muscoli del volo per generare calore.

○ Negli insetti come i coleotteri, il paio di ali anteriori è duro e protegge le ali posteriori, che sono più delicate. Nelle mosche, le ali posteriori sono ridotte a strutture dette bilancieri, che aiutano l'insetto a bilanciarsi in aria.

Nei coleotteri, le ali anteriori si sono evolute in involucri rigidi che proteggono le fragili ali posteriori. Questo coleottero del Colorado sta aprendo le ali per prepararsi al decollo. Sotto si possono vedere le ali posteriori che si dispiegano.

I sottili tessuti delle ali di una farfalla sono nutriti e sostenuti da vene tubolari. Le ali sono ricoperte da migliaia di minuscole scaglie e peli.

○ In alcuni insetti come le vespe e le farfalle, le coppie di ali anteriori e posteriori sono collegate per produrre due (anziché quattro) superfici di volo.

○ Alcuni insetti, come le libellule, le farfalle e le locuste, possono risparmiare energia planando tra un battito d'ali e l'altro.

La farfalla apollo, presente in Europa e in Asia, eccelle nel volo. Vola alto su colline e montagne, poi si posa su una roccia o su un fiore al sole.

Le libellule e le damigelle sbattono le ali seguendo uno schema a forma di otto. Questo movimento contribuisce a creare correnti d'aria vicino alle ali che bilanciano l'insetto durante il volo.

Sfingidi

Gli sfingidi sono tra gli insetti volanti più veloci, raggiungono velocità fino a 50 km/h. Molti, come la sfinge di Morgan qui raffigurata, possono librarsi a mezz'aria mentre usano la lunga lingua, dette spirotromba, per succhiare il nettare dalle profondità dei fiori.

Zampe e movimento

Una caratteristica che distingue gli artropodi, come gli insetti e gli aracnidi, dalla maggior parte degli altri invertebrati è la presenza di arti snodati. Potendo camminare, correre, saltare o nuotare, sono meglio equipaggiati per trovare cibo e partner e colonizzare nuovi habitat.

❍ Il numero di zampe varia da sei negli insetti a otto negli aracnidi (come ragni e scorpioni) fino a diverse centinaia nei millepiedi.

❍ Ogni zampa di solito termina con un artiglio che aiuta l'animale ad afferrare le superfici.

❍ Alcuni artropodi, tra cui mosche e ragni, hanno minuscole setole o cuscinetti adesivi sulle zampe che permettono loro di camminare su superfici lisce e verticali, di appendersi a testa in giù o persino di camminare sull'acqua.

❍ La maggior parte degli insetti cammina muovendo tre delle sei zampe alla volta. Le zampe anteriori e posteriori su un lato e la zampa centrale sull'altro lato rimangono ferme, formando una specie di treppiede stabile. Le altre tre zampe si muovono in avanti.

Quando un ragno salticida individua una preda, aumenta rapidamente la pressione sanguigna, costringendo le zampe posteriori a estendersi e a scagliare il ragno in aria verso la vittima.

❍ I muscoli del torace (la parte centrale del corpo dell'insetto, a cui sono attaccate le zampe) muovono le zampe in avanti e all'indietro, mentre i muscoli interni flettono le articolazioni.

❍ Quando un ragno cammina, muove quattro delle sue otto zampe alla volta. La prima e la terza di un lato del corpo si muovono con la seconda e la quarta dell'altro lato.

❍ Un ragno usa i muscoli delle zampe per flettere le articolazioni. Tuttavia, i ragni non hanno muscoli per estendere le zampe, quindi questo avviene aumentando la pressione sanguigna negli arti.

❍ Le zampe sono utilizzate per molti altri scopi oltre al movimento, tra cui aggrapparsi al partner durante l'accoppiamento, catturare le prede e afferrare il cibo, oltre a percepire l'ambiente circostante.

Pulce

Una pulce può spiccare un salto di 30 cm di altezza, pari a più di 100 volte la lunghezza del suo corpo. Ha cuscinetti gommosi alla base delle zampe posteriori. Questi vengono tenuti compressi, come molle arrotolate, fino a quando non vengono rilasciati da un meccanismo di attivazione, catapultando la pulce in aria.

Alcuni insetti acquatici, come questo corisside, hanno zampe appiattite e pelose. Gli insetti le usano per "remare" in acqua.

Come altri insetti, i bruchi hanno sei zampe. Si trovano nella parte anteriore del corpo. Dietro di loro ci sono cinque paia di "false zampe" prensili: quattro paia di sporgenze muscolari chiamate pseudozampe e un paio di strutture di aggancio terminali simili a ventose nella parte posteriore.

Sorprendente!

Una specie di scarafaggio tropicale può correre fino a 5,4 km/h, pari a 50 volte la lunghezza del suo corpo al secondo. Raggiunge questa incredibile velocità – la più elevata tra gli insetti – correndo solo sulle due zampe posteriori.

In proporzione, i muscoli delle lunghe zampe posteriori di una cavalletta sono ritenuti 1.000 volte più potenti di quelli di un essere umano.

Centopiedi e millepiedi

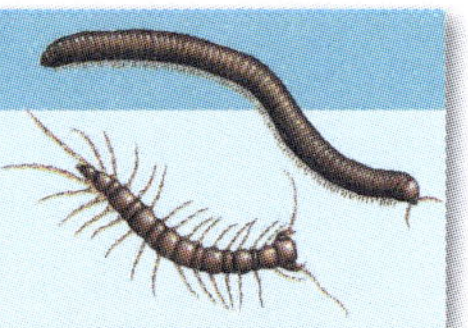

Questi artropodi primitivi hanno una o due paia di zampe attaccate a ciascuno dei loro numerosi segmenti corporei. I centopiedi hanno circa tra le 30 e le 200 zampe, mentre alcuni millepiedi possono arrivare a 750.

Le cicindele sono ottime cacciatrici, in grado di percorrere 60 cm al secondo per inseguire prede come formiche, oniscidee, cavallette e altri coleotteri.

I ragni, come questo ragno cacciatore, a volte corrono molto velocemente, ma non possono continuare a farlo a lungo, perché il loro sistema respiratorio non è abbastanza efficiente per sostenere uno sforzo prolungato.

- Le zampe delle api hanno dei "cestini" nei quali raccolgono il polline mentre volano di fiore in fiore.
- Mosche, farfalle e altri insetti hanno papille gustative sulle zampe, in modo da capire se vale la pena mangiare o meno la superficie su cui si posano.

Cibo e alimentazione

Le diete degli insetti e degli aracnidi sono variegate quasi come il loro aspetto. Alcuni sono specializzati, si nutrono solo di un particolare tipo di pianta o predano solo alcuni tipi di animali. Altri sono generalisti e si nutrono di un'ampia gamma di alimenti. Ci sono anche spazzini che prendono tutto quello che trovano, compresi i tessuti di piante e animali in decomposizione.

I ragni, come questa tarantola, usano le loro mandibole, i pedipalpi e i fluidi digestivi per sciogliere le prede.

La trappola

I formicaleoni sono insetti simile ai neurotteri. Alcune larve di formicaleone creano una buca nella sabbia muovendosi a spirale e gettando fuori la sabbia. La larva attende poi all'interno della fossa e si nutre degli insetti che vi cadono. Quando la preda cerca di fuggire, la larva le getta addosso della sabbia per farla ricadere all'indietro. La larva succhia quindi i fluidi corporei della sua vittima.

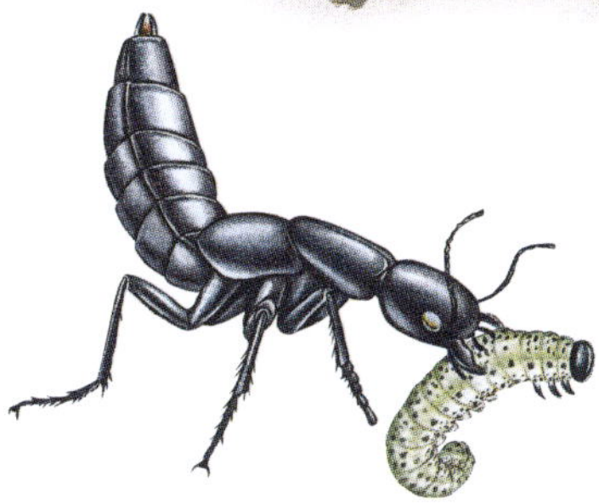

Il cocchiere del diavolo ha un potente apparato boccale e fa a pezzi piccoli bruchi, larve e vermi morti e morenti.

- Gli insetti che masticano il cibo, come cavallette e coleotteri, hanno due serie di "mascelle". Nella parte anteriore si trovano le mandibole dentate, che sminuzzano e macinano il cibo. Dietro di esse si trovano i mascellari, denti meno potenti, che spostano il cibo verso il basso, nello stomaco.
- Molti insetti che si nutrono di alimenti liquidi hanno un apparato boccale tubiforme. Le farfalle e le falene hanno una lunga lingua, chiamata spirotromba, che usano per sondare i fiori e succhiare il nettare. Quando non viene utilizzata, la spirotromba si arrotola sotto la testa.
- Molti insetti, tra cui afidi e cicale, si nutrono di piante. Hanno un apparato boccale simile a una siringa che usano per perforare gli steli e bere la linfa ricca di sostanze nutritive.
- Alcune formiche bevono il liquido chiamato melata che gli afidi e altri insetti espellono quando si nutrono della linfa delle piante. Le formiche difendono gli afidi dai predatori per proteggere la loro fonte di cibo.
- Speciali apparati boccali sono utilizzati anche da insetti predatori, come i reduvidi e gli asilidi, per iniettare saliva nella preda e digerire i tessuti e gli organi interni della vittima. Il predatore beve le interiora disciolte.
- Le vespe e le api hanno mascelle e spirotromba. Usano la spirotromba per succhiare il nettare dai fiori e le mascelle per costruire i nidi.

Quando le formiche trovano del cibo, rilasciano una scia chimica di feromoni, in modo che le altre formiche possano trovare la strada dal nido alla fonte di cibo.

Le cicindele hanno occhi enormi per individuare le loro prede. Questi feroci predatori usano le enormi mascelle per catturare e fare a pezzi le prede, come insetti e altri invertebrati.

I tomisidi – o ragni granchio – predano insetti che si nutrono di nettare, come api, sirfidi e farfalle. Afferrano la preda con le zampe anteriori e le iniettano un veleno paralizzante.

- Le termiti e i coleotteri che intaccano il legno hanno una dieta basata su questo materiale. Il loro stomaco contiene microbi (batteri e protozoi) che decompongono la cellulosa, uno degli ingredienti principali del legno.

- Quando le larve diventano adulte, cambiano dieta e aspetto. Le vespe parassite adulte sono spesso vegetariane, ma le loro larve sono carnivore. In alcune specie di insetti, come le effimere, gli adulti non mangiano affatto.

- Gli aracnidi hanno mascelle dette cheliceri. L'apparato boccale simile a una zampa è chiamato pedipalpo, che usano per manipolare gli alimenti.

Una mantide ha potenti zampe anteriori armate di aculei affilati. La mantide le usa per impalare le vittime, prima di farle a pezzi con il suo apparato boccale tagliente.

- Le bocche degli aracnidi sono troppo piccole per mangiare cibi solidi, quindi gli aracnidi rilasciano fluidi digestivi per trasformare la preda in una massa brodosa che può essere aspirata.

Sorprendente!

Una specie di scarafaggio può rimanere per circa 3 mesi senza mangiare, sopravvivendo grazie al grasso corporeo. Può anche vivere per 40 giorni senza cibo né acqua.

I bruchi hanno mascelle forti con "denti" o piastre sovrapposte per masticare o sminuzzare le foglie. Quando il bruco si impupa, perde questi apparati boccali e sviluppa la spirotromba di una farfalla o falena adulta.

Mosche domestiche

Le mosche domestiche spesso vomitano una parte dell'ultimo pasto sopra al successivo. In questo modo il nuovo materiale alimentare è più facile da digerire. Nella maggior parte dei casi, le mosche domestiche non mangiano tutto il cibo e ne lasciano alcune particelle. Questi residui possono diffondere una serie di malattie.

Colore e mimetizzazione

Gli insetti hanno tra i migliori tipi di mimetizzazione del mondo animale. La mimetizzazione avviene quando un essere vivente adotta forme e colori per confondersi con l'ambiente circostante, e diventa difficile da individuare per i predatori. Ma aiuta anche i predatori ad avvicinarsi alle sue vittime.

Nello stadio di bruco (larvale), la farfalla monarca si nutre di euforbia, una pianta velenosa per gli uccelli predatori. La monarca conserva le tossine nel suo corpo da adulta e la sua sorprendente colorazione arancione e nera avverte gli uccelli di non mangiarla.

- Gli insetti stecco e le mantidi religiose sembrano ramoscelli e foglie. I predatori spesso li ignorano perché questi insetti si mimetizzano molto bene nell'ambiente.

La falena punteggiata ha una forma chiara e maculata e una forma completamente nera. Quest'ultima sopravvive meglio nelle aree urbane, dove si mimetizza bene sulle superfici più scure degli alberi inquinati dal fumo. La forma più chiara e maculata è più comune in campagna.

- Gli insetti che vivono nell'erba o sulle foglie, come i katididi, le mantidi e molte cimici, sono spesso colorati di verde per nascondersi tra la vegetazione lussureggiante.

La tigre orientale a coda di rondine è un bruco che ha grandi occhi sul corpo per spaventare i predatori. Questi segni circolari sembrano gli occhi di un animale più grande e pericoloso, come un serpente, e spingono gli aggressori ad allontanarsi.

- Gli insetti foglia hanno un corpo appiattito e frange sulle zampe che conferiscono loro un profilo simile a quello di una foglia. Hanno segni simili alle nervature e alle venature delle foglie e il corpo può anche avere bordi marroni per assomigliare a una foglia secca.

- Molte falene hanno una colorazione screziata che le aiuta a mimetizzarsi tra i tronchi d'albero ricoperti di licheni su cui riposano durante il giorno.

Imitatrice di calabroni

La falena calabrone ha ali trasparenti e un corpo a strisce gialle e nere, che la fanno assomigliare a un calabrone. Si comporta come un calabrone anche quando vola. I predatori, come gli uccelli, evitano le falene calabrone perché hanno l'aria di poter pungere.

Calabrone

Falena calabrone

Con il loro corpo lungo e sottile, gli insetti stecco assomigliano notevolmente a ramoscelli senza foglie, soprattutto quando rimangono perfettamente immobili o ondeggiano con il vento.

Con la sua colorazione verde e il bordo ondulato del corpo, questa cimice assomiglia a una piccola foglia.

- A volte il colore non serve a nascondere un insetto, ma ad avvertire i predatori di starne alla larga.

- Gli insetti con pungiglione o velenosi hanno di solito il corpo molto colorato. Il nero, il giallo, l'arancione e il rosso sono spesso utilizzati come colori di avvertimento. Le sostanze chimiche velenose sono prodotte nel corpo dell'insetto o ottenute da una pianta tossica di cui si nutre.

- Alcuni insetti innocui imitano quelli dannosi nell'aspetto e nel comportamento. Così ingannano i predatori, che li lasciano in pace.

- I sirfidi sono privi di pungiglione, ma il loro corpo è segnato da strisce gialle e nere che li fanno assomigliare a vespe o calabroni. A causa della loro colorazione, i predatori evitano gli innocui sirfidi, ritenendoli insetti in grado di pungere.

- Le farfalle monarca hanno un sapore amaro e sono velenose, quindi la maggior parte degli uccelli non le mangia. Le farfalle del viceré sono innocue, ma hanno ali arancioni e nere simili a quelle delle farfalle monarca, pertanto gli uccelli le evitano, credendo che siano anch'esse velenose.

- Gli adulti e i bruchi di alcune falene e farfalle hanno grandi macchie simili a occhi per spaventare gli uccelli predatori.

- La formica di velluto è in realtà una vespa. Assomiglia a una formica e con questo travestimento può facilmente attaccare i formicai.

- Anche alcuni ragni utilizzano colori di avvertimento e di mimetizzazione. I ragni granchio, ad esempio, sono in grado di cambiare colore in base al fiore su cui scelgono di nascondersi. Si mimetizzano con l'ambiente circostante e si avventano su tutti gli insetti che vengono a succhiare il nettare dal fiore.

Sorprendente!

Se un ragno granchio viene posizionato su un fiore di colore diverso da quello in cui si è nascosto, può impiegare fino a due giorni per copiare il nuovo colore.

Questo ragno granchio bianco, mimetizzato in base al fiore ospite, ha catturato un sirfide.

Insetti spinosi

L'insetto spinoso ha un'estensione appuntita del torace che assomiglia a una spina. Di giorno, rimane immobile su un ramoscello fingendo di essere una vera spina. Di notte, si sposta e si nutre. L'insolita forma del corpo mimetizza l'insetto, ma funge anche da armatura protettiva: qualsiasi predatore tenti di mangiarlo rischia di ferirsi.

Autodifesa

La minaccia di diventare un pasto per un altro animale è sempre presente per insetti e aracnidi. Nascondersi dai predatori o fuggire davanti a un pericolo sono le prime tattiche di sopravvivenza. Ma quando la mimetizzazione si rivela inefficace e la fuga non è possibile, queste creature devono essere in grado di reagire o sfruttare altri mezzi per difendersi dai predatori.

Questo bruco è protetto dagli attacchi degli uccelli e di altri predatori dai suoi peli irritanti. Alcuni altri bruchi hanno aculei affilati per proteggersi.

Spray chimico

Il coleottero bombardiere può torcere l'estremità dell'addome per spruzzare un liquido bollente e irritante in quasi tutte le direzioni. Il liquido evapora subito dopo essere stato spruzzato, formando un gas che acceca brevemente il nemico e permette al coleottero bombardiere di scappare.

Quando le formiche pungono, iniettano un veleno chiamato acido formico. La puntura della formica toro, mostrata qui, è estremamente dolorosa per l'uomo.

Sorprendente!

Quando sono minacciate, le tarantole scagliano ciuffi di peli spinati contro l'aggressore. Ciò provoca irritazione e dolore alla pelle.

- Alcuni bruchi e larve hanno ghiandole speciali che secernono veleno quando vengono attaccati. Gli uccelli predatori imparano presto a evitarli.
- Gli insetti stecco e i curculionoidei "fanno il morto" quando vengono attaccati. Restano semplicemente immobili e gli aggressori di solito li lasciano stare, perché la maggior parte dei predatori non mangia le prede morte.
- Formiche, api, vespe e scorpioni possono pungere i loro aggressori e riversare veleno tossico nella ferita. I ragni hanno un morso velenoso.
- Le api pungono una sola volta e muoiono subito dopo. Il pungiglione frastagliato rimane conficcato nella pelle della vittima, strappando le viscere dell'ape.
- Le vespe possono pungere più volte, perché i loro pungiglioni sono lisci e possono essere estratti dal corpo delle vittime e riutilizzati.
- Alcuni coleotteri rilasciano dalle loro "ginocchia" un liquido giallo appiccicoso e dal sapore sgradevole (emolinfa), che incrosta la bocca e le antenne dell'aggressore.

Quando un dermattero è minacciato, alza la coda nel tentativo di apparire più grande.

- Falene, cavallette e mantidi mostrano all'improvviso i colori brillanti delle ali posteriori per spaventare un predatore.

- Alcune larve e insetti adulti presentano sul corpo escrescenze spinose che ne rendono difficile l'ingestione.

- Gli opilionidi spruzzano un liquido maleodorante contro gli aggressori o se lo spalmano addosso per ottenere lo stesso effetto deterrente.

- Alcuni animali assumono una postura aggressiva quando sono minacciati. Il ragno dei cunicoli australiano, altamente velenoso, solleva le zampe anteriori ed espone le zanne letali. Questa posa persuade molti predatori ad allontanarsi.

Il pungiglione frastagliato di un'ape è un ovopositore modificato (tubo per la deposizione delle uova), quindi solo le api femmine possono pungere. Le api maschio non hanno l'apparato necessario all'estremità dell'addome.

Un bruco di notodonte scoiattolo confonde i predatori cambiando improvvisamente forma. Solleva la testa e la coda sopra il corpo e agita un paio di filamenti all'estremità dell'addome. Questi bruchi possono anche spruzzare acido formico sui predatori.

Alcuni insetti, come i katididi, possono liberarsi di un arto quando un aggressore li afferra per una zampa. Questo comportamento è noto come autotomia.

Elateride

L'elateride misura circa 12 mm di lunghezza. In caso di pericolo, si rovescia sul dorso e si finge morto. Tuttavia, inarca lentamente il corpo e poi si raddrizza con uno scatto, lanciandosi in aria fino a 25 cm con un forte "clic". Questa caratteristica probabilmente confonde i predatori e gli dà la possibilità di scappare.

Emitteri

Gli emitteri sono un gruppo specifico di insetti con apparato boccale adatto a pungere e succhiare. Esistono tantissime specie di emitteri, da quelle minuscole lunghe pochi millimetri a quelle giganti, lunghe fino a 6,5 cm, che predano rane, pesci e talvolta anche piccoli uccelli.

Cimici assassine

Le cimici assassine sono predatrici. Afferrano la preda con le potenti zampe anteriori e la "assassinano" iniettando il veleno. Il veleno paralizza la preda e la dissolve e disintegra parzialmente. La cimice succhia quindi il cibo liquido. Una cimice assassina può impiegare diversi giorni per mangiare una preda di grandi dimensioni.

- Gli emitteri hanno generalmente occhi composti e due paia di ali. Il primo paio è parzialmente duro e protegge il secondo paio di ali, delicato e simile a una membrana.

- Alcuni emitteri non hanno le ali, mentre le ninfe di tutti gli emitteri ne sono prive.

- Tutti gli emitteri subiscono una metamorfosi incompleta. Non esiste uno stadio pupale, per cui gli emitteri si trasformano in adulti effettuando ripetute mute. Le ninfe assomigliano agli esemplari adulti.

- Gli emitteri possono sopravvivere sulla Terra, nell'aria, sulla superficie dell'acqua e persino sott'acqua. Sono davvero pochi i luoghi in cui non sono presenti.

Le cimici verdi hanno ghiandole sulla superficie inferiore, da cui secernono un liquido maleodorante. Questo fluido ha un forte effetto e protegge l'insetto dai predatori. In alcune cimici il torace si estende lungo il dorso per formare uno scudo protettivo che copre l'addome.

- Alcuni possono emanare un odore molto sgradevole. Si tratta di una strategia di difesa.

Cercopidi

Le ninfe di cercopide producono un liquido appiccicoso e lo soffiano in una massa spumosa di bolle bianche, talvolta nota come "sputo del cuculo". Oltre a nascondere la ninfa dai predatori, queste bolle proteggono il giovane insetto dagli effetti di essiccazione del sole.

- Gli emitteri si nutrono di succhi vegetali e animali. Alcuni insetti, come le cimici dei letti, sono parassiti. Vivono succhiando il sangue di altri animali.

- Gli emitteri carnivori sono predatori e aiutano a controllare le infestazioni di parassiti, mentre gli emitteri erbivori possono essere una minaccia per le colture. Gli emitteri sono talvolta cannibali e mangiano gli esemplari più deboli della loro stessa specie.

- Determinate specie di emitteri si allevano per ricavare coloranti, o come cibo. Gli emitteri vengono spesso raccolti per vari scopi.

Sorprendente!

I maschi delle cicale sono gli insetti più rumorosi. Il canto di alcune specie può essere udito a più di 400 m di distanza. Il suono di migliaia di cicale in un singolo albero può essere più forte di un martello pneumatico.

Cimici d'acqua

Le cimici d'acqua giganti immagazzinano l'aria in un avvallamento tra la parete dell'addome e le ali. Per rinnovare la riserva d'aria, nuotano in superficie e aspirano altra aria attraverso un tubo simile a un boccaglio.

Le cicale maschio cantano ad alta voce per attirare le femmine con l'aiuto di speciali membrane simili a tamburi chiamate timballi. Le cicale femmine non producono alcun suono perché i loro timballi non sono sviluppati.

Le zampe lunghe e sottili di un insetto pattinatore aiutano a distribuire il peso. La superficie dell'acqua si piega in piccoli avvallamenti intorno all'estremità di ogni zampa, ma non si rompe.

Lo scorpione d'acqua è un predatore. Le sue zampe sono adatte a catturare prede, come girini, e il suo apparato boccale si è adattato per succhiare i fluidi dal corpo della preda.

Le notonette hanno artigli all'estremità di ogni zampa che le aiutano ad appendersi a testa in giù alla superficie dell'acqua o ad aggrapparsi alle piante acquatiche.

L'anasa tristis del Nord America si nutre dei succhi di cetrioli, zucche e meloni. Mentre si nutre, inietta una sostanza tossica nella pianta, che appassisce e muore.

Vespe

Le vespe sono imparentate con le api e le formiche. Hanno quattro ali trasparenti, due grandi occhi composti e mascelle taglienti con bordi frastagliati. Le vespe sono insetti sia solitari sia sociali. Le vespe sociali vivono in grandi colonie, mentre le vespe solitarie vivono da sole. Esistono circa 17.000 specie di vespe, ma solo circa 1.500 specie sono sociali.

Sebbene i calabroni siano protettivi nei confronti del loro nido, ci sono molte meno probabilità che pungano rispetto alle vespe più piccole. Un nido di calabroni può essere grande come una palla da basket. Può essere costruito in un albero cavo, sotto le gronde dei tetti o portici, nei depositi e persino nei giardini.

Sorprendente!

I calabroni inseguono ostinatamente chi li disturba. Per questo è sempre meglio lasciar stare un nido di calabroni.

Il falco delle tarantole è una vespa cacciatrice di ragni. Punge le tarantole per paralizzarle e poi conserva i ragni nel nido come cibo per le sue larve.

Queste vespe sociali non immagazzinano cibo nel loro nido, poiché le celle sono rivolte verso il basso e aperte sul fondo. La vespa regina incolla le uova all'interno delle celle per evitare che cadano. Le operaie nutrono le larve con insetti e bruchi masticati.

- I nidi di vespe possono essere semplici o complessi. Alcuni nidi sono semplici cunicoli nel terreno, mentre altri sono costruiti con fango e ramoscelli e possono contenere molte celle e gallerie.
- Ogni nido ha almeno una vespa regina, oltre a operaie e maschi.
- Non tutte le vespe si preoccupano di costruire nidi. Alcune vespe, come la vespa cuculo, depongono le uova nei nidi di api e altre vespe.
- Altre specie di vespe depongono le uova in steli, foglie, frutti e fiori, invece di costruire nidi.

Impollinatrici di fichi

Le vespe dei fichi depongono le uova sui fichi selvatici. Questo provoca la formazione di galle di semi all'interno dei fichi, che vengono pertanto impollinati. Gli alberi possono essere impollinati solo da queste vespe. Ogni specie di vespa dei fichi impollina una particolare specie di fico selvatico.

I maschi delle formiche di velluto hanno le ali e non possono pungere. Le "formiche" di velluto sono in realtà vespe. Le femmine, prive di ali, si muovono sul terreno in modo simile alle formiche e la loro puntura può essere dolorosa.

La vespa gigante del legno ha un aspetto minaccioso, ma in realtà è innocua. Appartiene a un gruppo di vespe chiamate siricidi. Quando depongono le uova nei tronchi degli alberi, le femmine iniettano un fungo che fa marcire il legno. Quando le larve si schiudono, mangiano sia il legno che il fungo.

- Le vespe adulte si nutrono di nettare, linfa di frutta e piante, mentre le larve di vespa si nutrono di insetti.
- Molte specie di vespe sono parassite allo stadio larvale, il che significa che vivono su o all'interno di un altro insetto, noto come ospite, e si nutrono del suo corpo.
- Le vespe sono utili per tenere sotto controllo specie infestanti, come i bruchi.

I calabroni sono vespe enormi, robuste e sociali, lunghe fino a 30 mm. Oltre che per le dimensioni maggiori, i calabroni si distinguono dalle altre vespe per la loro colorazione gialla più intensa.

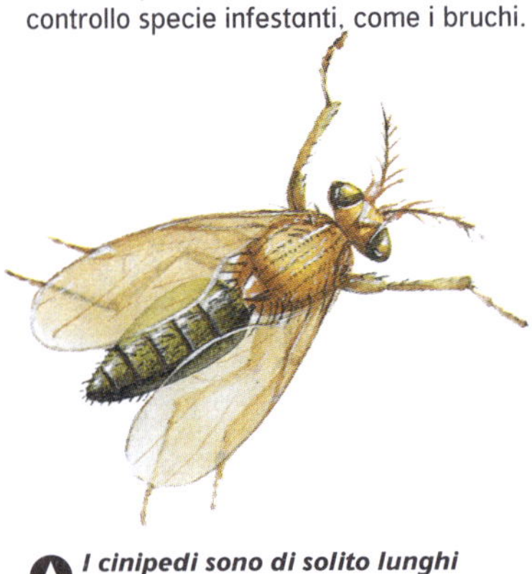

I cinipedi sono di solito lunghi circa 2-8 mm. Hanno un torace gibboso e l'addome lucido di forma ovale. Le ali hanno meno venature di quelle di altri tipi di vespe.

- I cinipidi hanno l'abitudine di formare escrescenze tumorali nelle piante, note come galle.
- Una femmina di cinipide inietta le sue uova in una pianta legnosa. Quando le uova si schiudono, le larve rilasciano sostanze chimiche che inducono la pianta a ricoprirle di tessuti molli sotto forma di galla. Le larve si nutrono della galla e si impupano al suo interno.
- I symphyta sono vespe dotate di un ovopositore (tubo per la deposizione delle uova) simile a una sega per inserire le uova nei tessuti vegetali.

Vespe icneumonidi

Queste vespe parassitano le larve e le pupe di altri insetti, come falene, coleotteri, mosche e altre vespe. La femmina utilizza il suo lungo ovopositore (tubo per la deposizione delle uova) per depositare le uova sul corpo dell'insetto ospite o al suo interno, talvolta perforando diversi centimetri di legno per raggiungerlo. Quando le larve delle icneumonidi si schiudono, si nutrono della larva ospite.

Vespe da record

La più grande	Falco delle tarantole	6,7 cm di lunghezza, 11,4 cm di apertura alare
La più piccola	*Dicopomorpha echmepterygis*	0,21 mm di lunghezza
La più leggera	*Caraphractus cintus*	0,005 mg
Il più grande nido registrato	*Vespula germanicus*	3,7 m di lunghezza, 1,75 m di diametro

Api

Esistono circa 20.000 specie di api. Molte api vivono da sole, ma più di 500 specie sono sociali e vivono in colonie. Le api appartengono allo stesso gruppo di insetti delle formiche e delle vespe. Le api assomigliano alle vespe, ma hanno più peli e corpi più spessi e robusti. A differenza delle vespe, le api hanno anche organi specializzati per il trasporto del polline.

Le api operaie si affollano intorno alla loro regina. Le operaie la leccano e la accarezzano per captare potenti profumi chiamati feromoni, che trasmettono informazioni sulla regina e indicano alle operaie come comportarsi.

- Le api hanno due tipi di apparato boccale. Il primo tipo, presente nelle api da miele, serve per la suzione. L'altro tipo si è adattato per mordere. Si trova nelle api legnaiole.

- Le antenne sono gli organi del tatto e dell'olfatto. Le api usano le antenne per rilevare le fragranze dei fiori e per trovare il nettare.

- Le api hanno cinque occhi. Hanno due occhi composti e tre occhi semplici, detti ocelli. Le api non possono distinguere il rosso, ma possono vedere la luce ultravioletta, invisibile all'occhio umano.

- Le api sociali, come le api da miele, i bombi e le api senza pungiglione, secernono cera per costruire i loro nidi. Una colonia di api può contenere da 3.000 a 40.000 api, a seconda della specie, della stagione e della località. La colonia è composta da un'unica ape regina, da operaie e da fuchi.

- Le api si nutrono di polline e nettare raccolti dai fiori. Il polline contiene proteine e il nettare fornisce energia.

- Le api costituiscono il gruppo più importante di insetti impollinatori. Sono attratte soprattutto dai fiori blu e gialli, che visitano più spesso.

Sorprendente!

Molti fiori presentano disegni che riflettono la luce ultravioletta. Anche se i disegni non sono visibili all'occhio umano, questi "cartelli stradali" o guide dirigono le api e gli altri insetti verso il nettare.

L'ape legnaiola non è pelosa come il bombo, ha peli corti sull'addome o talvolta è senza peli. Le femmine delle api legnaiole depongono le uova in fori che praticano nel legno.

Favi

Le api raccolgono il nettare dei fiori e altre secrezioni vegetali e lo trasformano in miele. Viene poi alterato chimicamente in diversi tipi di zuccheri e immagazzinato in celle esagonali di cera. Il favo viene utilizzato in inverno per fornire cibo alle larve e agli altri membri della colonia di api.

I bombi raccolgono il polline dai fiori in strutture chiamate corbicule sulle zampe posteriori. L'ape raccoglie la polvere di polline e la immagazzina nelle corbicule fino a riempirle.

Le api da miele che si vedono sui fiori sono operaie femmine. Come i bombi, le api da miele hanno un cestino per il polline, o corbicula, all'esterno di ciascuna zampa posteriore. Le corbicule sono costituite da setole lunghe e rigide.

L'ape muratrice solitaria costruisce il suo nido nel legno o nella malta morbida tra i mattoni. Pur non essendo pericolose per l'uomo, queste api possono danneggiare muri ed edifici.

- I fuchi non hanno pungiglione e la loro funzione è quella di accoppiarsi con l'ape regina. In media, la regina depone 600–700 uova al giorno.
- Le api operaie svolgono vari compiti, come la pulizia del nido, la produzione di cera e la raccolta di cibo per la colonia. Inoltre, custodiscono e nutrono le larve e le tengono al caldo.
- L'ape regina secerne feromoni che indicano alle api operaie che è viva e in salute. I feromoni inibiscono anche lo sviluppo delle api operaie in regine. Una volta deposte, le uova fecondate diventano api operaie femmine e quelle non fecondate diventano maschi.
- Quando una colonia diventa troppo affollata, alcune api si spostano in un altro luogo. Questo fenomeno è chiamato sciamatura. Fa parte del ciclo di vita annuale della colonia di api.

Le halictus ***sono api relativamente piccole, di solito lunghe 5-10 mm. Alcune specie sono attratte dal sudore e sono note come api sudoripare.***

Le api tagliafoglie prendono il nome dalla loro abitudine di tagliare pezzi di foglia per creare un involucro protettivo per le loro uova. Queste api, per lo più solitarie, possono nidificare nel terreno, in steli di piante cave o in gallerie di legno.

Curiosità sulle api da miele

- Le api da miele possono volare fino a 14 km in cerca di cibo
- Alcune api regine possono deporre fino a 1.500 uova al giorno
- Le api mantengono la temperatura del nido a 33-34 °C costanti, indipendentemente dal clima esterno
- Le api regine possono conservare lo sperma nel loro corpo fino a 5 anni
- Per ogni viaggio, un'ape può tornare con mezzo milione di grani di polline
- Per produrre 0,5 kg di miele, le operaie devono volare per 88.000 km e visitare 2 milioni di fiori
- Nel corso della sua vita, una singola ape operaia produce circa 0,8 g di miele
- Ogni larva operaia consuma circa 1.300 pasti al giorno

Comunicazione tra le api

Le api operaie comunicano la posizione del cibo al resto dell'alveare "danzando". Le danze possono essere circolari o a forma di otto, accompagnate da scuotimenti dell'addome e da ronzii acuti.

Formiche

Le formiche sono tra gli insetti più diffusi sulla Terra. Ne esistono più di 9.000 specie diverse. Gli scienziati ritengono che si siano evolute dalle vespe milioni di anni fa. Le formiche sono insetti sociali che vivono in enormi colonie, composte dalla formica regina, dalle operaie e dai maschi.

Le formiche legionarie dell'America tropicale marciano in colonne composte da fino a un milione di unità e mangiano quasi 50.000 insetti al giorno. Per attraversare i vuoti, alcune formiche formano dei ponti con il loro corpo, permettendo al resto dell'esercito di sciamare sul ponte vivente. Queste formiche nomadi non costruiscono nidi permanenti, ma realizzano nidi temporanei, o "bivacchi". Non hanno bisogno di materiale di nidificazione: le operaie si uniscono semplicemente per formare catene che circondano la regina e i piccoli.

- Nei formicai, le diverse formiche si dividono in gruppi che svolgono vari compiti. Alcune sono pulitrici, altre si occupano delle larve, mentre altre ancora raccolgono cibo o difendono il nido.

- La formica regina è la formica più grande della colonia. Quando matura, vola alla ricerca di un luogo adatto per creare una nuova colonia.

- Le formiche regine si strappano le ali una volta trovato un posto dove riprodursi. Anche le formiche operaie più piccole hanno le ali.

Sorprendente!

Gli uccelli permettono alle formiche di strisciare sul loro corpo e di spruzzarli con l'acido formico. Questa operazione elimina infatti i parassiti dalle piume.

- Le formiche operaie si prendono cura delle uova. Di notte, le trasportano in profonde gallerie nel nido per proteggerle dal freddo. Al mattino, le operaie le riportano in superficie per riscaldarle.

- Le formiche maschio muoiono poco dopo l'accoppiamento con la formica regina.

Nidi di formiche

La maggior parte delle formiche vive in formicai costituiti da cumuli di terra, sabbia e bastoni, ma alcune specie di formiche nidificano sugli alberi. I formicai sono costituiti da numerose camere e gallerie. Ogni camera è utilizzata per uno scopo specifico, come deposito di cibo, "nursery" per i piccoli o area di riposo.

- Una formica ha due stomaci. Uno trasporta il cibo per sé, mentre l'altro trasporta il cibo che verrà condiviso con le altre formiche. Questo stomaco secondario è chiamato "stomaco sociale".

- Le formiche hanno occhi composti. Tuttavia, la loro vista è normalmente scarsa e dipendono dalle loro antenne per percepire l'ambiente circostante. Alcune specie di formiche sono completamente cieche.

- Le formiche usano le potenti mandibole per scavare buche, mordere e trasportare il cibo. Le dimensioni delle mandibole variano secondo la specie.

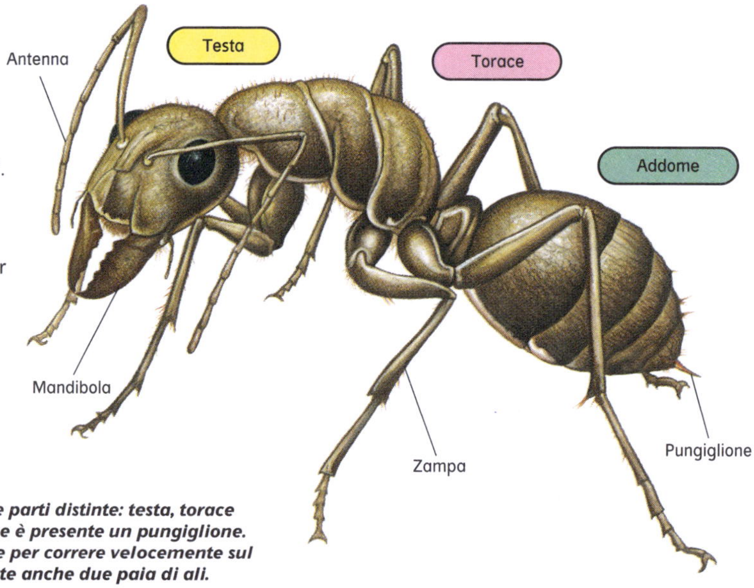

Il corpo di una formica è diviso in tre parti distinte: testa, torace e addome. All'estremità dell'addome è presente un pungiglione. Le zampe delle formiche si sono adattate per correre velocemente sul terreno. Al torace possono essere attaccate anche due paia di ali.

Le formiche tagliafoglie si nutrono di un fungo che coltivano nei loro nidi sotterranei. Tagliano pezzi di foglie dalle piante e li portano nel nido per fertilizzare il loro "orto per funghi".

Le formiche tessitrici costruiscono i loro nidi su alberi alti, utilizzando le secrezioni appiccicose prodotte dalle loro larve per "cucire" insieme le foglie.

- Le formiche sono insetti "intelligenti". Gli esperti hanno calcolato che il cervello di una formica può funzionare alla stessa velocità di un potente computer.

- Le formiche sono in grado di sollevare carichi da 20 a 50 volte più pesanti del proprio peso corporeo.

- Le formiche spruzzano acido formico sui predatori per difendersi. Un tempo l'acido formico si otteneva facendo bollire le formiche.

Comunicazione

Le formiche comunicano con l'aiuto delle loro antenne, sensibili al tatto e all'odore. Inoltre, lasciano dietro di sé delle scie odorose che permettono alle altre formiche di sapere esattamente dove trovare la fonte di cibo. Ogni colonia di formiche ha un odore unico che aiuta i membri a riconoscersi a vicenda. Questo aiuta anche le formiche a individuare un intruso nel nido.

Farfalle e falene

***E**sistono più di 165.000 specie di farfalle e falene. Non esiste una distinzione scientifica tra farfalle e falene, ma le farfalle tendono ad avere colori vivaci e a volare di giorno, mentre la maggior parte delle falene sono attive dopo il tramonto e hanno una colorazione più spenta. Le farfalle e le falene sono importanti impollinatrici di piante e trasportano il polline da una pianta all'altra mentre si nutrono del nettare dei fiori.*

Sebbene le farfalle impollinino le piante, non tutte le specie sono ben accette dagli agricoltori e dai giardinieri, perché i loro bruchi sono infestanti per le colture. I bruchi della cavolaia minore, ad esempio, sono infestanti delle colture di Brassicacee, come il cavolo e il cavoletto di Bruxelles.

Sorprendente!

Alcune specie di falene bevono le lacrime di animali ungulati come bovini, cervi, cavalli, tapiri, maiali ed elefanti.

Farfalla o falena?

Le farfalle hanno di solito corpi più delicati e sottili delle falene, che tendono invece ad avere un corpo più grassoccio e robusto. Durante il riposo, la maggior parte delle farfalle ripiega le ali sopra la schiena (a destra). La maggior parte delle falene riposa con le ali distese (a sinistra) o ripiegate come una tenda sul corpo. Le antenne delle farfalle sono semplici steli che terminano con una specie di clava (o uncino, nel caso delle esperidi). Le antenne delle falene hanno forme diverse, che vanno da singoli fili a rami piumosi, ma non terminano mai in una clava.

Una farfalla che beve il nettare da un fiore usando la spirotromba.

- Le ali di farfalle e falene sono ricoperte da milioni di microscopiche scaglie, che si sovrappongono l'una all'altra come tegole.
- In alcune specie di falene, le femmine non hanno ali.
- Sia le farfalle che le falene subiscono una metamorfosi completa. Ciò significa che il loro corpo cambia completamente quando diventano adulte.
- Durante il loro ciclo di vita, farfalle e falene attraversano quattro diversi stadi di sviluppo. La loro vita inizia con un uovo deposto su una pianta. L'uovo si schiude in una larva chiamata bruco. Il bruco si sviluppa quindi in una pupa o crisalide. Infine, la pupa matura in farfalla.
- La maggior parte dei bruchi di falena intreccia una struttura intorno a sé per l'impupamento. Questa struttura è chiamata bozzolo ed è fatto di seta, foglie o terra. La maggior parte delle farfalle non tesse bozzoli di questo tipo e le pupe sono "nude".
- La maggior parte dei bruchi effettua la muta quattro o cinque volte prima di entrare nello stadio di pupa o crisalide.

Record di farfalle e falene

La più grande	Farfalla della regina Alessandra, Falena di Ercole e Zelotypia stacyi	28 cm di apertura alare
La più piccola	*Stigmella ridiculosa* falena	2 mm di apertura alare
Il volo più veloce	Sfinge testa di morto	54 km/h
La più lunga migrazione registrata	Farfalla monarca	3.432 km
Lingua più lunga	Urania del Madagascar	28 cm
La più resistente al freddo	Bruco di orso lanoso	Può sopravvivere fino a -50 °C

Su ogni millimetro quadrato delle ali di una farfalla o di una falena, come questa farfalla monarca, possono esserci da 200 a 600 minuscole scaglie.

Macchie oculari

Alcune falene e farfalle hanno grandi macchie sulle ali. Da lontano, queste macchie assomigliano agli occhi di un animale più grande e temibile e spaventano i potenziali predatori.

- In alcune specie, i bruchi sono dotati di peli urticanti contenenti veleni. Questi peli causano irritazione o dolore quando vengono toccati.
- I bruchi si nutrono solitamente di foglie. Hanno mascelle con bordi sovrapposti e piastre di sminuzzamento per affettare e masticare il cibo.
- Le farfalle e le falene adulte consumano solo cibo liquido, come il nettare dei fiori e i liquidi provenienti da frutti o viti marce. Alcune farfalle e falene si nutrono anche di rifiuti animali liquidi.
- Le farfalle e le falene hanno sotto la testa una lunga struttura simile a una cannuccia, chiamata spirotromba, che le aiuta a succhiare nettare e altri succhi.
- Le farfalle e le falene si proteggono dai predatori, come uccelli, lucertole, pipistrelli e ragni, attraverso il mimetismo.

Bruchi

I bruchi hanno un corpo tubolare di tessuto flessibile, con tre paia di zampe toraciche (vere e proprie) e diverse paia di pseudozampe addominali carnose. La testa è dotata di mascelle, antenne corte e spesso occhi semplici. Tutti i bruchi hanno organi per la produzione di seta.

Il piccolo bruco della farfalla postino è ricoperto da aculei affilati per proteggersi.

Quando un bruco di falena zingara deve trovare un nuovo albero di cui nutrirsi, oscilla con un filo di seta e lascia che il vento lo porti via.

I bruchi della datana ministra sono considerati infestanti perché si nutrono delle foglie di alberi come meli, querce, ciliegi e noci.

Farfalle e falene del mondo

Le farfalle e le falene sono insetti antichi. I fossili mostrano che le falene risalgono a 140 milioni di anni fa e le farfalle a 40 milioni di anni fa. Una caratteristica che accomuna farfalle e falene è l'impossibilità di sopravvivere al freddo estremo. In Antartide non se ne trova nemmeno un esemplare.

Le farfalle Apollo si trovano soprattutto nelle montagne e nelle regioni collinari dell'Europa e dell'Asia. Hanno un corpo peloso che le protegge dal freddo.

Le falene Atlante sono tra le più grandi, con un'apertura alare che può raggiungere i 25 cm. Quando volano, queste falene vengono spesso scambiate per uccelli.

Con le stesse caratteristiche di molte farfalle, la falena diurna Alcides metaurus svolazza nella foresta pluviale tropicale del Queensland, in Australia.

La falena sfinge testa di morto ha un disegno simile a un teschio sul torace. Molto tempo fa, la presenza di questa falena era considerata un presagio di morte.

Le farfalle gloria del Bhutan dell'Asia nord-orientale sono state raccolte in gran numero in passato. Oggi il loro numero si è notevolmente ridotto e sono molto rare.

Questa giovane farfalla monarca è da poco uscita dalla sua pupa.

La piccola farfalla postina dell'America centrale e meridionale si trova ai margini delle foreste tropicali e nelle zone umide.

Le vanesse dell'ortica hanno una vita relativamente lunga come adulte, sopravvivono per circa dieci mesi da un'estate all'altra. Vanno in letargo durante l'inverno.

La sfinge del galio si libra davanti ai fiori, sbattendo le ali così velocemente da risultare quasi invisibile. Le ali producono un ronzio acuto, come quello delle ali di un colibrì.

La vanessa del cardo è presente nelle regioni temperate dell'Asia, dell'Europa e del Nord America, soprattutto nei prati e nei campi fioriti. Il suo bruco si nutre principalmente di piante di cardo, da cui prende il nome.

La bellissima farfalla Trogonoptera brookiana si trova nella foresta pluviale dalla Malesia, fino a Sumatra e al Borneo. Prende il nome dal Rajah britannico Brooke di Sarawak.

Le femmine di farfalla atalanta depongono le uova sulle foglie di ortica. I bruchi si nutrono all'interno di una tenda protettiva fatta di foglie piegate e tenute insieme da fili di seta.

Le farfalle occhio di pavone usano i falsi occhi sulle ali per spaventare i predatori. Inoltre, aprono e chiudono rapidamente le ali per emettere un suono simile a un raschiamento quando i predatori si avvicinano.

Le actias luna sono presenti in tutto il mondo, ma si vedono soprattutto nei Paesi tropicali. Sono chiamate così perché i segni sulle loro ali ricordano la luna nuova.

Sorprendente!

Molte falene non si nutrono nello stadio adulto e sono quindi prive di apparato boccale. Questo non è il caso delle farfalle adulte.

Coleotteri

Senza dubbio, i coleotteri sono il gruppo animale più diffuso sulla Terra. Ne esistono almeno 360.000 specie, che costituiscono circa un terzo di tutte le specie animali. I coleotteri si trovano in quasi tutti gli habitat, dalle cime delle montagne ai deserti, e in tutte le dimensioni, da 0,25 mm a 20 cm di lunghezza.

L'amica del giardiniere

Le coccinelle hanno una forma quasi circolare. Di solito sono di colore rosa acceso, arancione o rosso, con macchie nere, rosse o arancioni. Il numero di macchie può variare da specie a specie. Questi coleotteri sono tra gli insetti più benefici perché si nutrono di afidi e di altri insetti nocivi per le colture. Le coccinelle vengono talvolta allevate su larga scala e poi introdotte nelle aziende agricole o nelle serre per eliminare i parassiti.

Le hygrobia sono coleotteri acquatici che cacciano attivamente le loro prede nuotando con un movimento a "pagaia", che coinvolge tutte e sei le zampe.

Questo maggiolino ha aperto le elitre e spiegato le ali. I maggiolini hanno un volo piuttosto scarso.

- I coleotteri si nutrono di una grande varietà di cibo, sia vegetale che animale. Allo stesso tempo però, vengono mangiati in gran numero da altri animali più grandi, tra cui rettili, uccelli e mammiferi.
- La forma dell'apparato boccale di un coleottero indica il tipo di cibo di cui si nutre. Le cicindele, ad esempio, essendo predatrici hanno mascelle seghettate a forma di falce per affettare le prede, mentre i curculionoidei e i punteruoli hanno lunghi musi per scavare nel legno e nei semi.
- Nei coleotteri, le ali anteriori si sono indurite. Queste "custodie alari", o elitre, si incontrano al centro per coprire e proteggere le ali posteriori, più delicate, che il coleottero usa per volare.
- In volo, le elitre sono tenute sollevate dalle ali posteriori. Forniscono poca portanza, ma aiutano a mantenere il coleottero stabile in aria.
- Sebbene alcuni coleotteri abbiano una colorazione opaca, molte specie, tra cui gli scarabei e i coleotteri che scavano il legno, hanno colori brillanti, dall'aspetto metallico.
- Alcuni coleotteri producono speciali sostanze chimiche chiamate feromoni per attirare i partner.

Gli scarabei rinoceronte prendono il nome dalle corna che hanno sulla testa. Questo esemplare ha due corna, ma alcuni ne hanno tre o addirittura cinque. Gli scarabei rinoceronte non usano le corna per difendersi dai predatori. Le usano invece per combattere con altri maschi per il cibo e per attirare le femmine per l'accoppiamento. L'esoscheletro, molto resistente, protegge il corpo del coleottero come un'armatura.

Scarabeo sacro

Lo scarabeo, o stercorario, era sacro agli antichi Egizi. Era associato al dio creatore Atum. Si riteneva che questo coleottero fosse nato da solo, da una palla di sterco. Immagini di scarabei erano spesso incise su pietre preziose e gioielli dell'antico Egitto. Si pensava che le incisioni portassero fortuna e allontanassero il male.

I cervi volanti vivono in aree boschive umide, soprattutto vicino alle querce. Le loro mandibole assomigliano alle corna di un cervo, da cui il nome.

Un tempo si riteneva che l'abitudine dell'orologio della morte di battere sulle travi delle case nel silenzio della notte fosse un presagio di morte.

Lo scarabeo Golia è uno degli insetti più grandi e pesanti del mondo. I maschi crescono fino a 12 cm e pesano circa 115 g. Malgrado le dimensioni, gli scarabei Golia riescono a volare bene. Durante il volo, producono un basso fruscio simile a quello di un elicottero.

❍ Altri hanno tecniche più insolite. I coleotteri detti orologi della morte, battono la testa sulle pareti delle loro gallerie nel legno.

❍ Le lucciole emettono luci quando cercano i partner di notte. Ogni specie utilizza una sequenza di lampeggiamento diversa.

❍ I coleotteri subiscono una metamorfosi completa. Le loro uova si schiudono in larve simili a vermi prima di impuparsi in adulti. In alcune specie lo stadio larvale dura diversi anni.

❍ I tarli e gli orologi della morte distruggono il legno nelle case. Altri coleotteri sono una minaccia per gli alberi: l'hylurgopinus rufipes diffonde il fungo che causa la malattia dell'olmo olandese.

❍ I coleotteri svolgono un ruolo importante come "decompositori" mangiando piante e animali morti e restituendoli al suolo come sostanze nutritive.

Coleotteri da record

Il più lungo	
Scarabeo Ercole	19 cm
Il più pesante	
Scarabeo Golia	Oltre 100 g
Il più piccolo	
Ptiliidae	0,2 mm
Il più longevo	
Buprestidae	30 anni o più
Il più resistente al freddo	
Coleottero artico	Sopravvive sotto i -60 °C
Il campione di salto in alto	
Elateride	30 cm

Tutti i coleotteri infestanti, come questo coleottero della corteccia, hanno un muso allungato con mascelle sporgenti all'estremità.

Sorprendente!

In rapporto alle dimensioni, si ritiene che gli scarabei rinoceronte siano le creature più forti della Terra. Possono trasportare circa 850 volte il proprio peso.

Il ditisco marginato ha un corpo appiattito e affusolato, che lo aiuta a muoversi rapidamente nell'acqua. Quando nuota, muove le zampe posteriori insieme, anziché alternativamente come la maggior parte degli altri coleotteri acquatici. Quando il coleottero smette di nuotare, galleggia sulla superficie dell'acqua.

Mosche

Gli scienziati definiscono una mosca come un insetto con due ali. Anche se chiamiamo mosche molti altri insetti, non tutti sono vere mosche, perché hanno quattro ali. Al posto delle ali posteriori, le mosche vere e proprie hanno un paio di strutture chiamate bilancieri, che servono a bilanciarsi in volo.

Le mosche domestiche comuni si trovano normalmente ovunque ci sia attività umana. Si nutrono dei materiali di scarto lasciati dall'uomo e da altri animali. Diffondono le malattie atterrando sul cibo fresco che l'uomo poi mangia.

Le mantispidi, per esempio, non sono mosche, poiché hanno quattro ali. Con le zampe anteriori prensili e le ali delicate, questo insetto sembra un incrocio tra una mantide religiosa e un neurottero.

I bombilidi hanno una lunga lingua per succhiare il nettare dai fiori. Le loro larve mangiano le larve delle api solitarie.

Asilidi

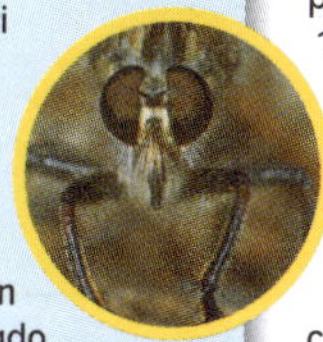

Gli enormi occhi composti forniscono all'asilide l'eccellente visione di cui ha bisogno per essere un efficace predatore aereo. La spirotromba (l'apparato boccale) di un asilide è un organo in grado di penetrare e lacerare la carne.

- Le mosche si trovano in tutto il mondo, dalle gelide regioni polari alla foresta pluviale equatoriale. Ne esistono circa 122.000 specie.
- Le mosche hanno grandi occhi composti formati da più ommatidi singoli. Ciascuno dei due occhi composti di una mosca domestica contiene circa 4.000 ommatidi.
- Gli artigli e i cuscinetti appiccicosi delle zampe di una mosca le permettono di aggrapparsi alle superfici lisce e di camminare a testa in giù con facilità.

Portatrice di parassiti

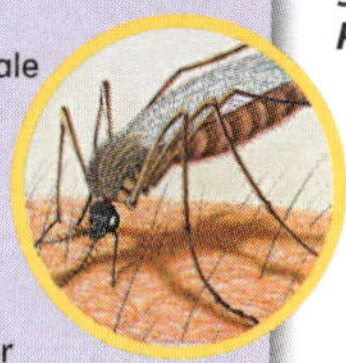

Una zanzara femmina usa il suo apparato boccale aghiforme per perforare la pelle della vittima e succhiare il sangue. Inietta un fluido salivare per mantenere il sangue in circolo e impedirne la coagulazione. La maggior parte delle zanzare femmine deve nutrirsi del sangue di altri animali per riprodursi. Hanno bisogno delle proteine estratte dal sangue per lo sviluppo delle uova. Le zanzare diffondono molte malattie infettive tra gli esseri umani nutrendosi in questo modo, tra cui la febbre gialla e la febbre dengue. La femmina di *Anofele* diffonde la malaria.

I tipulidi hanno ali estremamente strette. Hanno un corpo sottile e zampe lunghe e assomigliano a grandi zanzare. Questi insetti non possono pungere. Le larve dei tupilidi hanno una pelle dura e marrone.

Tupilide adulto

Larva

Sciami di minuscole mosche chiamate moscerini si radunano nelle serate calde vicino a stagni, laghi e ruscelli. Alcuni moscerini mordono gli animali e si nutrono del loro sangue.

I sirfidi si vedono spesso volteggiare e sfrecciare tra i fiori mentre si nutrono di polline e nettare. Imitano le vespe e le api con la loro colorazione gialla e nera. Ne esistono circa 6.000 specie.

I moscerini della frutta adulti vivono solo due settimane, durante le quali si nutrono di nettare e altre soluzioni zuccherine.

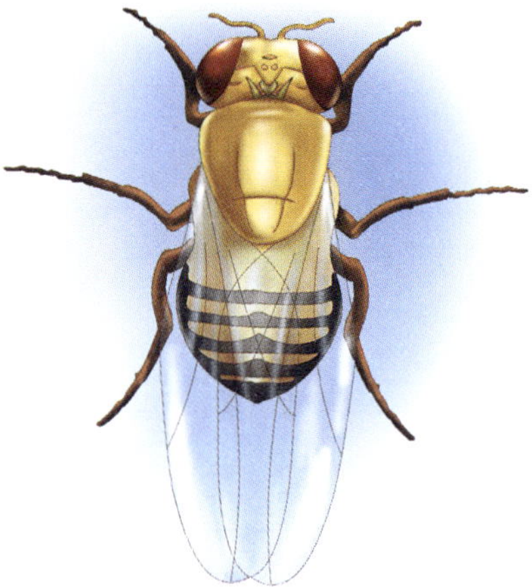

- Le mosche sono in grado di eseguire incredibili manovre aeree, come librarsi, volare all'indietro e atterrare sul soffitto.
- Nelle mosche la metamorfosi è completa. Le larve di mosca sono prive di zampe e con corpo semplice.
- Le larve di mosca vivono nel suolo o nell'acqua, o in tessuti umidi e in decomposizione di origine vegetale o animale.
- L'apparato boccale di una mosca si è adattato a succhiare o assorbire cibo liquido come sangue, nettare di fiori e persino sterco. Alcune specie di mosche si nutrono di tessuti corporei vivi.

Sorprendente!

Le mosche domestiche possono diffondere 40 gravi malattie. Una singola mosca può ospitare fino a 33 milioni di organismi infettivi all'interno dell'intestino e altri 500 milioni sulla superficie del corpo e sulle zampe.

- Alcune mosche adulte, tra cui gli asilidi, sono feroci predatori aerei che inseguono e catturano altri insetti in volo.
- Le mosche impollinano i fiori, ma diffondono anche malattie come la malaria e la malattia del sonno.

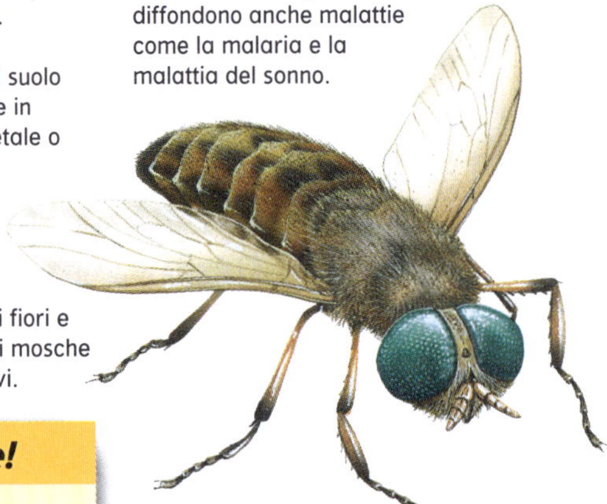

Le mosche cavalline sono tra gli insetti volanti più veloci, e raggiungono i 39 km/h. Le femmine di mosca cavallina succhiano il sangue degli animali, compresi gli esseri umani. I maschi si nutrono principalmente del nettare dei fiori.

Grilli e cavallette

Grilli e cavallette vivono in tutto il mondo (tranne che nelle regioni più fredde), ovunque ci siano campi, foreste e praterie. Ne esistono 28.000 specie, la maggior parte delle quali ha le ali. Le due anteriori sono piccole e coriacee, mentre le due posteriori sono lunghe e servono per volare. Invece di volare via da un pericolo, grilli e cavallette spesso saltano via sulle loro potenti zampe posteriori.

❍ I grilli sono notturni e hanno un udito e una vista acuti. Gli occhi composti li aiutano a vedere lontano e in più direzioni allo stesso tempo. Gli organi uditivi rotondi e piatti si trovano sulle zampe anteriori.

❍ Le cavallette tendono a essere attive durante il giorno. Hanno occhi grandi e le orecchie sono situate sull'addome anziché sulle zampe. Le loro antenne sono generalmente più corte di quelle dei grilli.

❍ I grilli sono onnivori e si nutrono di colture, ortaggi, fiori, piante verdi, piccoli animali, vestiti e... grilli.

❍ Le cavallette sono insetti erbivori. Si nutrono di una varietà di piante, erbe e colture, utilizzando le mandibole per masticare il cibo più resistente.

❍ Alcune specie di grilli e cavallette distruggono i raccolti e sono quindi considerate infestanti.

❍ Tutti i grilli e le cavallette subiscono una metamorfosi incompleta.

Le cavallette possono spiccare un salto di oltre 200 volte la loro lunghezza. Una volta in aria, sbattono le ali per spostarsi ancora di più.

I grilli campestri si trovano di solito nei campi verdi e nelle aree boschive. Si nutrono di semi di piante, piccoli insetti e frutti. Alcune specie di grillo campestre diventano cannibali quando c'è scarsità di cibo.

Sorprendente!

Gli sciami di locuste più grandi possono contenere fino a 50 miliardi di insetti e coprire 1.000 km quadrati di territorio. Questi sciami possono divorare in un solo giorno raccolti sufficienti a sfamare circa mezzo milione di persone per un anno intero.

Grilli talpa

Le zampe anteriori del grillo talpa sono larghe e simili a vanghe per scavare gallerie. I maschi scavano tane speciali per amplificare i loro canti. Le femmine depongono le uova in camere sotterranee.

❍ Le femmine di grillo hanno lunghi ovopositori aghiformi per deporre le uova. Le trasportano fino a quando non trovano un luogo sicuro dove possano schiudersi in ninfe.

❍ Dopo l'accoppiamento, la femmina della cavalletta può deporre le uova in cespugli bassi o scavare un buco nel terreno con l'addome per depositarle dall'ovopositore. Protegge le uova ricoprendole con un guscio duro chiamato ooteca.

Le lunghe e sensibili antenne del grillo delle caverne lo aiutano a orientarsi al buio. Anche le sporgenze simili a code, chiamate cerci, all'estremità dell'addome del grillo hanno una funzione sensoriale.

Quando una cavalletta è a riposo, le ampie e delicate ali posteriori sono ripiegate a ventaglio sotto le lunghe e strette ali anteriori. Queste sono sollevate per consentire alle ali posteriori di allargarsi quando la cavalletta vola.

❍ Cavallette e grilli cantano durante la stagione degli amori per attirare un partner o per spaventare i rivali.

❍ I grilli producono questi suoni sfregando le basi delle loro ali anteriori appositamente modificate. Le cavallette sfregano le creste sulle zampe contro una vena dura sulle ali.

Sciami di locuste

Le locuste sono cavallette. Quando le condizioni sono favorevoli, possono riprodursi in gran numero. Enormi sciami di locuste, forti di molti milioni di esemplari, sciamano per trovare nuove aree di alimentazione. Poiché ogni locusta può mangiare il proprio peso in cibo vegetale ogni giorno, questi sciami possono devastare i raccolti agricoli.

Libellule e mantidi

Le libellule e le mantidi sono tra i principali predatori del mondo degli insetti. Le libellule sono predatori veloci in grado di cambiare rapidamente direzione in volo che pattugliano fiumi, stagni e corsi d'acqua, afferrando altri insetti volanti. Le mantidi, come la mantide religiosa, sono invece predatori specializzati negli agguati. Questi insetti restano in attesa della preda e poi la afferrano con le zampe anteriori costellate di spine.

- Le libellule possono misurare fino a 12 cm di lunghezza. Hanno corpi lunghi, colorati e snelli con due paia di ali venate. Gli occhi grandi e composti conferiscono loro una vista eccellente.

- Le libellule appartengono all'ordine degli Odonati e si dividono in due sottordini principali: zigotteri e anisotteri. Le libellule hanno enormi occhi composti, che coprono l'intera testa dell'insetto.

- La metamorfosi è incompleta. Le libellule adulte sopravvivono sulla terraferma, ma le loro ninfe vivono sott'acqua.

La mantide religiosa muove le lunghe zampe anteriori molto rapidamente per afferrare la preda. Gli aculei affilati impediscono alla preda di fuggire. La mantide morde in profondità le sue vittime con le potenti mascelle.

Le libellule e le damigelle catturano le loro prede con l'aiuto delle zampe, piegandole come un cesto per formare una trappola sotto il loro corpo. Una volta che la preda è stata catturata dal cesto, viene trasferita alla bocca.

Sorprendente!

Le libellule sono tra gli insetti che volano più velocemente. Raggiungono i 30-50 km/h.

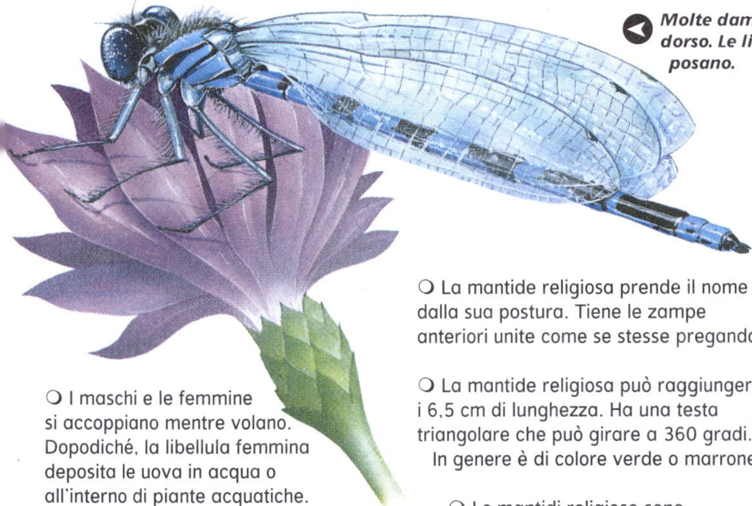

Molte damigelle riposano con le ali ripiegate sul dorso. Le libellule tengono le ali dritte quando si posano.

- I maschi e le femmine si accoppiano mentre volano. Dopodiché, la libellula femmina deposita le uova in acqua o all'interno di piante acquatiche.
- Le ninfe di libellula che si schiudono dalle uova si nutrono di pesci, girini e altri piccoli animali acquatici.
- Le damigelle sono parenti bellissime e snelle delle libellule. Attendono che una preda arrivi alla loro portata, mentre le libellule cacciano attivamente in aria.
- Le damigelle si trovano di solito in prossimità dell'acqua e le loro ninfe vivono nell'acqua fino alla maturazione in adulti.
- Le ninfe di damigella hanno branchie esterne sulla punta dell'addome per respirare sott'acqua. Nelle ninfe di libellula, queste branchie sono interne.

- La mantide religiosa prende il nome dalla sua postura. Tiene le zampe anteriori unite come se stesse pregando.
- La mantide religiosa può raggiungere i 6,5 cm di lunghezza. Ha una testa triangolare che può girare a 360 gradi. In genere è di colore verde o marrone.
- Le mantidi religiose sono carnivore e si nutrono di una varietà di altri insetti, tra cui farfalle, cavallette e falene. Possono anche attaccare piccole lucertole, rane e uccelli. Le piccole mantidi possono diventare cannibali, soprattutto in assenza di cibo.

Ninfe di effimera

Le effimere sono cugine più piccole delle libellule e delle damigelle. Le ninfe di effimera vivono sott'acqua fino a tre anni. La durata di vita di un'effimera adulta è breve e varia da poche ore a pochi giorni. Vive giusto il tempo necessario per accoppiarsi e riprodursi e non si nutre.

Ninfe di effimera

Le mantidi religiose hanno una buona mimetizzazione per proteggersi dai predatori. Il colore del corpo si fonde con l'ambiente circostante.

Ciascuna delle ali di una libellula può muoversi in modo indipendente. Questo fa sì che il suo volo sia molto versatile: è in grado di librarsi, girare ad angoli di 90 gradi, sfrecciare in avanti e indietro e fermarsi di colpo.

Mantispide

Le mantispidi prendono il nome dal loro paio di zampe anteriori ripiegate, che assomigliano a quelle delle mantidi religiose. Sebbene questi insetti si assomiglino, non sono parenti.

Termiti

Le termiti sono insetti dal corpo molle che si ritiene si siano evoluti da un antico antenato simile a uno scarafaggio. I loro fossili risalgono all'inizio del Cretaceo, circa 130 milioni di anni fa. Le termiti sono distribuite in tutto il mondo. Tuttavia, si adattano meglio al clima caldo e umido che ai climi freddi. Sono più comuni ai tropici e nelle aree sub-tropicali. Ne esistono circa 2.750 specie.

- Esistono due tipi principali di termiti: le termiti di terra (note anche come termiti sotterranee) e le termiti del legno. Le prime si annidano nel terreno, mentre le seconde scelgono assi e altre strutture in legno.

- L'apparato boccale delle termiti si è modificato allo scopo di masticare il legno. Hanno antenne che possono essere a forma di perla o di filo.

- Le termiti hanno una cuticola morbida (un rivestimento esterno) che si secca facilmente, motivo per cui vivono in nidi bui, caldi e umidi.

- Le termiti sono insetti sociali che vivono in gruppi ben organizzati o colonie. Una colonia di termiti è un'unità altamente integrata in cui ogni funzione è suddivisa tra le varie termiti.

Per nutrirsi di termiti, gli orsi labiati dell'Asia meridionale hanno perso i denti incisivi. Questi orsi scavano nei termitai e vi inseriscono il muso. Chiudono le narici per tenere lontane le termiti, stringono le labbra e poi aspirano gli insetti attraverso la fessura tra i denti.

Il legno è difficile da digerire. Le termiti del legno hanno nell'intestino batteri e altri organismi unicellulari che le aiutano a digerire materiale vegetale e legno resistente.

Sorprendente!

Quando un nido viene invaso dalle formiche, i soldati di alcune specie di termiti possono "esplodere" per ricoprire gli intrusi con un liquido appiccicoso.

- Le piccole colonie di termiti possono contenere centinaia o migliaia di termiti, ma una colonia molto grande arriva a ospitarne milioni.

- In una colonia esistono diverse categorie di termiti: il re, la regina, gli operai e i soldati. Tutte queste categorie sono definite caste. Quelle degli operai e dei soldati non sono in grado di riprodursi.

Le termiti si annidano nel sottosuolo o nelle cavità degli alberi, nelle radici degli arbusti, nel legname degli edifici e persino nei libri. Alcuni nidi si elevano al di sopra del terreno e sono noti come termitai. Fatti di terra e saliva, questi cumuli possono essere alti 8–9 metri. Sono comuni nelle regioni tropicali.

Regina e re

Il re delle termiti aiuta la regina a creare la colonia e si accoppia con lei. La regina depone le uova e si prende cura della colonia. Quando il numero di termiti operaie è sufficiente, la regina non si occupa più dei piccoli. Inizialmente, la regina depone un piccolo numero di uova. Quando la colonia matura, può deporre molte più uova, fino a 36.000 al giorno. La regina può raggiungere dimensioni tali da non potersi più muovere.

Le termiti operaie sono normalmente più piccole, più morbide e più pallide dei soldati. Questi ultimi, che difendono la colonia, non sono in grado di nutrirsi da soli, quindi le operaie devono rifornirli di cibo.

- In una colonia, le termiti comunicano tra loro la direzione e la presenza di cibo attraverso vibrazioni, contatto fisico e profumi chimici chiamati feromoni.
- In un certo periodo dell'anno si sviluppa un gran numero di maschi e femmine alati e sessualmente maturi ("riproduttori"). Questi volano in tutte le direzioni per formare nuove colonie.
- Gli operai costituiscono la maggioranza della popolazione della colonia. Svolgono la maggior parte dei compiti di routine necessari al mantenimento della colonia, dalla cura delle uova alla riparazione del nido, dalla ricerca di cibo all'alimentazione dei piccoli.
- I soldati difendono la colonia dagli attacchi, utilizzando potenti mascelle che sporgono da una testa ingrandita e indurita.

Termite o formica?

Le termiti sono a volte chiamate formiche bianche perché le termiti e le formiche hanno un aspetto abbastanza simile. Tuttavia, è possibile distinguerle facilmente. Le formiche hanno antenne a gomito, mentre le termiti hanno antenne dritte. Queste ultime hanno anche due paia di grandi ali, che si sovrappongono sul dorso quando sono a riposo. Le ali sono di dimensioni uguali, a differenza di quelle delle formiche. Il torace ha un'ampia articolazione con l'addome, mentre formiche, api e farfalle hanno una "vita" stretta e appuntita.

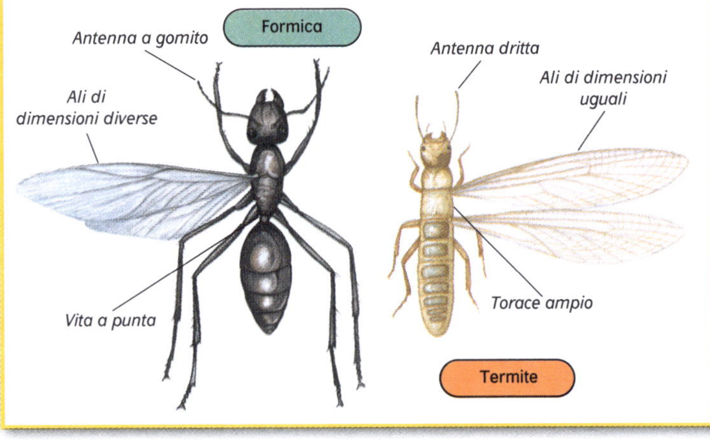

Appetito gigante

Come gli orsi labiati, i formichieri giganti si nutrono di termiti.
Si aprono una breccia nei termitai con gli arti anteriori e catturano le termiti con la lingua appiccicosa, che può essere lunga fino a 60 cm. Possono divorare fino a 30.000 formiche al giorno.

Scarafaggi, pulci e pidocchi

Scarafaggi, pulci e pidocchi non sono gruppi di insetti affini, ma sono tutti visti con avversione perché considerati infestanti. Gli scarafaggi infestano le case degli esseri umani, mentre pulci e pidocchi sono parassiti che succhiano il sangue di mammiferi e uccelli.

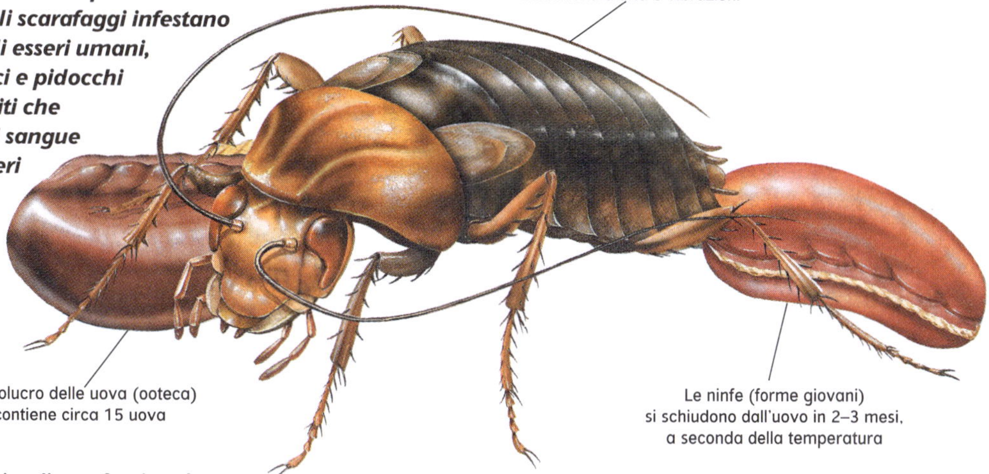

Le lunghe antenne rilevano odori, movimenti d'aria e vibrazioni

L'involucro delle uova (ooteca) contiene circa 15 uova

Le ninfe (forme giovani) si schiudono dall'uovo in 2–3 mesi, a seconda della temperatura

Una femmina di scarafaggio può deporre fino a 30-40 uova alla volta e riprodursi quattro volte in un anno. Le uova vengono conservate in un involucro brunastro chiamato ooteca. Lo scarafaggio può portare con sé questo contenitore o nasconderlo da qualche parte. I giovani scarafaggi sono chiamati ninfe.

Scarafaggi puliti

Gli scarafaggi non sono creature sporche. Si impegnano a fondo per mantenersi puliti, in modo da conservare uno strato di cera e oli che impedisce loro di seccarsi. Sono i batteri che trasportano a renderli pericolosi.

- Sono note circa 4.000 specie di scarafaggi. Tra le più note vi sono gli scarafaggi neri e le blatte fuochiste.
- Gli scarafaggi si trovano ovunque, soprattutto nelle grotte dei pipistrelli, nelle case, sotto le pietre, nell'erba fitta e su alberi e piante. Gli scarafaggi che si trovano nelle grotte sono di solito ciechi.
- Gli scarafaggi possono essere alati o privi di ali. Gli esemplari adulti misurano 1-9 cm di lunghezza. Sono insetti notturni che prediligono ambienti umidi.

Sorprendente!

Le pulci sono portatrici di diverse malattie mortali. Possono trasmettere la peste bubbonica, che ha ucciso un quarto della popolazione europea a metà del XIII secolo.

- Gli scarafaggi sono creature che si muovono rapidamente. Le loro zampe si sono adattate alla corsa veloce. Il corpo piatto e ovale permette loro di nascondersi in strette fessure di muri e pavimenti.
- La maggior parte delle degli scarafaggi è onnivora. Il loro cibo principale è la linfa delle piante, gli animali morti e la materia vegetale, ma si nutrono anche di lucido da scarpe, colla, sapone e inchiostro.
- La metamorfosi è incompleta negli scarafaggi. Gli adulti possono vivere fino a due anni. Maschi e femmine hanno un aspetto molto simile.
- Gli scarafaggi sono insetti decompositori. Svolgono un ruolo importante nell'equilibrare l'ambiente naturale, digerendo i detriti forestali e i rifiuti animali. Eppure gli scarafaggi domestici sono considerati parassiti, perché possono contaminare il cibo con batteri e diffondere malattie tra gli esseri umani.

Invariato nel tempo

Gli scarafaggi sono così bravi a sopravvivere che sono cambiati poco da quando sono comparsi circa 300 milioni di anni fa. Sono sopravvissuti ai dinosauri e alle ere glaciali e ancora oggi sono insetti estremamente diffusi.

- Esistono circa 2.000 specie di pulci, lunghe tra 0,1 e 1 cm. Le pulci subiscono una metamorfosi completa.
- Le pulci sono ectoparassiti, cioè parassiti che vivono all'esterno dell'ospite. Si nutrono del sangue di uccelli e mammiferi.
- Le pulci sono a loro volta soggette al parassitismo di acari esterni e vermi nematodi interni.
- I pidocchi sono piccoli insetti lunghi fino a 11 mm. Due tipi colpiscono frequentemente l'uomo: il pidocchio del capo e il pidocchio del corpo.
- I pidocchi hanno tre strutture aghiformi, chiamate stiletti, in grado di perforare la pelle. Questi sono trattenuti da una lingua appositamente adattata. Dopo aver perforato la pelle, i pidocchi succhiano il sangue con un'azione di pompaggio della gola.

Insetti infestanti

Le blatte fischianti del Madagascar spingono l'aria fuori dai fori di respirazione ai lati del corpo per emettere un suono sibilante, che usano per scoraggiare i predatori e anche per attirare i partner.

Il blaberus craniifer è un corridore veloce che vive a terra, cercando pezzetti di cibo nel sottobosco o negli escrementi di pipistrello. Questo scarafaggio presenta degli strani segni sul torace, che sembrano teschi o vampiri.

A differenza di altri insetti, gli scarafaggi neri non hanno cuscinetti appiccicosi sulle zampe e non possono arrampicarsi su superfici scivolose o lisce. Possono sopravvivere per circa un mese senza cibo, se hanno dell'acqua a disposizione.

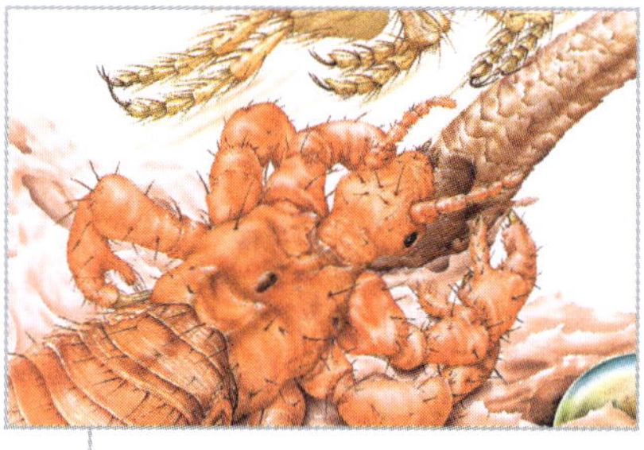

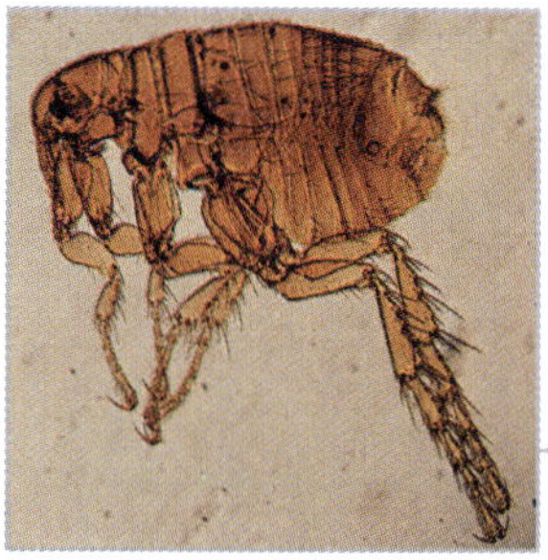

I cani e i gatti domestici sono soggetti all'attacco delle pulci, ma una pulce si nutre di sangue umano solo se è molto affamata. Le larve si nutrono di materiale in decomposizione nei nidi e nei tappeti.

Il corpo del pidocchio è appiattito, il che lo aiuta ad aderire alla pelle dell'ospite. Il pidocchio del capo si attacca ai capelli o al cuoio capelluto con l'aiuto degli artigli sulle zampe.

Altri insetti

Gli insetti sono le creature più numerose sulla Terra. È noto già più di un milione di specie di questi esseri a sei zampe (esapodi) e se ne scoprono sempre di nuove. Si pensa che il numero reale di specie possa essere di 5–10 milioni.

Sorprendente!

Una larva di neurottero può divorare fino a 200 afidi alla settimana. Queste larve sono talvolta allevate a livello commerciale per controllare le popolazioni di afidi nelle colture agricole.

Un neurottero ha due paia di ali simili, ricoperte da una delicata rete di venature. Quando un neurottero si riposa, tiene le ali unite come un tetto sul corpo.

Gli strepsitteri sono piccoli insetti parassiti. Qui è raffigurato il maschio. La femmina è simile a una larva e non lascia mai il corpo dell'ospite.

Gli psocotteri sono trasparenti e così piccoli da essere quasi invisibili a occhio nudo. Tuttavia, possono creare scompiglio nelle collezioni di libri di valore mangiando la colla che lega le pagine.

I formicaleoni adulti assomigliano alle libellule, con un corpo lungo e sottile e quattro ali delicate. A differenza delle libellule, i formicaleoni sono insetti notturni.

L'insetto stecco ha un corpo estremamente lungo e sottile, con antenne filiformi composte da ben 100 segmenti.

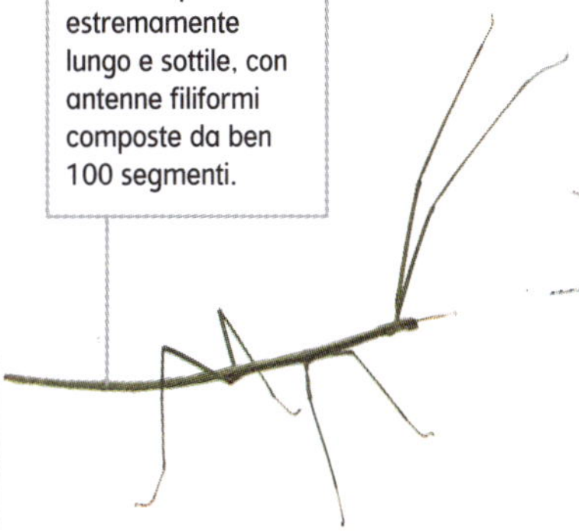

I mecotteri hanno una testa allungata con un lungo "becco" che termina con mascelle robuste. La parte posteriore del corpo di alcuni maschi è arricciata verso l'alto, in modo simile alla coda di uno scorpione.

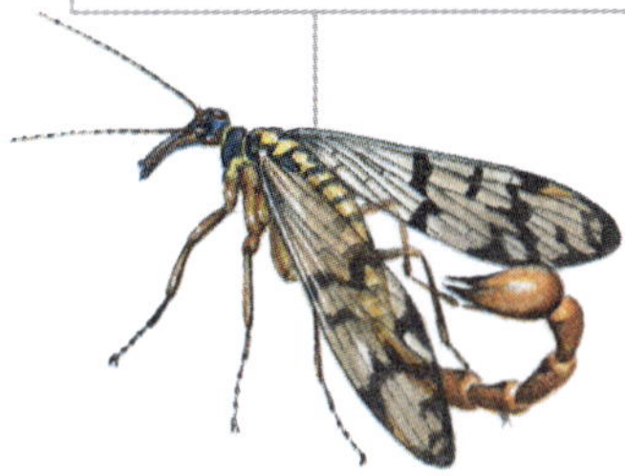

Esapodi non insetti

Alcuni animali a sei zampe non sono considerati veri e propri insetti perché l'apparato boccale si trova in una sacca nella parte inferiore della testa ed è spinto fuori quando l'animale si nutre. Questi animali sono privi di ali e molti non hanno antenne né occhi.

I proturi non hanno né occhi né antenne. Hanno invece un organo sensoriale sulla testa e usano le due zampe anteriori come antenne. La maggior parte delle specie è microscopica.

I diplurani sono piccoli esapodi ciechi dal corpo molle, dotati di cerci a forma di tenaglia. Si trovano spesso in piccoli gruppi nel terreno, sotto le rocce o la corteccia degli alberi.

I collemboli hanno un organo simile a una molla, noto come furca, sotto l'addome. Li aiuta a saltare in alto.

Comunemente presenti nelle case, i pesciolini d'argento hanno un corpo lungo e lucido ricoperto di squame. Si nutrono di carta, colla e scarti di cibo.

Gli insetti foglia sono imparentati con gli insetti stecco. Hanno corpi piatti e di forma irregolare che ricordano le foglie.

Le ninfe di plecottero (qui) vivono nei corsi d'acqua e nei laghi. Gli adulti di plecottero non volano molto bene e passano gran parte del loro tempo a riposare sulle pietre.

I dermatteri sono insetti notturni. Vivono nel terreno e possono scavare gallerie profonde fino a 1,8 m per sfuggire al freddo.

Scorpioni

Gli scorpioni esistono da oltre 400 milioni di anni. Sono facilmente identificabili per il pungiglione velenoso all'estremità della coda e per le chele simili a quelle di un'aragosta. Queste creature notturne si trovano nelle regioni tropicali e temperate calde, in una serie di habitat che vanno dai deserti alle foreste pluviali.

Lo scorpione usa il suo pungiglione per difendersi, per combattere i rivali al momento dell'accoppiamento o per sottomettere le prede. Si inarca sulla coda e si lancia verso il basso con il pungiglione. Lo scorpione taglia la sua vittima con le mascelle, ammorbidisce le parti commestibili con la saliva e poi aspira la poltiglia risultante. I resti indigesti vengono scartati.

Sorprendente!

Si dice che di notte gli scorpioni si orientino con le stelle.

- Gli scorpioni afferrano le prede con le chele, o pedipalpi. Poi usano il pungiglione per iniettare il veleno, che paralizza la vittima.
- Gli scorpioni possono essere di colore marrone, rosso, o nero. Come in altri artropodi, un esoscheletro duro protegge lo scorpione dai danni esterni.
- I minuscoli peli sensoriali che ricoprono il corpo e le zampe aiutano gli scorpioni a rilevare le variazioni di temperatura e i movimenti intorno a loro.
- Gli scorpioni hanno polmoni a libro, strutture simili a branchie per la respirazione.

Riproduzione dello scorpione

Per gli scorpioni, l'accoppiamento è un rituale elaborato. Il maschio afferra la femmina e compie movimenti simili a una danza prima dell'accoppiamento. Dopo, la femmina trattiene le uova nel suo corpo e dà alla luce dei piccoli vivi. La femmina si prende cura dei piccoli e li porta sul dorso per una decina di giorni o fino alla prima muta, dopodiché devono cavarsela da soli.

Sebbene siano un gruppo di invertebrati molto diffuso, la maggior parte degli aracnidi sono terricoli. Gli scorpioni sono più comuni nei paesi caldi. Lo scorpione imperatore vive in Africa occidentale.

Il più pericoloso

Pochi animali sono più letali dell'androctonus crassicauda del Nord Africa. Il suo veleno letale, tossico quanto quello di un cobra, può uccidere un essere umano adulto in poche ore se la vittima non viene trattata con un siero antiveleno. Poiché si trova spesso vicino alle abitazioni, questo scorpione è molto temuto.

❍ Le dimensioni delle chele di uno scorpione indicano solitamente la sua pericolosità. Le grandi chele riducono la necessità di avere un pungiglione potente. Tuttavia, gli scorpioni con chele piccole sono meno in grado di difendersi, quindi compensano questa condizione con un veleno molto più forte.

❍ Quando scende il buio, gli scorpioni escono dai loro luoghi di nidificazione diurna, come crepacci, tane o fessure, per andare a caccia di cibo o per trovare un partner.

Gli scorpioni frustati sono aracnidi, ma non sono veri scorpioni. Di solito sono più grandi e le loro code a frusta non hanno un pungiglione.

Come i ragni, anche gli scorpioni, come questo scorpione peloso del deserto, hanno il corpo diviso in due sezioni: il cefalotorace e l'addome. Hanno quattro paia di zampe e un paio di pedipalpi a forma di chela. Le loro potenti mascelle per mordere e masticare sono chiamate cheliceri.

Gli scorpioni appartengono alla famiglia più antica degli aracnidi. Quando percepiscono il pericolo, gli scorpioni, come questo scorpione della corteccia, aprono le chele e inarcano la coda sulla schiena, pronti a colpire l'aggressore.

❍ In alcune specie, il maschio viene mangiato dalla femmina al termine dell'accoppiamento.

❍ Lo strato di grasso sotto l'esoscheletro di uno scorpione lo aiuta a sopravvivere quando il cibo scarseggia. Di conseguenza, gli scorpioni possono vivere senza mangiare fino a un anno.

❍ I giovani scorpioni compiono da quattro a nove mute prima di diventare adulti.

❍ A ogni muta, lo scorpione apre il suo vecchio esoscheletro e ne esce fuori. Inizialmente il nuovo esoscheletro è molto morbido, ma si indurisce con il tempo.

❍ La vita media di uno scorpione è di circa tre-cinque anni, ma alcune specie possono arrivare fino a 25 anni.

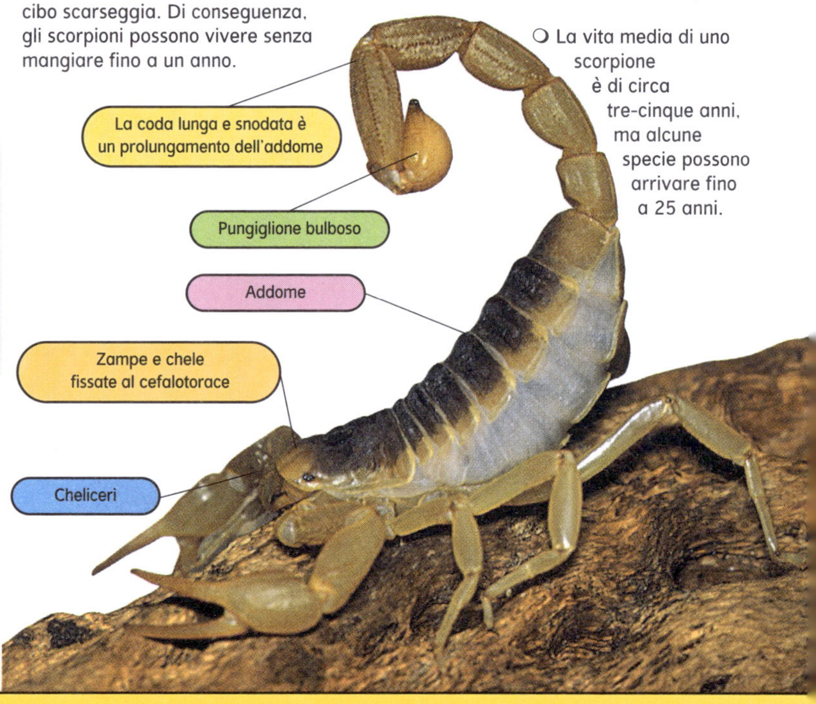

Ragni

Famosi per la loro attività di tessitura di ragnatele, i ragni sono aracnidi predatori che usano le zanne per iniettare il veleno nelle loro prede. Esistono circa 40.000 specie di ragni. Sebbene siano ampiamente disprezzate, solo poche specie di ragni sono dannose per l'uomo e molte contribuiscono a mantenere le nostre case libere da mosche e altri insetti indesiderati.

Alcuni ragni sono in grado di vedere solo la differenza tra luce e ombra, ma altri – tra cui questo salticida – si ritiene che abbiano una vista eccellente. I salticidi possono individuare le prede in movimento fino a 25 cm di distanza.

- La maggior parte dei ragni ha sei o otto occhi. Gli occhi dei ragni sono "semplici", cioè non hanno più ommatidi come gli occhi composti di molti insetti.

- I peli che ricoprono il corpo di un ragno sono collegati al suo sistema nervoso (un gruppo di nervi nel cefalotorace) e funzionano come organi sensoriali. Alcuni peli sono in grado di rilevare i movimenti nell'aria per avvisare il ragno della presenza di una preda nelle vicinanze. Altri peli sono sensibili al gusto.

Sorprendente!

Un tempo le ragnatele venivano utilizzate per medicare le ferite, nella convinzione che la seta bloccasse il flusso di sangue e lo aiutasse a coagulare.

- Il sangue scorre liberamente all'interno di un ragno. Si tratta di un sistema sanguigno simile al tipo di circolazione aperta presente nei corpi degli insetti. Tuttavia, alcuni ragni hanno anche vene e arterie per garantire che il sangue raggiunga tutte le parti del corpo.

Struttura corporea

Il corpo di un ragno, come questo ragno lupo, è diviso in due parti distinte, note come cefalotorace e addome, collegate da un sottile peduncolo, chiamato pedicello. Sono presenti sei coppie di appendici. Il primo è costituito da un paio di mascelle (cheliceri), dotate di zanne e collegate a ghiandole che producono veleno. I maschi portano gli spermatozoi nel secondo paio di appendici (pedipalpi). Le femmine usano i pedipalpi per trattenere il cibo. Le restanti quattro paia di appendici sono zampe per la deambulazione.

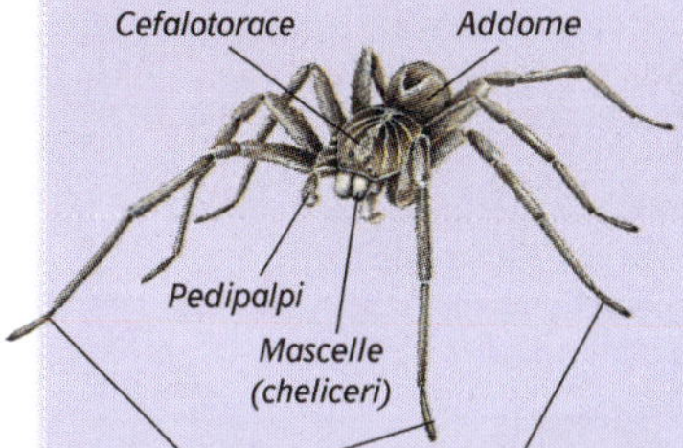

I ragni domestici sono i più comuni e vengono spesso avvistati nelle case e nei giardini. Si trovano anche nelle cataste di legna e sotto i tronchi. Si nutrono di piccoli invertebrati, come coleotteri, scarafaggi, dermatteri e persino lombrichi.

I ragni d'acqua vivono in stagni, laghi e corsi d'acqua lenti. Costruiscono una ragnatela a forma di campana sotto l'acqua e la riempiono di aria, che intrappolano nei loro peli in superficie. Rimangono in"campana" e la lasciano solo per raccogliere altra aria o per catturare piccoli pesci e insetti acquatici.

Storie di ragni popolari

Miti e racconti tradizionali di molte parti del mondo hanno come protagonisti i ragni o le ragnatele. Alcune delle storie di ragni più conosciute provengono dall'Africa occidentale e dai Caraibi. Descrivono le avventure di Anansi, un ragno astuto, e servono a incoraggiare i bambini a essere intelligenti.

- I ragni maschi sono generalmente più piccoli delle femmine. Possono anche essere di colore diverso.
- Quando il maschio trova la compagna giusta, di solito si accoppia subito con lei. Tuttavia, alcune specie secernono feromoni (segnali chimici) per attirare un partner. Questi ragni hanno anche elaborati rituali di corteggiamento.
- Dopo l'accoppiamento alcune femmine mangiano il maschio, che spesso è troppo debole per difendersi dall'attacco.
- La femmina depone le uova all'interno di speciali bozzoli di seta chiamati ovisacchi. Ogni sacca può contenere centinaia di uova di ragno. Gli ovisacchi vengono portati in giro dalla madre o nascosti nella sua tela o nel suo nido.
- Le uova di ragno impiegano alcune settimane per schiudersi. Dalle uova escono piccoli ragni, che possono vivere in gruppo fino alla maturità, anche se alcuni esemplari scelgono di vivere da soli.

La tarantola femmina cura e protegge il suo ovisacco. Può diventare aggressiva se le uova sono minacciate.

- I giovani ragni fanno la muta un paio di volte prima di diventare adulti a tutti gli effetti.
- Molte specie sono insetti solitari e si riuniscono solo per accoppiarsi. Alcuni ragni, tuttavia, vivono come una comunità in cui un gruppo di femmine condivide una ragnatela.
- I ragni sono utili all'uomo, perché predano molti insetti nocivi, compresi quelli che attaccano le risaie e le piantagioni di cotone, mele e banane.

Ragni da record

Il più grande	Tarantola Golia	28 cm di apertura delle zampe
Il più pesante	Tarantola Golia femmina	120 g
Il più piccolo	Patu digua del Borneo maschio	0,4 mm di apertura delle zampe
Il più veloce	Ragni domestici	1,9 km/h
Massima altitudine	Ragni salticidi	Fino a 6.700 m
I più velenosi	Phoneutria Perty	0,006 mg di veleno uccidono un topo
I più longevi	Tarantola Golia	20–25 anni
Occhi più grandi	Deinopidae	1,5 mm di diametro
Più uova	Tarantola Golia	Fino a 3.000
Uova più piccole	*Oonops domesticus*	2

Seta e ragnatele

Tutti i ragni sono in grado di produrre fili molto sottili e fini, chiamati seta. I ragni filano la seta per molte ragioni. Circa la metà dei 40.000 tipi diversi di ragni crea ragnatele per catturare le prede. Alcuni ragni avvolgono le vittime vive nella seta per impedirne la fuga, in modo che il ragno possa consumare il suo pasto più tardi. Alcune femmine di ragno creano sacchi di seta, chiamati bozzoli, dove depongono le uova, mentre altre tessono tende protettive di seta per i loro piccoli.

Quando un insetto entra nella ragnatela, il ragno è allertato dalle vibrazioni provocate dalla preda che si agita. Il ragno si precipita su di essa e la avvolge nella seta dopo un morso che la paralizza.

- La seta è composta da particelle proteiche. All'interno del corpo del ragno, questa seta ha una forma liquida.

- La seta liquida si indurisce quando il ragno la estrae per formare il filo. La seta di ragno è molto elastica ed estensibile.

- I vari tipi di seta sono utilizzati per scopi diversi. La seta appiccicosa è usata per catturare le prede, mentre quella non appiccicosa è usata per rendere le ragnatele più resistenti.

- I ragni tessono le ragnatele durante la notte e di solito finiscono di realizzarle entro le prime ore del mattino.

- I ragni dipendono dalle correnti di vento per stendere il primo filo della tela. Fanno fluttuare il filo nell'aria e aspettano che si attacchi a un gambo di pianta o a un altro supporto. Poi il ragno attraversa il filo e inizia a tessere il resto della tela.

- Diversi gruppi di ragni tessono ragnatele di forma diversa. Ad esempio, alcune ragnatele sono simili a fogli, altre a imbuti e altre ancora hanno una forma irregolare. Le ragnatele più familiari sono quelle a forma di ruota costruite dagli araneidi.

- Le loro ragnatele sono molto leggere, ma sono realizzate in modo tale che la delicata ragnatela possa sostenere il ragno e la preda che si agita. Infatti, la tela può sopportare un peso migliaia di volte superiore a quello della seta di cui è fatta.

Un araneide può tessere più di 100 ragnatele nella sua vita, ognuna delle quali utilizza fino a 100 m di seta e richiede da 40 minuti a diverse ore.

- Anche le ragnatele a foglio sono comuni tra i ragni. Il ragno tesse un foglio di seta appiccicosa e lo stende. Proprio sopra il foglio, tesse una serie di fili di seta non appiccicosi. Gli insetti che volano sopra la rete inciampano nei fili non appiccicosi e cadono nel foglio sottostante.

- Non tutte le ragnatele sono costruite contro strutture portanti. Alcuni ragni usano la tela come una rete, che viene gettata sull'ignara preda, la quale viene poi avvolta nella seta.

- Per evitare di rimanere bloccati all'interno della propria tela, i ragni si spalmano una sostanza speciale sul corpo e hanno ghiandole oleifere sulle zampe. Si muovono delicatamente sulla ragnatela. Un ragno sa anche dove ha deposto i fili di seta appiccicosi.

Produzione di seta

I ragni hanno nel corpo ghiandole che producono seta e sono collegate a organi di filatura, chiamati seritteri, all'estremità dell'addome. I seritteri sono dotati di aperture chiamate fusuli e cribellum, attraverso le quali fuoriesce la seta. Ogni fusulo secerne seta di spessore diverso. È possibile filare più tipi di seta contemporaneamente.

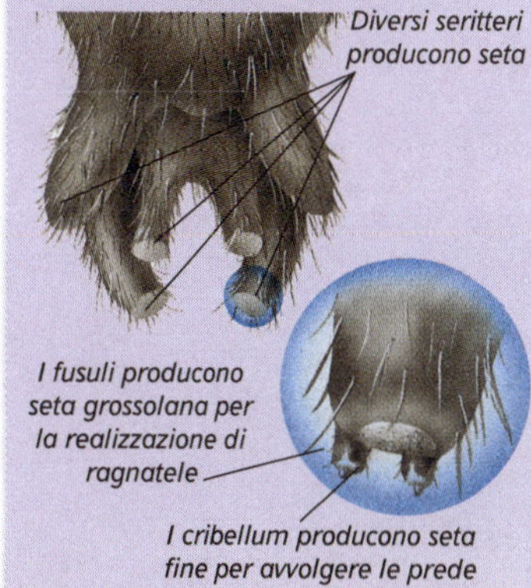

Le ragnatele rotonde a forma spirale sono costruite da diverse famiglie di ragni. Si trovano spesso in giardini, campi e boschi, dove il colore verde del corpo di questa specie rappresenta un mimetismo molto efficace.

Ragno bolas

Il ragno bolas crea una palla appiccicosa e la attacca a un filo di seta. Quindi fa roteare questa "corda" come un lazo per catturare gli insetti volanti.

Sorprendente!

Un filo di seta di ragno è più forte di un filo d'acciaio dello stesso spessore.

1. La seta proviene dall'interno del corpo del ragno. Il ragno inizia una ragnatela costruendo un ponte

Un ragno inizia a costruire la sua tela creando una solida struttura di seta. Riempie quindi la struttura con fili circolari appiccicosi che intrappolano le prede, come le mosche.

2. Poi crea una forma a triangolo

3. Aggiunge altri fili per creare una struttura completa

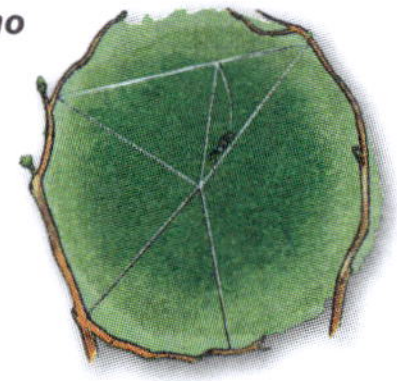

4. Infine, il ragno riempie la struttura di fili circolari

5. La tela di un ragno è abbastanza forte da catturare insetti di grandi dimensioni, ma viene facilmente danneggiata da animali più grandi e dalle persone

Ragni cacciatori

***I** ragni sono carnivori. Si nutrono di tutti i tipi di insetti. Alcune specie più grandi possono attaccare anche piccoli mammiferi e uccelli. Il ragno inietta nella preda un veleno paralizzante. La preda viene in parte digerita da questo veleno e il ragno ne succhia le interiora liquide. Non tutti i ragni tessono ragnatele per catturare le prede: alcuni le inseguono. Altri tendono agguati o addirittura creano trappole per le loro vittime.*

- Le ghiandole velenifere si trovano vicino alle zanne sulla testa del ragno.
- Per alcuni animali il veleno dei ragni è letale, mentre altri ne rimangono paralizzati. Il veleno può colpire gli animali in due modi: può essere neurotossico o necrotico.
- Il veleno neurotossico colpisce l'intero sistema nervoso dell'animale. Può causare paralisi e dolore in aree diverse da quella in cui il ragno ha colpito. Il veleno necrotico colpisce solo i tessuti morsi dal ragno. La pelle di quest'area può formare vesciche o diventare nera.
- La maggior parte dei ragni non costituisce una minaccia per l'uomo. Tuttavia, il veleno del ragno eremita marrone, della vedova nera e del Phoneutria Perty è abbastanza potente da uccidere una persona.

Sorprendente!

Il morso del maschio di ragno dei cunicoli può essere fatale per i primati (uomini e scimmie), ma non costituisce una minaccia per altri mammiferi, come cani e gatti.

Quando i ragni salticidi saltano, spesso producono un robusto filo di seta che li tiene al sicuro nel caso in cui cadano o vengano spinti fuori rotta.

Il ragno granchio gigante si nasconde spesso sui fiori e attacca gli insetti, come api e vespe, che vi si nutrono.

Ragno pescatore

I ragni pescatori vivono in prossimità dell'acqua. Toccano la superficie con le zampe sensibili, percependo le vibrazioni causate da insetti, pesci o rane. Allargando le zampe e compiendo passi veloci, possono correre sull'acqua per catturare le prede. I ragni pescatori spesso strisciano lungo le piante acquatiche in caso di pericolo e possono rimanere sott'acqua fino a un'ora.

Il ragno sputatore ha ghiandole sericigene collegate alle zanne velenose. Quando individua la preda, sputa una sostanza appiccicosa e setosa sulla preda per immobilizzarla. Il ragno può oscillare la testa da un lato all'altro mentre sputa per creare un flusso a zig zag che lega la preda al terreno.

Ragni botola

I ragni botola scavano tane nel terreno. All'apertura costruiscono una porta di terra incernierata con la seta. I ragni aspettano che la preda si avvicini e poi si precipitano fuori dalla porta per accaparrarsi il pasto. Alcune specie tendono un filo di seta che parte dalla tana. Non appena una preda inciampa nel filo di seta, il ragno si precipita e morde la vittima.

- Le tarantole Golia escono a caccia di notte. Fanno ragnatele, ma di solito inseguono le loro prede. Si lanciano silenziosamente e improvvisamente per catturare piccoli mammiferi o trascinare colibrì fuori dai loro nidi.

- I ragni pescatori si immergono sott'acqua per 10–15 minuti alla volta a caccia di prede come girini, insetti acquatici, piccoli pesci e rane.

- Un ragno salticida salta grazie a contrazioni muscolari del corpo, che spingono il sangue nelle zampe. Questo fa sì che le zampe si estendano rapidamente. Alcune specie non saltano, ma si muovono come formiche.

- I ragni granchio si nascondono e attendono le loro prede. Poiché possono cambiare colore per adattarsi all'ambiente, è difficile per le prede individuarli. Questo aiuta i ragni a compiere attacchi a sorpresa. Alcuni ragni granchio assomigliano alla corteccia degli alberi, alle foglie o ai frutti, mentre altri sembrano escrementi di uccelli.

- I ragni lupo prendono il nome dalla loro abitudine, simile a quella dei lupi, di inseguire e colpire le prede.

- I ragni salticidi sono predatori attivi che di solito cacciano di giorno. Seguono le prede fino a quando non sono a portata di salto, poi si avventano sulla vittima ignara.

Il ragno lupo resta in attesa, immobile e silenzioso, del passaggio di un insetto o di un ragno. Quando una preda si avvicina, come questo grillo, il ragno lupo si lancia.

Ragni del mondo

I ragni si trovano praticamente ovunque, dai deserti, alle foreste e alle praterie, alle grotte, alle case e persino agli stagni. Le loro dimensioni variano da quelle di un piatto da cucina a meno di una capocchia di spillo. Molti ragni hanno una colorazione marrone opaca o grigia, mentre altri hanno colori vivaci, gialli, rossi e arancioni.

Le femmine dei ragni filano un bozzolo di seta intorno alle uova, formando un ovisacco. Questo protegge le uova e impedisce che si secchino.

La vedova nera australiana è tra i più letali del gruppo delle vedove nere. Il nome di questi ragni deriva dal fatto che, una volta accoppiatisi, la femmina mangia il maschio.

Le tarantole, tra cui le tarantole Golia, si nutrono principalmente di piccoli uccelli, come colibrì e parule.

Le familiari ragnatele a forma di ruota degli araneidi hanno spirali di seta appiccicosa che impediscono agli insetti di fuggire.

Le tarantole di solito scavano tane sotterranee, ma alcune vivono in tane scavate da roditori o altri animali. Le tarantole si nutrono di una varietà di animali, da insetti e piccoli rettili a piccoli uccelli e rane.

I ragni granchio prendono il nome dalla loro forma simile a un granchio e dalla loro capacità di camminare lateralmente.

I ragni Argiope sono chiamati anche "ragni scrittori", per via del motivo a zig zag che usano nelle loro ragnatele.

I ragni crociati presentano marcature a strisce molto particolari di colore argento, giallo e nero. Costruiscono grandi ragnatele e spesso si appendono a testa in giù vicino al centro.

I nephila clavipes tessono ragnatele molto resistenti che alla luce del sole sembrano fili d'oro.

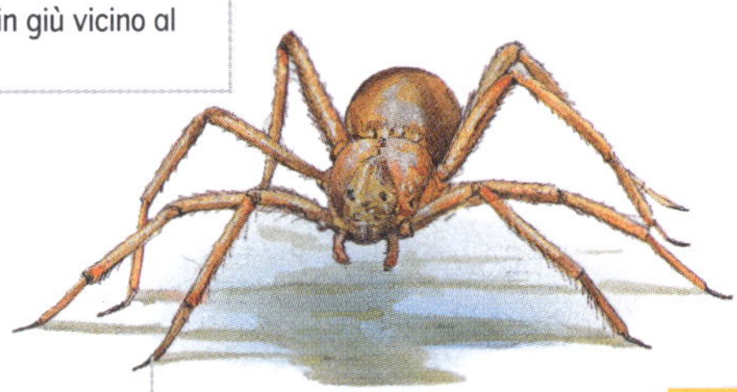

L'araneus trifolium del Nord America prende il nome dal disegno sull'addome, che può assomigliare a un trifoglio.

Il ragno eremita marrone è originario degli Stati Uniti. Nonostante la loro natura schiva, questi ragni altamente velenosi si trovano spesso nelle case e nei garage, in agguato negli angoli bui o nelle cantine.

Sorprendente!

In alcuni Paesi le persone mangiano i ragni. Si dice che le tarantole dalle zampe blu abbiano un sapore simile alle castagne se mangiate crude e al midollo delle ossa di pollo se cotte.

I missulena appartengono al gruppo dei ragni botola. Hanno il ventre grigio ricoperto di peli, simile a una pelliccia di topo.

I ragni dalla tela a imbuto devono il loro nome all'abitudine di creare ragnatele simili a fogli che a un certo punto si incanalano in un ripiegamento tubolare.

Molti ragni avvolgono le loro prede nella seta per immobilizzarle, ma i ragni pescatori afferrano semplicemente le loro vittime con le zanne e le mangiano.

Glossario

A sangue freddo Animale che non può mantenere una temperatura corporea costante. La sua temperatura corporea dipende dall'ambiente circostante.

Accoppiamento L'unione tra un animale maschio e una femmina per generare una prole.

Acquatico Che vive per la maggior parte o per tutto il tempo in acqua.

Addome La terza parte del corpo di un insetto, dietro la testa e il torace.

Antenne Coppia di strutture sulla testa di un insetto sensibili all'olfatto, al gusto e al tatto.

Antiveleno Farmaco somministrato per contrastare gli effetti del veleno.

Aracnide Artropode con otto zampe.

Artropode Animale invertebrato dotato di esoscheletro.

Autotomia Capacità di un animale di liberarsi di un arto per sfuggire ai predatori.

Bilancieri Coppia di piccole strutture tondeggianti, una su ciascun lato del corpo della mosca. Aiutano la mosca a controllare il volo.

Bozzolo Involucro di seta che avvolge la pupa di un insetto o le uova dei ragni.

Bruco Larva di falena o farfalla.

Cannibalismo Quando un animale mangia membri della sua stessa specie.

Carnivoro Animale che mangia principalmente o esclusivamente carne.

Cefalotorace Parte del corpo di un aracnide: la testa e il torace fusi insieme.

Cella Lo spazio esagonale in un nido di vespe o di api, utilizzato per conservare il cibo o le uova.

Cellula I microscopici blocchi di costruzione di cui sono fatti tutti gli esseri viventi.

Cerci Proiezioni sensoriali all'estremità dell'addome di alcuni insetti.

Cheliceri Mascelle muscolari di un aracnide. Nei ragni i cheliceri sono dotate di zanne.

Colonia Un gruppo di insetti che vivono insieme in un nido e sono tutti figli della stessa femmina, la regina.

Corteggiamento Comportamento animale che porta alla selezione di un partner e all'accoppiamento.

Crisalide Involucro rigido che protegge la pupa di un insetto, in particolare di una farfalla o di una falena.

Crogiolarsi Stendersi al sole per riscaldarsi.

Custodie alari I rivestimenti duri delle ali posteriori di un coleottero.

Decompositori Organismi che scompongono i resti di altri esseri viventi.

Dente d'uovo Dente temporaneo che un piccolo ragno usa per perforare il guscio dell'uovo.

Elitre Le ali di un coleottero.

Emitteri Insetti con apparato boccale aghiforme per perforare e succhiare.

Esapode Artropode a sei zampe non insetto, come i collemboli.

Esoscheletro L'involucro resistente e impermeabile del corpo di un artropode.

Feromone Sostanza chimica che alcuni animali producono per attirare un compagno.

Fossili I resti di esseri viventi, conservati nelle rocce. Anche le impronte nella roccia o la pelle sono fossili.

Fuco Ape maschio che si accoppia con la regina ma non lavora nella colonia.

Galla Crescita che si forma su una pianta intorno alle uova deposte da alcune vespe.

Guide del miele Linee o disegni su un fiore che guidano gli insetti verso il nettare.

Habitat La casa naturale di una pianta o di un animale.

Insetti sociali Insetti che vivono insieme in colonie.

Insetto Artropode con sei zampe, testa, torace e addome.

Invertebrato Animale privo di spina dorsale. Insetti, aracnidi, vermi e lumache sono tutti invertebrati.

Larva Il primo stadio del ciclo vitale di un insetto dopo la schiusa dall'uovo.

Letargo Uno stato simile al sonno in cui il corpo funziona a un livello minimo e quindi richiede poca energia. Il letargo aiuta alcuni animali a sopravvivere all'inverno.

Linfa Liquido ricco di sostanze nutritive presente nelle piante.

Macchie oculari Marcature sul corpo o sulle ali di un insetto che assomigliano agli occhi di un animale più grande.

Mandibole Le mascelle principali di un insetto, che triturano il cibo.

Mascelle Il secondo paio di mascelle di un insetto, utilizzate per guidare il cibo nella bocca.

Melata Liquido dolce che fuoriesce dalla parte posteriore degli insetti che si nutrono di linfa.

Metamorfosi La trasformazione di un giovane insetto, attraverso diversi stadi di crescita, nella sua forma adulta.

Metamorfosi completa Quando un insetto passa attraverso stadi distinti del suo sviluppo, in cui i giovani hanno un aspetto molto diverso dagli adulti.

Metamorfosi incompleta Quando un insetto si sviluppa da larva ad adulto senza passare per lo stadio pupale. I giovani assomigliano agli adulti.

Migrare Spostarsi da un posto all'altro alla ricerca di cibo, di un clima migliore o di luoghi in cui riprodursi.

Mimetismo L'uso di colori e disegni per copiare l'aspetto di un altro animale.

Mimetizzazione Il modo in cui il colore, le marcature, il disegno o la forma di un animale lo aiutano a confondersi con l'ambiente circostante.

Muta Eliminazione di una vecchia pelle, per rivelare una nuova pelle sottostante.

Nettare Liquido zuccherino prodotto dalle piante che attira gli insetti impollinatori come api e vespe.

Ninfa La larva di insetti come libellule e cavallette

Occhi composti Occhi costituiti da molte parti diverse, ognuna con un piccolo ommatide in superficie.

Occhi semplici Occhi con un unico ommatide. I ragni e alcuni insetti hanno occhi semplici.

Onnivoro Che si nutre di una grande varietà di cibo, sia vegetale che animale.

Operai Gli insetti di una colonia che costruiscono il nido, trovano il cibo e si prendono cura dei piccoli. Gli insetti operai non possono riprodursi. Esistono api, formiche e termiti operaie.

Ospite Un animale sul quale o nel quale un parassita vive e si nutre.

Ovisacco Sacca di seta che una femmina di ragno avvolge intorno alle uova per proteggerle.

Ovopositore Tubo di deposizione delle uova di un insetto femmina.

Paralizzare Colpire il sistema nervoso o i muscoli di un animale in modo che non possa muoversi.

Parassiti Organismi, come pulci, zecche e acari, che vivono e si nutrono su o all'interno di altri esseri viventi.

Pedipalpi Il secondo paio di appendici simili a zampe nella parte anteriore del corpo di un aracnide, solitamente ricoperte di peli sensoriali.

Peli sensoriali Minuscoli peli attaccati ai nervi che permettono a insetti e aracnidi di rilevare gli oggetti tramite il tatto e persino il gusto.

Polline Minuscoli granelli prodotti dalle parti maschili di un fiore. Il polline deve raggiungere le parti femminili di un fiore affinché si possano formare i semi (impollinazione). Api, vespe, mosche e altri insetti facilitano questo processo trasportando il polline tra i fiori mentre si nutrono.

Preda Un animale che viene cacciato da altri animali.

Predatore Un animale che caccia, o preda, altri animali.

Pseudozampe Proiezioni muscolari simili a zampe sul corpo di un bruco.

Pungiglione La parte del corpo appuntita utilizzata per iniettare il veleno negli aggressori o nelle prede.

Pupa Lo stadio di riposo del ciclo vitale di un insetto, quando si trasforma da larva ad adulto.

Ragnatela Rete di fili di seta tessuta da un ragno e utilizzata per intrappolare le prede.

Regina Femmina che depone le uova in una colonia di formiche, api, vespe o termiti.

Saliva Un liquido prodotto dalle ghiandole nella bocca per facilitare la deglutizione e la digestione del cibo.

Seritteri Tubi all'estremità dell'addome del ragno, attraverso i quali il ragno espelle la seta per tessere la tela.

Seta Fili di proteine prodotti dai ragni e da alcuni insetti.

Specie Un gruppo di esseri viventi simili che possono riprodursi insieme per produrre esemplari giovani fertili.

Spiracolo Minuscoli fori di respirazione sull'addome di un insetto.

Spirotromba L'apparato boccale tubolare di falene, farfalle e alcune mosche.

Strutture di aggancio terminali Sporgenze prensili, simili a ventose, situate all'estremità del corpo dei bruchi e dei maschi di libellula.

Timballi Strutture simili a tamburi sulle zampe di alcuni insetti per produrre richiami di accoppiamento.

Torace La sezione centrale del corpo di un insetto.

Veleno Liquido usato da un animale per uccidere o paralizzare la preda.

Zanne Apparato boccale appuntito, spesso cavo per iniettare il veleno nella preda.

RETTILI E ANFIBI

Ogni forma e dimensione

Esistono rettili e anfibi di ogni forma e dimensione. Sono note circa 8.000 specie di rettili e 5.000 specie di anfibi, dalle piccole rane alle lucertole giganti simili a dinosauri.
Lo studio congiunto di rettili e anfibi è chiamato erpetologia, dalla parola greca* herpeton *che significa "cose che strisciano".

❍ I rettili e gli anfibi sono vertebrati, il che significa che hanno una spina dorsale. Si tratta di una colonna di supporto robusta e flessibile a cui sono fissate altre strutture del corpo. Anche i mammiferi, gli uccelli e i pesci sono vertebrati.

I primi rettili

I primi rettili si sono evoluti dagli anfibi 330 milioni di anni fa, nel periodo Carbonifero. A differenza dei loro antenati anfibi, deponevano uova dal guscio duro, che non avevano bisogno dell'acqua, permettendo loro di colonizzare la terraferma.

❍ Sia i rettili che gli anfibi sono a sangue freddo, pertanto la loro temperatura corporea è determinata dalla temperatura dell'ambiente circostante.

❍ Gli anfibi si alternano tra la vita sulla terraferma e quella in acqua. Rane, rospi, tritoni e salamandre sono tutti anfibi.

❍ Il ciclo di vita della maggior parte degli anfibi comporta il passaggio da una larva acquatica che incamera ossigeno attraverso le branchie a un esemplare adulto terrestre che respira con i polmoni.

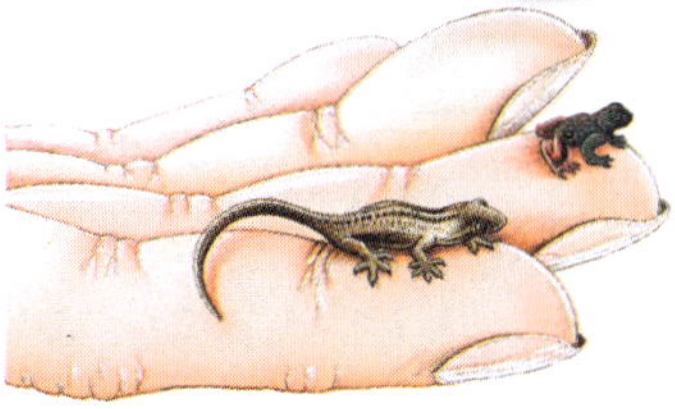

Il rettile più piccolo del mondo è il geco nano Jaragua dei Caraibi, lungo appena 16 mm. La rana brasiliana è uno degli anfibi più piccoli. È lunga appena 9,8 mm.

I rettili sono più diversificati rispetto agli anfibi: essendo meno dipendenti dall'acqua, sono stati in grado di colonizzare una gamma più ampia di habitat.

Antichi antenati

L'"età dell'oro" dei rettili risale a 230-65 milioni di anni fa, quando il gruppo di rettili chiamato dinosauri dominava la vita sulla Terra. Molti erano erbivori, ma altri, come il *Tyrannosaurus rex* (rappresentato qui), erano feroci predatori.

Sorprendente!

Per raffreddarsi, le tartarughe del deserto si urinano sulle zampe. Evaporando, l'urina sottrae calore al corpo.

- Quasi tutti gli anfibi vivono vicino all'acqua nelle zone temperate e tropicali del mondo. Depongono le uova in acqua.
- Alcuni anfibi si sono adattati per sopravvivere a condizioni di freddo e siccità.
- I rettili sono animali dalla pelle squamosa che vivono in molti habitat diversi, soprattutto nelle regioni calde.
- Molti passano tutta la vita lontano dall'acqua.
- Alcuni rettili trascorrono del tempo in acqua, ma la maggior parte depone le uova sulla terraferma.
- I rettili non hanno uno stadio larvale ed emergono completamente formati dalle loro uova.

Rettili

Coccodrilli, alligatori, caimani e gaviali sono grandi rettili dalla pelle coriacea che formano un gruppo chiamato Crocodylia. (Più di 20 specie.)

Le lucertole più diffuse hanno di solito quattro zampe e una coda. (Circa 4.500 specie.)

I serpenti sono predatori senza zampe con corpi lunghi e cilindrici. (Quasi 3.000 specie.)

Le tartarughe e le testuggini sono rettili con gusci duri. Insieme prendono il nome di cheloni. (Poco meno di 300 specie.)

Le anfisbene sono rettili scavatori, senza zampe e simili a vermi, imparentati con le lucertole. (Circa 150 specie.)

I tuatara sono gli ultimi sopravvissuti di un antico gruppo di rettili. (Solo due specie.)

Anfibi

Le rane e i rospi sono anfibi senza coda con zampe posteriori muscolose. (Circa 4.400 specie.)

Le salamandre, i tritoni e le sirene simili alle anguille sono anfibi con la coda. (Più di 450 specie.)

Le cecilie assomigliano a vermi o serpenti e hanno solo zampe piccolissime, o non ne hanno affatto. (Meno di 200 specie.)

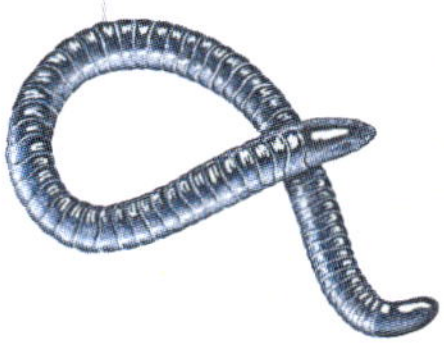

Controllo della temperatura

I rettili e gli anfibi sono a sangue freddo, il che significa che non possono usare il cibo ingerito per produrre calore corporeo. Devono assorbire il calore dall'ambiente circostante per far funzionare il loro corpo. Controllano la temperatura corporea principalmente spostandosi tra luoghi caldi e freddi nel corso della giornata.

Molti rettili si trovano nei deserti caldi e nelle praterie secche. La pelle spessa fa sì che esca meno acqua possibile dal corpo. Alcuni anfibi riescono a sopravvivere in condizioni di aridità, riparandosi in tane e immagazzinando acqua nella vescica per mantenersi in vita.

Estivazione

Durante i periodi di siccità, alcuni rettili e anfibi si estivano, ovvero entrano in uno stato inattivo simile al letargo. La tartaruga punteggiata d'acqua dolce del Nord America estiva nei letti fangosi di laghi e fiumi, o anche nelle tane dei topi muschiati.

- I rettili vivono principalmente nelle zone più calde del mondo. Spesso si crogiolano al sole per accumulare abbastanza energia per cacciare.

- I rettili hanno bisogno di un certo livello di calore per sopravvivere. Questo è il motivo per cui non ci sono rettili in luoghi molto freddi, come ai poli o sulle cime delle montagne.

- Anche gli anfibi sono assenti nei poli, ma alcuni vivono sulle montagne fino a 4.500 m. Molti anfibi vanno in letargo durante l'inverno.

Sorprendente!

La ciclorana dalla testa piatta sopravvive alle lunghe siccità del deserto spogliandosi degli strati esterni della pelle per formare un bozzolo che riempie d'acqua.

- Alcune rane e salamandre possono sopravvivere a temperature fino a -6 °C, rilasciando nel sangue una sostanza chiamata glicerolo. Questa agisce come una specie di antigelo e impedisce alle cellule del corpo di congelarsi.

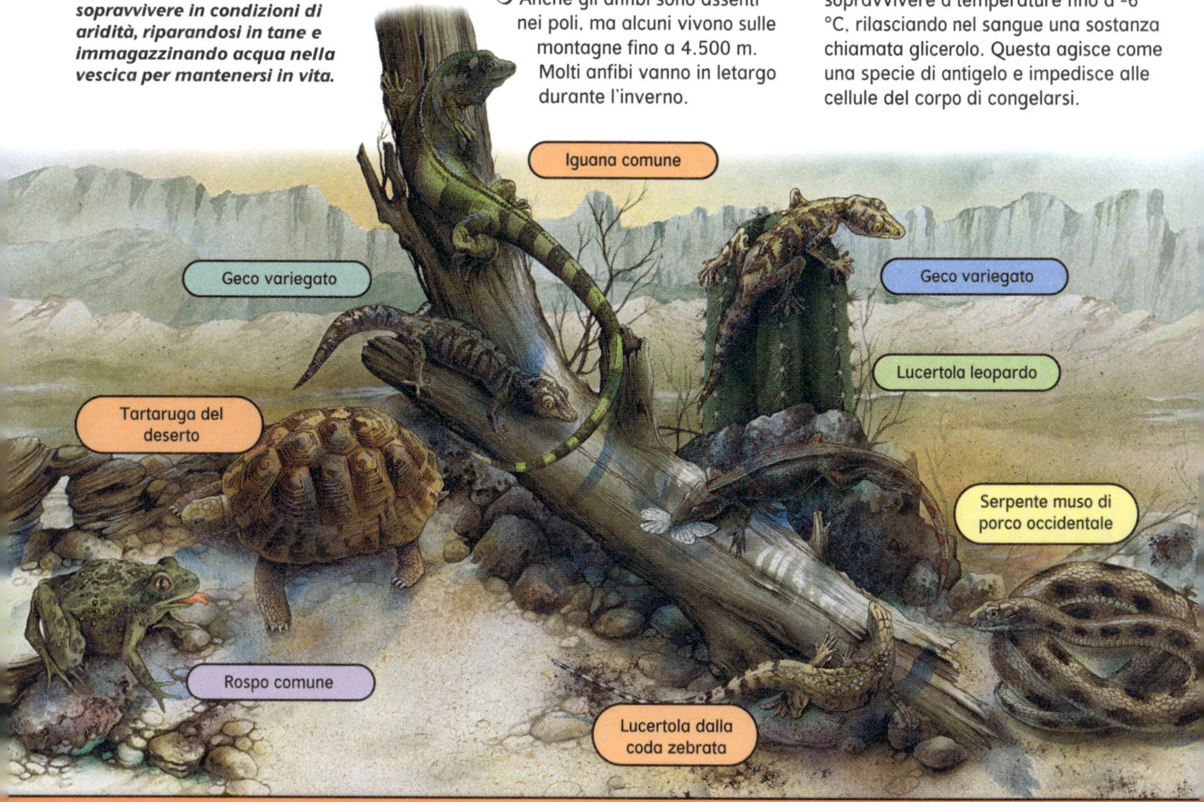

Controllo della temperatura nei coccodrilli

Per rinfrescarsi, questo coccodrillo di Morelet ha aperto le mascelle per far evaporare l'umidità dalla bocca.

I coccodrilli, come questo alligatore americano, si immergono nell'acqua quando si scaldano troppo.

Come tutti i rettili, i coccodrilli del Nilo si crogiolano al sole per ottenere energia sufficiente per la caccia.

I camaleonti e molte lucertole possono regolare il colore della pelle per assorbire più calore dal sole.

- Come i rettili, molti anfibi vivono in luoghi molto caldi. Ma a volte può diventare troppo caldo e secco per loro. Il rospo comune, presente in Europa, Asia e Nord America, si seppellisce nella sabbia per sfuggire al calore e alla siccità.
- Questo rospo può sopravvivere perdendo il 60 percento dell'acqua corporea.
- Molte rane scavatrici che vivono in luoghi caldi e secchi sono in grado di immagazzinare acqua nella vescica.
- Crogiolandosi al sole, una rana perde acqua dalla pelle, quindi questo comportamento è limitato alle specie che vivono vicino a fonti d'acqua permanenti.
- Anche i rettili possono scaldarsi troppo a volte. Quando questo accade, si nascondono all'ombra di una roccia o si seppelliscono nella sabbia. Alcuni rettili sfuggono al caldo restando attivi soprattutto di notte.
- I rettili hanno bisogno di pochissima acqua rispetto a molti altri animali Poiché non usano il cibo per creare calore corporeo, molti possono sopravvivere in luoghi con scarsa disponibilità di cibo, come i deserti.

Il rospo delle Grandi Pianure si nasconde nel fango morbido e sotto le rocce durante le ore diurne per evitare di seccarsi.

Letargo

Quando il tempo diventa particolarmente freddo, molti anfibi e alcuni rettili entrano in uno stato simile al sonno, chiamato letargo. Le rane possono nascondersi nel fango sul fondo degli stagni o sotto pietre e tronchi in autunno, e restare in letargo fino a primavera.

Come altre lucertole, questa agama dell'Africa si riscalda crogiolandosi al sole.

Introduzione ai rettili

***I** rettili includono lucertole, coccodrilli, cheloni, tuatara, serpenti e anfisbene. La pelle di un rettile sembra viscida, ma in realtà è piuttosto secca. Trattiene l'umidità così bene da rendere i rettili un gruppo animale dominante nei deserti. La pelle diventa spesso più scura per assorbire il calore del sole.*

Sorprendente!

Quando trova l'acqua, una tartaruga del deserto può bere oltre il 40 percento del suo peso in acqua in poco più di un'ora.

- I rettili volanti dominavano i cieli durante l'Era Mesozoica, 248-65 milioni di anni fa.

- Alcuni rettili possono prendere il volo ancora oggi, anche se solo per pochi secondi. Non volano veramente, ma planano tra i rami o scendono a terra. Il volo planato aiuta gli animali a spostarsi più lontano, a sfuggire ai predatori o a piombare su una preda prima che si allontani.

- Fossili di rettili con il guscio simili agli odierni cheloni (tartarughe e testuggini) risalgono a circa 220 milioni di anni fa, al periodo Triassico.

Le anfisbene sono rettili scavatori delle regioni tropicali e subtropicali. In genere spuntano in superficie solo quando le piogge abbondanti inondano le loro gallerie. Usando i loro crani spessi e pesanti, si fanno strada nel terreno alla ricerca di vermi, insetti e larve da mangiare.

Molti rettili che passano diverso tempo sugli alberi sono di colore verde, come questo basilisco. Si confondono con l'ambiente frondoso che li circonda, rendendo difficile vederli, a meno che non si muovano.

- I serpenti furono l'ultimo gruppo di rettili esistenti ad apparire sulla Terra. Probabile che siano evoluti da antenati di lucertole 150-100 milioni di anni fa, durante il tardo Giurassico o l'inizio del Cretaceo.

- Parte della ragione del grande successo delle lucertole sta nella loro dimensione: poche superano i 30 cm di lunghezza e dunque non richiedendo grandi quantità di cibo, sono in grado di sopravvivere anche dove i loro parenti rettili più grandi non possono.

- I coccodrilli, come molti rettili, sono perfettamente a loro agio in acqua. La forma affusolata del corpo, le zampe palmate e la coda massiccia e muscolosa li rendono temibili cacciatori acquatici.

Rettili volanti

Alcuni rettili possono spiccare il volo. I serpenti volanti trasformano il loro corpo in un paracadute sollevando la gabbia toracica e appiattendosi. I gechi volanti hanno estremità palmate e pieghe di pelle lungo le zampe, la coda e i fianchi, che trasformano la lucertola in un aliante. Il drago volante ha "ali" fatte di pelle stesa su costole che sporgono fuori dal corpo. Le ali si ripiegano quando non vengono utilizzate.

Fossile vivente

Il tuatara è l'unico sopravvissuto di un gruppo di animali che si è estinto 60 milioni di anni fa. Nessuno sa perché il tuatara sia sopravvissuto e gli altri si siano estinti. Le due specie di tuatara vivono sparse tra circa 30 isole al largo della Nuova Zelanda. Animale solitario e notturno, il tuatara mangia invertebrati, piccole lucertole e anfibi, uova e piccoli di uccelli.

La testa a forma di cuneo, il collo stretto e il mantello marrone-verde della vipera del Gabon rendono questo serpente quasi impossibile da individuare tra le foglie del sottobosco.

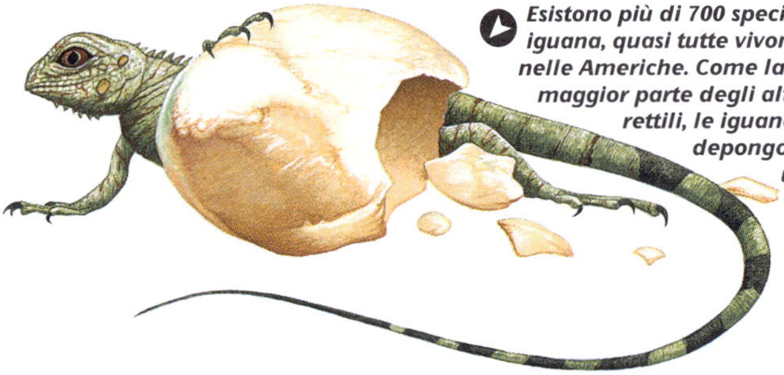

Esistono più di 700 specie di iguana, quasi tutte vivono nelle Americhe. Come la maggior parte degli altri rettili, le iguane depongono le uova.

❍ Quando riposa, il tuatara respira solo una volta ogni ora. Inoltre, può continuare a crescere anche a 60 anni. Questo stile di vita lento e il tasso di crescita possono spiegare in parte perché si ritiene che il tuatara possa vivere fino a 120 anni.

❍ Un tuatara può condividere la tana di un uccello marino come un petrello o una berta. Gli escrementi dell'uccello attirano una serie di insetti, tra cui coleotteri e grilli, di cui si ciba il rettile. Il tuatara, a sua volta, aiuta gli uccelli mantenendo la tana priva di insetti.

I coccodrilli sono animali più sociali di altri rettili, e secondo alcuni resoconti, a volte cooperano quando cacciano.

Anatomia dei rettili

Il corpo di un rettile si basa sugli stessi sistemi di supporto vitale di base di altri vertebrati (animali con la spina dorsale), usando molti degli stessi organi, tra cui cuore, polmoni, reni e fegato. Ma ci sono diverse differenze chiave, in particolare la pelle dura di cui sono rivestiti questi animali.

❍ I rettili hanno una pelle secca, squamosa e impermeabile. Questo evita che i loro corpi si secchino.

❍ La pelle è costituita da squame fatte di cheratina, lo stesso materiale che forma le unghie delle mani e dei piedi dell'uomo.

❍ Le squame di un rettile possono essere ruvide o lisce, e possono formare placche molto spesse e cornee chiamate scuti. In alcune specie la pelle contiene piastre ossee chiamate osteodermi.

Sorprendente!

Lo scinco Prasinohaema virens è l'unico vertebrato ad avere un pigmento verde nel sangue. Gli scienziati sono incerti sulla sua funzione.

❍ Tutti i rettili perdono la pelle esterna per sostituire le squame. I serpenti si liberano della loro pelle lasciandola intera. In lucertole, coccodrilli, cheloni e tuatara, la vecchia pelle viene via a pezzi.

❍ A differenza degli arti dei mammiferi e degli uccelli, le zampe di un rettile sostengono il corpo lateralmente. Questo gli conferisce un'andatura tentacolare quando si muove.

Valvola palatale del coccodrillo

I coccodrilli non hanno labbra, quindi non possono rendere la bocca impermeabile quando sono sommersi. Hanno invece un lembo speciale nella gola che sigilla la trachea, in modo che non affoghino quando si immergono.

❍ Serpenti, anfisbene e alcune lucertole hanno perso le zampe.

❍ In molti rettili, la crescita delle ossa non si ferma quando gli animali raggiungono la maturità sessuale.

❍ Quando i rettili invecchiano, non perdono permanentemente i loro denti come fanno i mammiferi, ma continuano a sostituire quelli che perdono.

❍ I cheloni (testuggini e tartarughe) non hanno denti, ma sminuzzano il loro cibo con un becco corneo, detto ranfoteca. È in continua crescita, quindi non si consuma mai con l'uso.

❍ I serpenti di mare hanno un polmone allargato, parte del quale forma una camera speciale per aiutare il galleggiamento del serpente.

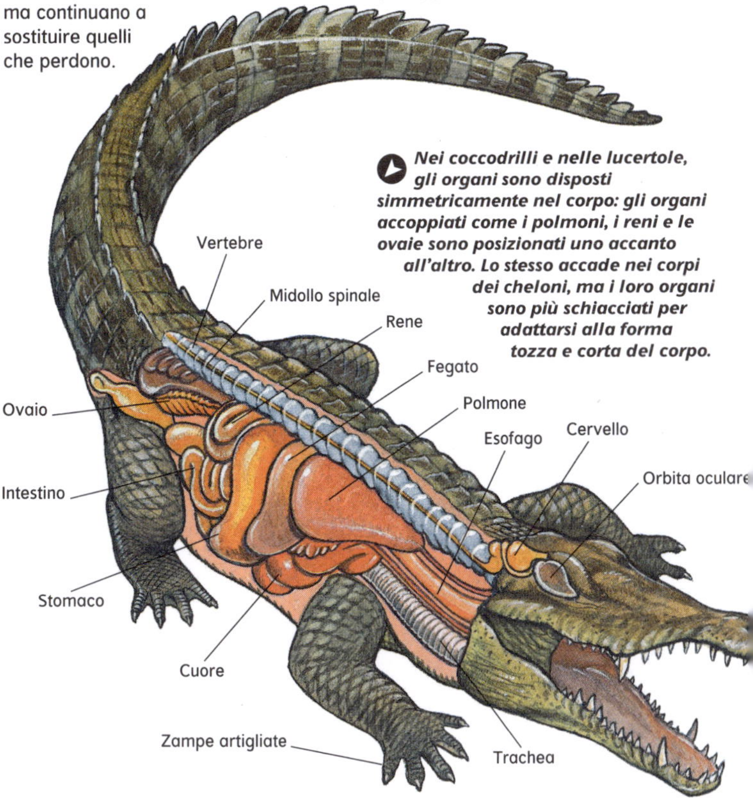

Nei coccodrilli e nelle lucertole, gli organi sono disposti simmetricamente nel corpo: gli organi accoppiati come i polmoni, i reni e le ovaie sono posizionati uno accanto all'altro. Lo stesso accade nei corpi dei cheloni, ma i loro organi sono più schiacciati per adattarsi alla forma tozza e corta del corpo.

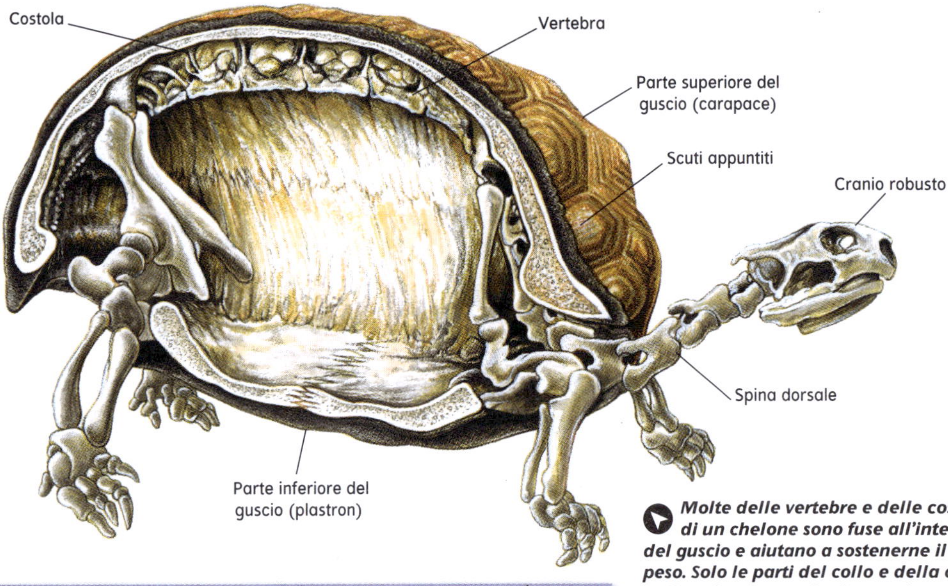

Molte delle vertebre e delle costole di un chelone sono fuse all'interno del guscio e aiutano a sostenerne il peso. Solo le parti del collo e della coda della colonna vertebrale sono in grado di muoversi liberamente.

Zampa di geco

I gechi mostrano un adattamento insolito: le zampe pelose. Ogni zampa ha circa 500.000 minuscoli peli, e ogni pelo ha sulla punta migliaia di microscopici "adesivi". Questo permette al geco di camminare su qualsiasi superficie, comprese quelle verticali, e persino di appendersi per un dito.

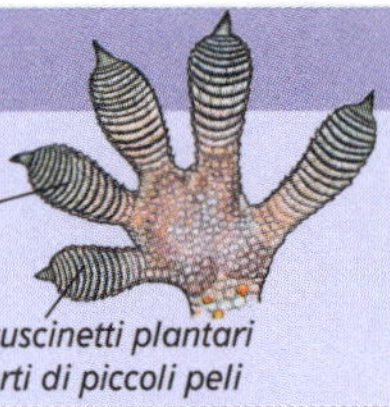

La maggior parte degli organi di un serpente sono allungati per adattarsi al corpo sottile del rettile. Gli organi accoppiati sono sfalsati e non affiancati. Il polmone destro allargato si occupa interamente della respirazione, il piccolo polmone sinistro è superfluo.

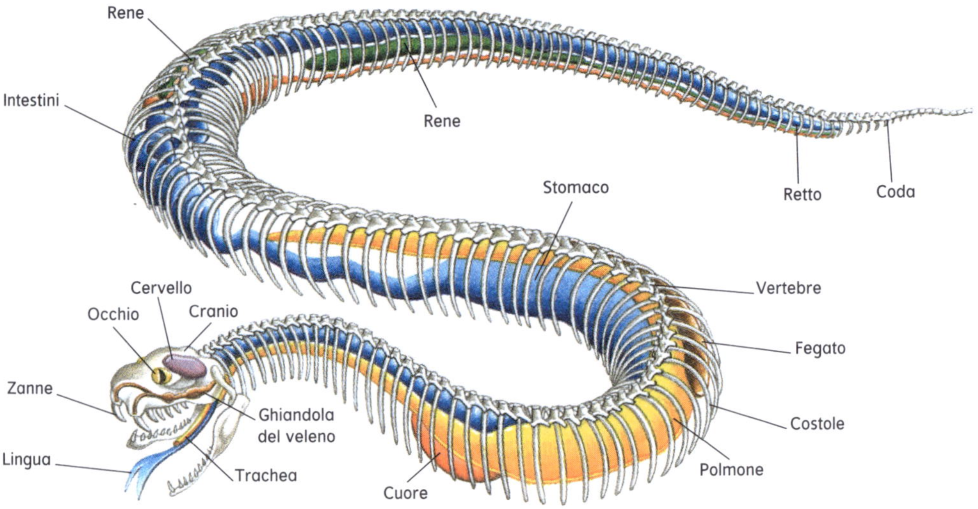

Sensi di rettile

Come altri vertebrati, i rettili scoprono il mondo che li circonda usando i loro sensi: vista, olfatto, udito e tatto. Tuttavia, lo sviluppo di questi sensi varia tra i diversi gruppi di rettili. Alcuni hanno acquisito ulteriori sensi per trovare e catturare le prede.

❍ Lucertole, serpenti e cheloni hanno una depressione nel palato chiamata organo di Jacobson, che permette loro di "assaggiare" l'aria.

I cheloni, come questa tartaruga gigante delle Galapagos, hanno un udito scarso, ma eccellenti sensi dell'olfatto e della vista. Hanno anche un organo di Jacobson.

❍ I coccodrilli, i cheloni e la maggior parte delle lucertole hanno una buona vista, a differenza di molti serpenti. Alcuni di quelli che vivono sottoterra sono completamente ciechi. Emergono solo quando la mancanza di cibo li costringe a salire in superficie.

❍ I gechi e le iguane non possono sbattere le palpebre. Invece di avere palpebre mobili, hanno una membrana cornea trasparente fissa sopra ogni occhio. Anche i serpenti presentano questa caratteristica. Queste membrane vengono eliminate con il resto della pelle quando il rettile fa la muta.

Ciascuno degli occhi simili a torrette di un camaleonte può ruotare in modo autonomo, permettendogli di individuare prede (o predatori) in tutte le direzioni.

❍ Di solito si può capire se un rettile è attivo di giorno o di notte dai suoi occhi. Se la pupilla è una fessura che si chiude quasi completamente alla luce del sole, l'animale è notturno. Una pupilla larga e rotonda significa che un rettile è attivo di giorno.

❍ I serpenti della famiglia dei crotalini, dei pitoni e dei boa possono rilevare il calore corporeo delle prede vicine usando speciali aree sensoriali sulla testa. Nei pitoni e nei boa, si tratta di fessure nelle scaglie del labbro, ma nei crotalini formano una fossa su ogni lato della testa.

Il geco della ragnatela dell'Africa sudoccidentale vive nel deserto della Namibia. Per mantenere i suoi occhi puliti da polvere e sabbia, li lecca costantemente con la lunga lingua.

Nella maggior parte dei coccodrilli, gli occhi, le orecchie e le narici sono posizionati sulla parte superiore della testa. Questo permette loro di respirare e monitorare l'ambiente circostante mentre si spostano inosservati appena sotto la superficie dell'acqua.

- Le tartarughe marine migrano per grandi distanze ogni anno mentre nuotano verso le loro spiagge di nidificazione. Probabilmente usano la posizione del Sole nel cielo come guida, ma ci sono anche prove secondo cui riuscirebbero a percepire il campo magnetico della Terra e usarlo per orientarsi.

- Molte lucertole, comprese le iguane, possono vedere a colori. Questo è importante, perché permette loro di distinguere tra i sessi. Le iguane comunicano usando le loro creste colorate, gli ornamenti della testa e i ventagli della gola.

- Solo i coccodrilli e le lucertole hanno aperture esterne per le orecchie. Un geco africano ha una pelle così sottile sopra le aperture delle orecchie che se lo si guardasse con le aperture allineate con precisione, si vedrebbe la luce passare dall'altra parte.

- I cheloni e i serpenti hanno un udito limitato. Anche se i serpenti non sono molto bravi a rilevare i suoni trasportati dall'aria, le loro ossa del cranio possono captare le vibrazioni del terreno.

- Le anfisbene scavatrici trovano il cibo rilevando l'odore e il suono delle prede nelle loro gallerie.

Organo di Jacobson

I serpenti e alcune lucertole, come i varani e i mostri di Gila, agitano costantemente la loro lingua biforcuta. La lingua raccoglie le particelle odorose trasportate dall'aria e le trasferisce all'organo di Jacobson nel palato, rivestito di cellule speciali chiamate chemorecettori, che analizzano l'odore per rilevare una preda vicina.

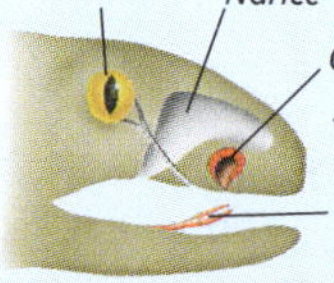

Terzo occhio

Le tartarughe e molte lucertole, comprese le iguane (viste qui), hanno una struttura simile a un occhio sotto la pelle sulla parte superiore del cranio. La funzione di questo "terzo occhio" è incerta. Si pensa che registri la lunghezza del giorno e che possa influenzare comportamenti come crogiolarsi al sole, andare in letargo e persino riprodursi.

Sorprendente!

I test con un serpente a sonagli cieco hanno dimostrato che, con l'organo a fossa coperto, il suo tasso di successo nel colpire un bersaglio scende dal 98% al 27%.

I serpenti a sonagli sono crotalini. I loro organi a fossa sono rivestiti da uno strato di cellule chiamate termorecettori, che rilevano il calore emesso dagli animali a sangue caldo. Questo permette loro di rintracciare prede come mammiferi o uccelli al buio. Gli organi a fossa segnalano al serpente non solo la presenza della preda, ma anche quanto è lontana.

Riproduzione dei rettili

Dopo il corteggiamento e l'accoppiamento, i rettili depongono le uova. Ciò permette ai giovani rettili di svilupparsi in sicurezza, anche se sono fuori dal corpo della madre. Le uova vengono deposte in un nido ben nascosto: in un mucchio di vegetazione in decomposizione, nella sabbia di una spiaggia o in una buca sulla riva di un fiume. Pochi rettili mostrano interesse per i loro piccoli una volta nati.

- Le uova dei rettili sono di norma molto più dure di quelle degli anfibi. Questo perché devono essere in grado di sopravvivere fuori dall'acqua. I gusci evitano che le uova si secchino.

- Lucertole e serpenti depongono uova dal guscio coriaceo. Le uova di coccodrillo e di tartaruga hanno un guscio duro come quelle degli uccelli.

Quando i giovani alligatori americani sono pronti a uscire, emettono dei richiami acuti dall'interno dell'uovo. Quando li sente, la femmina apre il nido. Può usare le mascelle per aiutare i piccoli rettili a emergere dalle uova. La madre rimane con i piccoli e li protegge fino a due anni.

Dentro un uovo

Il tuorlo dell'uovo fornisce nutrimento per l'embrione. Il guscio protegge l'embrione dal mondo esterno, ma permette anche all'ossigeno e all'acqua di entrare nell'uovo, essendo vitali per la crescita dell'embrione. Una sacca di liquido protettivo ammortizza l'embrione dagli urti.

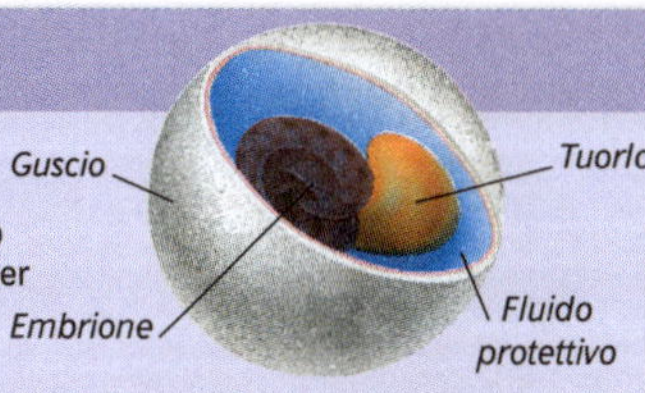

- Sull'isola di Fernandina, nelle Galapagos, le iguane marine incubano le loro uova nella bocca di un vulcano.

- La maggior parte dei rettili abbandona le uova subito dopo averle deposte, si limita ad assicurarsi che siano nascoste dai predatori.

- In alcune lucertole, come gli scinchi, e in alcuni serpenti, tra cui cobra e pitoni, la femmina rimane con le uova per scacciare gli intrusi.

- Le femmine di pitone rimangono arrotolate intorno alle loro uova per settimane. I pitoni indiani e verdi mantengono le loro uova calde contraendo i muscoli per generare calore.

- I coccodrilli si prendono più cura della loro prole rispetto alla maggior parte dei rettili. Difendono aggressivamente il nido e rimangono anche con i loro piccoli per un po' di tempo dopo la schiusa. Questo periodo può durare da pochi mesi a un paio d'anni, a seconda della specie.

Sorprendente!

Nei coccodrilli, nei cheloni e in alcune specie di lucertole, il sesso dei piccoli dipende dalla temperatura di incubazione delle uova. Le temperature alte tendono a produrre più maschi mentre quelle basse più femmine.

Uova di rettile

Gli alligatori depongono in media tra le 35 e 40 uova in un cumulo di erba e terra.

L'uovo di un pitone terricolo è grande rispetto al suo corpo. Una femmina è lunga circa 85 cm e le sue uova 12 cm.

Il calote variopinto di Giava depone strane uova come questa. Nessuno sa perché le sue uova sono così lunghe e sottili.

Le tartarughe giganti delle Galapagos depongono uova rotonde come questa. Le uova si schiudono fino a 200 giorni dopo la deposizione.

Le femmine delle tartarughe marine vengono a terra solo per deporre le uova. Le depositano in una buca sulla spiaggia, che scavano con le pinne posteriori.

- Alcune lucertole dalla coda a frusta e campestri possono riprodursi per partenogenesi. Questo significa che la femmina è in grado di produrre uova che possono svilupparsi senza essere state fecondate da un maschio.
- I giovani rettili escono dalle uova con l'aspetto di adulti in miniatura. Non subiscono un cambiamento, o metamorfosi, come gli anfibi.
- I giovani rettili sono in grado di nutrirsi da soli non appena si schiudono le uova.
- Alcuni serpenti e lucertole non depongono uova. La maggior parte dei mammiferi dà alla luce i propri piccoli. Gli animali che lo fanno sono detti vivipari.

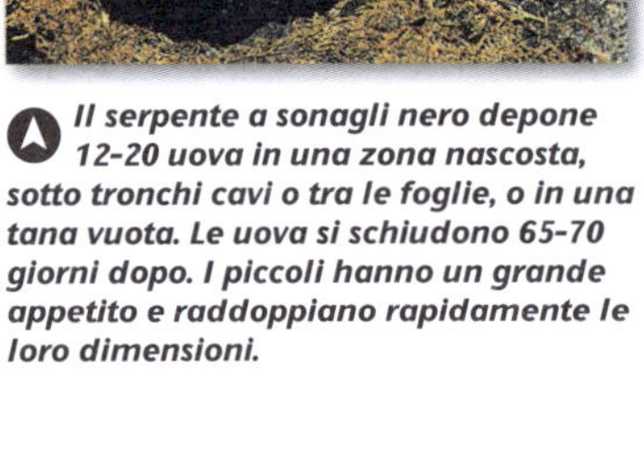

Il serpente a sonagli nero depone 12-20 uova in una zona nascosta, sotto tronchi cavi o tra le foglie, o in una tana vuota. Le uova si schiudono 65-70 giorni dopo. I piccoli hanno un grande appetito e raddoppiano rapidamente le loro dimensioni.

Dente d'uovo

Un piccolo di rettile, come questo pitone birmano, usa una protuberanza affilata sul muso per farsi strada fuori dall'uovo. Questo "dente d'uovo" cade poco dopo la schiusa.

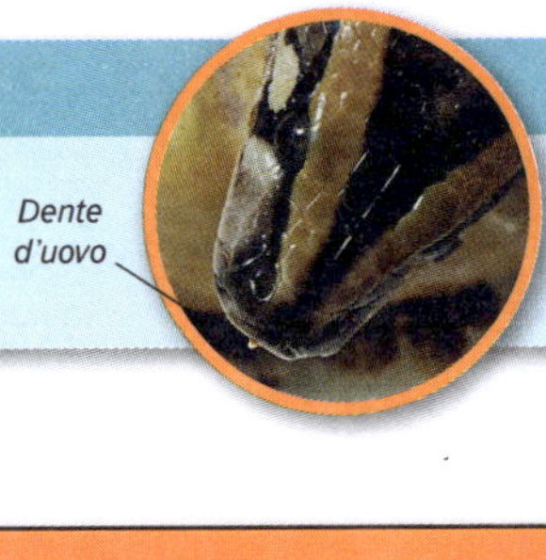

Rettili – Cibo e alimentazione

Le diete dei rettili variano molto. Alcune specie si nutrono principalmente di materia vegetale mentre altre sono carnivore. Molti rettili sono onnivori e mangiano una vasta gamma di cibi. Alcuni rettili carnivori cacciano attivamente, ma molti non sono abbastanza veloci per catturare le prede in questo modo, quindi rimangono in attesa e tendono imboscate alle loro vittime.

Le iguane marine che vivono sulle isole Galapagos si nutrono di alghe che crescono sulle rocce sommerse. Prima di ogni tuffo in acqua per nutrirsi, le iguane devono scaldarsi al sole per accumulare abbastanza energia.

- I coccodrilli trascinano grossi animali da preda in acqua, li stordiscono con un colpo della coda, lunga e potente, poi li affogano.

- Un coccodrillo non ha denti progettati per sminuzzare la preda o masticare, quindi gli alimenti più grandi devono essere spezzati in pezzi deglutibili. Il coccodrillo afferra un pezzo del corpo della vittima e lo torce come un cavatappi finché un pezzo di carne si strappa.

Cannibalismo

Pochi animali predano i coccodrilli adulti, ma a volte si verifica il cannibalismo all'interno della specie. In alcuni luoghi, i piccoli di coccodrillo d'acqua salata possono essere divorati dagli esemplari più grandi. Il cannibalismo di solito si verifica tra i giovani, probabilmente come istinto di sopravvivenza in presenza di troppi coccodrilli che competono per una disponibilità limitata di cibo.

- Alcune lucertole, tra cui l'iguana verde e il chuckwalla, sono in gran parte vegetariane, ma molte specie sono carnivore. I gechi, per esempio, mangiano soprattutto insetti, mentre i varani, decisamente più grandi, si nutrono di uccelli e le loro uova, mammiferi e altri rettili.

- Alcune lucertole hanno una dieta molto specializzata. L'iguana marina delle Galapagos, per esempio, mangia solo alghe, mentre il diavolo spinoso dell'Australia segue una dieta a base di formiche, mangiandone fino a 2.500 in un solo pasto. Ci sono anche specie la cui dieta comprende principalmente lumache d'acqua, o perfino scorpioni.

- La maggior parte delle lucertole carnivore afferra semplicemente la preda e la ingoia. Alcune specie, tuttavia, prima scuotono vigorosamente le loro vittime o le sbattono contro le rocce.

- I serpenti di solito ingoiano piccoli animali mentre sono ancora vivi, ma uccidono o mordono le creature più grandi per impedire loro di lottare.

- Si pensa che le anfisbene si nutrano di invertebrati scavatori, come lombrichi e larve di coleotteri.

- I cheloni (tartarughe e testuggini) usano i bordi affilati delle mascelle cornee per tagliare il cibo.

Sorprendente!

In rare occasioni, un serpente può essere accidentalmente mangiato da un altro serpente, quando entrambi cercano di divorare la stessa preda.

Il camaleonte è un cacciatore molto abile. Ogni occhio può muoversi in modo autonomo, quindi il camaleonte è in grado di guardare in due direzioni diverse contemporaneamente. Quando passa una mosca gustosa, il camaleonte spinge fuori una lingua incredibilmente lunga in una frazione di secondo e trascina la mosca in bocca.

Quando il camaleonte individua un insetto, ruota l'altro occhio per guardare la preda. Questo perché è più facile giudicare le distanze con due occhi.

La lingua del camaleonte è lunga quasi quanto il suo corpo

Il crotalo di Wagler vive nelle foreste pluviali e nelle mangrovie del sud-est asiatico. Attivo di giorno, questo serpente utilizza speciali "fosse" sensoriali sulle guance per rilevare il calore corporeo della preda, che stordisce con il veleno delle sue zanne. Come altri crotalini, il crotalo di Wagler ha un veleno emotossico, cioè dannoso per il sistema sanguigno.

Erbivoro gigante

Molte tartarughe sono erbivore e spesso usano le zampe anteriori per abbassare le piante mentre rosicchiano i germogli. Le mascelle della tartaruga gigante delle Galapagos sono ben adattate a nutrirsi di qualsiasi pianta che incontra. Può perfino pasteggiare con dei cactus spinosi.

La tartaruga azzannatrice comune vive in fiumi, laghi e paludi del Nord America. Mangia quasi tutto ciò che riesce a inghiottire e che si trova nel raggio d'azione dei suoi attacchi. Questa ha catturato un pesce luna.

- Le tartarughe sono principalmente erbivore, e si nutrono di frutta e foglie. Le tartarughe d'acqua dolce sono più carnivore delle loro cugine terrestri.
- Alcune tartarughe marine si nutrono di invertebrati marini, comprese le meduse, mentre altre mangiano alghe e piante acquatiche.
- Un rettile può modificare la sua dieta quando invecchia. Alcune tartarughe d'acqua dolce, per esempio, mangiano insetti da giovani, ma si nutrono di vegetazione acquatica da adulte.

I coccodrilli e gli alligatori si sono particolarmente adattati a restare quasi sommersi nell'acqua. Aspettano nelle secche che gli animali vengano a bere, o avanzano silenziosamente verso la loro preda, poi con un balzo afferrano la loro vittima prima di trascinarla sott'acqua.

- Anche i coccodrilli del Nilo mangiano insetti dopo la schiusa, ma crescendo passano a granchi, pesci e uccelli. Gli adulti possono cacciare mammiferi grandi come bufali.

Difese dei rettili

I rettili sono prede di molti altri animali. Pelle spessa, piastre cornee e gusci duri proteggono alcuni rettili dagli attacchi, e varie specie usano il mimetismo per non essere viste dai predatori. Ma i rettili hanno anche sviluppato una vasta gamma di modi ingegnosi per evitare di diventare un pasto per un altro animale - e sopravvivere abbastanza a lungo da crescere e riprodursi.

Truffa velenosa

Il serpente del latte non è velenoso ma imita la colorazione del serpente corallo, lui sì velenoso. I predatori che cercano di mangiare un serpente corallo vengono morsi, soffrono e imparano ad evitare il serpente in futuro, oltre a qualsiasi altra specie che gli assomigli. I disegni del serpente del latte sono leggermente diversi da quello del serpente corallo, ma sufficientemente simili da ingannare molti predatori.

La biscia dal collare finge di essere morta, in modo che i predatori la lascino in pace. Rotola sulla schiena, si dimena come se stesse morendo, e poi giace immobile con la bocca aperta e la lingua fuori. Rilascia anche un liquido dal suo ano che imita l'odore di un cadavere in decomposizione.

Quando un predatore afferra un Plestiodon fasciatus, questa lucertola può contrarre i muscoli della coda in modo che si separi all'altezza di un'articolazione fragile chiamata punto di frattura. La lucertola se ne va, lasciando il predatore confuso con una coda blu che si contrae. Con il tempo, la coda ricresce.

- Aumentando la pressione sanguigna, le lucertole cornute possono far scoppiare i vasi sanguigni e spruzzare un getto di sangue dai loro occhi contro gli aggressori a quasi 1 m di distanza.
- I cobra sputatori dell'Africa e dell'Asia possono spruzzare veleno negli occhi di un nemico in avvicinamento. Il veleno è spinto ad alta pressione attraverso piccoli fori nelle punte delle zanne. Quando cacciano una preda, i cobra iniettano il veleno con un morso.
- Molte lucertole possono liberarsi della coda se viene afferrata da un predatore. La coda con il tempo ricrescerà, ma potrebbe non essere così ben formata come l'originale.
- Lo scinco sventola la sua lingua blu brillante davanti ai predatori che, spaventati, fermano il loro attacco, permettendo alla lucertola di svignarsela.

Bloccata!

Molti rettili possono gonfiare i loro corpi di aria per scoraggiare i predatori apparendo più grandi. La lucertola chuckwalla si gonfia per una ragione diversa. Quando il pericolo si avvicina, il chuckwalla si incunea in una fessura della roccia, poi gonfia il suo corpo in modo che i predatori non possano tirarla fuori.

Un clamidosauro in posizione difensiva è uno spettacolo incredibile. Questa lucertola ha un grande lembo di pelle del collo che normalmente rimane piatto. Quando si trova di fronte a un predatore, lo stende per formare un'enorme, rigida gorgiera che lo fa sembrare più grande e spaventoso.

- La lucertola armadillo del Sudafrica ha una pelle spinosa sul dorso, ma un ventre morbido. Quando viene minacciata, si raggomitola in una palla e si infila la coda in bocca, proteggendo il ventre dai denti e dagli artigli del nemico.

- La rugosa australiana ha la coda con una forma simile alla testa. Questa caratteristica probabilmente confonde i predatori e le dà la possibilità di scappare. Se un predatore attacca, può colpire la coda e infliggere una ferita non mortale.

Quando i coccodrilli sono minacciati, possono muoversi così rapidamente che sembrano quasi saltare fuori dall'acqua. Questo comportamento è noto come tail-walking.

- Alcuni serpenti fingono di essere morti. La maggior parte dei predatori sta alla larga dagli animali morti, poiché potrebbero essere deceduti per malattie in grado di infettare anche il predatore.

- Le tartarughe e le testuggini ritirano la testa e le zampe nel loro guscio duro per evitare i pericoli. Le tartarughe scatola hanno un guscio inferiore (plastron) incernierato che permette loro di chiudere il guscio quasi completamente, creando una "scatola" inespugnabile.

Quando è allarmato, l'heteredon alza la testa, sibila e appiattisce il collo in un cappuccio simile a quello del cobra, dando l'impressione che stia per sferrare un morso mortale.

Sorprendente!

Il basilisco dell'America centrale ha frange squamose sulle lunghe dita delle zampe che gli permettono di correre sulla superficie dell'acqua per sfuggire ai nemici.

Rettili marini

Pochi rettili si avventurano nell'oceano e ancora meno passano tutta la loro vita in mare. I rettili marini hanno bisogno di liberarsi del sale in eccesso che assorbono dall'acqua, che potrebbe essere letale. Le tartarughe "piangono" lacrime salatissime per ridurre i loro livelli di sale. Nei coccodrilli e nei serpenti marini, speciali ghiandole poste nella bocca espellono una soluzione salina concentrata, che viene poi lavata via.

- L'iguana marina delle Galapagos è l'unica lucertola che trascorre gran parte della sua vita in mare.

- Quando è in acqua, un'iguana marina può immergersi per 15 minuti o più, spingendosi con la coda.

- Le iguane marine rallentano la loro frequenza cardiaca quando si immergono, in modo da utilizzare meno ossigeno.

Giovani tartarughe marine

Le femmine delle tartarughe marine depongono le uova in buche sulle spiagge. Coprono le uova con la sabbia prima di tornare in mare. Quando le giovani tartarughe si schiudono, devono scavarsi un varco verso la luce e l'aria. Mentre corrono lungo la spiaggia verso l'acqua, molte cadono vittime degli uccelli marini e di altri predatori.

- I serpenti di mare possono rimanere sommersi fino a cinque ore e muoversi rapidamente nelle profondità.

- Il serpente di mare e il laticauda (un altro tipo di serpente marino) hanno un'estremità della coda simile a una pagaia, per aiutarli a muoversi rapidamente nell'acqua.

- I laticauda depongono le loro uova sulla terraferma, mentre i serpenti di mare passano tutta la loro vita nell'oceano, e vi partoriscono.

- Decine di migliaia di laticauda vengono catturati ogni anno dagli oceani sia per la loro carne che per la loro pelle, che viene trasformata in oggetti come scarpe e borse.

- I serpenti di mare si trovano spesso circondati da pesci, che si raccolgono intorno alla loro coda per evitare di essere mangiati. Quando il serpente ha voglia di uno spuntino, nuota all'indietro, ingannando il pesce e facendogli credere che la sua testa sia la sua coda.

- Le tartarughe marine hanno gusci leggeri e piatti per potersi muovere facilmente sott'acqua.

- Le femmine delle tartarughe marine tornano a terra per deporre le uova. I i maschi non tornano più dopo aver lasciato le spiagge in cui sono nati.

Le iguane marine delle isole Galapagos espellono il sale in eccesso dalle ghiandole nasali. Il rivestimento di sale dà al loro muso un aspetto biancastro. Il colore della pelle delle iguane di diverse isole delle Galapagos varia, forse perché si nutrono di diversi tipi di alghe.

Tartarughe marine

La tartaruga bastarda olivacea è la più piccola di tutte le tartarughe marine. Vive in acque calde e si nutre di gamberetti, meduse, granchi, lumache di mare e pesci.

La tartaruga verde delle acque subtropicali e tropicali si nutre di alghe, radici di mangrovie e foglie. Gli esemplari giovani mangiano anche meduse, spugne e molluschi.

La tartaruga embricata è stata quasi cacciata fino all'estinzione per il suo splendido guscio e anche per le sue uova. Ora è protetta in molti paesi.

Coccodrillo d'acqua salata

Diverse specie di coccodrilli abitano le regioni costiere, ma il coccodrillo d'acqua salata è più a suo agio nell'oceano della maggior parte delle specie. Può percorrere grandi distanze via mare. Si ritiene che un maschio abbia nuotato per almeno 1.360 km per raggiungere le isole Caroline nell'Oceano Pacifico.

Sorprendente!

Le tartarughe liuto sono state registrate in immersione fino a 1.200 m. Possono anche superare profondità di 1.500 m per cercare grandi gruppi di meduse.

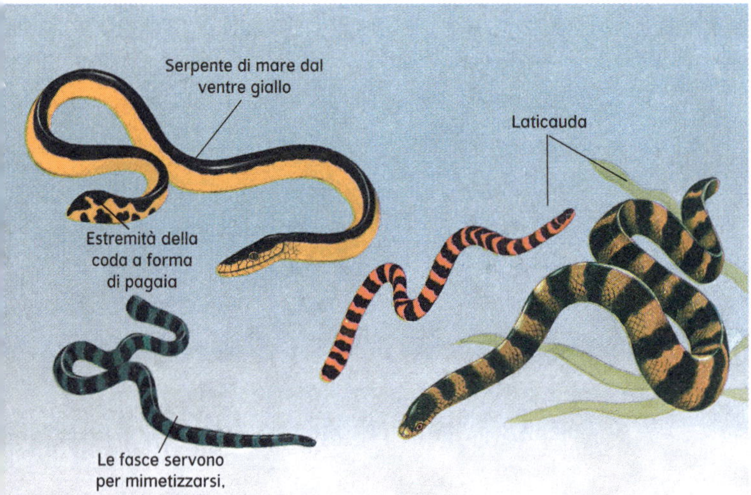

❍ Le tartarughe marine sono le più veloci di tutti i cheloni. Le loro zampe anteriori simili a pinne "volano" attraverso l'acqua. Le loro zampe posteriori formano dei mini timoni per la navigazione. Le tartarughe liuto raggiungono una velocità di 35 km/h.

❍ Le tartarughe liuto si nutrono di meduse. Spesso ingoiano erroneamente detriti di plastica galleggianti, molti dei quali sono trasparenti, come le loro prede. Sono state ritrovate anche con pezzi di lenza di plastica nello stomaco, presumibilmente mangiata perché simile ai tentacoli di una medusa.

Negli oceani, è difficile per i serpenti controllare la loro temperatura crogiolandosi al sole, quindi i serpenti marini si trovano principalmente nelle acque tropicali, solitamente calde tutto l'anno.

Cheloni

I cheloni terrestri sono conosciuti come testuggini. Tutti i cheloni hanno quattro arti, un guscio e un becco corneo privo di denti. Il guscio è formato da due parti: lo scudo sul dorso è noto come carapace, mentre la sezione piatta del ventre è chiamata plastron. Le testuggini hanno un guscio alto e bombato che i predatori non riescono a mordere o schiacciare facilmente.

▲ ***La testuggine del Texas si trova nel Messico nord-orientale e nel Texas, negli Stati Uniti. Si nutre di fichi d'India e altre piante grasse. Un basso tasso di riproduzione e una forte raccolta dall'ambiente naturale da parte dei venditori di animali domestici hanno ridotto drasticamente il suo numero.***

❍ Il guscio è composto da due strati: uno strato interno di osso coperto da uno strato esterno di piastre cornee chiamate scuti, fatti di cheratina.

❍ Le costole di un chelone sono fuse nel guscio, quindi non possono muoversi per aspirare aria nei polmoni. Al loro posto, muscoli speciali nella parte superiore delle zampe pompano aria nei polmoni in modo che il rettile possa respirare.

❍ Le testuggini perdono la pelle, che si stacca in piccoli pezzi piuttosto che in grumi.

❍ La maggior parte delle testuggini sono principalmente erbivore e si nutrono di foglie e frutti, ma non disdegnano anche piccoli animali come i bruchi.

❍ Le testuggini vivono principalmente in regioni calde e secche e se ne andranno in letargo in inverno se portate in un paese freddo.

Sorprendente!

Una tartaruga gigante può sostenere un peso di una tonnellata, circa il peso di un'auto.

▶ ***Le tartarughe sono placide e si muovono molto lentamente, con una velocità media di 0,2-0,5 km/h.***

Tartaruga gigante delle Galapagos

Questa enorme tartaruga ha un guscio massiccio, zampe potenti e un lungo collo. Vive nelle isole Galapagos, nell'Oceano Pacifico, dove trascorre la maggior parte del tempo a crogiolarsi nelle pozze o nel fango, o a nutrirsi di erbe o arbusti in piccoli gruppi. Come molte delle specie delle Galapagos, è a rischio e sono stati istituiti programmi di riproduzione per aumentarne il numero.

❍ Le tartarughe e le testuggini vivono fino a tarda età. La più vecchia tartaruga documentata fu un maschio di tartaruga gigante, che fu portato dalle Seychelles alle Mauritius nel 1766. Morì 152 anni dopo, ma dato che era già adulto quando fu trovato, la sua vera età potrebbe essere stata di quasi 200 anni.

❍ La tartaruga gigante delle Galapagos, la più grande del mondo, raggiunge 1,2 m di lunghezza. Le dimensioni e la forma del guscio di questa tartaruga variano a seconda della specifica isola delle Galapagos da cui proviene l'animale.

❍ Le tartarughe giganti erano un tempo tenute sulle navi per fornire carne fresca durante i lunghi viaggi in mare.

❍ Alcuni rapaci trasportano le tartarughe in alto in volo e le fanno cadere sulle rocce sottostanti, in modo che i gusci si rompano e gli uccelli possano raggiungere la carne all'interno.

❍ La tartaruga più piccola del mondo è la testuggine maculata del Capo dell'Africa, che misura 6-8 cm di lunghezza. La sua dimensione la rende vulnerabile a una serie di predatori, ma le permette anche di infilarsi sotto le rocce per nascondersi.

La tartaruga leopardo vive in Africa, è stata chiamata così per le marcature gialle e nere del suo guscio, che ricordano il manto di un leopardo.

❍ La tartaruga del deserto vive in habitat secchi negli Stati Uniti sud-occidentali e nel Messico settentrionale. Depone le uova in una buca o sotto una roccia o un tronco. Quando le uova si schiudono alcune settimane dopo, i piccoli devono cavarsela da soli.

❍ In molte specie di cheloni, gli scuti del guscio hanno "anelli di crescita" che mostrano la crescita di ogni anno. Il conteggio degli anelli di crescita aiuta a determinare l'età.

Per evitare la parte più calda del giorno, la tartaruga del deserto scava nel terreno con le grandi zampe anteriori, che hanno estremità larghe e artigli robusti.

Record di deposizione delle uova

Più uova deposte insieme	242 Tartaruga embricata
Più uova per stagione	1100 e più Tartarughe verdi
Meno uova deposte insieme	1 o 2 Tartaruga frittella africana, platisterno, e altre specie

Piastre corazzate

Quando sono minacciate, tartarughe e testuggini ritraggono la testa e le zampe all'interno del loro guscio duro, non lasciando nulla a disposizione delle zanne e degli artigli del predatore. Il chelone rimane semplicemente chiuso ermeticamente finché il pericolo non è passato.

Tartarughe

Le tartarughe sono cheloni che passano molto tempo in acqua, o ci vivono sempre. Hanno gusci più piatti e affusolati delle testuggini, e questa forma del guscio le aiuta a muoversi facilmente nell'acqua. Come le testuggini, le tartarughe non hanno denti, quindi usano le loro mascelle affilate per affettare il cibo.

Migrazione delle tartarughe

Alcune tartarughe marine sono tra i più grandi viaggiatori della natura. Ogni tre anni, le tartarughe verdi nuotano oltre 2.300 km dalle loro zone di alimentazione al largo della costa del Brasile ai siti di riproduzione come l'isola di Ascensione. Qui depongono le loro uova a terra al chiaro di luna durante l'alta marea. Sotterrano le uova nella sabbia, in modo che vengano incubate dal calore del sole.

- A volte chiamate terrapin, le tartarughe d'acqua dolce hanno estremità delle zampe palmate e artigliate ottime sia per muoversi sulla terraferma che in acqua.
- Alcune tartarughe d'acqua dolce hanno gusci morbidi e flessibili. Possono così infilarsi sotto le rocce o in angoli e fessure per sfuggire ai predatori.
- Le tartarughe d'acqua dolce depongono le uova sulla terraferma. La femmina scava una buca per le uova con le zampe posteriori.
- Le giovani tartarughe d'acqua dolce sono di solito insettivore, ma passano a una dieta a base di piante acquatiche quando crescono. Alcune tartarughe d'acqua dolce sono carnivore. Rimangono immobili e poi tendono un'imboscata alla loro preda.
- La tartaruga alligatore è la più grande tartaruga d'acqua dolce. I maschi pesano fino a 100 kg.
- Le alghe che crescono sul guscio della tartaruga alligatore la fanno assomigliare a una roccia mentre giace immobile sul fondo di fiumi e laghi.
- Alcune specie d'acqua dolce, tra cui la matamata e la tartaruga dal guscio molle cinese, hanno lunghi nasi che fungono da "boccagli", permettendo alle tartarughe di respirare in superficie pur immerse.
- La comune tartaruga collo di serpente dell'Australia ha un collo così lungo che deve essere piegato di lato per entrare sotto il guscio.
- Nelle tartarughe marine, che raramente emergono sulla terraferma, gli arti somigliano più a pinne senza artigli che a zampe.
- Le tartarughe marine si nutrono, si accoppiano e addirittura dormono in mare. Le femmine vengono a terra solo una volta all'anno per deporre le uova.

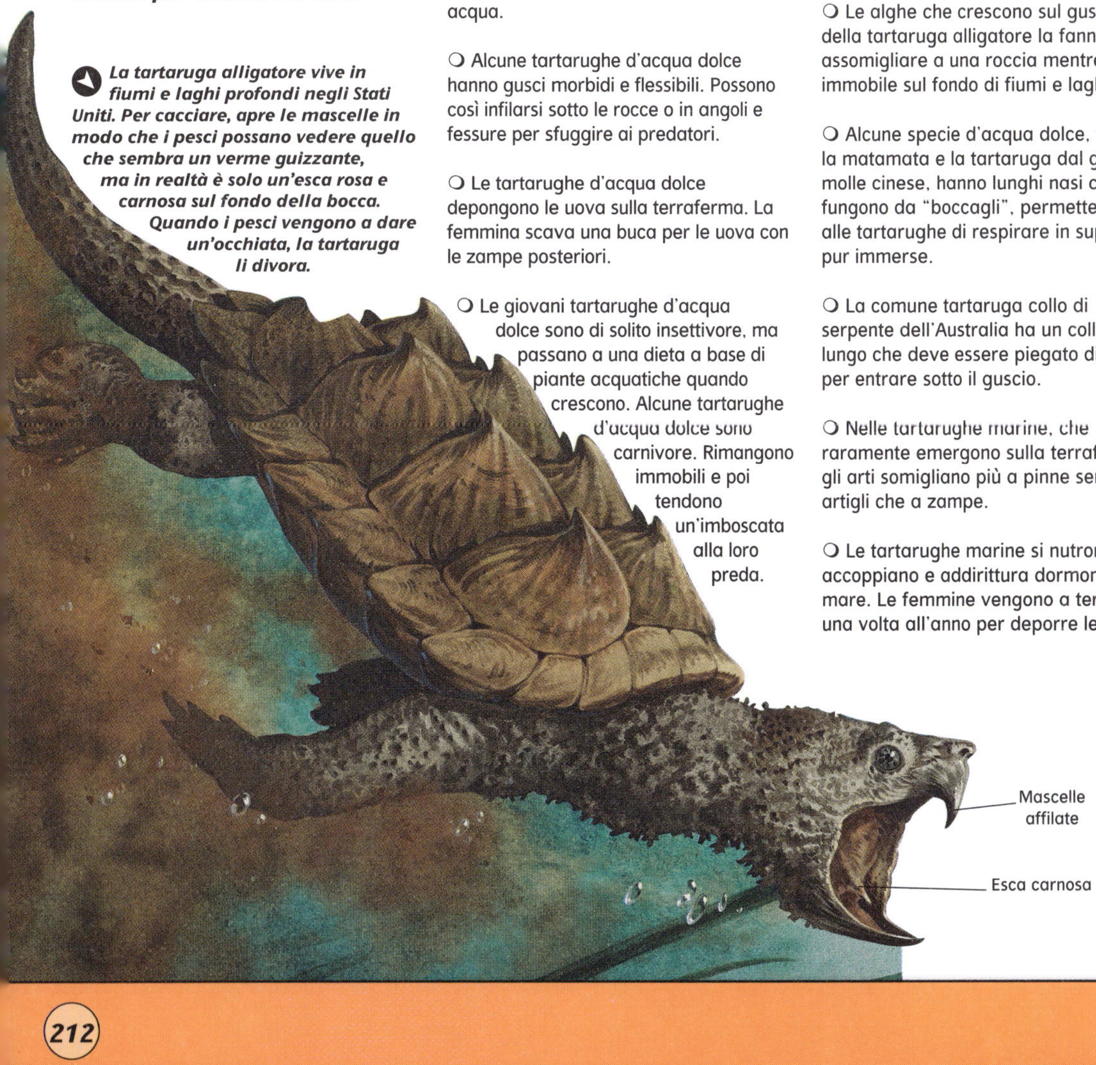

La tartaruga alligatore vive in fiumi e laghi profondi negli Stati Uniti. Per cacciare, apre le mascelle in modo che i pesci possano vedere quello che sembra un verme guizzante, ma in realtà è solo un'esca rosa e carnosa sul fondo della bocca. Quando i pesci vengono a dare un'occhiata, la tartaruga li divora.

Tartarughe d'acqua dolce

La tartaruga matamata sudamericana giace sul fondo dei fiumi e divora i pesci che le passano accanto.

La tartaruga dal guscio molle indiana è una nuotatrice molto veloce che si nutre di pesce.

La tartaruga scatola orientale del Nord America mangia diverse specie di piante e funghi che sono velenosi per l'uomo.

La tartaruga palustre dipinta del Nord America può spesso essere vista al mattino mentre si crogiola su un tronco, a volte in comunità.

Le tartarughe marine nuotano battendo regolarmente le pinne anteriori, simili ad ali. Le pinne posteriori sono utilizzate per cambiare direzione.

❍ Alcune specie di tartarughe marine si nutrono solo di alghe da adulte. Altri mangiano invertebrati marini, come meduse, gamberetti, ricci di mare e molluschi, oltre ai pesci.

❍ La tartaruga liuto è il chelone più pesante del mondo. Gli adulti pesano in genere almeno 450 kg. Una tartaruga liuto arenata su una spiaggia del Galles nel 1988 pesava 961 kg.

Sorprendente!

Le giovani tartarughe marine sono un pasto facile e appetitoso per molti predatori, tra cui granchi, uccelli marini e pesci. Probabilmente meno dell'uno percento di tutte le giovani tartarughe verdi che si schiudono sopravvivono fino a raggiungere l'età adulta.

Muschio odoroso

Quando è minacciata, la tartaruga del muschio del Nord America orientale rilascia una secrezione gialla puzzolente da un paio di ghiandole sulle cosce. Questa secrezione ha un odore così sgradevole che la maggior parte dei predatori si tirano indietro. Se non lo fanno, la tartaruga può morderli.

Coccodrilli

I gruppo dei Crocodylia comprende grandi rettili con corpi possenti, pelle spessa e mascelle scattanti. Questi predatori semi-acquatici abitano laghi, fiumi e lagune. Alcune specie si avventurano anche in mare. Oltre ai coccodrilli, questo gruppo di rettili comprende alligatori, caimani e gaviali. I coccodrilli si trovano principalmente in Africa, Asia e Australia, anche se alcune specie vivono in America centrale e meridionale.

▲ ***Il coccodrillo del Nilo in Africa caccia una serie di grandi animali vertebrati, tra cui antilopi e giovani ippopotami. Tuttavia, i pesci e i vertebrati più piccoli costituiscono spesso la maggior parte della sua dieta.***

❍ I coccodrilli sono nuotatori veloci. Scuotono la potente coda da un lato all'altro per spingersi in avanti, e remano e cambiano direzione con le zampe posteriori palmate.

❍ I coccodrilli depongono le uova vicino all'acqua, in un cumulo di vegetazione o in una buca nel terreno.

Sorprendente!

I coccodrilli del Nilo permettono a piccoli uccelli, come le pavoncelle mascherate, di avventurarsi nelle loro bocche aperte per raccogliere il cibo tra i loro denti.

▲ ***Il gaviale asiatico è un coccodrillo snello con un muso stretto. Le sue zampe sono più deboli di quelle di altri coccodrilli, e trascorre la maggior parte del tempo in acqua.***

▼ ***Con la loro pelle dura, i grandi denti e le potenti mascelle, i coccodrilli sono predatori formidabili.***

❍ I coccodrilli sono rimasti immutati per milioni di anni. I loro antenati vissero accanto ai dinosauri 200 milioni di anni fa, e i coccodrilli di oggi sono gli animali viventi più vicini ai dinosauri.

❍ I coccodrilli possono rimanere sott'acqua per molti minuti o addirittura ore. A volte conservano le prede sott'acqua in modo che il corpo della vittima inizi a marcire e sia più facile da smembrare.

❍ La maggior parte dei coccodrilli ha occhi e narici in cima alla testa, per appostarsi sotto la superficie dell'acqua senza essere notati.

❍ Un coccodrillo del Nilo può chiudere le sue mascelle con una forza devastante, che può arrivare a 2.000 kg per cm^2. Tuttavia, i muscoli utilizzati per aprire la bocca del coccodrillo sono deboli. Incredibilmente, le sue mascelle possono essere tenute chiuse con un elastico spesso.

Antenato dei coccodrilli

Il *Protosuchus* è stato uno dei primi antenati dei coccodrilli. Visse circa 220 milioni di anni fa durante il periodo Triassico. Aveva un cranio piuttosto corto, il che dimostra che non si era ancora adattato completamente a mangiare pesce. Il *Protosuchus* probabilmente mangiava piccole lucertole.

❍ Sulle rive fangose dei fiumi, i coccodrilli di solito scivolano sulla pancia, con le zampe stese di lato. Sulla terraferma, possono camminare a 2-4 km/h a quattro zampe, con il corpo sollevato da terra. Possono anche fare brevi scatti con la coda sollevata in aria, raggiungendo velocità fino a 18 km/h.

❍ Il coccodrillo d'acqua salata, o d'estuario, vive nelle regioni tropicali dell'Asia e del Pacifico. Con una lunghezza fino a 7 m e un peso massimo registrato di oltre 1 tonnellata, è il rettile più grande del mondo.

❍ Si ritiene che fino a 2.000 persone ogni anno vengano uccise dai coccodrilli d'acqua salata, il che li rende i più pericolosi di tutti i coccodrilli.

Questa femmina di coccodrillo nano dell'Africa occidentale sta deponendo le uova in una buca, scavata vicino all'acqua.

Genitori attenti

I coccodrilli mostrano un livello insolitamente alto di cure genitoriali rispetto alla maggior parte dei rettili. Una madre coccodrillo porta i piccoli appena nati al sicuro nella sua bocca aperta.

Una grande preda, come una zebra o uno gnu, può fornire a un coccodrillo energia sufficiente per diversi mesi.

I più grandi coccodrilli e alligatori

1	Coccodrillo d'estuario	7 m
2	Gaviale indiano	6 m
3	Coccodrillo del Nilo	5 m
3	Coccodrillo americano	5 m
4	Alligatore americano	4 m

Alligatori e caimani

Gli alligatori si trovano sia nel sud-est degli Stati Uniti che nel fiume Yangtze in Cina. Oggi esistono solo poche centinaia di alligatori cinesi in natura. I caimani sono i parenti sudamericani degli alligatori. I gaviali sono limitati al nord del subcontinente indiano.

❍ Gli alligatori hanno il muso più largo dei coccodrilli. Quando la bocca è chiusa, il quarto dente della mascella inferiore è visibile in un coccodrillo, ma non in un alligatore.

❍ Gli alligatori sono generalmente più piccoli dei loro cugini coccodrilli.

❍ Negli anni Cinquanta, gli alligatori americani erano stati cacciati quasi fino all'estinzione. Ora sono una specie protetta e il loro numero in natura è in forte ripresa.

❍ Come in tutti i coccodrilli, gli alligatori americani maschi e femmine si assomigliano, anche se i maschi tendono a crescere più delle femmine.

Allevamenti di alligatori

I coccodrilli e gli alligatori sono stati a lungo cacciati dall'uomo. Per soddisfare la domanda di pelle e carne, coccodrilli e alligatori sono ora allevati in cattività in "fattorie", come questa fattoria di alligatori in Florida, negli Stati Uniti. L'allevamento elimina la necessità di uccidere gli esemplari selvatici.

❍ Un alligatore americano maschio corteggia una femmina accarezzandola con le zampe anteriori e strofinandole la gola con la testa. Le soffia persino delle bolle sulle guance per incoraggiarla ad accoppiarsi con lui.

Negli ultimi 100 anni, si crede che la popolazione del caimano nero sudamericano sia diminuita del 99%, in gran parte a causa della caccia per la pelle.

Gli alligatori americani predano una vasta gamma di animali, tra cui pesci, serpenti, tartarughe e mammiferi. A volte si alzano improvvisamente sulla coda per afferrare gli uccelli appollaiati su rami sporgenti.

Sorprendente!

I coccodrilli spesso ingoiano pietre per sminuzzare meglio il cibo. Le pietre probabilmente fungono anche da zavorra, permettendo al rettile di galleggiare senza ribaltarsi.

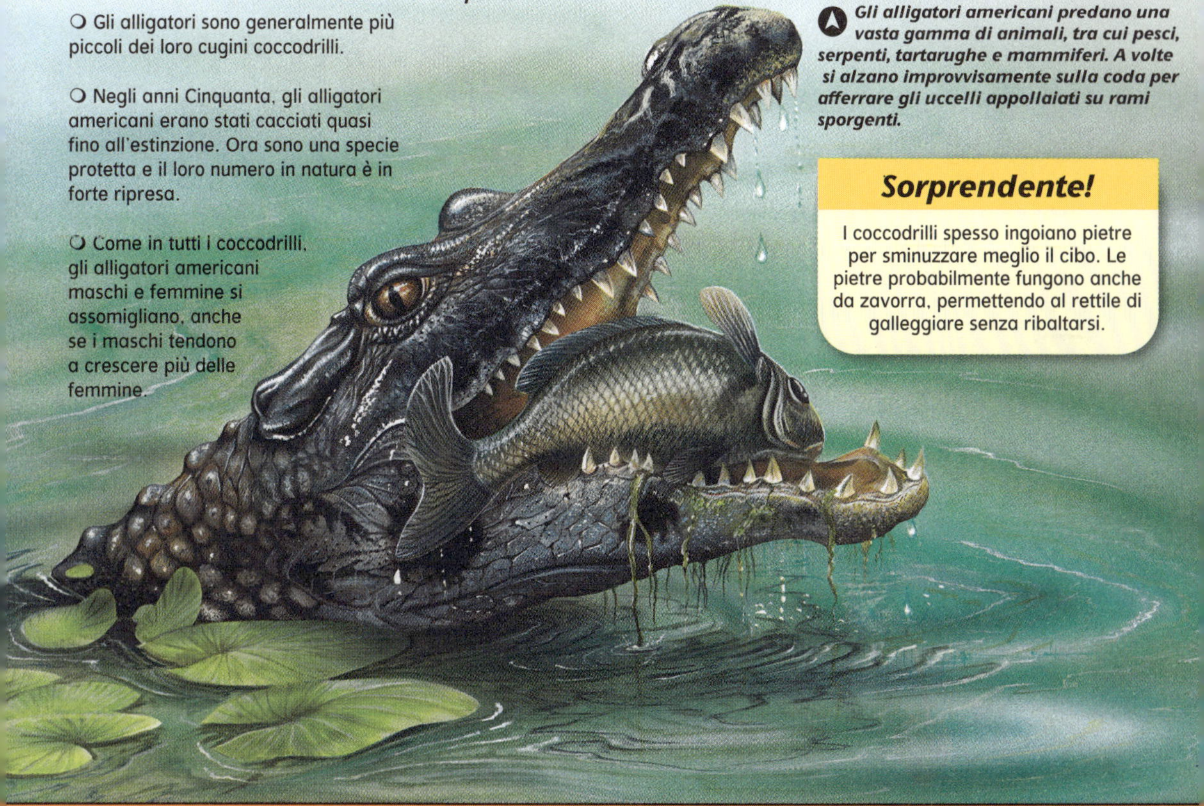

Il caimano comune ha una struttura difensiva più forte di quasi tutti i coccodrilli. Mangia pesci, uccelli acquatici, lumache di fiume e persino piranha.

- Gli alligatori cinesi si spostano in elaborate tane sotterranee per resistere al clima invernale.
- I coccodrilli hanno pochi nemici naturali, ma si è visto che giaguari e grandi anaconda sono in grado di uccidere i caimani in Sud America. Allo stesso modo, ci sono resoconti di ippopotami ed elefanti che hanno ucciso dei coccodrilli, probabilmente per proteggere i loro piccoli.
- I coccodrilli comunicano sbattendo la testa sulla superficie dell'acqua o facendo schioccare le mascelle. Gli alligatori americani maschi emettono dei forti richiami durante la stagione dell'accoppiamento.
- L'alligatore americano vive in laghi, paludi e acquitrini. A metà estate, quando il livello dell'acqua scende, scava buche per creare aree più profonde di acqua che dureranno fino al ritorno delle piogge.

Il caimano dagli occhiali prende il nome dalla cresta che ha tra gli occhi, simile al ponte di un paio di occhiali.

Con solo gli occhi e il muso che sporgono dalla superficie, l'alligatore americano assomiglia a un tronco galleggiante quando si trova immerso nell'acqua.

- In Venezuela, i caimani si seppelliscono nel fango morbido nel periodo più secco dell'anno. Aspettano incrostati di fango che il livello dell'acqua si alzi di nuovo.
- In inverno, gli alligatori tengono il muso fuori dall'acqua, in modo che si formino dei fori di respirazione nel ghiaccio se la superficie dell'acqua dovesse ghiacciarsi.

Gaviali

Il gaviale cattura la preda oscillando il muso lungo e sottile di lato, attraverso l'acqua. Pesci e rane rimangono infilzati sui piccoli denti appuntiti e poi vengono girati dal gaviale, in modo che possano essere inghiottiti a testa in giù.

La femmina dell'alligatore cinese seppellisce le sue uova sotto un cumulo di materia vegetale. Mentre marcisce, la vegetazione rilascia calore, che favorisce l'incubazione delle uova. L'alligatore rimane nelle vicinanze a guardia del nido fino alla schiusa.

Lucertole

Le lucertole sono un gruppo di circa 4.500 rettili dalla pelle squamosa, che variano da pochi centimetri di lunghezza ai 3 metri del drago di Komodo. La maggior parte delle lucertole vive a terra, in zone rocciose o sugli alberi. Un certo numero di lucertole abita le regioni desertiche, ed esistono anche alcune specie scavatrici che hanno perso le zampe.

- Le lucertole non possono controllare il proprio calore corporeo e quindi si affidano alla luce del sole per riscaldarsi. È per questo che vivono in climi caldi e si crogiolano al sole per ore ogni giorno.
- Le lucertole sono in grado di tollerare livelli insolitamente alti di sodio e potassio nei loro corpi, che sarebbero letali per gli uccelli e i mammiferi.
- Le lucertole si muovono camminando, arrampicandosi o scavando. Alcune possono anche planare.
- Alcune lucertole scavatrici scavano con gli arti anteriori, ma altre hanno perso le zampe e "nuotano" nel terriccio e nella sabbia. Le lucertole rampicanti hanno spesso artigli lunghi e affilati che danno loro una buona presa.

Sorprendente!

Alcuni agamidi maschi sembrano impressionare le femmine facendo "flessioni" e oscillando la testa su e giù.

Lucertole velenose

Esistono solo due lucertole velenose, la lucertola perlinata messicana e il mostro di Gila (qui a destra) del sud-ovest degli Stati Uniti. Il cibo preferito del mostro di Gila sono le uova di uccelli. Morde gli esseri umani solo per autodifesa. I suoi denti fragili possono rompersi e rimanere incastrati nella ferita.

- La maggior parte delle lucertole depone le uova, anche se alcune specie danno alla luce dei piccoli vivi. A differenza degli uccelli o dei mammiferi, una madre lucertola non accudisce i suoi piccoli.
- Le lucertole hanno generalmente denti affilati lungo il bordo delle mascelle.
- Come i serpenti, le lucertole perdono la pelle, ma questa tende a staccarsi in grandi scaglie piuttosto che in un unico pezzo.

Un'iguana caraibica osserva l'ambiente circostante. Esistono più di 700 specie di iguana, quasi tutte vivono nelle Americhe.

I gechi sono piccole lucertole principalmente attive di notte. Le loro dita sono coperte da cuscinetti pelosi, che li aiutano ad afferrare le superfici ruvide. Alcuni gechi possono camminare anche a testa in giù.

Il diavolo spinoso dell'Australia, che vive nel deserto, è ricoperto di aculei appuntiti per proteggersi dai predatori. Gli aculei condensano anche la rugiada e incanalano l'acqua nella bocca della lucertola, aiutandola a sopravvivere in questo ambiente inospitale.

- Molte lucertole sono carnivore e si nutrono di insetti e altre piccole creature.
- Alcuni tipi di lucertole – i gechi in particolare – si sono adattati a vivere accanto all'uomo. In alcune parti del mondo, i gechi sono comuni negli edifici, dove si nutrono di insetti.
- Solo una specie, l'iguana marina delle isole Galapagos, si procura il cibo in mare.
- Un certo numero di lucertole – compreso il velenoso mostro di Gila, che vive nei deserti del Nord America – può immagazzinare grasso nella coda. Consumano questo grasso quando il loro cibo risulta difficile da trovare.

Gli orbettini non sono serpenti. Sono lucertole senza zampe che vivono in Europa, Africa e Asia. Gli orbettini sono vivipari, pertanto danno alla luce dei piccoli vivi.

Una tipica lucertola ha una testa, quattro zampe e una lunga coda. Nella maggior parte delle lucertole, le zampe posteriori sono più forti di quelle anteriori e sono usate per spingere l'animale in avanti con una specie di movimento contorto.

Corteggiamento e rivalità

In molte specie di rettili, i maschi competono per il diritto di accoppiarsi con le femmine. L'anolide maschio dell'America centrale e meridionale gonfia una sacca della gola rosso vivo per avvertire i rivali di stare lontani. Due maschi rivali possono affrontarsi con le sacche della gola gonfiate per ore e ore fino a quando uno dei due si tira indietro.

Grandi lucertole

Le iguane sono grandi lucertole che vivono intorno al Pacifico e nelle Americhe. Hanno una cresta di spine che va dalla testa alla coda. Le iguane più grandi sono le uniche lucertole vegetariane e si nutrono di frutta, fiori e foglie. I varani sono rettili dal collo lungo che si trovano in Australia, Asia e Africa.

Sorprendente!

La lucertola più lunga del mondo è il varano coccodrillo della Papua Nuova Guinea, che raggiunge i 4,75 m (anche se il 70 percento è composto dalla coda).

- L'iguana verde vive in alto sugli alberi, di solito vicino all'acqua, ma depone le uova in una buca nel terreno. È una nuotatrice esperta.

- Come un camaleonte, gli occhi di un'iguana possono ruotare indipendentemente l'uno dall'altro, permettendo alla lucertola di tenere d'occhio predatori e prede in tutte le direzioni.

- L'iguana rinoceronte delle Indie Occidentali prende il nome dalle squame appuntite sul suo muso.

- I draghi d'acqua verde sono perlopiù grandi lucertole tropicali che nuotano muovendo la coda lateralmente.

- I varani hanno arti potenti e una lingua biforcuta che viene continuamente estratta per "assaggiare" l'aria.

- Almeno 20 delle circa 30 specie di varani vivono in Australia. Uno dei più grandi è il varano di Gould, che usa la coda come sostegno quando sta sulle zampe posteriori per osservare l'orizzonte. Quando è minacciato, il varano di Gould usa la coda come una mazza o una frusta.

I primi esploratori raccontavano storie incredibili di draghi che vivevano in terre lontane. Può essere che questi esploratori avessero visto lucertole volanti o enormi varani come quello di Komodo. Forse è così che sono iniziati i miti sui draghi.

Le iguane verdi saltano 6 m o più dagli alberi a terra o in acqua se vengono disturbate.

L'iguana crestata vive nelle isole Fiji e Tonga nell'Oceano Pacifico.

○ La femmina di varano del Nilo dell'Africa meridionale rompe i termitai e vi depone le sue uova. Le termiti riparano il buco, sigillando le uova. Quando i piccoli si schiudono, devono aspettare che le piogge ammorbidiscano il fango per aprirsi un varco e uscire.

○ Il varano del Nilo spesso razzia i nidi di coccodrilli e tartarughe per rubare le loro uova.

Il drago d'acqua crestato dell'Asia può alzarsi sulle zampe posteriori e accelerare per sfuggire ai predatori.

Scontri di varani

All'inizio della stagione degli amori, i varani maschi competono per conquistare il diritto di accoppiarsi con le femmine. I maschi rivali si sollevano sulle zampe posteriori e lottano fino a quando l'animale più debole si arrende.

○ Il raro drago di Komodo è un varano che vive su un gruppo di isole in Indonesia e nel sud-est asiatico. È la lucertola più grande del mondo, misura fino a 3 m di lunghezza e pesa fino a 166 kg.

○ Il drago di Komodo mangia soprattutto carogne (animali morti), ma afferra prede vive ogni volta che se ne presenta l'occasione.

○ I draghi di Komodo usano i denti simili a seghe per strappare la carne da prede come bufali d'acqua, cervi e maiali selvatici. Sono state segnalate anche vittime umane.

Questa iguana delle rocce si trova sull'isola di Acklin e sulle baie circostanti (isole basse di sabbia e corallo) nelle Bahamas.

Saliva tossica

Il drago di Komodo non può effettuare lunghi inseguimenti, quindi preferisce tendere un'imboscata alla sua preda, afferrandola con le ampie mascelle. Se la vittima scappa, la saliva del drago di Komodo è così ricca di batteri tossici che la ferita si infetta presto, bloccando l'animale. Il Komodo segue l'odore fino alla sua preda.

Camaleonti

I camaleonti sono un gruppo di 85 specie di lucertole, la maggior parte delle quali vive sull'isola del Madagascar e sul continente africano. I camaleonti si sono adattati bene alla loro vita sugli alberi. Hanno lunghe dita che possono afferrare saldamente i rami, e una lunga coda che si aggrappa ad altri rami come un'altra mano. Code come questa sono descritte come "prensili".

❍ I camaleonti sono famosi per la loro capacità di cambiare il colore della pelle per confondersi con l'ambiente circostante. Questo fenomeno è noto come mimetismo.

Cambiare colore

Il camaleonte può cambiare colore e motivo in pochi minuti per confondersi con lo sfondo. Utilizza minuscole particelle colorate, chiamate pigmenti, presenti nella sua pelle che possono raggrupparsi in modo da non essere visti o diffondersi per mostrare la loro tonalità. Per esempio, quando il camaleonte passa da un ramo frondoso a dei ramoscelli secchi, il suo colore cambia dal verde al marrone.

Il camaleonte orecchiuto è forse la specie di camaleonte più diffusa nell'Africa meridionale. La femmina scende dagli alberi per deporre le uova in una tana che scava nel terreno.

❍ La maggior parte delle lucertole può cambiare colore in misura limitata, ma i camaleonti sono degli esperti, trasformandosi rapidamente in tutte le tonalità.

I camaleonti sono diversi da qualsiasi altra lucertola. I loro corpi sono perfettamente adattati alla vita sugli alberi. Un camaleonte immobile su un ramo, con il colore della pelle alterato per adattarsi allo sfondo, è quasi impossibile da individuare.

I camaleonti di Jackson maschi hanno tre "corna" sulla testa. Difendono aggressivamente il loro territorio.

Sorprendente!

I camaleonti sono così sordi che gridare vicino a un esemplare addormentato non lo sveglierà.

- I camaleonti cambiano colore anche quando sono arrabbiati, spaventati o malati.

- I camaleonti maschi usano i colori brillanti per mettere in guardia i rivali o i predatori e per impressionare le femmine.

Il camaleonte di Parson è una delle specie più grandi, dato che supera i 40 cm. Mangia piccoli vertebrati e insetti. Essendo grande, si affida al mimetismo per evitare di essere scoperto, spesso rimanendo perfettamente immobile per lunghi periodi.

- Il cambio di colore aiuta i camaleonti anche a controllare la temperatura corporea. Il colore della pelle si schiarisce per assorbire più calore al mattino e alla sera. Diventa più scuro quando il sole è più forte, in modo che il corpo assorba meno calore.

- Il camaleonte più piccolo, la Brookesia nana, starebbe in equilibrio sul tuo mignolo. Il più grande, il camaleonte di Oustalet, ha le dimensioni di un gattino.

- I camaleonti hanno olfatto e udito limitati, ma la loro vista è probabilmente la migliore nel mondo delle lucertole.

- Si nutrono di insetti e ragni, cacciandoli di giorno sugli alberi. Tirano fuori la lingua per intrappolare la preda sul cuscinetto appiccicoso sulla punta.

Il camaleonte di Fischer vive nelle foreste di montagna del Kenya e della Tanzania. La sua coda può essere fino al doppio più lunga del resto del corpo.

- La lingua è normalmente ripiegata all'interno della bocca del camaleonte.

Una volta che un camaleonte ha preso di mira la sua preda, i muscoli a spirale all'interno della lingua si contraggono, spingendo la lingua fuori dalla bocca come una freccia appiccicosa. Diversi muscoli riavvolgono la lingua, e la preda con essa.

Occhi di camaleonte

I camaleonti si basano quasi interamente sulla vista per riconoscere predatori, prede, compagni e rivali. Ogni occhio ha un campo visivo di 180° e può ruotare indipendentemente dall'altro, dando alla lucertola la capacità di vedere sia ai lati e dietro, sia davanti. Si pensa che i camaleonti abbiano anche una buona visione dei colori.

Lucertole del mondo

Le lucertole sono presenti in una grande varietà di dimensioni, forme e colori. Vanno da enormi creature simili a draghi a piccoli e delicati rettili che possono appoggiarsi sul tuo dito. Alcune lucertole hanno strette associazioni con l'uomo e sono ospiti gradite nelle case. Il geco tokay, per esempio, si pensa che porti fortuna nelle case in cui entra.

Sorprendente!

Il richiamo del geco tokay può essere forte come il latrato di un cane.

L'iguana blu dell'isola caraibica di Grand Cayman cresce fino a più di 1,5 m di lunghezza e può pesare più di 11 kg. Il suo numero è ora così basso che l'iguana blu è sull'orlo dell'estinzione.

Gli scinchi dalla testa larga vivono nei boschi umidi. Spesso cacciano insetti in alto sugli alberi, a volte razziando i nidi delle vespe cartonaie per mangiarne le larve.

Le iguane marine si riuniscono sulle rive rocciose e sulle scogliere. Le femmine e i piccoli spesso si posano l'uno sull'altro, ma i maschi si sparpagliano per definire i loro territori.

Il geco tokay, il più grande geco asiatico, si nasconde durante il giorno ed emerge di notte per cacciare prede come insetti, topi e piccoli uccelli.

Lo scinco dalla lingua blu dà alla luce fino a 25 piccoli vivi. I giovani scinchi impiegano circa 3 anni per raggiungere la maturità.

Le iguane di terra delle Galapagos sono grandi lucertole che si nutrono principalmente dei frutti e delle foglie del fico d'India.

La tiliqua rugosa australiana deposita il grasso nella sua coda tozza quando il cibo è abbondante. Il grasso viene scomposto per fornire energia quando il cibo è scarso.

L'iguana verde, o comune, dell'America centrale e settentrionale ha una cresta di spine a pettine che corrono lungo il corpo e la coda. Le iguane verdi si difendono con i loro artigli affilati, se attaccate.

I chuckwalla sono membri corpulenti della famiglia delle iguane, anche se non hanno le creste presenti nelle iguane delle foreste pluviali. Abitano le regioni desertiche rocciose degli Stati Uniti sud-occidentali e del Messico nord-occidentale.

L'anolide cubano vive nelle foreste orientali di Cuba, nei Caraibi, dove si nutre di ragni, larve, insetti adulti di medie e grandi dimensioni e anche di raganelle.

Il geco coda a foglia di Henkel del Madagascar ha una testa triangolare, arti lunghi e sottili, una coda larga e piatta, e lembi di pelle intorno ai bordi della testa e del corpo.

Il cnemidoforo dalle sei linee è il rettile più veloce sulla terraferma: è stata registrata la sua incredibile velocità di 29 km/h.

L'habitat naturale del geco diurno del Madagascar è costituito da foreste e palmeti, ma visita spesso le case. A differenza della maggior parte dei gechi, che sono notturni, è attivo di giorno. La sua durata di vita è di circa 10 anni.

Gli anolidi dell'America centrale e meridionale e dei Caraibi hanno una testa stretta, un corpo affusolato e una lunga coda. Hanno anche zampe e dita lunghe.

Serpenti

I serpenti sono specie di rettili senza zampe con corpi lunghi, snelli e muscolosi. Non hanno zampe né artigli, ma sono ottimi cacciatori che possono muoversi rapidamente e affrontare ogni tipo di terreno. Sono anche esperti arrampicatori e molte specie sanno nuotare bene. I serpenti sono presenti in tutti i continenti, eccetto l'Antartide. Si trovano anche nell'oceano indiano e Pacifico.

❍ Si pensa che i serpenti si siano evoluti da lucertole scavatrici che hanno gradualmente perso le zampe mentre si adattavano a uno stile di vita sotterraneo.

Mascelle di serpente

Un serpente deve ingoiare la sua preda intera, perché non ha grandi denti posteriori per schiacciare le sue vittime e non può masticare. Le ossa della mascella del serpente possono separarsi per permettergli di mangiare uova enormi o animali molto più grandi della sua testa. Un grande serpente può ingoiare un intero maiale o un cervo.

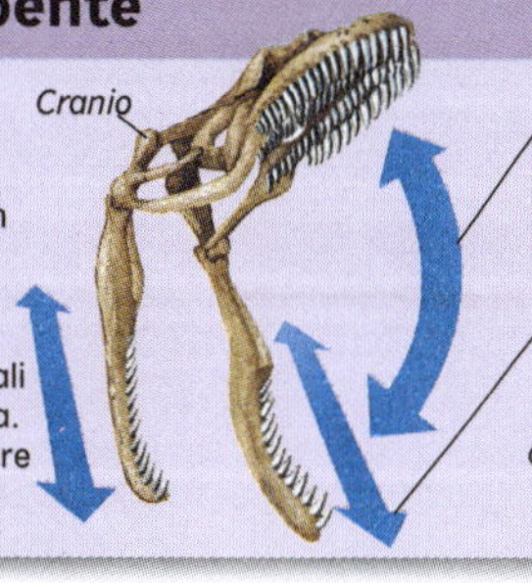

❍ La maggior parte dei serpenti si riproduce deponendo uova, ma alcuni danno alla luce dei piccoli vivi.

❍ Un serpente si muove facendo leva sul terreno o su un ramo con la sua pelle squamosa e spingendosi in avanti con i muscoli attaccati alle costole.

❍ I serpenti spesso posizionano il loro corpo in una serie di curve a forma di S, in particolare su superfici irregolari. I serpenti che scavano e alcuni serpenti degli alberi usano un movimento simile a una fisarmonica, raggruppando il loro corpo e poi raddrizzandolo. I serpenti grandi e pesanti tendono a muoversi in linea retta.

❍ Ondulazione laterale: un tipo di movimento usato dai serpenti del deserto che consiste nel lanciare la testa e il corpo in avanti e lateralmente, per poi seguire con il resto del corpo.

❍ Molti serpenti che nuotano hanno bande colorate lungo il corpo. Questo aiuta a interrompere il loro contorno e a mimetizzarli con le increspature dell'acqua.

Sorprendente!

Il cobra sputatore del Mozambico può sputare con precisione il suo veleno negli occhi di una persona fino a 3 m di distanza.

Il serpente dei ratti giallo è un vorace predatore di roditori, che caccia di notte. Mangia anche lucertole, rane, uccelli e le loro uova, e perfino le galline, il che lo rende impopolare tra gli agricoltori.

La femmina del serpente a sonagli di Massasauga del Canada e degli Stati Uniti dà alla luce circa 15 piccoli vivi, che abbandona a se stessi. I piccoli di serpente rimangono nel luogo in cui sono nati per alcuni giorni, fino a quando non si sono liberati della prima pelle.

Il crotalo ceraste è una vipera che vive nei deserti degli Stati Uniti. Solleva gli anelli del corpo da terra mentre si muove lateralmente, lasciando una serie di segni nella sabbia a forma di J rivolte di lato.

Record striscianti

Il pasto più grande	Un pitone delle rocce africano lungo 4,9 m ha divorato un impala di 59 kg
Il più vecchio	40 anni 3 mesi 14 giorni, l'età di un boa constrictor maschio
L'altitudine maggiore	Vipera dell'Himalaya, trovata fino a 4.900 m
L'altitudine minore	I serpenti marini spesso si immergono almeno 100 m sotto il livello del mare
L'immersione più lunga	Immersione di un serpente marino dal ventre giallo della durata di 3 ore 33 minuti

Muta

Prima della muta, un serpente sfrega il muso sul terreno per allentare la pelle. Il serpente poi si dimena, liberandosi della vecchia pelle consumata e rivelando un nuovo strato di squame. La pelle scartata spesso viene via tutta intera.

❍ La pelle di un serpente non cresce con il corpo, quindi il serpente deve regolarmente cambiare pelle quando aumenta di dimensioni. Questa attività si chiama muta.

❍ I serpenti sono generalmente solitari, di solito si riuniscono solo per accoppiarsi. Tuttavia, alcune specie di serpenti si riuniscono in comunità per svernare in tane comuni. Una tana di serpenti giarrettiera comuni, per esempio, può contenere centinaia o addirittura migliaia di esemplari.

❍ I serpenti ciechi simili a vermi e i leptotiflopidi passano quasi tutta la loro vita sotto terra. I lunghi corpi cilindrici, i crani duri e le squame lisce e lucenti sono adattamenti dovuti allo stile di vita sotterraneo. I loro occhi sono praticamente inutili.

Le scaglie del ventre della maggior parte dei serpenti sono particolarmente lisce, per permettere al serpente di muoversi più facilmente sul terreno. Le squame si sovrappongono, dando al serpente più presa.

Il boa smeraldino della parte settentrionale del Sud America è un agile arrampicatore. Quando caccia, si ancora a un ramo con la coda e pende in una spirale lenta, pronto a colpire la preda.

Serpenti costrittori

I costrittori includono boa, pitoni, anaconda, serpenti dei ratti e serpenti reali. Un costrittore uccide le sue vittime stritolandole fino alla morte. Si avvolge intorno alla preda e stringe gradualmente le spire. Ogni volta che l'animale espira, il serpente applica un po' più di pressione, e la preda finisce per soffocare.

Mangiare o respirare?

Per evitare di soffocare con un pasto abbondante, un serpente, come questo boa constrictor, spinge la trachea in avanti mentre inghiotte. La trachea agisce come una sorta di boccaglio, permettendo al serpente di respirare anche se la gola viene riempita dalla preda.

- Come tutti i serpenti, i costrittori devono ingoiare le loro vittime intere. Il pasto spesso è visibile dall'esterno: un enorme bolo che si muove lungo il corpo. Le grandi prede impiegano diversi giorni per essere digerite.

- I pitoni sono grandi serpenti costrittori tropicali che vivono nelle foreste umide in Asia, Indonesia e Africa.
- I pitoni di solito mangiano animali grandi come i gatti domestici, ma a volte optano per pasti davvero enormi, come maiali selvatici e cervi.
- Boa e anaconda sono i grandi costrittori del Sud America.
- I boa catturano le loro prede restando in attesa, nascondendosi immobili sotto gli alberi e aspettando che le vittime passino. Come avviene con altri serpenti, i boa possono restare settimane senza mangiare.
- Come molti serpenti, la maggior parte dei costrittori inizia la propria vita da un uovo. Insolitamente, le femmine di pitone si prendono cura delle uova fino alla schiusa, avvolgendosi intorno a esse.

Sorprendente!

Dopo aver consumato un pasto enorme, come un leopardo, un pitone può non aver bisogno di mangiare di nuovo per un periodo fino a 12 mesi. Un pitone delle rocce è rimasto senza mangiare per 2 anni e 9 mesi.

Lo stupefacente pitone verde arboricolo svetta nella foresta pluviale in Nuova Guinea e nel nord del Queensland. Caccia di notte i mammiferi che vivono sugli alberi e gli uccelli appollaiati.

Questo serpente a sonagli ha catturato la sua preda, una piccola arvicola dei prati. Avvolge il corpo intorno alla vittima e le impedisce di respirare tenendola molto stretta.

Il boa arboricolo di Trinidad caccia piccoli mammiferi sulle cime degli alberi. Quando afferra una preda, si tiene saldamente a un ramo con la coda prensile.

- Le femmine di boa non depongono uova, ma danno invece alla luce dei piccoli vivi.

- I boa hanno piccoli resti di zampe posteriori, chiamati speroni, che i maschi usano per stimolare le femmine durante l'accoppiamento.

- Gli anaconda passano gran parte della vita in terreni paludosi o in acque poco profonde, in attesa che le vittime vengano a bere. Un anaconda è stato visto ingoiare un caimano di 2 metri.

- Quando è spaventato, il pitone reale dell'Africa si arrotola in una palla stretta, ed è per questo che viene talvolta chiamato pitone palla. I boa di gomma fanno altrettanto, ma nascondono la testa e tirano fuori la coda in modo aggressivo per ingannare gli aggressori.

L'anaconda è il serpente più pesante, e arriva fino a 220 kg. Ci sono state molte affermazioni esagerate sulle sue dimensioni. Nel 1907, è stato ucciso un anaconda di quasi 19 metri, ma non ci sono prove a sostegno di questa incredibile affermazione.

Pitone reticolato

Il pitone reticolato dell'Asia è il serpente più lungo del mondo. In cattività, può crescere fino a 9 m di lunghezza. Nel 1912 venne ucciso un esemplare di 10 m, ma tali giganti non sono stati più trovati negli ultimi anni.

Serpenti velenosi

I serpenti velenosi usano denti modificati chiamati zanne per iniettare il veleno nella preda. Il veleno è un cocktail di sostanze chimiche nocive che paralizza o uccide la vittima. Riduce il rischio che i serpenti si feriscano durante la lotta e permette loro di affrontare prede molto grandi.

- Esistono due tipi principali di veleno. Il veleno neurotossico attacca il sistema nervoso della vittima, impedendo al cuore o ai polmoni di funzionare o paralizzando il corpo. Il veleno emotossico colpisce il sangue e i muscoli della vittima.

- Alcuni serpenti velenosi hanno le zanne nella parte anteriore della bocca, mentre in altri le zanne si trovano nella parte posteriore.

- I serpenti a zanne anteriori hanno zanne lunghe e cave. Le zanne dei taipan, dei serpenti di mare, dei cobra e dei mamba sono fisse. Le zanne di vipere e crotalini sono incernierate, in modo che possano essere ripiegate quando non vengono utilizzate.

- I serpenti a zanne posteriori, come i boomslang, hanno zanne più corte e fisse. Quando il serpente morde, il veleno scorre attraverso le scanalature lungo il bordo delle zanne e nella ferita.

Sorprendente!

I serpenti fer-de-lance hanno da 60 a 80 piccoli, ognuno dei quali può dare un morso pericoloso.

Sonaglio di un serpente a sonagli

Il "sonaglio" sulla punta della coda di un serpente a sonagli è una catena di squame modificate. Quando è minacciato, il serpente scuote il sonaglio facendo vibrare la coda, producendo un suono di avvertimento che dissuade i predatori.

- Di quasi 700 specie di serpenti velenosi, solo circa 50 hanno un morso potenzialmente letale per l'uomo.

Il serpente delle mangrovie del sud-est asiatico è una specie a zanne posteriori. È pronto a mordere per proteggersi, anche se il suo veleno è relativamente leggero. Vive in alberi e arbusti vicino all'acqua e si nutre di rettili, uccelli e piccoli mammiferi.

- Il cobra reale del sud-est asiatico è il serpente velenoso più lungo del mondo: raggiunge quasi 6 m di lunghezza.

- In India, i cobra uccidono più di 7.000 persone ogni anno. Il morso di un cobra reale può uccidere un elefante in 4 ore.

Quando assume un atteggiamento difensivo, il cobra si solleva e allarga la pelle del collo in un cappuccio per sembrare più grande. Questo dà spesso ai nemici la possibilità di colpirlo.

- Senza trattamento, le vittime del taipan, del mamba nero, del serpente tigre, del bungaro comune e del cobra reale hanno un rischio di morte dal 50 al 100 percento.

- Il serpente di mare *Hydrophis belcheri* ha il veleno più potente di qualsiasi altro serpente - solo 0,005 mg sarebbero sufficienti per uccidere un uomo di corporatura media. Fortunatamente, il serpente morde raramente le persone.

- I serpenti di mare possono rimanere immersi per cinque ore.

Il Trimeresurus popeiorum è un serpente che vive sugli alberi e si trova sulle colline boscose nel sud-est asiatico, dove caccia rane, lucertole, piccoli mammiferi e forse uccelli. Dà alla luce dei piccoli vivi.

❍ Gli incantatori di serpenti usano il cobra dagli occhiali. Non viene "incantato" dalla musica (ha un udito scarso) ma dal movimento del flauto dell'incantatore. Il serpente segue il flauto come se stesse per colpire, anche se le sue zanne sono state rimosse per renderlo inoffensivo.

Zanne pieghevoli

Il veleno è prodotto in ghiandole sul lato della testa del serpente. Quando una vipera o un crotalino apre le mascelle per colpire la preda, le zanne cave si abbassano e si bloccano in posizione, pronte per il morso. I muscoli comprimono le ghiandole del veleno mentre le zanne perforano la carne della vittima, pompando il veleno nella ferita attraverso le scanalature.

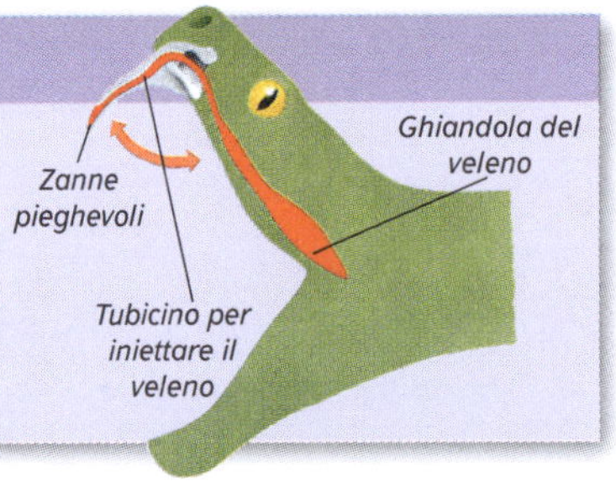

Il cobra reale è un buon nuotatore e passa molto del suo tempo intorno all'acqua.

❍ Il veleno di una vipera uccide le vittime facendone coagulare il sangue. Il veleno della vipera di Russell è usato per curare gli emofiliaci (persone il cui sangue non coagula bene).

❍ Il mamba nero dell'Africa può avanzare a 25 km/h con la testa sollevata.

La vipera del Gabon dell'Africa occidentale e sudoccidentale ha le zanne più grandi di qualsiasi vipera, fino a 5 cm di lunghezza. Qui, le zanne sono per lo più coperte dalle loro guaine carnose.

Serpenti del mondo

***I** serpenti sono presenti in tutti i continenti tranne l'Antartide, ma sono più numerosi ai tropici che altrove. Anche se tutti condividono una struttura corporea simile, l'ampia diversità di colori, striature, dimensioni e comportamenti riflette il fatto che i serpenti si sono adattati ad ambienti diversi. Nuove specie di serpenti vengono scoperte continuamente.*

Sorprendente!

La vipera rostrata, che va dall'Africa occidentale all'India, è probabilmente responsabile di più morti umane di qualsiasi altro serpente.

I pantherophis alleghaniensis si trovano spesso vicino all'acqua. Sono ottimi nuotatori e si immergono facilmente nell'acqua per sfuggire al pericolo.

I trimeresurus stejnegeri dell'Asia sono serpenti velenosi che vivono sugli alberi con code prensili.

Il crotalo di Wagler è un serpente di medie dimensioni che cambia colore man mano che cresce. I giovani (mostrati qui) sono principalmente verdi; gli adulti hanno striature chiare su uno sfondo nero. Le femmine di questa specie arboricola danno alla luce dei piccoli vivi.

Il boa arboricolo del Madagascar vive sull'isola di Madagascar, al largo della costa orientale dell'Africa. È strettamente legato al boa constrictor dell'America centrale e meridionale.

I serpenti citello sono grandi e potenti costrittori che spesso scavano nel terreno in cerca di prede. Il loro habitat preferito sono le pinete.

Il pitone tappeto dell'Australia e della Nuova Guinea si trova spesso intorno agli insediamenti umani, dove caccia ratti e altri animali infestanti.

Le vipere dalle ciglia si trovano dal Messico meridionale al Perù settentrionale. Presentano diverse sfumature di colore, con motivo simili a muschi o licheni.

L'esile serpente verde orientale dell'Africa è attivo di giorno, quando caccia prede come le rane.

Le Agkistrodon sono vipere imparentate con i serpenti a sonagli. Evitano il confronto e raramente mordono l'uomo.

Il serpente delle mangrovie, dalle squame lucide, è uno dei più grandi serpenti arboricoli asiatici. Con la sua enorme bocca, può ingoiare grandi uova di uccelli e persino scoiattoli.

Diversi crotalini, tra cui il cantil, o mocassino d'acqua messicano, hanno una punta colorata sulla coda. Il serpente la agita per attirare potenziali prede, come rane e piccole lucertole, a portata di affondo.

Abitante del sud-est asiatico, il velenoso cobra monocolo deve il suo nome alla macchia sul retro del cappuccio, che assomiglia a un monocolo.

Il serpente verde liscio è una specie nordamericana che vive tra boschi e arbusti vicino all'acqua.
Si nutre principalmente di insetti: questo ha catturato un grillo.

Introduzione agli anfibi

La parola anfibio deriva dal greco* amphibios *che significa "dalla doppia vita". Si riferisce al fatto che questi animali possono vivere sia sulla terraferma sia in acqua. Gli anfibi sono un importante gruppo di animali, essendo stati i primi vertebrati a conquistare la terra. Rane, rospi, tritoni, salamandre e cecilie sono tutti anfibi.

❍ Gli anfibi sono comuni nelle regioni temperate (più fresche) del mondo, e in habitat umidi, anche se molte specie vivono anche nelle foreste umide e tropicali.

❍ Quando il clima diventa particolarmente freddo, gli anfibi spesso vanno in letargo. Si nascondono nel fango sul fondo degli stagni o sotto pietre e tronchi.

Cecilie

Le cecilie si trovano soprattutto ai tropici. Hanno un corpo simile a un verme, senza arti, con una testa appuntita e una coda corta. Alcune sono scavatrici, vivono nel terreno smosso, mentre altre sono acquatiche. Il loro senso primario è l'olfatto, e la maggior parte non può vedere perché un sottile strato di osso o pelle copre gli occhi.

❍ Con l'arrivo della primavera gli anfibi escono dal loro nascondiglio. Il clima più caldo vede molti di loro tornare allo stagno o al torrente in cui sono nati.

❍ Gli anfibi a volte compiono lunghi viaggi per tornare al loro luogo di nascita, e spesso devono attraversare città e strade trafficate.

Sorprendente!

In molte specie di salamandre, se l'animale perde un occhio, un arto o la coda, la parte del corpo ricrescerà in pochi mesi.

La rana toro africana ha un corpo massiccio e una testa larga con mascelle potenti. Passa circa dieci mesi all'anno sotto terra per evitare la siccità, racchiusa in una specie di bozzolo pieno d'acqua. Questa specie è molto aggressiva e difende il suo territorio dagli intrusi.

Pericolo rane

In alcuni paesi, i cartelli avvertono i conducenti del pericolo insolito di un gran numero di rane o rospi che attraversano la strada per tornare ai loro luoghi di riproduzione.

❍ La raganella bianca è marrone all'ombra, ma diventa verde chiaro al sole.

❍ Molti anfibi sono notturni e attivi solo quando le condizioni sono abbastanza umide da evitare che i loro corpi perdano troppa acqua per evaporazione.

L'ululone dal ventre rosso ha uno stomaco rosso brillante, che usa per distrarre i predatori. Quando viene minacciato, il rospo salta via, esponendo il suo ventre. Il rapido lampo di rosso vivo confonde l'aggressore, dando al rospo una frazione di secondo in più per scappare.

❍ I viaggi verso i luoghi di riproduzione possono essere lunghi fino a 5 km: un lungo viaggio per un animale che misura solo pochi centimetri.

❍ Gli anfibi hanno la pelle nuda, senza peli o squame. Possiedono ghiandole velenifere nella pelle. Queste producono secrezioni sgradevoli o addirittura tossiche per i predatori.

❍ Alcuni anfibi possono modificare il colore della pelle in risposta ai cambiamenti di temperatura o di luce.

❍ Alcuni anfibi, tuttavia, sono attivi di giorno. Gran parte del loro comportamento ruota intorno al controllo della temperatura, come crogiolarsi al sole per riscaldarsi ed entrare in acqua per raffreddarsi.

❍ Molti anfibi vivono in luoghi dove il cibo è disponibile solo in alcune stagioni, quindi sono attivi solo per alcuni mesi o settimane dell'anno. Mangiano rapidamente, immagazzinando il grasso per sopravvivere quando il cibo scarseggia.

Il dendrobate pigmeo dell'America centrale si affida al veleno per tenere a bada i nemici. La sua colorazione rosso brillante dice "state alla larga" ai predatori.

La rana golia dell'Africa occidentale è la più grande del mondo, misura fino a 40 cm di lunghezza. Vive lungo i corsi d'acqua della giungla ed è un eccellente nuotatore e sub, con potenti zampe posteriori e lunghe dita palmate. Raramente emerge dall'acqua, e vi ritorna rapidamente se disturbata. Mangia piccoli rettili, altre rane e mammiferi.

Record anfibi

Il rospo più grasso	Rospo delle canne	2,65 kg
L'anfibio più lungo	Salamandra gigante cinese	1,8 m
La rana più pesante	Rana golia africana	3,66 kg
Il girino più grande	Axolotl	25 cm
La rana più piccola	*Psyllophryne didactyla*	9,8 mm

Anatomia degli anfibi

Anche se i corpi degli anfibi sono simili in molti aspetti a quelli di altri vertebrati (animali con spina dorsale), ci sono alcune differenze notevoli, soprattutto nel modo in cui respirano. Gli scheletri degli anfibi hanno molte meno ossa di quelli di altri vertebrati, e il loro cuore ha tre camere, non quattro come nei mammiferi.

Le rane e i rospi, come questa rana toro americana, hanno timpani grandi e ben sviluppati e un ottimo udito.

- Come gli esseri umani, gli anfibi hanno cinque sensi fondamentali: vista, udito, olfatto, tatto e gusto. Tuttavia, possono anche rilevare la luce infrarossa e ultravioletta, così come il campo magnetico terrestre.
- Le rane e i rospi hanno la spina dorsale corta e le zampe posteriori molto ingrossate. Il cranio è appiattito.
- Le salamandre e i tritoni hanno la spina dorsale più lunga delle rane o dei rospi. Hanno anche lunghe code, e gli arti sono più o meno della stessa dimensione.

Sorprendente!

La rana artigliata africana ha organi di senso posti lateralmente che rilevano le vibrazioni nell'acqua di predatori e prede.

- Le code appiattite dei tritoni li rendono esperti nuotatori.
- Le cecilie scavatrici, simili a vermi, hanno un cranio spesso e ossuto che li aiuta a farsi strada nel terreno.
- Le cecilie non hanno arti, ma si muovono tramite contrazioni muscolari lungo il corpo.
- Le cecilie hanno un tentacolo su ogni lato della testa tra l'occhio e la narice. Usano questi tentacoli per rilevare l'odore e localizzare le prede.
- L'anfibio medio ha una pelle umida, piuttosto liscia e morbida.

Alcune rane si sono adattate a vivere sugli alberi. I loro arti sono lunghi e sottili per afferrare i rami, e le estremità delle zampe sono ideali per arrampicarsi in verticale.

- L'ossigeno può passare facilmente attraverso la pelle, il che è importante perché la maggior parte degli anfibi adulti respira sia attraverso la pelle che attraverso i polmoni.
- La pelle di un anfibio è mantenuta umida da speciali ghiandole appena sotto la superficie. Queste ghiandole producono una sostanza appiccicosa chiamata muco.
- Alcune salamandre non hanno polmoni. Possono assorbire l'ossigeno nell'acqua direttamente dalla pelle. Se la pelle si secca, l'ossigeno non è più in grado di attraversarla e la salamandra muore.

Una pelle che cambia

Come i serpenti e le lucertole, alcune rane e rospi cambiano la pelle. Il rospo europeo muta più volte pelle durante l'estate... e poi la mangia. In questo modo ricicla le sostanze nutrienti che contiene.

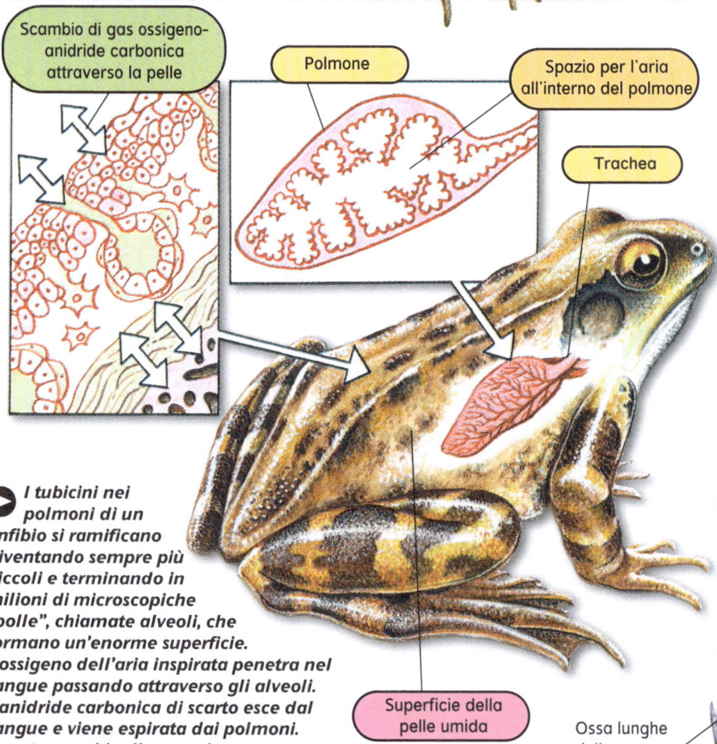

I tubicini nei polmoni di un anfibio si ramificano diventando sempre più piccoli e terminando in milioni di microscopiche "bolle", chiamate alveoli, che formano un'enorme superficie. L'ossigeno dell'aria inspirata penetra nel sangue passando attraverso gli alveoli. L'anidride carbonica di scarto esce dal sangue e viene espirata dai polmoni. Questo scambio di gas ossigeno-anidride carbonica avviene anche tra l'aria e i vasi sanguigni della pelle.

Creature d'acqua dolce

Poiché la loro pelle li rende vulnerabili alla perdita di umidità, molti anfibi fanno in modo di non allontanarsi mai dall'acqua dolce. Non ci sono anfibi marini, perché l'alta concentrazione di sale negli oceani assorbirebbe l'acqua dai loro corpi, facendoli disidratare e morire.

- Le larve degli anfibi respirano attraverso branchie esterne piumate. Alcune specie mantengono queste branchie fino all'età adulta, ma nella maggior parte delle specie si perdono durante la metamorfosi.
- Il sangue scorre all'interno delle branchie di un anfibio nello stesso momento in cui l'acqua scorre all'esterno. Quando l'acqua oltrepassa le branchie, l'ossigeno passa dall'acqua direttamente nel sangue dell'anfibio.
- I cuori degli anfibi (e dei rettili) hanno tre camere, mentre quelli degli uccelli e dei mammiferi ne hanno quattro.

Questa vista dello scheletro di una rana mostra le zampe posteriori molto sviluppate e la corta spina dorsale. Le potenti zampe posteriori permettono alle rane di compiere grandi balzi e di nuotare velocemente alla ricerca di una preda.

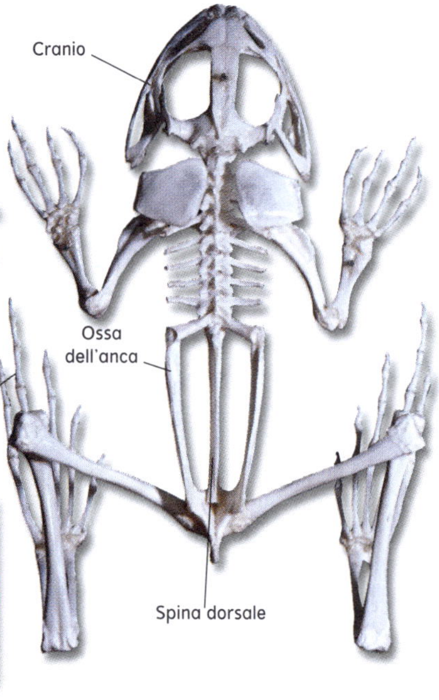

Ciclo vitale degli anfibi

La maggior parte degli anfibi nasce e cresce in habitat d'acqua dolce come stagni, pozze, ruscelli e fiumi. Di solito si spostano sulla terraferma quando sono adulti e tornano in acqua per riprodursi. Crescendo, gli anfibi cambiano completamente il loro aspetto. Questo cambiamento è noto come metamorfosi.

❍ Rane e rospi depongono generalmente tra 1.000 e 20.000 uova. Nelle salamandre e nei tritoni, il numero di uova deposte varia da quattro o cinque a circa 5.000.

❍ Nelle rane, nei rospi e in alcune specie di tritoni e salamandre, le uova sono fecondate esternamente. Gli anfibi rilasciano il loro sperma e le loro uova nell'acqua e lasciano la fecondazione al caso.

Quando le rane si accoppiano, la possibilità di fecondazione è aumentata dal fatto che il maschio rilascia lo sperma direttamente sulle uova coperte di gelatina che la femmina depone in acqua.

❍ Come i pesci e gli insetti, gli anfibi depongono molte uova – più ne depongono, maggiore è la possibilità che una parte della loro prole sopravviva.

Le rane passano attraverso diverse fasi del loro sviluppo. I girini simili a pesci con le branchie si schiudono dalle uova nell'acqua e si nutrono di piccole piante. Quando si sviluppano in rane, cominciano a cacciare invertebrati come insetti e ragni.

Rituale di corteggiamento

Il maschio del tritone crestato fa di tutto per impressionare la sua compagna. Nuota davanti a lei, mostrando la cresta dentata sulla sua spina dorsale. Poi agita la coda per spargere le secrezioni delle sue ghiandole addominali verso di lei. Se è ricettiva, prenderà la spermatofora (grumo di sperma) che lui ha depositato.

Axolotl

In alcune specie di salamandra e tritone, come l'axolotl del Messico, le larve non si trasformano mai nella forma adulta. L'axolotl rimane in acqua e conserva le branchie per tutta la vita, diventando sessualmente maturo allo stato larvale. Questo fenomeno è noto come neotenia, e si osserva anche nel proteo e nel necturus.

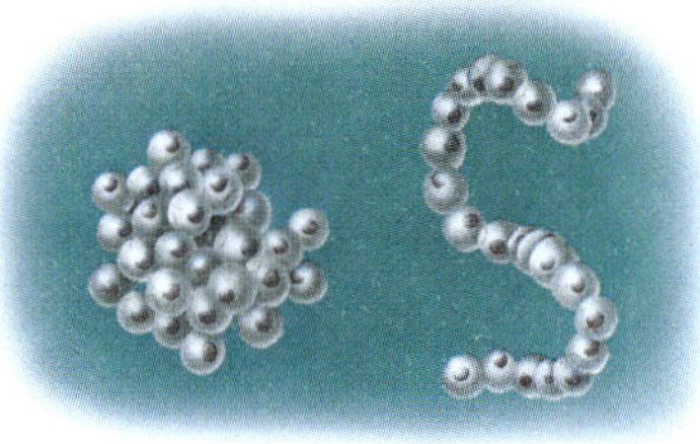

La maggior parte degli anfibi depone uova morbide. Queste possono essere contenute in una fascia gelatinosa, o in un grumo di piccole uova, come nelle rane e nei rospi. I tritoni depongono le uova singolarmente.

- Le uova, morbide e gelatinose, si schiudono in giovani esemplari che devono cavarsela da soli senza la protezione dei genitori.
- I piccoli degli anfibi, chiamati larve, hanno branchie esterne piumate per respirare in acqua.
- Le larve di rane e rospi, simili a pesci, sono note come girini. Dopo circa 7-10 settimane, ai girini crescono zampe e polmoni e si sviluppano in rane pronte a lasciare l'acqua.
- Nella maggior parte delle salamandre e dei tritoni, il maschio lascia un "grumo" di sperma (chiamato spermatoforo) sul terreno o in uno stagno. La femmina lo prende e lo introduce nel suo corpo. La fecondazione delle uova è dunque interna.

Rane e rospi, come questo rospo comune, possono gonfiare le loro sacche nella gola. Questa operazione amplifica i gracidii d'amore che emettono per attirare i partner durante la stagione della riproduzione.

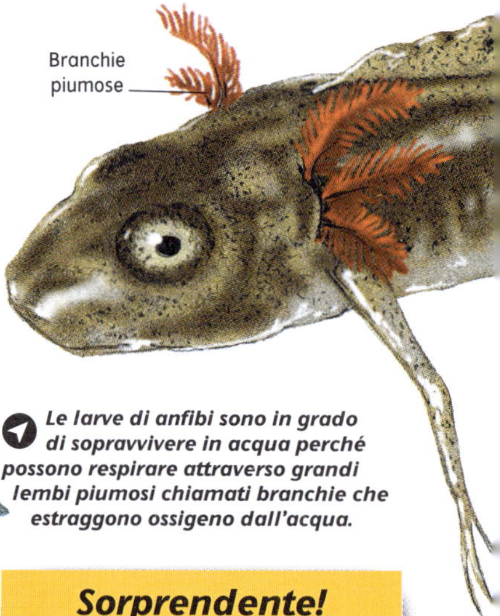

Le larve di anfibi sono in grado di sopravvivere in acqua perché possono respirare attraverso grandi lembi piumosi chiamati branchie che estraggono ossigeno dall'acqua.

Sorprendente!

Il maschio della rana di Darwin ingoia le uova e le tiene in gola fino a quando non si schiudono e saltano fuori dalla sua bocca.

- Alcune salamandre depongono le uova in luoghi umidi, come sotto pietre o tronchi, o nel muschio. Altri le attaccano alle rocce sott'acqua.
- Negli aliti, è il maschio a occuparsi delle uova. Avvolge fasce di uova intorno alle zampe posteriori e le porta in giro finché non si schiudono.
- La femmina di rana marsupiale porta le sue uova fecondate in una sacca sulla schiena per tenerle al sicuro.
- Il maschio del rospo del Suriname sudamericano preme le uova sulla schiena della sua compagna, dove rimangono fino alla schiusa dei girini.
- Molte salamandre non hanno uno stadio larvale all'esterno. Una femmina di salamandra pezzata trattiene le uova fecondate nel suo corpo, dove i piccoli si schiudono e si sviluppano. Poi dà alla luce dei piccoli vivi che assomigliano a degli esemplari adulti in miniatura.

Anfibi: alimentazione e dieta

Gli anfibi sono carnivori che si nutrono di prede vive, piuttosto che di carogne (animali morti). La maggior parte degli anfibi ha una bocca larga per ingoiare grandi prede. Essi tendono a mangiare di tutto, anche se invertebrati come insetti, ragni e lumache costituiscono la maggior parte della dieta degli anfibi adulti. Incapaci di masticare o rompere il cibo nella loro bocca, devono ingoiare le prede intere.

I maschi delle raganelle del Pacifico del Nord America sono molto territoriali. Il loro richiamo bitonale per l'accoppiamento può essere sentito a diversi chilometri di distanza.

- Gli anfibi di solito trovano il cibo tramite una combinazione di vista e olfatto. Tendono ad avere occhi grandi perché sono attivi di notte.
- Alcune specie di salamandra e di tritone sono molto sensibili alle correnti d'acqua create dalle prede.

Rospo delle canne

Il rospo delle canne è il più grande anfibio infestante. È stato introdotto in Australia dal Sud America tropicale negli anni Trenta per mangiare i coleotteri. Sfortunatamente, divora anche rane e lucertole native e persino uccelli. Essendo velenoso da mangiare, ha ucciso anche piccoli coccodrilli, serpenti e varani.

- La salamandra dal dorso rosso del Nord America si nutre di centinaia di specie diverse di invertebrati. La scelta delle prede è limitata solo dalle dimensioni della sua bocca.
- Alcuni anfibi hanno diete altamente specializzate. Il rospo scavatore messicano ha una bocca molto piccola e si nutre solo di termiti.
- I tritoni sono creature in gran parte inattive e quindi non si nutrono frequentemente. Se il cibo è facilmente disponibile, tendono ad accumulare grasso, in modo che nei mesi più freddi o nei periodi di siccità possano sopravvivere più a lungo senza nutrirsi.
- Come i loro genitori, le larve di tritoni e salamandre sono carnivore e si nutrono di una vasta gamma di invertebrati acquatici.
- In alcuni tritoni e salamandre, le larve che crescono più velocemente diventano cannibali e mangiano larve più piccole della loro stessa specie.
- I girini di rane e rospi si nutrono di vegetali, anche se in alcune specie gli esemplari grandi possono diventare cannibali.

Sorprendente!

Una rana toro africana è riuscita a entrare in un recinto di serpenti allo zoo di Pretoria del Sudafrica, dove ha divorato 16 cobra velenosi.

Molte rane e rospi possono mangiare animali sorprendentemente grandi, compresi topi, uccelli, rettili e serpenti. Non hanno bisogno di nutrirsi molto spesso, poiché un solo pasto può soddisfare a lungo il loro bisogno di energia.

Il tritone orientale del Nord America si nutre di una varietà di alimenti, tra cui insetti, piccoli molluschi e crostacei, così come giovani anfibi e uova di rana.

Deglutizione

Quando le rane e i rospi ingoiano il cibo, tendono a chiudere gli occhi. Questo movimento si aggiunge alla pressione verso il basso e quindi favorisce la deglutizione.

Rospo del fiume Colorado che inghiotte un topo

Predatrice feroce, la rana toro nordamericana – la più grande del continente – si nutre di rettili, altre rane e piccoli mammiferi.

Mimetizzata grazie alla sua colorazione, la rana cornuta argentina giace semisepolta nel letto di foglie e muschio del sottobosco, aspettando che passi una preda. Con l'enorme bocca cattura grandi insetti, altre rane e piccoli mammiferi.

- Poche rane e rospi cacciano attivamente le loro prede. La maggior parte aspetta semplicemente che il cibo sia a portata di mano, e poi fa un affondo a bocca aperta o tira fuori la lunga lingua appiccicosa per catturare la preda.

- Le salamandre si avvicinano lentamente prima di colpire. Si muovono piano verso la preda e poi la afferrano improvvisamente con la lingua o tra i denti aguzzi.

- Le cecilie, simili a vermi, si nutrono principalmente di lombrichi, che individuano con i tentacoli sensoriali sotto gli occhi e afferrano con i denti ricurvi.

La raganella del cedro ha dei dischi adesivi sulle dita. Aspetta gli insetti, che abbondano nelle foreste e nei boschi e costituiscono la maggior parte della sua dieta.

Rane e rospi

Esistono circa 4.400 specie di rane e rospi. La differenza tra rane e rospi non è chiara. Tuttavia, la maggior parte delle rane vive in luoghi umidi e tende ad avere estremità fortemente palmate, lunghe zampe posteriori e pelle liscia. I rospi passano generalmente il loro tempo sulla terraferma. Non hanno zampe palmate e la loro pelle è verrucosa e piuttosto secca.

- I rospi sono normalmente più corti e più tozzi delle rane, con zampe più corte.
- I rospi di solito camminano o ondeggiano, mentre le rane tendono a saltellare. La maggior parte delle rane può fare salti pari a 20 volte la sua lunghezza.

Pelle di rospo

I rospi hanno una pelle più secca, ruvida e grumosa delle rane. Le protuberanze, o "verruche", sulla pelle di un rospo (mostrate qui) rilasciano un fluido che può essere velenoso, fornendo una protezione efficace contro predatori come lontre e aironi.

- I rospi tendono ad avere una pelle più spessa delle rane, che trattiene meglio l'umidità e permette loro di trascorrere più tempo sulla terraferma.
- La pelle di alcuni rospi è così spessa che viene usata come sostituto del cuoio.
- Alcune rane di vetro che vivono nelle foreste dell'America centrale e meridionale hanno una pelle così sottile e trasparente che le loro ossa, i muscoli e gli organi interni sono visibili attraverso di essa.

La raganella gigante è la più grande rana dell'Australia e una delle più grandi raganelle del mondo. È una specie tropicale che si trova nel nord-est del paese.

- Le rane e i rospi sono carnivori. Catturano gli insetti più veloci grazie alle loro lingue lunghe e appiccicose.
- Le femmine di rane e rospi sono di solito più grandi dei maschi della stessa specie. I maschi hanno in genere zampe anteriori più spesse e muscolose, con le quali trattengono le femmine durante l'accoppiamento.
- Nella stagione della riproduzione, rane e rospi emettono richiami per attirare le femmine

I dendrobati che vivono nelle foreste pluviali tropicali dell'America centrale e meridionale sono detti anche rane freccia perché le popolazioni locali dotano le loro frecce e dardi di un veleno mortale proveniente dalle ghiandole presenti nella pelle della rana. Molte di queste specie sono molto colorate, come la rana blu dal dardo avvelenato mostrata qui.

Rane volanti

Un certo numero di rane arboricole dell'Asia e dell'America centrale sono in grado di stendere le loro enormi zampe palmate e veleggiare da un albero all'altro. Questo le aiuta a sfuggire ai predatori. Alcune di queste "rane volanti" possono planare fino a 15 m.

Sorprendente!

Nel 1935, 100 rospi delle canne – una specie originaria dell'America centrale e meridionale – furono importati in Australia. Nel giro di 50 anni, il loro numero aumentò a dismisura.

Nuoto

I rospi e le rane nuotano scalciando all'indietro con le potenti zampe posteriori. Le grandi zampe palmate agiscono come pinne e li spingono attraverso l'acqua.

1. La rana tira su le zampe
2. Spinge le estremità di lato
3. Inizia a spingere le zampe indietro
4. Il calcio principale spinge la rana in avanti
5. La rana inizia a portare le estremità in avanti
6. Le zampe della rana sono tirate su, pronte a ripartire

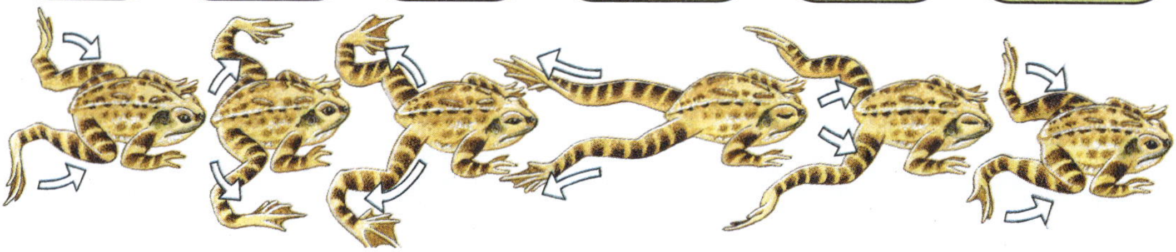

Le rane sono superbe saltatrici, sollevano le loro zampe anteriori da terra e si lanciano in aria con le loro forti zampe posteriori. Molte rane hanno anche delle ventose sulle dita per aiutarle ad atterrare in modo sicuro sulle superfici scivolose.

- Ogni specie ha il suo richiamo unico, che permette alle femmine di localizzare il maschio giusto se diverse specie usano la stessa pozza per riprodursi.
- Le larve simili a pesci di rane e rospi sono chiamate girini. Vivono in acqua e hanno una coda per nuotare e branchie attraverso le quali respirano.
- Man mano che crescono, i girini perdono le branchie e la coda, sviluppano le zampe e si trasformano in adulti che respirano attraverso i polmoni e si muovono sulla terraferma.
- La rana paradossale dell'Amazzonia e dell'isola di Trinidad è insolita. Il girino cresce fino a circa 17 cm di lunghezza, ma durante la metamorfosi si trasforma in un piccolo adulto di meno di 7 cm. Nessuno sa perché gli adulti siano così piccoli rispetto ai girini.

Record di rane e rospi

Minor numero di uova	La minuscola rana cubana depone un solo uovo
Maggior numero di uova	La femmina del rospo delle canne depone 30.000-50.000 uova alla volta
Il più velenoso	Una rana dorata contiene abbastanza veleno da uccidere circa 1.000 persone
Altitudine maggiore	Il rospo comune è stato trovato fino a 8.000 m in Himalaya
Salto più lungo	5,35 m, compiuto da una rana sudafricana dal naso appuntito, un'impresa incredibile per una rana lunga meno di 7 cm

Rane e rospi del mondo

Anche se i corpi della maggior parte delle rane e dei rospi sono molto simili nell'aspetto, questi anfibi possono avere stili di vita estremamente diversi. Alcuni, per esempio, si muovono raramente lontano dagli specchi d'acqua permanenti, mentre altri passano quasi tutta la loro vita sugli alberi.

Il veleno della rana dorata è stato usato per curare persone vittime di attacchi cardiaci.

Quando viene disturbata, la rana leopardo del Rio Grande salta a zig zag per fuggire.

I timpani della rana verde maschio del Nord America sono circa due volte più grandi dei suoi occhi.

Le rane dalle zampe rosse del Nord America mangiano qualsiasi preda che non sia sgradevole.

La vistosa raganella di Anderson è lunga non più di 5 cm. Abita in aree cespugliose e di notte caccia insetti.

La raganella australiana dagli occhi arancioni ha un richiamo caratteristico, "'arc-arc-arc". Depone un tappeto di uova tra la vegetazione acquatica.

Sorprendente!

Si dice che il richiamo del maschio della rana verde che si accoppia assomigli al suono di una corda di banjo allentata.

I maschi delle rane hyperolius tuberilinguis hanno un forte richiamo di accoppiamento. Le femmine depongono le uova in una massa ferma sospesa sopra l'acqua tra gli steli d'erba.

Le tossine contenute nella pelle delle rane velenose non solo scoraggiano i predatori, ma aiutano anche a prevenire la formazione di funghi e batteri sulla pelle umida delle rane.

La paffuta raganella bianca vive spesso dentro o vicino agli edifici in Australia. Caccia di notte.

Il mortale dendrobate raggiunge i 6 cm di lunghezza. Si trova in Suriname, Guyana francese, Guyana e Brasile.

La rana maiale vive nelle paludi del sud-est degli Stati Uniti. I maschi emettono un grugnito basso, simile a quello dei maiali.

La rana cornuta argentina ha una bocca così grande che può mangiare prede pari alla metà delle sue dimensioni.

La femmina di dendrobate pigmeo depone le uova non fecondate accanto a quelle fecondate come cibo per i suoi piccoli.

Il rospo calamita è facilmente riconoscibile da una caratteristica linea gialla lungo la testa. Quando è allarmato, emette un odore di gomma bruciata.

Il rospo gutturale dell'Africa meridionale produce un caratteristico richiamo durante la stagione della riproduzione.

Il rospo di Fowler degli Stati Uniti orientali scava nel terreno nei periodi caldi e secchi e anche durante il freddo.

La raganella dagli occhi rossi delle foreste pluviali dell'America centrale scende raramente dagli alberi. È una saltatrice eccezionale.

Salamandre e tritoni

Esistono più di 450 specie di salamandre e tritoni. Questi anfibi hanno un corpo snello, una lunga coda e, di solito, quattro zampe. Vivono in habitat umidi, soprattutto nell'emisfero nord. Alcune salamandre passano tutta la loro vita sulla terraferma, mentre altre sono interamente acquatiche. I tritoni sono salamandre semiacquatiche che tornano all'acqua nella stagione della riproduzione.

Salamandra a rischio

L'axolotl si trova solo nel lago Xochimilco in Messico. Questa salamandra affronta molte minacce alla sua sopravvivenza. L'introduzione di carpe e altri pesci predatori nel suo habitat lacustre ha ridotto il suo numero, così come la raccolta di axolotl selvatici per il commercio di animali domestici e la ricerca. L'inquinamento del lago è ora il pericolo maggiore. L'axolotl una volta veniva considerato una prelibatezza locale, ma ora è protetto dalla legge.

- Tritoni e salamandre tendono a essere ben mimetizzati, con motivi sulla pelle e colori che permettono loro di nascondersi. Tuttavia, alcune specie sono colorate in modo vivace, spesso per indicare ai predatori che sono tossiche (velenose).

- Tritoni e salamandre mangiano insetti, lumache e vermi.

- I tritoni e le salamandre nuotano in modo simile ai pesci. Creano una forma a "S" con il loro corpo mentre si muovono.

- Come i girini di rane e rospi, le larve di salamandre e tritoni hanno branchie esterne piumate.

- In alcune specie, come il tritone orientale del Nord America, c'è una fase giovanile terrestre, tra lo stadio larvale e quello adulto.

- Diverse specie sono in grado di staccarsi la coda. Quando vengono attaccati, la coda distrae il predatore, dando al tritone o alla salamandra una possibilità di fuga.

Il tritone marmorizzato di Francia e Italia è più colorato della maggior parte dei suoi parenti europei. Solo i giovani e le femmine hanno una striscia arancione vivo lungo la spina dorsale. Questa specie a volte si incrocia con il tritone crestato per produrre ibridi.

Sorprendente!

La salamandra pezzata, detta anche di fuoco, presente in Europa, Africa e Asia è chiamata così perché spesso sverna nei tronchi, che possono poi essere raccolti e usati come legna da ardere.

Salamandre nordamericane

La salamandra gigante del Pacifico è insolita in quanto può emettere un richiamo a bassa frequenza, mentre la maggior parte delle salamandre non emette vocalizzi. Passa diversi anni allo stadio larvale.

Il tritone californiano degli Stati Uniti è lungo circa 15 cm, appena più piccolo del tritone più grande d'Europa, il tritone verrucoso.

La salamandra alligatore è interamente acquatica. La pelle a sacco offre una grande superficie per assorbire l'ossigeno dall'acqua.

La salamandra tigre è la più grande salamandra terrestre del mondo, dato che può raggiungere i 40 cm di lunghezza. Si trova in svariati habitat, dal livello del mare a 3.500 m.

❍ Alcune specie non producono sostanze tossiche, ma sono comunque coloratissime. Questa è una difesa molto efficace, poiché i predatori presumono che siano anche tossiche.

❍ Il proteo è una salamandra pallida, sottile, quasi cieca, che vive nelle caverne delle terre che si affacciano sul mare Adriatico.

❍ Se il tritone spinoso cinese viene catturato da un predatore, spinge le costole appuntite attraverso la pelle. Le costole passano attraverso le sue ghiandole cutanee e rilasciano un veleno estremamente sgradevole.

❍ Nelle salamandre acquatiche simili ad anguille chiamate sirene, le zampe anteriori sono piccole mentre quelle posteriori sono assenti.

❍ Le quattro specie di sirena si trovano negli Stati Uniti meridionali e centrali e nel Messico nord-orientale.

Branchie restringenti

Le branchie della salamandra di fango cambiano a seconda del contenuto di ossigeno dell'ambiente circostante. Le branchie tendono a essere più grandi nell'acqua più calda, che contiene livelli più bassi di ossigeno disciolto. Le branchie si restringono in acqua fredda, dove non hanno bisogno di essere così grandi, perché l'acqua è più ricca di ossigeno.

La salamandra maculata vive nel sottobosco. È notturna e i suoi grandi occhi la aiutano a vedere con poca luce. Depone le uova sotto terra e i piccoli che si schiudono assomigliano a degli adulti in miniatura.

Glossario

A sangue caldo Quando un animale può generare il proprio calore corporeo, e non deve fare affidamento sull'assorbimento del calore dall'ambiente.

A sangue freddo Animale che non può mantenere una temperatura corporea costante. La sua temperatura corporea dipende dalla temperatura dell'ambiente circostante.

Accoppiamento L'unione tra un animale maschio e una femmina per generare dei piccoli.

Acquatico Che vive la maggior parte o tutto il tempo in acqua.

Adattato Che ha sviluppato caratteristiche o comportamenti speciali per sopravvivere in un particolare habitat.

Anatomia La struttura del corpo di un animale o di una pianta.

Anfibio Un vertebrato a sangue freddo con pelle umida che vive in acqua o che deve tornare in acqua per riprodursi.

Antenato Una pianta o un animale da cui si è evoluta una forma successiva di pianta o animale.

Branchie Escrescenze simili a piume che permettono alle larve degli anfibi di respirare sott'acqua.

Cannibalismo Quando un animale mangia membri della sua stessa specie.

Carapace La parte superiore del guscio di un chelone.

Carnivori Animali che mangiano carne.

Carogna Carne di animali morti.

Cellula I microscopici blocchi di costruzione di cui sono fatti tutti gli esseri viventi. Cellule diverse nel corpo di un animale svolgono compiti diversi.

Chelone Una tartaruga o una testuggine.

Chemorecettore Una cellula sensoriale che rileva particelle odorose nell'aria o nell'acqua.

Cheratina Una sostanza dura di cui sono fatti corni, unghie, artigli e scaglie di rettili.

Comunità Gruppo composto da molti animali.

Constrictor Un serpente che uccide la preda avvolgendola e soffocandola.

Corteggiamento Comportamento animale che porta alla selezione di un partner e all'accoppiamento.

Crocodylia Genere a cui appartengono coccodrilli, alligatori, caimani e gaviali.

Crogiolarsi Stendersi al sole per riscaldarsi.

Dente d'uovo Un dente temporaneo sulla punta del muso di un rettile, che usa alla nascita per perforare il guscio del suo uovo.

Dinosauri Un gruppo di rettili che ha dominato la Terra 230-65 milioni di anni fa prima di estinguersi improvvisamente.

Embrione Un rettile in via di sviluppo prima della schiusa o della nascita.

Emotossico Che danneggia le cellule del sangue. Il veleno emotossico causa la morte per eccessiva emorragia o coagulazione del sangue.

Erbivoro Un animale che mangia solo o principalmente materiale vegetale, come foglie, steli, radici, semi, noci o frutta.

Erpetologia Lo studio dei rettili e degli anfibi.

Estinzione Quando una specie animale scompare del tutto.

Estivazione Uno stato inattivo, simile al letargo, che aiuta alcuni rettili e anfibi a sopravvivere a periodi di siccità.

Evoluto Mutato gradualmente in una nuova specie nel corso di milioni di anni.

Foresta pluviale Una foresta vicino all'Equatore dove il clima è caldo e umido tutto l'anno.

Fossili I resti di esseri viventi, conservati nelle rocce. Anche le impronte nella roccia o la pelle sono fossili.

Ghiandola Parte del corpo di un animale che può produrre ormoni o liquidi come la saliva e il veleno.

Giovane Un animale che non è ancora diventato adulto.

Girino Lo stadio larvale nel ciclo di vita di una rana o di un rospo.

Habitat La casa naturale di una pianta o di un animale.

Incubare Mantenere le uova abbastanza calde finché non sono pronte a schiudersi.

Invertebrato Un animale senza spina dorsale. Insetti, ragni, vermi e lumache sono tutti invertebrati.

Larve Giovani animali che hanno un aspetto molto diverso dalle loro forme adulte.

Letargo Uno stato simile al sonno in cui il corpo funziona a un livello minimo e quindi richiede poca energia. Il letargo aiuta alcuni animali a sopravvivere all'inverno.

Mammifero Un animale che ha peli e che nutre i suoi piccoli con il latte.

Mangrovie Una foresta costiera. Le mangrovie crescono nel fango sulla rive.

Maturità La fase dello sviluppo di un animale in cui è in grado di riprodursi.

Membrana cornea Una scaglia trasparente che copre l'occhio di un serpente o di una lucertola.

Metamorfosi Il cambiamento graduale di una larva in un adulto, che si verifica nella maggior parte degli anfibi.

Migrare Spostarsi da un posto all'altro alla ricerca di cibo, di un clima migliore o di luoghi in cui riprodursi.

Mimetizzazione Il modo in cui il colore, le marcature, il disegno o la forma di un animale lo aiutano a confondersi con l'ambiente circostante, in modo che sia difficile da vedere.

Molluschi Un gruppo di animali (la maggior parte con conchiglie) che comprende lumache, polpi, cozze e calamari.

Muco Un fluido prodotto dal corpo di un animale.

Muta Sostituzione della vecchia pelle.

Neurotossico Nocivo per il sistema nervoso. Il veleno neurotossico può causare paralisi e impedire al cuore e ai polmoni di funzionare.

Notturno Attivo di notte e non durante il giorno.

Onnivoro Che si nutre di una grande varietà di cibo, sia piante che animali.

Organo Parte del corpo che svolge una funzione specifica. I polmoni e le branchie, per esempio, sono organi utilizzati per la respirazione.

Organo a fossa Un organo sensoriale sulla testa di alcuni serpenti che rileva il calore corporeo emesso da una preda a sangue caldo.

Organo di Jacobson Una fossa nel palato di un rettile che rileva le particelle odorose trasportate dall'aria.

Osteoderma Un grumo osseo nella pelle di un rettile che fornisce protezione contro i predatori. I coccodrilli e alcune lucertole sono provvisti di osteodermi.

Paralizzare Colpire il sistema nervoso o i muscoli di un animale in modo che non possa muoversi.

Partenogenesi Quando una femmina può produrre prole senza che le sue uova siano state fecondate da un maschio.

Plastron La parte inferiore del guscio di un chelone.

Preda Un animale che viene cacciato da altri animali.

Predatore Un animale che caccia, o preda, altri animali.

Prensile In grado di afferrare.

Rettile Un vertebrato a sangue freddo con una pelle dura e squamosa.

Rivale Un animale che compete per il cibo, il territorio o i partner.

Saliva Un liquido prodotto dalle ghiandole nella bocca per facilitare la deglutizione e la digestione del cibo.

Scaglie Piccole piastre piatte di cheratina che coprono la pelle e la proteggono.

Scuti Scaglie che si sono sviluppate in piastre cornee.

Specie Un gruppo di esseri viventi simili che possono riprodursi insieme per produrre esemplari giovani fertili.

Sperma Cellule sessuali prodotte da un animale maschio.

Spermatoforo Un "grappolo" gelatinoso di sperma prodotto da alcuni anfibi maschi.

Speroni Minuscoli resti di zampe posteriori che si trovano sul corpo dei boa maschi.

Spina dorsale Un lungo "osso" al centro del corpo di un vertebrato, che in realtà è composto da molte ossa più piccole chiamate vertebre. La spina dorsale è anche chiamata colonna vertebrale.

Termorecettore Una cellula sensoriale che rileva il calore.

Territorio Un'area che un animale difende dagli intrusi.

Tossico Velenoso.

Tuorlo La parte gialla di un uovo. Il tuorlo funge da riserva di cibo per nutrire l'embrione mentre cresce nell'uovo.

Veleno Liquido usato da un animale per uccidere o paralizzare la preda.

Vertebrato Un animale con una spina dorsale e uno scheletro interno, come un uccello, un rettile, un mammifero, un anfibio o un pesce.

Viviparo Animale in grado di dare alla luce dei piccoli vivi.

Vocalizzare Emettere suoni.

Zanna Un dente affilato, spesso cavo o scanalato, per iniettare il veleno nella preda.

Zavorra Qualcosa usato per appesantire un oggetto galleggiante e mantenerlo stabile in acqua.

UCCELLI

Cos'è un uccello?

Gli uccelli sono vertebrati a sangue caldo (animali con spina dorsale). Le piume li tengono al caldo e li aiutano a volare. Camminano sulle due zampe posteriori, mentre gli arti anteriori sono diventati ali. Tutti gli uccelli depongono uova.

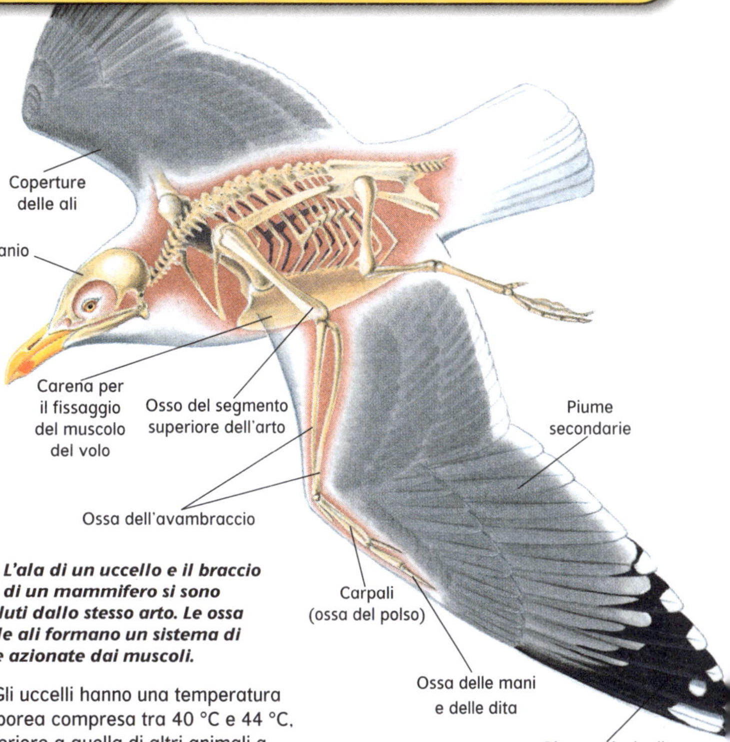

L'ala di un uccello e il braccio di un mammifero si sono evoluti dallo stesso arto. Le ossa delle ali formano un sistema di leve azionate dai muscoli.

Sorprendente!

Nel mondo esistono probabilmente più di 100 miliardi di uccelli selvatici, rispetto a quasi 8 miliardi di esseri umani.

- Le 9.000 specie di uccelli sono organizzate in circa 180 famiglie. Le specie di una famiglia condividono alcune caratteristiche, come la forma del corpo.
- Le famiglie di uccelli sono organizzate in 28 o 29 gruppi più grandi, chiamati ordini. Il più grande è l'ordine dei passeriformi, con più di 5.000 specie. Segue quello dei rondoni e dei colibrì, con 429 specie.
- Gli scienziati ritengono che gli uccelli si siano evoluti da dinosauri dalla corporatura leggera, come ad esempio i *Compsognathus* che correvano su due zampe.

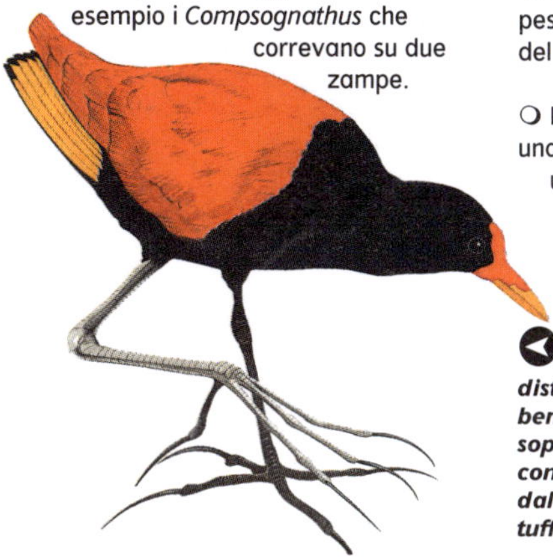

- Gli uccelli hanno una temperatura corporea compresa tra 40 °C e 44 °C, superiore a quella di altri animali a sangue caldo.
- Le ossa di un uccello hanno una struttura a nido d'ape. Sono così leggere che rappresentano solo il 5% circa del peso totale dell'uccello.
- I muscoli costituiscono il 30-60% del peso totale. I più grandi sono i muscoli del volo e delle zampe.
- Lo scheletro delle ali di un uccello ha una struttura simile a quella del braccio umano, ma le ossa del polso sono unite. Inoltre, un uccello ha solo tre dita nelle zampe, non cinque come un essere umano.

Le dita estremamente lunghe e sottili della jacana americana distribuiscono il peso corporeo così bene da permetterle di camminare sopra le foglie di piante galleggianti, come le ninfee. La jacana si nutre dalla superficie dell'acqua e si tuffa sott'acqua se minacciata.

Primo uccello

L'*Archaeopteryx* ("ala antica"), il primo uccello conosciuto, visse circa 155 milioni di anni fa. Aveva le piume di un uccello moderno, ma i denti di un rettile. Non doveva volare molto bene, perché lo sterno era troppo piccolo per sostenere i potenti muscoli del volo. L'*Archaeopteryx* non sapeva prendere il volo da terra e probabilmente doveva arrampicarsi su un albero prima di lanciarsi in aria. La sua apertura alare era di circa 50 cm.

Coro notturno

Conosciuti per il loro canto veloce, forte e musicale, gli usignoli hanno l'abitudine di cantare di notte, sebbene a volte cantino anche di giorno. Solitamente nascosto nel sottobosco, l'usignolo ha un colore rosso-marrone che lo rende difficile da individuare. Gli usignoli misurano circa 16 cm di lunghezza. Il canto dell'usignolo inizia spesso con un richiamo "cioc, cioc" e consiste in trilli fluidi e lenti "piioo".

❍ Nessun uccello ha più di quattro dita, ma alcuni ne hanno tre e lo struzzo ne ha solo due. Gli uccelli a quattro dita hanno una diversa disposizione delle ossa delle zampe: nei rondoni, tutte e quattro puntano in avanti; nella maggior parte dei passeriformi, tre puntano in avanti e una all'indietro; nei pappagalli, due puntano in avanti e due all'indietro.

❍ Il becco è costituito dalle ossa sporgenti della mascella, ricoperte da un materiale corneo duro.

❍ Corvi e piccioni sono in grado di effettuare semplici calcoli matematici. Pappagalli, parrocchetti e myna sono in grado di imitare il linguaggio umano e alcuni pappagalli di nominare e contare gli oggetti. Il fringuello picchio delle Galápagos utilizza un ramoscello come strumento per estrarre le larve dalla corteccia degli alberi.

❍ La maggior parte degli uccelli emette suoni utilizzando una laringe specializzata, chiamata siringe, situata nel collo. I richiami sono brevi e bruschi per avvertire del pericolo. Le canzoni sono più lunghe e più ricche di toni. Ogni uccello sa cantare e imitare altri uccelli.

L'uovo di un uccello contiene tutto ciò di cui l'embrione in via di sviluppo ha bisogno per sopravvivere. Il tuorlo dell'uovo fornisce il nutrimento all'embrione. L'albume fornisce cibo e umidità. Il guscio contiene minuscoli pori che permettono all'ossigeno di passare attraverso il guscio fino al piccolo uccello.

I colibrì possono librarsi, muoversi verso l'alto o verso il basso e persino volare all'indietro. La frequenza cardiaca di un minuscolo colibrì raggiunge la sorprendente cifra di 615 battiti al minuto quando vola.

Zampe e artigli

Falco pescatore

I rapaci usano artigli affilati e ricurvi, per catturare e trasportare le prede.

Fagiano

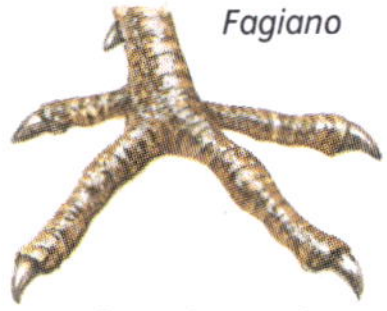

Nei fagiani, due dita puntano in avanti e due all'indietro.

Anatra

Anatre, oche e cigni usano le zampe palmate come pagaie nell'acqua.

Pettirosso

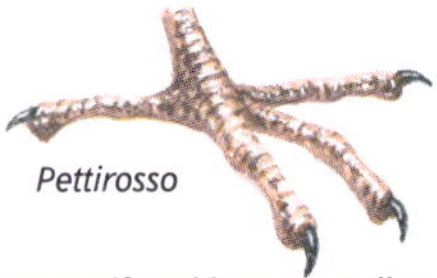

I passeriformi hanno tre dita che puntano in avanti e una che punta all'indietro.

Corriere americano

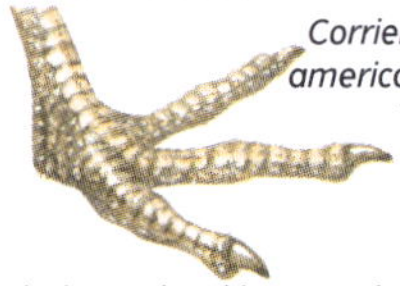

I corrieri americani hanno solo tre dita per zampa, il che li aiuta a correre velocemente.

Picchio

Gli artigli lunghi e ricurvi aiutano i picchi ad aggrapparsi ai tronchi verticali degli alberi.

Il più longevo

	Età (anni)
Gru siberiana	82
Cacatua dal ciuffo di zolfo	80
Oca	80
Struzzo	68
Gufo reale	68
Ara	64

Uccelli grandi e piccoli

L'uccello più grande del mondo è lo struzzo. Questo uccello dalle lunghe zampe pesa fino al doppio di un uomo adulto medio. Il colibrì ape, invece, l'uccello più piccolo del mondo, pesa solo quanto un cucchiaio di riso.

- L'uccello più grande, lo struzzo, pesa quasi 80.000 volte di più del più piccolo, il colibrì ape.

- L'*Aepyornis* (noto anche come "uccello elefante") era un antenato dello struzzo alto 3 metri originario del Madagascar. Probabilmente si è estinto nel XVII secolo. Le uova di *Aepyornis* potevano pesare fino a 10 kg, più di nove volte il peso di un uovo di struzzo.

L'albatro urlatore ha le ali più lunghe di qualsiasi altro uccello. Quando sono distese, misurano fino a 3,3 m da punta a punta. L'albatro trascorre la maggior parte della sua vita in aria. Sorvola gli oceani alla ricerca di pesci e calamari, che cattura sulla superficie dell'acqua.

- Gli uccelli di piccola taglia hanno circa 15 vertebre nel collo, mentre il cigno reale ne ha 23. (I mammiferi ne hanno solo 7.)

- Le 7.182 piume di un'aquila calva pesano 677 g, più del doppio dello scheletro dell'uccello.

- Il nido del colibrì è il più piccolo di tutti: è grande come un ditale.

- I gufi hanno dimensioni che vanno dal gufo pigmeo, lungo solo 12–14 cm, al gufo reale, che raggiunge i 71 cm. Le femmine di gufo sono di solito più grandi dei maschi.

Sorprendente!

L'uccello più alto in assoluto, il moa gigante della Nuova Zelanda, era alto 3,5 metri. Il moa è estinto.

Lo struzzo è il più alto (2,5 m), il più pesante (150 kg) e il più veloce (55 km/h) di tutti gli uccelli. Gli struzzi prediligono le savane secche dell'Africa e sopravvivono nutrendosi di un'ampia varietà di alimenti, dai semi alle lucertole e alle rane. Il maschio protegge le uova e i pulcini dal sole cocente con le sue piume.

○ Il falco più piccolo è lo sparviero minore, che misura solo 25 cm di lunghezza.

○ L'uccello delle tempeste è grande come un passero. Vive in mare per la maggior parte della sua vita. È minuto, sopravvive alle condizioni atmosferiche più avverse. Gli uccelli delle tempeste hanno imparato a seguire le navi, e si librano sulla scia per raccogliere gli scarti. Il loro cibo naturale è il plancton (minuscoli organismi animali e vegetali), che raccolgono dalla superficie dell'oceano.

○ Un uccello preistorico chiamato *Diatrymia* era alto 2 metri. Uccideva animali grandi come un cavallo con il suo enorme becco uncinato.

I gufi possono cacciare prede di grandi dimensioni e sono noti per aver attaccato piccoli cervi, volpi e persino altri gufi. Il gufo reale si trova soprattutto in alta montagna e nelle macchie rocciose e aride. Anche le aquile si tengono alla larga da questi potenti predatori. Il gufo reale può pesare quanto un'aquila, ma ha la testa più grande e la coda più corta.

Piccolo sopravvissuto

L'uccello più piccolo d'Europa, il regolo comune, migra attraverso il Mare del Nord dalla Scandinavia per svernare in Gran Bretagna. Come altri piccoli uccelli, è molto vulnerabile alle intemperie, ma riesce sempre a riprendersi dopo le stagioni fredde che ne riducono drasticamente il numero.

Il colibrì ape è l'uccello più piccolo del mondo. Il suo corpo, compresa la coda, è lungo solo 5 cm e pesa solo 2 grammi. Vive sulle isole caraibiche e, come altri colibrì, si nutre di nettare di fiori. Mentre si libra davanti ai fiori, le piccole ali sbattono incredibilmente veloci.

Il più grande uccello rapace è il condor andino. Si tratta di un tipo di avvoltoio che misura circa 110 cm di lunghezza e pesa fino a 12 kg. Questo enorme rapace si libra sulle Ande del Sudamerica a caccia di cibo.

○ L'aquila arpia è così grande che può strappare grandi scimmie e bradipi dagli alberi della foresta pluviale.

○ I corvi possono raggiungere i 65 cm di lunghezza. Sono i più grandi tra gli uccelli canori. Anche se a volte uccidono le prede, di solito si nutrono di animali morti. Molto tempo fa, beccavano i corpi dei criminali che erano stati impiccati, per questo divennero noti come uccelli del malaugurio.

Mini uccello rapace

I microhierax, o falchetti, sono i rapaci più piccoli. Il falco dal collare misura solo 18 cm dalla punta del becco all'estremità della coda. È riconoscibile per le piume rosse appena sopra le zampe. Questo grazioso uccello è comune nelle foreste aperte che coprono le pendici dell'Himalaya e si estendono fino al sud-est asiatico.

Piume

Gli uccelli sono gli unici animali dotati di piume. Sono fatte di cheratina, come i capelli e le unghie degli esseri umani. Le piume tengono caldo l'uccello e lo proteggono dal vento e dalla pioggia. Quelle delle ali e della coda permettono alla maggior parte degli uccelli di volare.

❍ Il tamnofilide strofina una manciata di formiche sulle piume per pulirle. L'acido formico di questi insetti uccide i pidocchi e gli acari presenti nelle piume.

Piume in mostra

Per attirare la compagna, la paradisea dell'Arciduca Rodolfo si appende a testa in giù a un ramoscello, apre le piume delle ali e della coda e inarca i due lunghi pennacchi della coda a forma di M. Poi ondeggia ed emette un richiamo di corteggiamento simile allo scoppio e allo stridio di una vecchia motocicletta.

❍ Il drongo del Paradiso ha due lunghe penne della coda simili a fili metallici con punte attorcigliate che emettono un ronzio quando l'uccello vola.

❍ I beccofrusoni sono uccelli diurni e molto gregari; il loro nome scientifico, Bombycilla garrulus, sottolinea la loro loquacità.

Sorprendente!

Un cigno minore può avere più di 25.000 piume, mentre il colibrì golarubino ne ha solo 940.

❍ Il maschio dello storno caruncolato perde le piume del capo durante il periodo riproduttivo. Gli scienziati che studiano cure per la calvizie stanno analizzando la capacità dell'uccello di far ricrescere le piume ogni anno.

Cura delle piume

Per pulirsi le piume, un uccello, come questo cormorano, fa passare ogni piuma attraverso il becco. Questa attività si chiama spulciamento. Molti uccelli fanno anche bagni di polvere o di acqua, oppure si spalmano un liquido oleoso sulle piume per mantenerle impermeabili.

Gli uccelli segretari sono chiamati così per via delle creste a forma di penna d'oca sulla parte posteriore della testa.

L'ottanta percento delle piume di un cigno minore si trova sulla testa e sul collo estremamente lungo.

❍ I bordi morbidi e soffici delle piume del gufo aiutano a ridurre il rumore del volo, in modo che possa cacciare quasi in silenzio.

❍ Le aquile calve non sono veramente calve. Hanno piume bianche sulla testa, che possono farle sembrare calve da lontano.

I giovani pinguini sono ricoperti di piume calde e spesse, che li rendono molto diversi dagli adulti. Man mano che i piccoli crescono, la soffice peluria viene sostituita da piume vere e proprie.

- Le piume speciali sul petto e sulla groppa dell'airone si sbriciolano in una sostanza polverosa. L'uccello la strofina sul piumaggio per rimuovere lo sporco e la melma.

- Le piume dell'airone bianco maggiore erano decorazioni per cappelli molto popolari alla fine dell'Ottocento: in un solo anno più di 200.000 esemplari venivano uccisi per le loro piume.

- La femmina di edredone allestisce il nido con morbide piume che estrae dal proprio petto. Le piume di edredone sono così morbide da essere usate come rivestimento caldo per trapunte e sacchi a pelo.

I colori delle piume degli uccelli, come questo ara macao, possono aiutarli ad attirare i compagni o a mimetizzarsi in modo da confondersi con l'ambiente circostante.

- Una fitta copertura di tre strati di piume tiene i pinguini al caldo. Un pinguino imperatore ha circa 12 piume per ogni centimetro quadrato del corpo.

- Il codibùgnolo misura solo 14 cm e più della metà della sua lunghezza è costituita dalle penne della coda.

Il cormorano viene spesso visto asciugarsi le piume, appollaiato ad ali spiegate. Quando si immerge in mare, le sue piume si bagnano e questo lo aiuta a nuotare sott'acqua all'inseguimento dei pesci.

Tipi di penne

Esistono quattro tipi di penne principali: le penne lanuginose, che intrappolano l'aria calda vicino al corpo, le penne di contorno, che delimitano il corpo rendendolo più affusolato, le penne timoniere, che contribuiscono a dare portanza al volo e le penne remiganti, che aiutano l'uccello a controllare il volo.

Penna lanuginosa

Penna di contorno

Penna timoniera

Penna remigante

Volo

Planano, si librano e si tuffano in picchiata: gli uccelli, oltre ai pipistrelli, sono gli unici animali vertebrati in grado di volare. Le cicogne, i condor, i cigni e gli albatri sono tra i più grandi assi del volo.

❍ Le ali sono gli arti anteriori di un uccello. Ne esistono di diverse forme. Gli uccelli piccoli e veloci, come i rondoni, hanno ali sottili e appuntite.

❍ L'uccello capace di volare più pesante è l'otarda maggiore. Il maschio è lungo fino a 1 m e pesa circa 18 kg (la femmina è leggermente più piccola). L'otarda ha ottime doti di volo, ma trascorre gran parte della sua vita a terra, camminando o correndo sulle forti zampe.

❍ Le ali di un colibrì sbattono 50 o più volte al secondo mentre si libra in aria. Il minuscolo colibrì ape può sbattere le ali ancora più velocemente, con un'incredibile frequenza di 200 volte al secondo.

Il cigno è uno degli uccelli volanti più pesanti al mondo e ha bisogno di una lunga pista per decollare. Il cigno acquista velocità avanzando sulla superficie dell'acqua. Una volta in volo, emette un caratteristico battito con le ali.

Come volano gli uccelli

In volo, le ali di un uccello compiono movimenti circolari e ascendenti, con le punte delle ali che si spingono in avanti durante lo spostamento verso l'alto. Per decollare, la maggior parte degli uccelli deve sbattere le ali per produrre spinta e portanza. Le ali larghe e arrotondate offrono la migliore portanza e accelerazione, utili per sfuggire a un predatore. I grandi uccelli, come le oche, corrono contro il vento per generare la portanza sufficiente a decollare. Gli uccelli con ali lunghe e strette, come le rondini, possono decollare solo da un punto elevato, cadendo in aria e lasciandosi trasportare dalle correnti.

Sorprendente!

La sterna fuligginosa può trascorrere tre anni o più in aria senza bisogno di atterrare.

Il falco pellegrino non si limita a ripiegare le ali e a tuffarsi in picchiata come altri uccelli, ma si spinge verso il suolo.

❍ L'*Argentavix*, un antico membro della famiglia degli avvoltoi dell'America meridionale, aveva un'apertura alare di ben 7,3 metri.

❍ Il vecchio detto secondo cui il tempo è buono quando le rondini volano alte e cattivo quando volano basse ha una base scientifica: con il tempo umido, gli insetti rimangono più vicini al suolo, quindi i loro predatori – le rondini – fanno lo stesso.

❍ I gheppi vengono spesso avvistati nelle città. Il gheppio comune si libra con le ali veloci sopra i bidoni della spazzatura alla ricerca di piccoli mammiferi, come topi e ratti, mentre il pellegrino si tuffa tra i grattacieli di New York per catturare i piccioni che volano molto più in basso.

❍ Il falco giocoliere può volare fino a 300 km al giorno in cerca di cibo. Il suo nome francese, *bateleur*, funambolo, si riferisce ai movimenti dondolanti e acrobatici che l'uccello compie in volo.

Maggiore apertura alare

Albatro urlatore	3,6 m
Marabù africano	3,2 m
Condor delle Ande	3 m
Cigno	3 m

Voli prolungati

Gli uccelli che si librano nel cielo per ore, come i falchi e le aquile, hanno ali lunghe e larghe. Queste permettono loro di fluttuare sulle correnti d'aria ascensionali.

❍ In volo, un pellicano sbatte le ali 1,3 volte al secondo. Si tratta di una delle velocità di battito alare più basse, durante il volo attivo, tra tutti gli uccelli.

La sterna comune viene spesso avvistata sopra i fiumi, mentre si libra e scende in picchiata per nutrirsi. Nidifica in colonie rumorose su spiagge, dune e isole. Le colonie a volte decollano tutte insieme, in silenzio, e sorvolano il mare prima di tornare al sito di nidificazione. Il volo della sterna è leggero e aggraziato, con rapidi cambi di direzione.

❍ Lo smergo minore è uno degli uccelli che volano più velocemente. Può raggiungere una velocità di oltre 65 km/h e forse anche 100 km/h.

Ali e volo

I gufi volano molto silenziosamente, in modo da poter sentire i suoni emessi dalle loro prede. Piombano sulle loro vittime con un attacco a sorpresa.

Le aquile hanno ali enormi e larghe che le aiutano a librarsi nel cielo mentre i loro occhi acuti scrutano il terreno sottostante alla ricerca di prede.

Come altri uccelli, i pellicani usano le ali e le zampe come "freni aerei" per rallentare l'atterraggio.

I colibrì sono esperti nel librarsi in aria. Questi agili uccelli possono anche volare a testa in giù per brevi periodi.

Con ali appuntite e una lunga coda biforcuta, le sterne artiche sono agili e veloci in volo. Ogni anno compiono lunghe migrazioni e nella loro vita possono percorrere oltre 1 milione di km.

Gli uccelli più grandi, come le gru, tendono a volare in linea retta. I piccoli uccelli di solito volano con un movimento ondulatorio (su e giù).

Uccelli terricoli

Un piccolo gruppo di specie di uccelli ha perso la capacità di volare. Alcuni corrono o strisciano, mentre altri hanno ali più adatte al nuoto. Gli uccelli terricoli vivono in Africa (struzzo), in America del Sud (nandù), in Australia e Nuova Guinea (emù e casuario).

Sorprendente!

Gli struzzi sono quasi sette volte troppo pesanti per volare, ma possono correre alla stessa velocità di un cavallo da corsa.

- Il weka è un uccello della famiglia dei rallidi originario della Nuova Zelanda. La sua dieta comprende semi, frutta, topi, uova e insetti, e ha l'abitudine di frugare anche nei bidoni della spazzatura.

- L'uccello terricolo più piccolo del mondo, il rallo dell'Isola Inaccessibile, pesa solo 35 g, circa come un piccolo pomodoro. Vive sull'Isola Inaccessibile nell'Oceano Atlantico meridionale.

- Il kagu è un uccello terricolo che vive esclusivamente sull'isola della Nuova Caledonia, nel Oceano Pacifico.

C'era una volta il dodo

Il dodo non sapeva volare, viveva indisturbato sull'isola di Mauritius, nell'Oceano Indiano, fino all'arrivo dei marinai europei nel XVI secolo. I marinai uccisero gli uccelli per nutrirsi e i topi e i gatti ne mangiarono le uova. Così nel 1680 il dodo si estinse.

I pinguini imperatore hanno un corpo estremamente affusolato, che consente loro di immergersi a 275 m di profondità quando cacciano. Di solito rimangono sott'acqua solo per pochi minuti, anche se il record di immersione per questi pinguini è di 18 minuti.

Uova di struzzo

Rispetto alle uova di altri uccelli, quelle di struzzo sono le più grandi in assoluto. Tuttavia, rispetto alle dimensioni della madre, sono le uova più piccole deposte da qualsiasi specie di uccelli.

- Il takahe è un altro uccello terricolo della Nuova Zelanda. Ritenuto estinto nel XIX secolo, è stato riscoperto nel 1948.

- I pinguini hanno le ali, ma non possono volare. Trascorrono fino all'85% del loro tempo in acqua, dove usano le ali come pinne per spostarsi.

- I pinguini nuotano di solito a 5-10 km/h, ma possono raggiungere velocità fino a 24 km/h

- L'uccello più grande del Sud America è il nandù comune, che raggiunge 1,5 m di altezza e i 25 kg di peso.

- I casuari sono uccelli terricoli che vivono nelle foreste pluviali dell'Australia e della Nuova Guinea. Ne esistono tre specie: tutti sono uccelli di grandi dimensioni con zampe lunghe e robuste dotate di artigli affilati. Sulla testa del casuario si trova una grande cresta cornea. Gli esperti ritengono che, quando l'uccello si muove nel fitto della foresta, tenga la testa bassa e usi la cresta per farsi strada nel groviglio di piante.

- L'emù è l'uccello più grande dell'Australia. È alto 2 metri e pesa fino a 45 kg. Pur non potendo volare, riesce a correre a una velocità di oltre 50 km/h grazie alle lunghe zampe. Gli emù si nutrono di frutta, bacche e insetti.

10 uccelli terricoli

Struzzo	Emù
Kiwi	Casuario
Nandù	Pinguino
Cacapò	Anatra vaporiera
Weka	Rallo di Calayan

Nandù
Più piccolo dello struzzo e dell'emù, il nandù è l'uccello più grande delle Americhe. Si aggira per la pampa spesso riunendosi in grandi stormi di un centinaio o più di esemplari.

Struzzo
Gli struzzi maschi hanno piume nere, mentre le femmine, i giovani e i piccoli sono ben mimetizzati da piume brunastre. Durante la stagione riproduttiva, i maschi difendono il territorio pattugliandolo e mettendosi in mostra, oltre che emettendo forti richiami. Inoltre, gonfiano il collo rosa brillante.

Emù
L'emù è grande quasi quanto lo struzzo, con un'altezza di quasi 2 metri. Questi uccelli grandi e resistenti vivono in molte zone dell'Australia, dove si nutrono principalmente di erbe, frutti, fiori e semi.

Casuario di Bennet
Questo tipo di casuario è alto circa 100 cm. Ha la cattiva reputazione di essere un uccello molto pericoloso. Può attaccare qualsiasi cosa o persona che si avvicini troppo al suo nido, sferrando calci con i suoi artigli affilati.

Kiwi
Il kiwi è molto conosciuto, ma raramente viene visto. Le piume sono così sottili e fini che l'uccello sembra una palla di pelo. I kiwi si aggirano nella foresta durante la notte, rovistando nel terreno alla ricerca di vermi e larve.

Casuario
Presente in alcune zone dell'Australia settentrionale e della Nuova Guinea, il casuario ha bargigli (lembi di pelle) colorati, simili a quelli di un tacchino, che pendono dalla testa e dal collo. Per attirare una femmina, il maschio li mette in mostra.

Becchi di uccelli

Il becco di un uccello serve per nutrirsi, curare le piume, afferrare i materiali per costruire il nido e colpire i nemici. La forma del becco rivela il tipo di cibo di cui l'uccello si nutre.

❍ Il becco di un uccello è il suo strumento di alimentazione, quindi è importante mantenerlo pulito e integro. Un uccello spesso conficca il becco nel terreno smosso per rimuovere materiale appiccicoso e detriti. Sotto il rivestimento di cheratina del becco si trovano le ossa della mascella e della mandibola. Queste si flettono con la testa, per evitare di danneggiare il becco.

La maggior parte delle cicogne nere vive in luoghi umidi, come boschi con ruscelli e pozze. Si nutre camminando lentamente in acque poco profonde, infilzando le prede con il becco simile a una lancia. Le cicogne nere si nutrono principalmente di pesci, ma anche di rane, invertebrati, uccelli, tartarughe e piccoli mammiferi.

Sorprendente!

Il pellicano australiano ha il becco più grande di tutti gli uccelli: misura fino a 50 cm di lunghezza.

Forme del becco

Il beccostorto è l'unico uccello con un becco incurvato a destra. Il beccostorto è un tipo di piviere che vive in Nuova Zelanda. Spazza il terreno con movimenti circolari del becco, per raccogliere gli insetti.

La parte superiore e quella inferiore del becco del loxia si incrociano per aprire meglio le pigne.

L'ara giacinto ha uno dei becchi più potenti in assoluto, tanto forte da rompere le noci del Brasile.

Il colibrì becco a spada ha un becco estremamente lungo e una lunga lingua per estrarre il nettare dai fiori.

Il potente becco uncinato di un gufo fa a pezzi topi, ratti, conigli, marmotte, cani della prateria e persino scoiattoli e piccole scimmie.

❍ Il pellicano cattura i pesci nella grande sacca di pelle posta sotto il becco inferiore.
La sacca può contenere più cibo dello stomaco del pellicano. La maggior parte dei pellicani si nutre in gruppo, nuotando e radunando i pesci prima di catturarli. Il pellicano bruno utilizza una tecnica di caccia diversa. Afferra i pesci tuffandosi a testa in giù nell'acqua, con il becco aperto, da un'altezza di circa 10 metri.

❍ I caprimulgidi hanno il becco più corto di tutti gli uccelli: è lungo solo 8-10 mm.

❍ L'enorme becco del becco a scarpa è lungo 23 cm e largo 10 cm. L'uccello lo usa per catturare prede come pesci polmonati, giovani coccodrilli e tartarughe.

Fringuelli delle Galápagos

Le 13 specie di fringuelli che vivono sulle isole Galápagos, al largo del Sud America, hanno tutte un becco di forma o dimensione diversa, adattato per mangiare un particolare tipo di cibo. Questo aiuta i fringuelli a ripartirsi le limitate risorse delle isole.

Il becco del pulcinella di mare trasporta una fila ordinata di 20 piccoli pesci. Al di fuori della stagione riproduttiva, il suo becco non solo è di colore più opaco, ma è anche più piccolo, perché perde la guaina cornea esterna.

❍ Il chiurlo affonda il suo lungo becco ricurvo nel morbido fango costiero per trovare vermi, granchi, gamberi e molluschi.

❍ Il becco del colibrì becco a spada, lungo 10,5 cm, è più lungo del corpo.

❍ Gli uccelli che si nutrono di semi hanno becchi forti e a forma di cono per aprirli.

❍ Il martin pescatore becco a pala è dotato di una propria vanga per scavare nel fango: usa il becco grande e pesante per trovare vermi, crostacei e piccoli rettili.

Il lungo becco della spatola ha una punta sensibile a forma di cucchiaio. L'uccello fa scorrere il becco nell'acqua bassa alla ricerca di pesci e piccole creature da mangiare.

Tucano toco

Il tucano toco del Brasile è il più grande e il più noto dei tucani. A volte resta appollaiato su un ramo vicino al nido di un altro uccello, per rubarne le uova o i piccoli. Intimoriti dal grande becco del tucano, gli altri uccelli in genere non lo attaccano. Quando dorme, il tucano toco gira la testa in modo che il becco si appoggi lungo la schiena. Inoltre, ripiega la coda sulla testa.

Alimentazione

Il becco di un uccello si è adattato per catturare e mangiare tutti i tipi di cibo. I rapaci hanno becchi uncinati, per lacerare la carne. I piscivori, come gli aironi, hanno becchi lunghi e a forma di lancia. Esistono anche forme specializzate per chi si nutre di semi, noci, frutta o insetti.

Filtrare l'acqua

Il fenicottero usa il becco per filtrare il cibo nell'acqua bassa. Resta in acqua con la testa abbassata e il becco sotto la superficie. L'acqua entra nel becco e viene spinta fuori dalla grande lingua del fenicottero. Le setole del becco intrappolano il cibo, come vermi, insetti, crostacei e persino alghe, che l'uccello mangia.

- Le rondini catturano gli insetti in aria mentre volano.
- Le locuste sono il cibo preferito dello storno roseo. Grandi stormi volano ovunque siano abbondanti.
- L'albanella di palude vola vicino al suolo alla ricerca di topi, ratti, rane, conigli e pesci. Quando avvista una preda, l'albanella la afferra con i suoi artigli affilati e la fa a pezzi con il becco.

Il picchio usa il becco robusto per perforare i tronchi degli alberi e catturare gli insetti. L'uccello si aggrappa saldamente a un tronco d'albero con l'aiuto delle zampe forti e degli artigli affilati. Anche le piume rigide della coda contribuiscono a dargli sostegno. Comincia a martellare il tronco, disturbando gli insetti che scavano il legno e che vivono sotto la corteccia dell'albero. Gli insetti cercano di fuggire, ma il picchio li cattura rapidamente.

Sorprendente!

Il gipeto fa cadere le ossa da una grande altezza per aprirle e nutrirsi del midollo all'interno.

I gruccioni sfrecciano a tutta velocità inseguendo insetti volanti, tra cui api e vespe. L'uccello strofina o sbatte l'ape o la vespa su un ramo per rimuovere il pungiglione prima di mangiarla.

❍ Se un picchio delle Galápagos non riesce a raggiungere le larve nella corteccia degli alberi, stacca con il becco la spina di un cactus e la usa per estrarle.

❍ L'avvoltoio delle palme vive in Africa. A differenza della maggior parte dei rapaci, è prevalentemente vegetariano. Il suo cibo principale è la buccia del frutto della palma da olio, ma si nutre anche di pesci, rane e altre piccole creature.

Indicatore golanera

L'indicatore golanera collabora con il tasso del miele per procurarsi il cibo. L'uccello si nutre di larve e cera d'api. Sebbene riesca a trovare i nidi delle api, non è abbastanza forte per aprirli. Quindi cerca il tasso del miele per farsi aiutare. Conduce il tasso, anch'egli ghiotto di miele, al nido delle api. Quando il tasso del miele lo fa a pezzi, anche l'indicatore golanera può mangiare a sazietà.

❍ Quando caccia, l'airone nero tiene le ali sopra la testa come un ombrello. In questo modo può ridurre il riverbero della luce solare riflessa e individuare i pesci, attirati dalla zona d'ombra.

❍ I prioni si nutrono di minuscolo plancton, che filtrano dall'acqua attraverso le strutture a pettine dei loro becchi.

Il nibbio chiocciolaire si nutre esclusivamente di lumache d'acqua e il suo lungo becco superiore ha la forma ideale per questa strana dieta. Quando il nibbio cattura una lumaca, la trattiene con una zampa mentre si trova su un ramo o un altro posatoio. Infila il corpo molle della lumaca nel becco affilato e la scuote estraendola dal guscio.

❍ I serpentari sono famosi per la loro capacità di uccidere i serpenti nelle praterie africane. Le zampe sono dotate di scaglie resistenti che li aiutano a proteggersi dai morsi dei serpenti.

❍ A differenza di altri uccelli, l'hoatzin, originario del Sudamerica settentrionale, si nutre quasi esclusivamente di foglie.

❍ Il picchio verde sonda il legno marcio con la sua lunga lingua. Gli insetti vengono intrappolati sulla punta spinata e appiccicosa della lingua e vengono estratti dal legno.

La sula si tuffa in mare per catturare prede come aringhe e sgombri. Si immerge raggiungendo velocità fino a 96 km/h. Il cranio della sula, appositamente rinforzato, la aiuta ad attutire l'impatto del tuffo in acqua.

Sensi acuti

Quasi tutti gli uccelli hanno una vista eccellente e la maggior parte si affida agli occhi per trovare il cibo. Gli uccelli sono anche dieci volte più sensibili alle variazioni di altezza e intensità dei suoni rispetto agli esseri umani.

Becco sensibile

L'avocetta ha un senso del tatto ben sviluppato nella lingua e nella punta del becco. Muove il becco all'insù da un lato all'altro per estrarre gamberetti e altre creature dal fango in acque poco profonde.

L'aquila reale ha una vista acuta e può individuare oggetti a una distanza molto maggiore rispetto agli esseri umani. Può avvistare le prede da un'altezza di 1,6 km. I rapaci tendono ad avere gli occhi vicini alla parte anteriore della testa, per una buona visione anteriore.

- L'orecchio esterno degli uccelli è costituito da un tubo corto che parte dal timpano e arriva all'esterno. Nella maggior parte degli uccelli, le aperture delle orecchie si trovano appena dietro la mascella.

- Gli occhi di un uccello sono spesso grandi come il suo cervello. L'occhio di uno storno, ad esempio, costituisce fino al 15% del peso totale della testa. (L'occhio umano rappresenta solo l'1% del peso della testa.)

- Gli uccelli hanno un senso del gusto poco sviluppato. La maggior parte ha meno di 100 papille gustative sulla lingua, mentre gli esseri umani ne hanno migliaia.

Si dice che le pitte abbiano un olfatto migliore di qualsiasi altro uccello canoro. Questo può aiutarle a trovare vermi e lumache nella luce fioca del sottobosco. Le pitte arcobaleno mettono escrementi di wallaby all'interno e intorno al nido per mascherare il proprio odore e tenere i serpenti arboricoli lontani dalle uova.

Visione a tutto tondo

Una buona vista è essenziale per i rapaci. Devono essere in grado di individuare le prede, spesso a distanza. I loro grandi occhi sono posizionati vicino alla parte anteriore della testa, il che significa che i rapaci possono vedere bene davanti, di lato e in parte dietro.

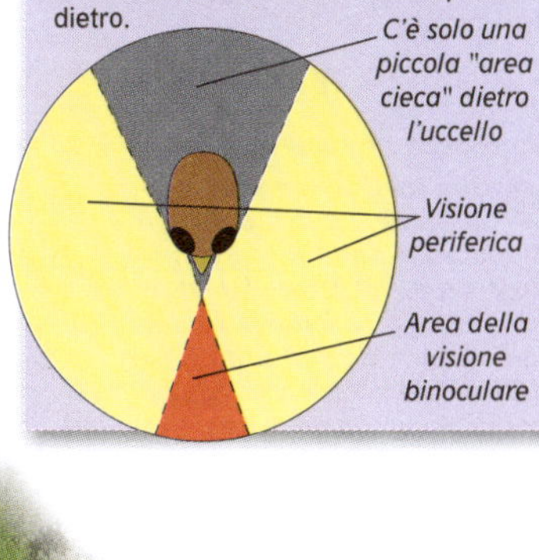

Gli avvoltoi riescono a individuare gli animali morti mentre volano in alto nel cielo. Questo potrebbe essere dovuto al fatto che possono sentirne l'odore, anche da grandi altezze.

Gli uccelli, come questa civetta ululante, hanno una terza palpebra trasparente, chiamata membrana nittitante. Gli uccelli possono spostare questa palpebra (all'estrema destra) sulla superficie dell'occhio per mantenerlo pulito e per proteggerlo da eventuali lesioni.

- In alcuni esperimenti, gli albatri sono stati in grado di sentire l'odore del cibo a 30 km di distanza.
- Lo struzzo ha gli occhi più grandi di qualsiasi altro animale terrestre.
- I gheppi possono vedere la luce ultravioletta, che si riflette sull'urina che i roditori usano per marcare le loro tracce.
- L'allocco di Lapponia può sentire un'arvicola che si muove sotto 60 cm di neve a 30 m di distanza.
- Gli occhi di un gufo non possono ruotare nelle orbite, quindi il gufo deve girare la testa per guardare in direzioni diverse. Può girare la testa quasi a 360 gradi.

L'udito del barbagianni è così acuto che può individuare e catturare le prede nel buio più completo senza usare gli occhi. Il disco di piume sul muso di un barbagianni raccoglie il suono come un'antenna radar. Le orecchie degli uccelli sono nascoste sotto le piume ai lati della testa. Le orecchie dei gufi sono in realtà solo ciuffi di piume.

Sorprendente!

Gli occhi dei rapaci sono cinque volte più densi di cellule fotosensibili rispetto ai nostri. Per questo motivo un falco pellegrino può individuare un piccione che vola fino a 8 km di distanza.

Difesa

Gli uccelli possono nascondersi dai predatori o fuggire scappando o volando via. Usano anche il becco e gli artigli affilati per difendersi. Alcuni uccelli si sentono più sicuri in grandi gruppi.

❍ Migliaia di urie si riproducono insieme in colonie rumorose sulle scogliere rocciose. Non costruiscono nidi, ma si limitano a deporre le uova sulla roccia o sul terreno spoglio. La maggior parte dei cacciatori di terra non riesce a raggiungere gli uccelli sui precipizi ripidi e stretti delle scogliere. E gli eventuali ladri di uova volanti vengono rapidamente allontanati dalla massa di urie.

Il piccolo gufo elfo del Nord America (il più piccolo gufo del mondo) vive principalmente nei deserti. Spesso si rifugia e nidifica negli steli delle piante di cactus. Gli steli spinosi aiutano a proteggere il gufo dai predatori e dal sole cocente.

❍ Se minacciato, il nandù si sdraia a terra con la testa allungata nel tentativo di nascondersi.

❍ Gli struzzi non nascondono davvero la testa sotto la sabbia. Ma se una femmina viene avvicinata da un nemico mentre è sul suo nido, premerà il lungo collo a terra, per nascondersi.

L'upupa tappezza il suo nido con escrementi di animali, forse sperando che l'odore tenga lontani i nemici!

❍ La femmina del casuario nano, o moruk, è un uccello estremamente protettivo che attacca qualsiasi cosa si avvicini al suo nido con artigli lunghi 10 cm.

❍ Se minacciata da uccelli rapaci, l'upupa si nasconde appiattendosi a terra con le ali e la coda spalancate.

❍ I tamnofilidi hanno delle macchie bianche sulle piume del dorso, che usano per mandarsi dei segnali. I punti vengono visualizzati secondo schemi particolari a seconda del messaggio, come una sorta di codice Morse.

❍ I piccoli di piviere del Kent presentano marcature simili alle pietre e ai ciottoli intorno al nido. In caso di pericolo, i piccoli si appiattiscono a terra diventando quasi invisibili.

❍ Le oche collorosso fanno spesso i loro nidi vicino a quelli di falchi pellegrini e poiane. In questo modo si proteggono e non vengono attaccate dai rapaci.

Ramo o uccello?

Gli uccelli hanno modi intelligenti per nascondersi dai nemici. Il podargo strigoide è un uccello australiano che caccia di notte. Durante il giorno, si riposa su un albero dove le sue piume brunastre e screziate lo rendono difficile da vedere. Quando l'uccello percepisce il pericolo, si allunga, con il becco rivolto verso l'alto, in modo da assomigliare a un vecchio ramo spezzato o a un ceppo.

Cambiare colore

La pernice bianca ha le piume bianche in inverno per nascondersi dai nemici tra le nevi dell'Artico. In estate, però, il piumaggio bianco la renderebbe molto evidente, per cui la pernice bianca muta e si fa crescere piume marroni e grigie.

Le sule sono tra i molti uccelli marini che si riproducono in grandi gruppi, o colonie. La colonia è un luogo rumoroso e affollato. Gli uccelli scendono in picchiata a centinaia, attaccando e beccando qualsiasi altro animale si avvicini. Una colonia può contenere fino a 50.000 nidi.

Le piume colorate del tarabuso del sole potrebbero attrarre i predatori, ma quando chiude le ali, queste sono nascoste e riesce a mimetizzarsi bene nella foresta pluviale.

- Quando i piccoli di pinguino imperatore hanno sette settimane di vita, formano grandi gruppi per riscaldarsi e proteggersi. Questo li tiene al sicuro mentre i genitori si procurano cibo in mare.

- Il tinocoride pigmeo del Sudamerica meridionale si mimetizza così bene nel paesaggio delle pianure da risultare quasi invisibile quando si accovaccia a terra.

Sorprendente!

Le giovani aquile reali vengono accudite dai genitori per oltre tre mesi.

Uccelli notturni

Al calar della notte, alcuni uccelli, tra cui gufi e caprimulgidi, escono per nutrirsi. Di notte c'è meno competizione per il cibo, ma trovarlo è più difficile al buio. Questi uccelli hanno bisogno di adattamenti speciali per vivere di notte.

- Le circa 150 specie di gufi sono presenti nella maggior parte del mondo, ad eccezione dell'estremo nord, della Nuova Zelanda e dell'Antartide. Circa 80 specie di gufi cacciano soprattutto di notte.

- I gufi ingoiano le loro prede, come topi e insetti, intere.

- Gli occhi di un gufo sono grandi e rivolti in avanti per consentirgli di valutare con precisione le distanze quando vola e caccia le prede.

- Il becco del caprimulgide, con le sue frange di setole, si apre molto per aiutarlo a catturare falene e coleotteri di notte.

- Esistono circa 70 specie di caprimulgide. Si trovano nella maggior parte delle zone più calde del mondo, ad eccezione della Nuova Zelanda e del Sud America meridionale.

Gufi invisibili

I gufi si appollaiano per dormire durante il giorno. Tuttavia, il loro piumaggio si confonde così bene con lo sfondo di tronchi, rami e ramoscelli che è quasi impossibile individuarli. Anche di notte molti gufi, tra cui l'assiolo, vengono sentiti più spesso di quanto non vengano visti. I gufi emettono forti richiami di notte. Possono emettere vocalizzi costanti intervallati da pochi secondi di silenzio. Sono così rumorosi da tenere sveglie le persone.

- I caprimulgidi sono uccelli dagli occhi grandi, dall'aspetto morbido e dal volo aggraziato, con una mimetizzazione tra le migliori nel mondo degli uccelli. Il loro piumaggio grigio-marrone screziato li rende quasi impossibili da individuare, perché di giorno se ne stanno perfettamente immobili, tra foglie e ramoscelli a terra o su un albero.

- I podarghi strigoidi sono cugini stretti dei caprimulgidi e hanno anch'essi bocche larghe e spalancate. Volano anche di notte, ma sono meno agili dei caprimulgidi e si tuffano da un posatoio per catturare le prede a terra. Molti di questi uccelli emettono strani richiami, dal suono simile a quello di motori o macchine.

- Il whip-poor-will (Antrostomus vociferus), un caprimulgide nordamericano, prende il nome dal suo richiamo. Questo può essere ripetuto così spesso e così a lungo che diventa molto irritante per gli ascoltatori umani. Il whip-poor-will è abbastanza comune nei boschi misti di latifoglie e conifere. Caccia vicino al terreno, catturando insetti di grandi dimensioni.

- L'allocco africano, di medie dimensioni, è comune nell'Africa meridionale e orientale. Molti gufi cacciano al crepuscolo, ma l'allocco africano esce solo quando è buio pesto, per cui si sente ma si vede raramente.

Sorprendente!

Il whip-poor-will, che vive nel deserto, è l'unico uccello conosciuto che va in letargo. Trascorre l'inverno in una fessura nella roccia o sotto un arbusto.

- Il guaciaro vive nelle grotte del Sud America. Come i pipistrelli, il guaciaro usa i suoni per orientarsi al buio. Mentre vola, emette dei suoni e ascolta gli echi che rimbalzano sugli oggetti vicini. Di notte, il guaciaro lascia la sua grotta per nutrirsi dei frutti delle palme.

A differenza della maggior parte degli uccelli, il kiwi ha un buon senso dell'olfatto, che lo aiuta a trovare cibo di notte. Sfruttando le narici all'estremità del lungo becco, il kiwi fiuta vermi e altre creature che si nascondono nel terreno. Affonda il becco nel terreno per raggiungere la preda.

❍ Il muso spettrale, bianco e cerchiato di nero, e i lunghi ciuffi dell'assiolo facciabianca ne fanno uno dei membri più caratteristici della famiglia dei gufi. Il suo metodo di caccia preferito è posarsi e aspettare sul ramo di un albero, per poi planare silenzioso su una vittima di passaggio, come un topo o un insetto, o uno scorpione.

Pappagallo notturno

Il cacapò è l'unico pappagallo attivo di notte. È anche un uccello terricolo. Tutti gli altri pappagalli sono uccelli diurni che vivono sugli alberi. Durante il giorno, il cacapò dorme in una tana o sotto una roccia, ma di notte esce per trovare frutta, bacche e foglie da mangiare. Non sa volare e si trova solo in Nuova Zelanda.

Gufi - cacciatori notturni

I gufi sono cacciatori notturni specializzati. Catturano soprattutto piccoli animali, come topi, arvicole e lucertole. I gufi più grandi si nutrono di conigli e uccelli (compresi altri gufi), mentre quelli più piccoli cacciano falene, coleotteri e altri invertebrati. I gufi pescatori dell'Africa e dell'Asia catturano pesci, rane e gamberi dalle acque poco profonde usando le lunghe zampe prive di piume e gli artigli affilati a forma di amo. Le piume vellutate delle ali dei gufi hanno bordi morbidi con frange, per rendere estremamente silenzioso il loro volo. In questo modo, possono scendere in picchiata sulle prede senza essere individuati. Gli occhi enormi conferiscono al gufo una buona visione notturna, ma il suo udito è ancora migliore: è quattro volte più sensibile delle orecchie di un gatto.

Allocco

Assiolo facciabianca

Gufo reale

Bubo

Allocco africano

Gufo pescatore di Pel

Gufo reale maculato

Gufo reale del Capo

Corteggiamento

***I** maschi di solito corteggiano le femmine prima dell'accoppiamento. Possono sfoggiare piume colorate o elaborate o esibirsi in canti o danze. Alcuni uccelli maschi dimostrano la loro abilità nella caccia o nella costruzione di nidi per impressionare le femmine.*

Canti e richiami

Gli uccelli emettono due tipi di suoni: i semplici richiami, che rappresentano un avvertimento o una minaccia, e i canti più complessi, intonati da alcuni maschi nel periodo della riproduzione. I cosiddetti uccelli canori sono un grande gruppo noto per l'abilità nel canto.

Canarino

○ Quando corteggia, il maschio di iora comune gonfia le piume, salta in aria e torna sul suo posatoio.

○ Le aquile calve si esibiscono in uno straordinario corteggiamento. Il maschio e la femmina uniscono gli artigli e precipitano in volo fino a terra.

○ Per attirare le femmine, il maschio di pavoncella si esibisce in uno spettacolare volo acrobatico con rotolamenti e capriole.

La meravigliosa coda del pavone contiene circa 200 piume scintillanti, ognuna delle quali è decorata con segni simili a occhi. Quando corteggia, allarga la coda e la scuote per attirare la femmina.

Gli aironi bianchi maggiori sviluppano piume spettacolari per attirare le compagne durante la stagione riproduttiva.

○ Il forte richiamo emesso dal maschio del tarabuso durante la stagione riproduttiva può essere udito fino a 5 km di distanza.

○ Durante la stagione riproduttiva, i maschi di combattente sviluppano piume appariscenti intorno alla testa e al collo e danzano in gruppo per attirare le femmine.

Sorprendente!

Durante il corteggiamento, la gru coronata compie dei balzi in aria fino a 2 metri.

Quando corteggia una compagna, il maschio di fregata batte il becco e sbatte le ali. Inoltre, gonfia la sacca rossa in un vistoso palloncino.

- Il noddy, una specie di sterna, ha l'abitudine di annuire con la testa durante il corteggiamento.

- Durante il corteggiamento, il beccofrusone maschio fa un regalo alla femmina: una bacca o una larva di formica.

- Durante i voli di corteggiamento, il colombaccio maschio emette un forte battito d'ali.

Quando il maschio del tessitore del Capo ha terminato il nido, chiama la femmina.

- Gli uccelli acquatici chiamati svassi maggiori eseguono insieme una danza di corteggiamento. Durante la danza si offrono reciprocamente dei doni: manciate di alghe!

- Il corteggiamento è la ragione principale per cui gli uccelli cantano, anche se alcune specie cantano anche al di fuori della stagione riproduttiva. Una femmina di usignolo sceglie un maschio per il suo canto, piuttosto che per il suo aspetto.

Il maschio di sula piediazzurri attira una compagna danzando e alzando le zampe dai colori vivaci. Altre specie di sula hanno zampe di colore diverso.

Uccelli giardinieri

Gli uccelli giardinieri sono di medie dimensioni, si nutrono principalmente di frutta e vivono nelle foreste della Nuova Guinea e dell'Australia. Il maschio attrae o corteggia la femmina in un modo straordinario: costruisce una pergola. La costruzione e l'aspetto della pergola variano a seconda della specie di uccello giardiniere.
Può essere un semplice tappeto di foglie e muschio, un mucchio di ramoscelli o una struttura grande ed elaborata a forma di torre, tenda, con pali e un "vialetto" di ingresso. Il maschio può anche decorare la sua pergola con colori vivaci. Poi danza, sfoggia le piume ed emette richiami dalla pergola per attirare una femmina. Eppure la pergola non è un nido. Dopo l'accoppiamento, la femmina si allontana per costruire il nido in un cespuglio e allevare i piccoli da sola.

Uccello giardiniere maculato — *Uccello giardiniere pettofulvo* — *Uccello giardiniere dorato*

Nidi e uova

***A**lcuni uccelli, come le urie, non fanno il nido. Ma la maggior parte scava o costruisce un nido per proteggere le uova. I materiali di nidificazione includono ramoscelli, erba e fango. La salangana delle grotte crea persino un nido con la propria saliva.*

Le 25 specie di gruccioni vivono per lo più nelle foreste pluviali di Africa, Asia meridionale e Australia. I gruccioni carminio (sotto) nidificano in colonie nelle scogliere, di solito vicino alle rive dei fiumi, dove scavano con il becco gallerie orizzontali lunghe 2 m o più. Entrambi i genitori covano le uova e allevano i piccoli.

Il pigliamosche paradisiaco realizza un nido di radici di piante tenute insieme da ragnatele su un esile ramo o ramoscello.

- L'uccello sarto codibugnolo costruisce un nido a forma di culla con due foglie, cucite con fibre vegetali o ragnatele.
- Le femmine di pipride si occupano da sole di tutto il lavoro di nidificazione. Costruiscono il nido, covano le uova e curano i piccoli senza l'aiuto dei maschi.
- L'oropendola crestata tesse un nido sospeso che può essere lungo fino a 1 metro. Gli uccelli nidificano in colonie e un solo albero può ospitare fino a 100 grandi nidi appesi ai rami.
- Il pendolino realizza un nido straordinario, tessuto con fibre vegetali e sospeso all'estremità di un ramoscello. Le pareti del nido possono avere uno spessore di 2,5 cm.

I tessitori socievoli costruiscono un enorme nido comune in un albero di acacia. Ogni coppia ha una propria camera, ma l'intero nido può contenere oltre 300 uccelli. Si tengono al sicuro l'un l'altro mentre starnazzano, sbattono e beccano i nemici che si avvicinano troppo. Si nutrono anche insieme, guardandosi sempre le spalle. Se un uccello trova del cibo, gli altri si riuniscono per condividerlo.

- La starna è l'uccello che depone il maggior numero di uova: in media da 15 a 19, ma alcuni uccelli ne depongono fino a 25 alla volta.
- Il cuculo eurasiatico è un "parassita di covata": depone le uova nei nidi di altri uccelli (gli "ospiti"). La maggior parte degli uccelli impiega diversi minuti per deporre un uovo, ma il cuculo ne depone uno in soli nove secondi, in modo da poter approfittare rapidamente di qualsiasi breve assenza dell'uccello ospite.

Schiusa

1. I piccoli sfruttano il "dente d'uovo" sul becco per fare un buco nel guscio dall'interno dell'uovo.

2. Il piccolo becca il guscio finché non appare una crepa lungo tutta la superficie.

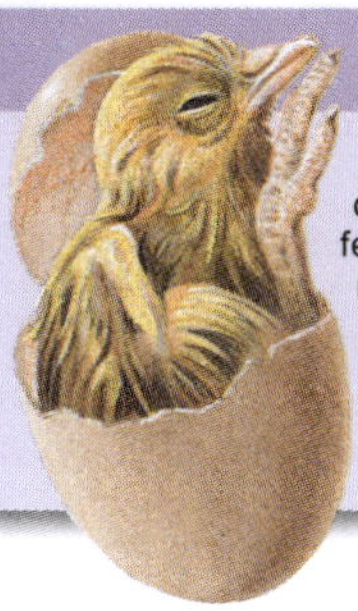

3. Il piccolo infila quindi le zampe nella fessura e spinge le due metà del guscio. Di solito impiega circa un minuto per emergere completamente dal guscio rotto.

❍ Il maschio dello struzzo fa un nido poco profondo sul terreno e si accoppia con diverse femmine, che depongono tutte le uova nel nido. La femmina prescelta cova le uova durante il giorno, mentre il maschio se ne occupa di notte.

❍ Inusualmente per gli uccelli, le femmine di falaropo sono più colorate dei maschi. La femmina depone diverse covate di uova, lasciando al maschio di ogni covata il compito di accudire i piccoli.

❍ In Florida, negli Stati Uniti, una coppia di aquile calve ha costruito un nido largo 2,9 metri e profondo 6 metri, che pesava circa 3 tonnellate.

❍ Il minuscolo colibrì ape depone l'uovo più piccolo, del peso di 0,4 g. L'uovo più grande, deposto dallo struzzo, pesa 1-1,8 kg.

Gli svassi piccoli creano nidi galleggianti nelle paludi o nei laghi d'acqua dolce.

Tana per uova

I gruccioni depongono le uova in una camera all'estremità di una tana scavata in una sponda di terra. Entrambi i genitori covano le uova e allevano i piccoli.

Uova da record

Il più grande nido comune
Tessitore socievole: fino a 300 camere

Il più grande nido con tetto
Umbretta: fino a 2 m di larghezza e 2 m di profondità

La più lunga tana con nido
Alca minore rinoceronte: fino a 8 m

Il nido più piccolo
Colibrì ape: dimensioni di un ditale

Nessun nido
Sterna delle fate: un uovo deposto su un semplice ramo, foglia o scogliera

L'uovo più grande
Uovo di struzzo: fino a 17,8 cm per 14 cm, abbastanza forte da sostenere il peso di una persona

L'uovo più piccolo
Colibrì ape: 6,35 mm di lunghezza

Covata più grande
Starna: 15–19 uova alla volta

Cova più lunga
Albatro urlatore: 75–82 giorni

Sorprendente!

Un uovo di struzzo – il più grande deposto da qualsiasi uccello – ha lo stesso volume di 24 uova di gallina.

Uova

L'aquila calva realizza uno dei nidi più grandi di tutti gli uccelli. Il nido è fatto di stecchi e rami e viene costruito su un albero alto o sulle rocce. Le aquile calve utilizzano gli stessi nidi anno dopo anno, aggiungendo ogni volta nuovo materiale per la nidificazione.

Prendersi cura dei piccoli

Quando le uova si schiudono, molti piccoli sono ciechi, senza piume e indifesi e devono essere accuditi dai genitori. Alla schiusa, i piccoli di anatre e oche presentano già un primo strato di piume e possono procurarsi del cibo già dopo poche ore.

Sorprendente!

In sole tre settimane, un cuculo appena nato diventa 50 volte più pesante. Deponendo le uova nei nidi di altri uccelli, i cuculi evitano il duro lavoro di nutrire i piccoli affamati.

❍ Falchi e gheppi si prendono cura dei loro piccoli e portano loro il cibo per molte settimane. I piccoli nascono ciechi e indifesi. Dipendono totalmente dai genitori per il cibo e la protezione, finché non diventano abbastanza grandi da poter cacciare da soli.

Tutti gli uccelli iniziano la loro vita uscendo da un uovo. Come questo gabbiano, molti genitori nutrono e proteggono i loro piccoli. Il manto lanuginoso iniziale viene sostituito da piume marroni. Un anno dopo, sviluppa le piume bianche e grigie di un gabbiano adulto.

❍ I cigni portano i piccoli sul dorso mentre nuotano. Questo permette al genitore di muoversi velocemente senza dover aspettare che i piccoli tengano il passo. Mentre viaggiano sul dorso del genitore, i piccoli sono inoltre al sicuro dai predatori.

Genitori adottivi

Questi pigliamosche africani sono impegnati a nutrire un piccolo di cuculo nel loro nido. Il cuculo ha spinto le uova del pigliamosche fuori dal nido. I "genitori adottivi" allevano il piccolo del cuculo come se fosse il loro.

❍ Una giovane aquila reale sviluppa le piume dopo 50 giorni e impara a volare dopo 70, ma rimane con i genitori per un altro mese mentre impara a cacciare.

❍ I piccoli sono chiamati "nidiacei" da quando escono dalle uova fino a quando sviluppano le piume e acquisiscono la capacità di volare.

❍ Un giovane pellicano si nutre infilando la testa nel grande becco del genitore e ingoiando tutti i pesci che trova.

❍ Per ottenere del cibo, un giovane gabbiano reale deve beccare una macchia rossa sul becco del genitore. Il gabbiano adulto rigurgita quindi il cibo per il piccolo.

I piccoli di nibbio bianco australiano sono indifesi dopo la schiusa, ma all'età di cinque settimane hanno già le piume e sono pronti a volare.

I piccioni nutrono i loro piccoli con il "latte del gozzo". Questo liquido speciale viene prodotto nel rivestimento di una parte della gola dell'uccello, chiamata appunto gozzo. I giovani vengono nutriti con questo alimento per i primi giorni di vita, dopodiché iniziano a mangiare semi e altri alimenti solidi.

- Gli uccelli giovani devono imparare il loro canto dagli adulti. Un piccolo di fringuello alla nascita è già in grado di emettere suoni. Ma, come un bambino che impara a parlare, deve apprendere il canto del fringuello ascoltando i genitori e facendo pratica con i suoni.

- Le berte nutrono i loro piccoli per 60 giorni, poi smettono. Una settimana dopo, i piccoli sono così affamati che si alzano in volo per cercare cibo.

La femmina del barbagianni depone 4–7 uova nella cavità di un albero, in un fienile o in un altro edificio. Il nido di questi giovani barbagianni è appunto in un fienile.

- Finché il becco non si è sviluppato completamente, i giovani fenicotteri si nutrono di una sostanza lattiginosa proveniente dalla gola dei genitori.

- Lo svasso del sole ha un modo insolito di prendersi cura dei piccoli. Il maschio trasporta i piccoli in due sacche di pelle sotto le ali mentre completano lo sviluppo, volando addirittura con loro.

- I piccoli di quaglia nascono con gli occhi aperti e il corpo ricoperto di calde piume lanuginose. Sono in grado di seguire la madre entro un'ora dalla schiusa.

All'inizio i giovani gufi vengono nutriti dal maschio, ma in seguito anche la femmina aiuta a portare loro il cibo. Questo piccolo gufo sta mangiando un verme. I piccoli lasciano il nido quando hanno circa 26 giorni.

- Il cuculo dal ciuffo depone le uova nei nidi di altri uccelli, ma il piccolo non è così violento come in altre specie di cuculi. Non getta fuori le uova non schiuse e i piccoli degli uccelli che lo ospitano. Tuttavia, si accaparra la maggior parte del cibo portato dagli adulti, così gli altri piccoli muoiono di fame. Ed essendo così grande e forte, potrebbe anche appoggiarsi sugli altri piccoli e schiacciarli.

Seguite il leader!

Uccelli come le anatre e le oche sono in grado di spostarsi e trovare cibo subito dopo la schiusa. Gli anatroccoli seguono il primo oggetto in movimento che vedono, che di solito è la madre. Questa reazione si chiama imprinting. Si tratta di una forma di apprendimento molto rapida che può avvenire solo nelle prime ore di vita dell'animale. L'imprinting assicura che i piccoli rimangano vicini alla madre e non si allontanino.

Uccelli canori

Quasi la metà di tutte le specie di uccelli viventi è costituita da uccelli canori, tra cui passeri, tordi, parule, cince, rondini e corvi. Gli uccelli canori maschi di solito intonano canti complessi quando corteggiano o difendono il loro territorio. Gli uccelli canori hanno zampe prensili con quattro dita; l'alluce è rivolto all'indietro.

Sorprendente!

Alcuni uccelli canori (come il frosone e la capinera) depongono uova che si schiudono in soli dieci giorni.

Il merlo frequenta abitualmente le mangiatoie nei giardini. È uno dei primi a svegliarsi all'alba e ama appollaiarsi in alto su un albero o sul tetto per intonare il suo canto melodioso e flautato.

Il campylorhamphus trochilirostris ha un becco lungo e ricurvo per cercare insetti all'interno delle piante.

Un uccello di solito canta per dire agli altri uccelli di stare lontani dal territorio in cui vive e si nutre. Le piume rosse del petto del pettirosso fungono anche da avvertimento per gli altri pettirossi. Durante la stagione riproduttiva, gli uccelli cantano per attirare i partner.

Con una lunghezza di 19 cm, il cannareccione è più grande della maggior parte delle parule europee.

I pipridi vivono in vari habitat nell'America centrale e meridionale. Ne esistono circa 57 specie.

Il fringuello è il membro più comune nella famiglia dei Fringillidae. La sua melodia è allegra e accattivante.

I tamnofilidi seguono le colonne di formiche legionarie e catturano altri insetti che fuggono da queste.

La tordela è il più grande tordo britannico. Canta dalle cime degli alberi quando si scatenano i temporali.

Negli Stati Uniti potrebbero esserci fino a 150 milioni di passeri domestici.

Le averle sono predatrici spietate. Alcune specie conservano le prede impalandole sulle spine, creando una sorta di macabra "dispensa".

Il bulbul dai mustacchi rossi è comune nei giardini e nei terreni coltivati dell'India, della Cina meridionale e del Sud-est asiatico.

Le allodole compiono voli complessi, accompagnati da un canto caratteristico.

Il mimo settentrionale è il miglior imitatore della sua famiglia e di solito copia i suoni emessi da altre specie di uccelli.

Il maschio dell'ittero di Baltimora ha un piumaggio arancione e nero.

Le 43 specie di vireo vivono in Nord, Centro e Sud America. Le dimensioni variano da 10 a 16 cm.

I nettarinidi usano il becco lungo e sottile e la lingua tubolare per estrarre il dolce nettare liquido dai fiori.

Le 26 specie di scriccioli delle fate vivono in Australia e Nuova Guinea, dove si nutrono di insetti al suolo.

Selvaggina di penna

La selvaggina di penna è composta per lo più da uccelli di grandi dimensioni, di corporatura robusta, che trascorrono molto tempo a terra. Sono noti come "selvaggina di penna" perché venivano cacciati per la loro carne saporita - e lo sono ancora in alcune regioni.

❍ La femmina di pernice rossa depone un gruppo di uova che coverà il compagno e un altro gruppo che coverà da sola.

❍ La famiglia delle pernici comprende più di 90 specie diverse. Questi uccelli si nutrono principalmente di semi.

❍ In alcune zone dell'Europa e del Nord America, le pernici vengono allevate in cattività e poi liberate e cacciate per sport.

Le quaglie di Gambel fanno parte della selvaggina di penna e vivono nei deserti degli Stati Uniti e del Messico. A volte si riuniscono in gruppi che possono raggiungere i 200 esemplari.

Il tacchino selvatico del Nord America vive nelle foreste e nella macchia. Si nutre di semi, noci, bacche, foglie, insetti e altre piccole creature che trova sul terreno. I tacchini da cortile sono stati allevati a partire da questo parente selvatico.

❍ La faraona mitrata, originaria dell'Africa, è stata addomesticata in Europa più di 2.500 anni fa.

❍ Un gruppo di pernici è solitamente composto da una coppia riproduttiva di maschi e femmine e dai loro piccoli, oltre a qualche altro uccello.

Le faraone selvatiche sono uccelli africani provenienti da un tratto della costa occidentale dell'Africa. Sono uccelli rumorosi che vivono in stormi a terra. Di notte, le faraone dormono sugli alberi.

Fagiano colorato

Il fagiano comune maschio è un uccello bellissimo, con un piumaggio iridescente sulla testa, bargigli rossi brillanti (macchie carnose) intorno agli occhi e talvolta un anello bianco sul collo. Originario dell'Asia, è stato introdotto in Europa e in Nord America, dove è molto diffuso.

❍ Il fagiano australiano depone le uova in un cumulo di materiale vegetale. Il calore emanato dalla vegetazione in decomposizione favorisce lo sviluppo delle uova. Dopo la schiusa, i piccoli scavano per uscire dal cumulo.

❍ Le galline domestiche discendono dal gallo bankiva, addomesticato 5.000 anni fa. Questo uccello vive ancora allo stato selvatico nel Sud-est asiatico.

❍ Tutte le 49 specie di fagiani selvatici provengono dall'Asia, tranne il pavone del Congo, scoperto in una foresta pluviale dell'Africa centrale nel 1936.

L'hocco è un uccello di foresta che vive a terra e si nutre di semi, bacche e piccoli animali.

❍ Le 17 specie di urogalli vivono in Nord America, Europa e Asia settentrionale.

❍ Con una lunghezza di 87 cm, il gallo cedrone è il più grande membro della famiglia degli urogalli. La femmina è lunga solo 60 cm.

❍ Durante l'estate, i galli cedroni si nutrono di gemme, bacche e foglie, ma in inverno sopravvivono quasi esclusivamente di aghi di pino.

❍ Per attirare le femmine e sfidare i maschi rivali durante la stagione riproduttiva, il gallo cedrone emette un suono tambureggiante con le ali.

❍ Le 45 specie di hocco e penelope vivono tra gli Stati Uniti meridionali e l'Argentina settentrionale. L'hocco maggiore è lungo 95 cm e pesa 4,8 kg.

La pernice crestata vive nei boschi e nelle foreste del sud-est asiatico. Si nutre di insetti, lumache, frutta e semi.

Sorprendente!

L'argo crestato ha le piume della coda più grandi e lunghe di qualsiasi altro uccello, dato che misurano fino a 170 cm di lunghezza e 12 cm di larghezza.

Il piumaggio delle femmine di uccelli come questo tetraone delle peccete, è di solito marrone scuro per mimetizzarsi. Questo aiuta a proteggere gli uccelli dai predatori mentre covano le uova e si prendono cura dei loro piccoli.

Un uccello solitario, il tragopano di Temminck, vive fino a 4.600 m di altitudine. Durante il corteggiamento, il maschio gonfia il suo variopinto bargiglio, che si espande fino a coprire il petto.

Spettacolo di danza

L'argo maschio del sud-est asiatico ha piume alari molto lunghe e ornamentali per impressionare le possibili partner riproduttive. Prepara un'arena speciale in una radura della foresta spostando foglie e piante. Poi chiama le femmine prima di iniziare il corteggiamento con salti e danze.

La famiglia del martin pescatore

I martin pescatori sono imparentati con uccelli come i gruccioni, i coracidi, le upupe, i todi e i bucerotidi. La maggior parte degli uccelli di questi gruppi ha un becco grande e piume dai colori vivaci. I martin pescatori hanno di solito una testa grande, un collo corto e un becco appuntito.

Le upupe sono uccelli molto attivi, che schiamazzano in continuazione mentre svolazzano tra gli alberi. Infilano il lungo becco nella corteccia per cercare insetti.

- Un gruccione europeo mangia circa 200 api al giorno. La sua dieta estiva è costituita principalmente da bombi, mentre in inverno si nutre di api da miele e libellule.

I coracidi utilizzano un metodo di caccia in immersione, tipico di questo gruppo di uccelli. Catturano le prede a mezz'aria o scendendo in picchiata verso il suolo.

- Le dimensioni di un momotide variano dal motmot todo, lungo 19 cm, al motmot capoblu, lungo 53 cm. Le dieci specie di motmot vivono nelle foreste dal Messico all'Argentina settentrionale. Hanno tutti il becco incurvato verso il basso, con bordi frastagliati.

- Le upupe vivono in Africa, dove nidificano nelle fessure degli alberi. I gruppi di upupe emettono forti richiami, si dondolano e si scambiano messaggi, per marcare il territorio.

Sorprendente!

Il kookaburra è il martin pescatore più grande. Il nome deriva dal suono del suo richiamo, che assomiglia a una risata rumorosa.

- Le circa 16 specie di coracide e brachypteraciidae vivono in Europa meridionale, Asia, Africa e Australia.

- I coracidi si lanciano in uno spettacolare volo di corteggiamento, che consiste nel rotolare e fare capriole mentre si tuffano verso il suolo.

- Il curol del Madagascar vive solo in Madagascar e nelle isole Comore, nell'Oceano Indiano, dove cattura camaleonti e insetti.

Bucerotidi in prigione

La femmina del bucerotide depone le uova in prigione! Il maschio rinchiude la compagna e le uova in un buco su un albero. Blocca l'ingresso della tana con il fango, lasciando solo una piccola apertura. La femmina si occupa delle uova e il maschio porta il cibo, facendolo passare attraverso l'apertura. Anche dopo la schiusa delle uova, la femmina rimane nella tana con i piccoli per alcune settimane, mentre il maschio le fornisce il cibo.

❍ L'euristomo africano cattura le termiti alate in aria. Un euristomo può divorare fino a 800 termiti in una sola sera.

Il becco lungo e appuntito della maggior parte dei martin pescatori, come questo martin pescatore malachite, è ideale per catturare i pesci.

❍ La maggior parte dei martin pescatori si nutre di pesci. Catturano la preda immergendosi come una freccia nell'acqua e afferrando la vittima con il becco a forma di lancia. Tornano quindi al loro posatoio con la preda.

❍ Un martin pescatore può stordire un pesce sbattendolo contro un ramo o una roccia prima di ingoiarlo.

❍ Le cinque specie di todo sono tutte uccelli che si nutrono di insetti e vivono nelle isole tropicali dei Caraibi. I todi fanno il nido in gallerie lunghe 30 cm, che scavano con il becco.

❍ I todi sono piccoli uccelli dal piumaggio prevalentemente verde brillante. Il loro metodo di caccia consiste nell'appollaiarsi ad aspettare su un ramo, per poi volare rapidamente all'aperto e afferrare una farfalla, un coleottero o un altro insetto di passaggio. I todi possono librarsi a mezz'aria quasi come i colibrì. In questo modo possono raccogliere gli insetti dalle foglie.

Immersioni erbose

Il minuscolo martin pescatore del bosco non si tuffa in acqua, come il martin pescatore comune, ma nell'erba, dove cattura cavallette e coleotteri.

Il buceretto beccogiallo, lungo 50 cm, vive nell'Africa meridionale. Tutti i bucerotidi hanno un becco grande. In molte specie, è sormontato da una caschetto fatto di cheratina e ossa. Un maschio di bucerotide può portare nel nido più di 60 piccoli frutti alla volta, che rigurgita per i suoi piccoli.

La famiglia dei pappagalli

I pappagalli sono tra gli uccelli più vivaci, curiosi e intelligenti. Il pappagallo di solito ha piume colorate, una testa grande, grandi occhi e un becco forte e uncinato per schiacciare anche i semi più duri.

Piumaggio diverso

I maschi e le femmine dei pappagalli eclettici hanno un piumaggio molto diverso. Il maschio (qui a destra) è verde brillante con il becco giallo; la femmina (a sinistra) è rossa con il ventre blu e il becco nero.

- I pappagalli emettono molti richiami e alcuni imitano altri suoni, compresa la voce umana. La combinazione di colori, il comportamento curioso, il saper copiare i nostri discorsi, la capacità di imparare trucchi e la longevità hanno contribuito a rendere i pappagalli degli animali domestici molto popolari.

- L'unico pappagallo che non è in grado di volare è il cacapò neozelandese, oggi estremamente raro.

- Il cacatua delle palme mostra uno straordinario spettacolo di corteggiamento. L'uccello maschio tiene un ramoscello nella zampa ed emette un forte rumore, simile a un tamburo, sbattendolo contro il fianco di un albero.

Sorprendente!

Il loriculus si appende a testa in giù ai rami degli alberi come un pipistrello.

- Il gruppo dei pappagalli comprende circa 350 specie, tra cui ara, parrocchetti, lori e cacatua. Vivono in America centrale e meridionale, Africa, Asia meridionale e Australasia.

- Gli ara nidificano nelle cavità degli alberi della foresta pluviale. La femmina depone due uova che il compagno aiuta a covare. I giovani ara rimangono con i genitori fino a 2 anni.

- A volte gli ara ingoiano pezzi di argilla presa delle rive dei fiumi. L'argilla può aiutare a proteggere gli uccelli dagli effetti di alcune piante e semi di cui si nutrono, molti dei quali sono velenosi per altri animali.

- Il disegno delle piume su ciascun lato del muso dell'ara rossa e verde è unico: non esistono due uccelli identici.

- Con i suoi 85 cm di lunghezza, l'ara macao è uno dei membri più grandi della famiglia dei pappagalli.

Commercio illegale

La compravendita di uccelli in gabbia ha fatto sì che alcune specie siano in pericolo di estinzione. Alcuni uccelli da compagnia, come i parrocchetti, sono allevati in cattività, ma altri, tra cui i pappagalli, sono prelevati in natura, anche se questo è ormai illegale. La bellissima ara giacinto (nella foto) era un tempo comune nelle foreste pluviali sudamericane, ma ora è rara a causa della cattura di uccelli selvatici per rifornire il commercio di animali domestici.

I lori arcobaleno sono uccelli attivi e rumorosi. Si chiamano l'un l'altro in modo stridulo mentre volano sugli alberi e chiacchierano continuamente mentre si nutrono di semi, frutta, nettare, polline, bacche, foglie e insetti.

- Con le sue piume rosso vivo, l'ara macao è anche uno dei più belli tra i pappagalli. Può volare fino a 56 km/h mentre cerca nella foresta pluviale frutta, noci e semi da mangiare.

- I cacatua hanno una caratteristica cresta di piume sulla testa, che sollevano quando sono allarmati o eccitati.

Cacatua dal ciuffo di zolfo
Questo grande uccello dal ciuffo giallo forma stormi per nutrirsi di semi e frutta. Lo si vede nei parchi e nei giardini dell'Australia settentrionale e orientale e frequenta spesso le mangiatoie.

Cacatua gang gang
Il maschio di questa piccola specie di cacatua emette un richiamo simile a un cardine arrugginito e scricchiolante. Nella stagione riproduttiva, sviluppa una testa rosso vivo.

Cacatua rosa
Il piumaggio bianco di questo uccello tropicale è sfumato di rosa tenue. La cresta del cacatua rosa mostra bande di colore scarlatto e giallo quando è distesa.

Cacatua delle palme
Insolitamente scura per un cacatua, questa specie di grandi dimensioni ha una grande cresta sulla testa. Utilizza l'enorme becco per aprire le noci di palma e semi simili estremamente duri. Abita le foreste tropicali.

Ara giacinto
L'ara giacinto, il più grande pappagallo del mondo, originario del Sudamerica tropicale, si nutre principalmente sugli alberi, ma mangia anche noci e frutta caduta a terra.

Cacatua nero codarossa
Questi uccelli rumorosi si riuniscono in stormi di 200 o più esemplari. Le macchie scarlatte sulla coda risplendono mentre il cacatua si muove lentamente.

Pappagallo di Pesquet
Questo pappagallo si nutre di frutta e vive in Papua Nuova Guinea. Scava un buco per il nido all'interno di un albero morto e vi depone una o due uova.

Corella beccolungo
Questo cacatua è insolito perché trascorre molto tempo a terra, scavando alla ricerca di radici con il becco.

Chea
Il chea prende il nome dal suo richiamo penetrante. Vive in Nuova Zelanda e usa il lungo becco superiore per strappare la polpa dai frutti e la carne dagli animali morti.

Cacatua nero codagialla
Scuro, tranne che per la lunga coda dai bordi gialli e le guance gialle, questo pappagallo della Tasmania e dell'Australia sudorientale ha uno strano richiamo lamentoso.

Rapaci

***I** rapaci sono tra gli uccelli più grandi e feroci. Hanno potenti dita con artigli affilati per catturare le prede e un becco appuntito e uncinato per strappare i pezzi di carne. La maggior parte dei rapaci ha occhi grandi e caccia a vista.*

Il falco giocoliere, caratteristico e adattabile, è diffuso in tutta l'Africa nelle regioni erbose, montane e desertiche.

L'aquila nera è grande e di colore nero, con una particolare marcatura a V sul dorso.

Il gipeto, a differenza degli altri avvoltoi, ha piume sul muso e sul collo.

Il falco pescatore misura 55–58 cm di lunghezza e ha un'impressionante apertura alare di 1,6 metri. Le femmine sono leggermente più grandi dei maschi.

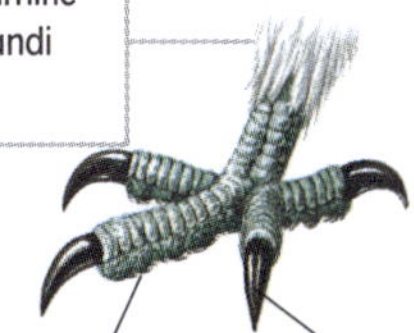

L'avvoltoio orecchiuto ha ali molto ampie. Sono ideali per librarsi in alto sopra le pianure dell'Africa, alla ricerca di cibo.

Il richiamo del falco, forte e ripetuto, assomiglia un po' all'"ah-ah!" della risata umana.

Le aquile calve si nutrono di carogne (animali morti) e di prede come piccoli uccelli e pesci. Rubano i pasti agli altri rapaci e lottano tra loro per il cibo.

Le aquile più grandi

Aquila arpia	91-110 cm
Aquila delle Filippine	86-102 cm
Aquila reale	76-99 cm
Aquila marziale	81-96 cm
Aquila di Verreaux	81-96 cm
Aquila calva	79-94 cm
Aquila coronata	81-91 cm
Arpia della Nuova Guinea	75-90 cm
Aquila di mare coda bianca	70-90 cm
Aquila imperiale	79-84 cm
Aquila urlatrice	74-84 cm

Sorprendente!

Il condor andino è il più grande uccello rapace. Pesa fino a 12 kg e ha un'apertura alare di oltre 3 metri.

Tra gli uccelli più possenti, l'aquila di mare di Steller ha un'apertura alare di 2,4 metri e un becco massiccio per strappare la carne da pesci, foche morte e balene spiaggiate.

L'aquila serpentaria crestata ha una cresta di piume sulla testa. Caccia serpenti e lucertole, oltre alle prede abituali.

Il capovaccaio ruba le uova degli uccelli. Le rompe facendole cadere a terra o lanciandoci contro delle pietre.

Gli astori si lanciano da un alto trespolo per catturare uccelli e mammiferi.

Il falco della Regina è specializzato nella caccia ai piccoli uccelli. Si riproduce insolitamente in tarda estate, in colonie su isole rocciose del Mar Mediterraneo.

La poiana sciacallo caccia soprattutto nelle zone montuose. Può essere vista librarsi sulle correnti d'aria alla ricerca di piccoli mammiferi, uccelli e serpenti.

Lo sparviero preda soprattutto altri uccelli, di dimensioni variabili, dalla cinciallegra al fagiano.

Le aquile pescatrici usano gli artigli letali e affilati per strappare i pesci dall'acqua. Gli spuntoni sulle dita delle zampe le aiutano a trattenere le prede scivolose.

Cigni, anatre e oche

La maggior parte di questi uccelli acquatici familiari ha un corpo largo, zampe palmate e becco piatto. In molte specie, i maschi hanno colori vivaci, mentre le femmine hanno piume marroni e screziate. Subito dopo la schiusa, i giovani sono in grado di nutrirsi da soli.

❍ Le anatre di torrente vivono presso i corsi d'acqua della Cordigliera delle Ande in Sud America. Quando i giovani anatroccoli si schiudono dalle uova, saltano direttamente nelle acque vorticose.

❍ Esistono più di 100 specie di anatre, che vivono in tutto il mondo, tranne che in Antartide.

❍ Le anatre vaporiere devono il loro nome all'abitudine di avanzare sull'acqua sfruttando sia le ali che le zampe, a velocità fino a 28 km/h.

❍ Le anatre sono state addomesticate da oltre 2.000 anni per la loro carne e le loro uova.

Il cigno trombettiere nordamericano è sicuramente all'altezza del suo nome: le sue grida forti, simili a quelle di una tromba, sono in grado di raggiungere grandi distanze. I trombettieri si riproducono principalmente nell'estremo nord dell'America settentrionale, soprattutto in Alaska. Si spostano a sud per l'inverno, ma solo fino alle acque aperte lungo la costa canadese e nei grandi laghi dei parchi nazionali.

❍ Le anatre si nutrono di pesce, crostacei, foglie e semi.

❍ Come i cuculi, l'anatra dalla testa nera depone le uova nei nidi di altri uccelli, in particolare degli aironi.

Il cigno dal collo nero è la specie più piccola. I giovani cigni sono di colore grigio chiaro, con becco e zampe nere. A volte viaggiano sul dorso dei genitori.

Sorprendente!

Le oche barbagianni emettono latrati e guaiti simili a quelli di cani che si azzuffano.

Le anatre, come queste dendrocigne facciabianca, sono uccelli molto socievoli che si adattano a una varietà di ambienti acquatici.

Il cigno nero costruisce un nido di rami e altro materiale vegetale in acque poco profonde e depone fino a sei uova. Entrambi i genitori contribuiscono alla cova.

❍ I cigni selvatici, trombettieri e reali sono tra gli uccelli più pesanti: possono raggiungere i 16 kg.

❍ Le oche appartengono alla stessa famiglia dei cigni, gli anatidi. si nutrono soprattutto di foglie e possono mangiare fino a 100 fili d'erba in un minuto.

❍ Sebbene sia più silenzioso di altri cigni, il cigno reale emette molti richiami caratterizzati da sbuffi e sibili.

Pesca subacquea

Lo smergo minore è un'anatra dal becco a sega, così chiamata perché ha un becco seghettato che la aiuta a mantenere la presa sui pesci catturati sott'acqua. Vola basso e veloce sulla superficie dell'acqua e spesso lo si vede nuotare con la testa immersa alla ricerca di pesci. Dopo essersi tuffato e aver catturato un pesce, lo smergo minore lo porta in superficie per ingoiarlo. L'anatra si esibisce poi in un battito d'ali, seguito da una sorsata di acqua di mare.

Il maschio di anatra mandarina sfoggia il suo elaborato piumaggio colorato in speciali manifestazioni di corteggiamento.

❍ L'alzavola cannella deve il suo nome alle sfumature rosso-ruggine delle piume della testa e del corpo del maschio. Ha anche delle ali variopinte, con motivi a strisce, ripiegate lungo la schiena. La femmina invece, come nella maggior parte delle specie di anatre, è di un marrone opaco e screziato.

Il maschio dell'edredone (sopra) ha colori più appariscenti rispetto alla femmina marrone e grigia. La femmina a volte rimane senza cibo per due o tre settimane mentre cova le uova. Dopo la schiusa, i piccoli sono spesso accuditi da una o più "zie", che sorvegliano diverse covate.

❍ In genere i cigni sono bianchi, ma non i cigni neri australiani. Per il loro colore insolito, sono stati introdotti nei laghi e negli stagni di tutto il mondo come contrasto cromatico ai cigni bianchi locali. Nella loro patria originaria, l'Australia, i cigni neri si riproducono in grandi colonie e spesso formano enormi stormi.

Coppie riproduttive

La femmina e il maschio dell'oca canadese restano insieme per allevare la famiglia. Possono rimanere insieme come coppia per diversi anni. La coppia nidifica in una cavità naturale su un terreno asciutto e vicino all'acqua, foderando la tana con piume ed erba.

Oceano e costa

Molti uccelli vanno a caccia di cibo negli oceani, ma si riposano e si riproducono lungo le coste. Gli uccelli marini hanno piume impermeabili, zampe palmate e becchi affilati per catturare i pesci. Nidificando in colonie sulle scogliere, i giovani uccelli sono al sicuro dai predatori.

Il pulcinella di mare nidifica in tane. Mentre molti altri uccelli si contendono lo spazio sulle alte sporgenze delle scogliere, loro scavano una tana in cima alla scogliera. Qui depongono un solo uovo. I genitori nutrono il piccolo per le prime 6 settimane.

- Lungo 79 cm, il mugnaiaccio è il gigante del gruppo dei gabbiani. Il gabbianello è uno dei gabbiani più piccoli, con una lunghezza di 28 cm.
- La rissa trascorre molto più tempo in mare rispetto agli altri gabbiani. Di solito viene a terra solo nel periodo della riproduzione. Questo uccello ha zampe molto corte e cammina molto raramente.
- I pesci e i calamari sono il cibo principale delle berte. I petrelli giganti si nutrono anche di carogne di balene e foche lacerando la carne con i potenti becchi.
- La berta minore acquatica depone un singolo uovo in una tana. Il maschio e la femmina si alternano nella cova dell'uovo e nel nutrimento reciproco.
- Le giovani berte si nutrono di una ricca miscela di pesci e calamari rigurgitati. Possono ingrassare così rapidamente da diventare presto più pesanti dei loro genitori.
- L'uria può immergersi in acqua fino a 180 m di profondità mentre caccia.

Sorprendente!

Gli albatri possono librarsi in alto sopra le onde per ore e ore senza sbattere le ali, coprendo grandi distanze con poco sforzo.

- La famiglia degli alcidi comprende 22 specie di uccelli subacquei, tra cui alcidi, urie, pulcinella di mare e gazze marine. Vivono nel Pacifico settentrionale, nell'Atlantico e nell'Oceano Artico.

Sula all'attacco

La sula compie un'immersione straordinaria da un'altezza di 30 m sul mare per catturare i pesci. Questo uccello marino individua la preda mentre si libra in volo sopra l'oceano. Poi, con le ali piegate all'indietro e il collo e il becco dritti davanti a sé, la sula si tuffa come un bombardiere in picchiata. Entra in acqua, cattura la preda e risale in superficie pochi secondi dopo.

- L'uria comune è la più grande degli alcidi, con una lunghezza di circa 45 cm e un peso di 1 kg. L'alca minore è la più piccola, con i suoi 16 cm di lunghezza e un peso di soli 90 g.

Sono circa 48 le specie di gabbiani presenti sulle coste e sulle isole di tutto il mondo.

Uovo a forma di pera

Le urie depongono le uova sulle scogliere. L'uovo di uria è a forma di pera, il che significa che l'uovo rotola in cerchio se viene spinto o urtato, e non cade dal nido.

La berta minore acquatica si libra sull'oceano per settimane durante ogni viaggio alla ricerca di cibo, percorrendo fino a 500 km al giorno. Poi torna alla sua colonia riproduttiva, dove migliaia di esemplari fanno il nido nelle tane.

La metà inferiore del becco di un rincopide è più lunga di quella superiore. Questo gli permette di catturare i pesci in modo speciale. Vola a pelo d'acqua, con la parte inferiore del becco appena sotto la superficie. Quando tocca un pesce, abbassa la parte superiore del becco per intrappolare la preda.

La riva del mare offre agli uccelli una ricca varietà di cibo, tra cui granchi, vermi e molluschi. I chiurli sfruttano il lungo becco ricurvo per estrarre gli animali sepolti in profondità nel fango o nella sabbia. Le beccacce di mare si nutrono principalmente di patelle, cozze e altri molluschi. Le beccacce di mare rompono le conchiglie sbattendole contro le rocce o recidendo il muscolo che tiene unite le due parti della conchiglia.

L'ibis bianco vive sulle isole costiere, oltre che negli stagni e nelle paludi d'acqua dolce. Si nutre di gamberi, insetti, serpenti, pesci e granchi. Nidifica in ciuffi erbosi e anche sugli alberi, fino a 15 m di altezza.

- Le fregate spesso inseguono altri uccelli marini in aria e li disturbano per far loro abbandonare le catture. Le cinque specie di fregate sorvolano le aree tropicali di tutti gli oceani. Trascorrono la maggior parte della loro vita in aria, scendendo raramente per atterrare sull'acqua.

- Il fetonte codabianca è noto per le sorprendenti timoniere della coda, che misurano fino a 40 cm di lunghezza.

- Le tre specie di fetonte sono tutte esperte nel volo. Possono immergersi in mare per trovare le prede, ma non possono camminare sulla terraferma. Con le zampe molto arretrate rispetto al corpo, riescono soltanto a trascinarsi.

- Le beccacce di mare sfruttano il loro forte becco a lama per staccare le cozze dalle rocce e aprirne i gusci.

Fiumi, laghi e paludi

Negli habitat delle zone umide vive un'ampia varietà di uccelli, da aironi, cicogne e pellicani a svassi, martin pescatori e folaghe. L'acqua è ricca di cibo e i canneti e le sponde del fiume offrono luoghi sicuri per la nidificazione.

Il pellicano raccoglie i pesci nella grande sacca che pende sotto il becco. Quando spinge il becco sott'acqua, la sacca si allunga e si riempie di acqua e di pesci. Quando poi solleva la testa, l'acqua fuoriesce dalla sacca, lasciando il cibo.

- Come la maggior parte degli aironi, l'airone cenerino si nutre di pesci e rane, che cattura con rapidi colpi di becco.

- Gli aironi guardabuoi nidificano in colonie: possono esserci più di 100 nidi vicini in un albero.

- Le folaghe sono le più acquatiche di tutte i ralli. Si immergono alla ricerca di piante e insetti da mangiare.

- La femmina di gallinella d'acqua crea un nido di foglie morte in riva al mare. Il maschio aiuta a covare le 5–11 uova.

- Gli eliornitidi sono uccelli acquatici che si nutrono in acqua di pesci, rane e crostacei. Esiste una specie ciascuna in Africa, nel Sud-est asiatico e nell'America centrale e meridionale.

- I giovani fenicotteri hanno inizialmente piume grigie. Gli uccelli adulti ottengono il colore rosa dai pigmenti presenti nei gamberetti di cui si nutrono.

- Il fenicottero maggiore vive in grandi stormi intorno a laghi e delta in Europa, Asia, parti dell'Africa, Caraibi e America centrale. Può vivere almeno 50 anni.

Sorprendente!

L'airone verde del Giappone tenta i pesci con "esche" come pezzi di pane o piume.

Il tantalo variopinto vive nell'Asia meridionale, dove nidifica sugli alberi su piattaforme fatte di rami. Si aggira per laghi e paludi d'acqua dolce sulle lunghe zampe, alla ricerca di cibo. Il tantalo apre il becco curvo sott'acqua e lo fa oscillare da un lato all'altro. Il becco si chiude a scatto non appena entra in contatto con un pesce.

Il merlo acquaiolo si è ben adattato alla vita fluviale. Di solito vive nei pressi dei corsi d'acqua e sa nuotare e immergersi bene. Può anche camminare sul fondo di un torrente, catturando prede come insetti e altre piccole creature. Le cinque diverse specie di merlo acquaiolo vivono in Nord e Sud America, Asia ed Europa.

❍ Il martin pescatore nidifica in gallerie lungo gli argini dei fiumi. Utilizzando il becco, una coppia scava un tunnel lungo fino a 60 cm, per poi creare una camera di nidificazione all'estremità. La femmina depone fino a otto uova, che i genitori accudiscono a turno.

❍ Il cigno maschio rimane vicino al nido per difendere la famiglia dai predatori. In caso di pericolo, apre le ali, piega il collo, apre il becco e sibila forte. Se si avvicina troppo, beccherà anche l'intruso.

Danza galante

Il becco e le zampe dell'airone assumono una colorazione più brillante quando è il momento di accoppiarsi. Inoltre, come parte della livrea nuziale, muta le vecchie piume e ne fa crescere di nuove di colori più vivaci. Gli aironi eseguono una "danza" rituale per i loro partner. In questo modo ogni uccello verifica che l'altro sia in forma e in salute, e quindi un compagno adatto alla riproduzione.

▲ *Il tantalo beccogiallo è un uccello acquatico comune in Africa, soprattutto nella parte orientale del continente. Vive nei laghi, nelle paludi e talvolta sulle coste. Come alcune altre cicogne e l'ibis eremita, ha la pelle priva di piume intorno al viso. Questo gli permette di immergere la testa nell'acqua fangosa senza sporcarsi.*

❍ Gli svassi cornuti costruiscono un grande nido di erbacce galleggianti. La femmina e il maschio covano le uova a turno. Entrambi i genitori danno da mangiare ai piccoli e li trasportano sul dorso.

❍ Il richiamo di accoppiamento del maschio di tarabuso è un "BOOM!" estremamente forte, quasi come lo scoppio di un cannone. Tuttavia, in altri momenti il tarabuso è un uccello molto riservato, ben mimetizzato tra le canne e i giunchi delle zone umide grazie alle sue strisce e alla postura immobile, rivolta al cielo.

Jacana equilibrista

La jacana ha un modo unico di muoversi sulle foglie delle piante acquatiche. I giovani jacana si nascondono spesso sotto le foglie galleggianti in caso di pericolo.

▼ *Le lunghe zampe del fenicottero gli permettono di guadare l'acqua estremamente salata senza danneggiare il piumaggio. I fenicotteri usano le zampe per smuovere il fango nelle acque basse, in modo da potersi nutrire di animali che vivono sul fondo.*

Nel deserto

Gli uccelli che vivono nei deserti ottengono la maggior parte dell'acqua dal cibo, oppure volano per lunghe distanze per trovare fonti d'acqua. Durante la parte più calda della giornata si riposano all'ombra. Alcune specie sono attive di notte, quando fa fresco.

Gufi elfi

Il gufo elfo è uno dei gufi più piccoli del mondo, con una lunghezza di 14 cm. Vive nei deserti del sud-ovest degli Stati Uniti. Caccia di notte, catturando soprattutto insetti e scorpioni, ma anche topi e piccoli uccelli e, in rare occasioni, serpenti e lucertole. I gufi elfi possono essere attratti da luci intense, come quelle dei falò, mentre sono in cerca di insetti volanti.

- Il piccolo tordo quaglia cannella dell'Australia si nasconde in una tana durante il giorno per sfuggire al sole cocente. Emerge la sera per trovare semi e insetti da mangiare.

- Il verdino vive nei deserti del Messico e del sud-ovest degli Stati Uniti, dove fa il nido su una pianta di cactus. Le spine del cactus proteggono il verdino e le sue uova dai predatori.

- Con pochi alberi e cespugli su cui appollaiarsi, gli uccelli del deserto trascorrono la maggior parte della loro vita a terra.

- La tortora luttuosa è un uccello del deserto degli Stati Uniti sud-occidentali. Grazie alla sua velocità in volo, percorre spesso grandi distanze per trovare cibo e acqua.

- Gli avvoltoi collorosso sorvolano i deserti americani alla ricerca di carogne (corpi di animali morti) da mangiare.

- Gli insetti sono il cibo preferito di molti uccelli del deserto, ma alcuni catturano piccoli mammiferi e altri mangiano semi.

L'avvoltoio collorosso, dalle dimensioni di un'aquila, è il più diffuso tra gli avvoltoi americani. In volo, oscilla lateralmente e inclina il corpo da un lato all'altro.

Gufo elfo

- La maggior parte degli uccelli del deserto è attiva all'alba e verso il tramonto, mentre per gran parte della giornata si riposa all'ombra.

- I gufi, le civette e i caprimulgidi contrastano il caldo del deserto spalancando la bocca e agitando la gola.

- L'acqua è così preziosa nel deserto che il corridore della strada riassorbe l'acqua dai suoi escrementi prima di espellerli.

- Per ripararsi dal sole cocente, le civette delle tane riposano e nidificano all'interno di tane sotterranee scavate da piccoli mammiferi, come conigli e cani della prateria.

Il corridore della strada, dai movimenti rapidi, vive negli Stati Uniti occidentali, dove preda piccoli serpenti, insetti e topi. È un tipo di cuculo e può spostarsi a una velocità di 20 km/h o più sulla terraferma.

Sorprendente!

Il maschio dell'emù cova le uova della compagna per circa otto settimane, durante le quali non mangia né beve.

Per ingannare i predatori, lo scricciolo del cactus costruisce diversi nidi fasulli in più piante di cactus.

Molti uccelli del deserto hanno piume color sabbia, in modo da confondersi con l'ambiente circostante. Questo aiuta gli uccelli a nascondersi dai predatori. Il corrione biondo vive nelle terre desertiche dell'Africa e di alcune zone dell'Asia. A terra è difficile da vedere, ma quando si alza in volo, il disegno bianco e nero sulle ali lo rende più evidente. Ecco perché il corrione corre invece di volare. Si nutre di insetti e altre creature che estrae dalla sabbia.

Trasporto d'acqua

Gli uccelli possono dover percorrere lunghe distanze per trovare l'acqua nel deserto. Ma questo non è sempre possibile per i piccoli. Per risolvere questo problema, il maschio di pteroclide ha delle piume speciali sul ventre. Queste piume agiscono come spugne per trattenere l'acqua. Il maschio vola alla ricerca di acqua e le bagna accuratamente. Poi torna al nido, dove i piccoli si dissetano.

Uccelli delle praterie

Le praterie ospitano una varietà di uccelli che si nutrono di semi e insetti, nonché di uccelli che si nutrono di carogne, come gli avvoltoi. Gli uccelli dalle zampe lunghe, come gli struzzi e i nandù, possono vedere oltre l'erba alta e individuare i pericoli.

- La bufaga beccogiallo delle praterie africane si posa sulla schiena dei bufali, estraendo le zecche dalla loro pelle.
- L'airone guardabuoi accompagna i grandi mammiferi delle praterie, nutrendosi degli insetti che vivono sopra o intorno a loro.
- L'oropendola crestata è un uccello delle praterie del Sudamerica. Caccia insetti e altre piccole creature.
- Il più grande gufo del Nord America, il gufo della Virginia, include nella sua dieta quaglie e altri uccelli delle praterie.
- Una delle creature più grandi della pampa sudamericana è il nandù, che si nutre principalmente di erba.

I nandù non sono in grado di volare, ma possono correre fino a 50 km/h. Usano le ali per bilanciarsi durante la corsa.

- La sturnella neglecta crea un nido a terra fatto di erba e aghi di pino nelle praterie.
- Il serpentario delle praterie africane sfrutta le lunghe zampe per spostarsi velocemente e può percorrere 30 km al giorno alla ricerca di serpenti, insetti e uccelli.

Il fornaio rossiccio vive in Sud America. Il suo nome deriva dal fatto che costruisce un enorme nido di fango che assomiglia a un forno.

- Le diverse specie di avvoltoio si nutrono di parti diverse del corpo di un animale: i gipeti mangiano persino le ossa delle loro prede.
- Quando fa caldo, alcuni avvoltoi si rinfrescano spruzzando urina sulle zampe. Evaporando, l'urina sottrae calore al corpo.
- La femmina di avvoltoio dalla groppa bianca depone un uovo in un grande nido di rami costruito in alto su un albero. La cova dura 56 giorni, durante i quali viene nutrita dal maschio. Entrambi i genitori si prendono cura del piccolo.
- L'avvoltoio orecchiuto è il più grande avvoltoio dell'Africa: misura circa 1 metro di lunghezza e ha un'apertura alare di 2,8 metri. Ha anche il becco più grande di qualsiasi altro rapace.

Le bufaghe strappano pidocchi, zecche e pulci dalla pelle dei mammiferi delle praterie, come bufali o buoi. Inoltre, beccano le ferite per tenerle aperte, in modo da potersi nutrire del sangue dell'animale.

Nido intrecciato

Il maschio dell'uccello tessitore costruisce un nido con erba, foglie e steli. Annoda e intreccia i pezzi per formare un lungo nido, che appende al ramo di un albero. Il nido fornisce una casa calda e accogliente per le uova e i piccoli. Il suo lungo ingresso rende molto difficile per qualsiasi predatore raggiungere l'interno.

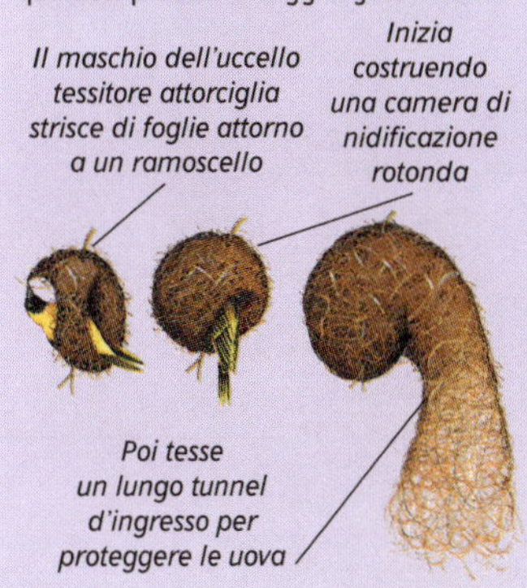

Collo lungo e privo di piume

L'avvoltoio si fa strada in una carcassa con il collo lungo e flessibile per strappare pezzi di carne con il becco affilato. Il collo non ha grandi piume, dato che si impregnerebbero di sangue.

Il gipeto è noto anche come avvoltoio barbuto, per via delle rigide piume nere che gli pendono dal viso come una barba.

Piccola e con le zampe lunghe, la civetta delle tane vive nelle praterie di tutto il continente americano. Di solito caccia di sera, catturando piccoli uccelli, rane e rettili.

❍ Il falco sacro è uno dei falconidi più grandi e vive nella campagna aperta, in particolare nella macchia secca e nella steppa (prateria). Lo si trova dall'Europa orientale attraverso l'Asia centrale fino alla Cina. Questo maestoso cacciatore cattura i mammiferi che vivono a terra, come lepri, marmotte e pika, e preda anche altri uccelli.

L'avvoltoio orecchiuto cerca la sua cena tra le carcasse. Volteggia sopra i deserti dell'Africa e del Medio Oriente, alla ricerca di animali morti o degli scarti lasciati da altri predatori, come i leoni. Quando individua un pasto, l'avvoltoio scende in picchiata e si avventa sulla carcassa con il suo robusto becco adunco. Di solito scaccia le altre specie di avvoltoi presenti intorno alle carcasse e sottrae loro il cibo.

Sorprendente!

Stormi di oltre un milione di quelea beccorosso si muovono come nuvole sulle praterie africane.

Uccelli della foresta pluviale

Le foreste pluviali ospitano una varietà di uccelli superiore a qualsiasi altro habitat. Il clima è caldo tutto l'anno e gli alberi e le altre piante forniscono cibo in abbondanza e luoghi di nidificazione sicuri. Gli uccelli vivono a livelli diversi sugli alberi, per evitare di competere per le stesse risorse.

Ara giacinto

L'ara giacinto del Sud America raggiunge una lunghezza di 1 metro. Nidifica nelle cavità degli alberi, deponendo una covata di 2–3 uova. Di solito sopravvive un solo piccolo.

- L'aquila coronata vive nelle foreste pluviali africane, dove si nutre di scimmie, manguste, ratti e altri mammiferi. Il nido è un'enorme struttura di ramoscelli costruita da entrambi i genitori nella biforcazione di un grande albero.

- L'avvoltoio reale del Sud America è l'unico avvoltoio che vive nelle foreste pluviali. Oltre a nutrirsi di carogne, preda anche mammiferi e rettili.

- Il tarabuso del sole vive lungo le rive dei fiumi nelle foreste pluviali del Sud America, nutrendosi di rane, insetti e altre creature.

- L'anatra muschiata è ormai familiare nelle aie e nei parchi di molte parti del mondo. Tuttavia, originariamente proveniva dalle foreste pluviali dell'America centrale e meridionale.

- L'hoatzin costruisce il suo nido sopra i fiumi della foresta pluviale, in questo modo, se i suoi piccoli vengono minacciati, possono rapidamente gettarsi in acqua per fuggire.

Sorprendente!

Un quinto delle specie di uccelli del mondo vive nella foresta amazzonica del Sud America.

La foresta pluviale tropicale ospita più specie di uccelli di qualsiasi altro tipo di habitat. Molti di loro sono incredibilmente colorati. Uccelli selvatici e piccole specie che si nutrono di insetti pattugliano il terreno.

- Le 12 specie di podargo vivono nelle foreste pluviali del sud-est asiatico e dell'Australia. I podarghi si nutrono in volo, intrappolando gli insetti nella loro bocca larga e spalancata.

- Il coloratissimo quetzal dalla coda lunga vive in America centrale. Era sacro alle antiche civiltà maya e azteca ed è l'uccello nazionale del Guatemala.

- Per spiccare il volo, il quetzal maschio salta giù da un albero all'indietro, così da evitare di aggrovigliare le sue lunghissime penne della coda intorno ai rami.

- I tucani si nutrono soprattutto di frutta, che strappano dai rami con il lungo becco. Mangiano anche insetti e piccoli animali, come le lucertole.

- I tucani di solito nidificano nelle cavità degli alberi. La femmina depone 2–4 uova e il maschio aiuta nella cova, che dura circa 15 giorni.

- Il bulbul barbuto verde vive nelle foreste pluviali africane ed emette un bellissimo fischio che usa per tenersi in contatto con gli altri membri della sua specie nel folto della giungla.

- Il quetzal ha magnifiche piume della coda, lunghe fino a 90 cm.

- L'ara macao è uno dei pappagalli più grandi del mondo. Si muove in stormi di circa 20 esemplari che stridono forte mentre volano da un albero all'altro nutrendosi di frutta e foglie.

- Il gallo bankiva usa il suo "chicchirichì" per attirare le femmine e mettere in guardia i maschi rivali.

- Come le altre 41 specie del gruppo degli uccelli del paradiso, la paradisea reale vive principalmente nella foresta pluviale. Si nutre soprattutto di frutta, oltre che di alcuni insetti, rane e altri piccoli animali. Durante l'accoppiamento il maschio tende le ali e le fa vibrare come un ventaglio che si agita velocemente.

Topazio cremisi

Nella foresta amazzonica, un colibrì topazio cremisi sfreccia in una radura illuminata dal sole, lasciandosi dietro le due lunghe penne nere della coda. Si tratta di un maschio che cerca di fare colpo su un partner. La femmina non ha le timoniere della coda, ma ha anch'essa un piumaggio brillante. Si differenzia dalla maggior parte delle femmine di colibrì, che hanno una colorazione più spenta rispetto ai maschi per mimetizzarsi durante la nidificazione.

Uccelli di foreste e boschi

Le foreste di conifere e i boschi di latifoglie sono habitat ricchi di uccelli grazie al cibo e ai luoghi di nidificazione che offrono. Il freddo invernale, però, crea loro gravi problemi. Per questo molti uccelli migrano verso luoghi più caldi in inverno.

Il rampichino alpestre vive in boschi, parchi e giardini in Europa e Asia.

Il tordo bottaccio costruisce il suo nido con steli secchi rivestiti di fango e legno marcio, legati con la saliva per formare una coppa secca e dura. La femmina depone all'interno del nido 4–5 uova di colore azzurro pallido e maculate.

Il Picchio muratore pettofulvo dipinge l'ingresso del suo nido con resina di pino appiccicosa. Questo può impedire a insetti e altre creature di entrare nel nido, ma gli uccelli devono anche fare attenzione a non imbrattare le proprie piume.

Il picchio panciabianca pratica file di fori su un albero e poi lecca la linfa zuccherina che fuoriesce sfruttando la sua lingua simile a una spazzola. Ingoia anche gli insetti che si nutrono della linfa.

Il fuciliere è una presenza comune nelle isole del Nord e del Sud della Nuova Zelanda.

La cinciallegra nasce cieca e indifesa e viene nutrita dai genitori per circa tre settimane. Possono compiere anche 1.000 viaggi al giorno per trovare cibo per i piccoli.

La ghiandaia è un uccello timido e costruisce il suo nido in basso su un albero con ramoscelli e terra, rivestiti di radici e peli. Si nutre di colture e prede animali, come topi e piccoli uccelli.

Il beccofrusone fa un nido di ramoscelli, muschio ed erba, di solito in un albero di conifere. La femmina cova le 4–6 uova, mentre il maschio la nutre.

L'indicatore golanera si nutre di cera d'api, larve di api, termiti, formiche e uova di altre specie di uccelli. Come il cuculo, è un parassita di covata, cioè depone le uova nei nidi di altri uccelli.

L'allocco nidifica nelle cavità degli alberi, ma utilizza anche vecchi nidi di corvi e di aironi, tane di scoiattoli e buchi in edifici agricoli. I giovani gufi sono inizialmente indifesi e impiegano 32–37 giorni per far crescere le piume.

Sorprendente!

Fino al 50% di tutte le specie di uccelli dei boschi nidifica nelle cavità degli alberi.

Il vireo occhirossi si riproduce in Nord America in estate.

Il picchio pileato ha strisce bianche sul collo e una cresta scarlatta, che lo rendono facilmente riconoscibile. Vive in alcune zone degli Stati Uniti e del Canada, nei parchi e nelle foreste.

Il luì grosso è pieno di energia ed è sempre in movimento, alla continua ricerca di insetti. Cantante raffinato, intona il suo canto dagli alberi e dai cespugli mentre si muove tra il fogliame in cerca di cibo. Canta anche durante il volo.

Quando è allarmato, il fagiano comune scappa, appiattendosi a terra. Se il pericolo è vicino, l'uccello si alza in volo con un fruscio d'ali, prima di volare e planare verso la salvezza.

I jynx assomigliano ai picchi, ma non hanno le piume rigide della coda. Quando sono allarmati, torcono stranamente la testa per guardarsi intorno.

I piccioni selvatici vivono nelle aree rocciose dell'Europa meridionale, dell'Asia e dell'Africa settentrionale. I piccioni che si vedono nelle città discendono da questa specie.

Uccelli da luoghi freddi

I luoghi più freddi del mondo – vicino ai poli o in alta montagna – sono habitat estremamente difficili per gli uccelli. Le specie adattate al freddo possono avere piume spesse o strati di grasso sotto la pelle per mantenere il calore. Molti uccelli migrano per sfuggire al clima più freddo.

Uccelli di alta quota

I fringuelli delle nevi euroasiatici, che vivono in montagna, nidificano su pareti rocciose ad altezze fino a 5.000 m. A volte li si può vedere mangiare gli avanzi di cibo lasciati ai tavoli all'aperto nelle stazioni sciistiche.

- Alcuni uccelli nidificano così in alto sulle montagne che i loro piccoli sono al sicuro da quasi tutti i predatori. Il gracchio alpino si riproduce ad altitudini superiori ai 4.000 metri.
- La maggior parte degli uccelli abbandona l'Antartide in inverno, ma lo zafferano meridionale rimane tutto l'anno. Si nutre di pesci e uova di uccelli, oltre che di carogne.
- Il pinguino imperatore si riproduce a temperature più basse di qualsiasi altro uccello. Può sopravvivere a temperature di -40 °C mentre cova l'uovo.
- Lo stercorario maggiore è il più grande uccello in grado di volare dell'Antartide, con un peso di 5 kg e una lunghezza di 66 cm.

- L'albatro di Laysan si riproduce nelle isole del Pacifico centrale, ma trascorre la maggior parte dell'anno sorvolando l'Artico a caccia di banchi di pesci.
- Le fratercule dai ciuffi nidificano solo su scogliere e isole nel Pacifico settentrionale artico. Una colonia di questi uccelli conteneva fino a un milione di nidi.
- Il tetraogallo dell'Himalaya vive sui pendii inferiori della catena dell'Himalaya, dove le sue piume grigie e bianche lo nascondono tra le rocce e la neve.
- Il lofoforo splendido trascorre parte dell'anno al di sopra della linea degli alberi, dove deve scavare nella neve con il becco per trovare insetti e altro cibo.
- La nocciolaia di Clark è un uccello di montagna, ma le condizioni meteorologiche e la disponibilità di cibo fanno sì che viva a diverse altitudini.

La maggior parte dei gufi caccia di notte, al riparo delle tenebre. Ma le notti nelle terre piatte e prive di alberi della tundra dell'estremo nord sono troppo lunghe, buie e fredde perché gli animali se ne stiano in giro, e un gufo non avrebbe nulla da catturare di notte. Così la civetta delle nevi caccia di giorno nella tundra. Vola silenziosamente e scende in picchiata per afferrare le vittime con gli artigli. Porta la preda su uno dei suoi posatoi preferiti e la fa a pezzi per mangiarla con il becco adunco.

- Il picchio muraiolo è un esperto scalatore che può arrampicarsi su ripide pareti di roccia alla ricerca di insetti. Vive in alta montagna, come le Alpi e l'Himalaya.
- Il cigno della tundra depone le uova e alleva i piccoli nella tundra dell'Artico. La femmina fa il nido a terra e depone fino a cinque uova. Sia il maschio che la femmina si prendono cura dei piccoli. In autunno, l'intera famiglia migra, dirigendosi verso sud per trascorrere l'inverno in terre più calde.

Sorprendente!

I pinguini trascorrono fino a tre quarti della loro vita in acqua, avvicinandosi alla terraferma o al ghiaccio marino solo per riprodursi.

Berta spietata

Il chionis vive e si riproduce esclusivamente in Antartide e nei suoi immediati dintorni, come le isole Falkland e la punta meridionale del Sud America. Questo aggressivo spazzino si nutre di cuccioli di foca e pinguini feriti e anche degli scarti di cibo delle stazioni di ricerca antartiche.

Specie di pinguini

Pigoscelide di Adelia
Pinguino africano (pinguino dai piedi neri o pinguino ragliante)
Pigoscelide antartico
Pinguino imperatore
Pinguino crestato
Pinguino del Fiordland
Pinguino delle Galápagos
Pigoscelide comune
Pinguino di Humboldt
Pinguino reale
Pinguino minore blu
Pinguino fronte dorata
Pinguino di Magellano
Pinguino saltarocce
Pinguino reale
Pinguino delle Snares
Pinguino degli antipodi

Pinguino imperatore
Il pinguino più grande, con i suoi 1,2 m di altezza, è anche l'uccello marino più pesante. Ogni maschio tiene sulle zampe il singolo uovo della compagna per circa 60 giorni, fino alla schiusa.

Pigoscelide comune
I pigoscelidi comuni si nutrono principalmente di krill. Negli anni in cui il krill è scarso, a causa delle fluttuazioni cicliche nella popolazione, i pigoscelidi possono scegliere di non riprodursi.

Pinguino reale
I pinguini reali vivono principalmente sull'isola di Macquarie, a sud della Nuova Zelanda. Il loro numero supera il milione di esemplari. La metà di questi vive in un'unica grande colonia.

Pigoscelide di Adelia
Sono i pinguini che vivono più a sud. Si riproducono sulle coste fredde dell'Antartide stesso, durante la breve estate in cui le acque sono libere dai ghiacci.

Pinguino degli antipodi
Presente nell'estremo nord fino alla Nuova Zelanda, è uno dei pinguini più rari. I pinguini dagli antipodi nidificano in coppie isolate, piuttosto che in grandi gruppi o colonie.

Pinguino di Magellano
Questi pinguini vivono nell'estremo nord fino al Cile e al Brasile. Di giorno, i loro siti di riproduzione risuonano di richiami rumorosi e grida. Ma il silenzio cala di notte, quando i pinguini si ritirano nelle loro tane.

Pigoscelide antartico
Riconoscibile dalla caratteristica linea scura sul mento, è il pinguino più numeroso. Le sue grandi colonie contano diversi milioni di esemplari.

Pinguino saltarocce
Il saltarocce salta con grande abilità intorno ai suoi siti di riproduzione sassosi, sulle isole spoglie e remote vicino all'Antartide.

Pinguino minore
È il pinguino più piccolo, alto solo 40 cm. La maggior parte dei pinguini si nutre di giorno, ma il pinguino minore lo fa al crepuscolo, riportando il cibo nella sua tana al buio.

Migrazione

***M**olti uccelli migrano, cioè compiono viaggi regolari ogni anno per trovare cibo, acqua o luoghi di nidificazione, o per evitare il maltempo. Non tutti gli uccelli sopravvivono, poiché i viaggi sono spesso lunghi e pericolosi e richiedono molte energie.*

Sorprendente!

La sterna artica viaggia ogni anno più lontano e vede più ore di luce di qualsiasi altra creatura.

❍ Molti uccelli migratori devono accumulare riserve di grasso per poter volare senza sosta per molti giorni senza cibo.

❍ Un uccello migratore può attraversare il deserto del Sahara in 50–60 ore senza fermarsi a fare "rifornimento".

❍ La maggior parte degli uccelli che migrano su lunghe distanze vola di notte.

❍ L'oca delle nevi migra per quasi 5.000 km, volando verso sud dal Canada artico a un'altitudine di 9.000 m.

I piccoli di cuculo volano a sud per l'inverno, circa un mese dopo la partenza dei cuculi adulti.

❍ Anche gli uccelli che non volano migrano. Gli emù compiono viaggi terrestri lunghi anche più di 500 km, mentre i pinguini migrano in acqua.

❍ Ogni anno almeno 5 miliardi di uccelli migrano dal Nord America all'America centrale e meridionale.

❍ Il bobolink si riproduce nel Canada meridionale e negli Stati Uniti, ma migra per svernare in Sudamerica.

Enormi stormi di oche e altri uccelli compiono due volte l'anno lunghi viaggi, chiamati migrazioni. Si allontanano dalle regioni fredde in autunno, in cerca di cibo, e vi ritornano in primavera. Il termine "migrazione" deriva dal latino** migrare **che significa "andare da un luogo a un altro".

Sterna artica
La sterna artica si riproduce nell'Artico durante l'estate boreale. Poi, con l'avvicinarsi dell'inverno settentrionale, la sterna compie il lungo viaggio verso sud fino all'Antartico – circa 15.000 km – in tempo per l'estate australe.

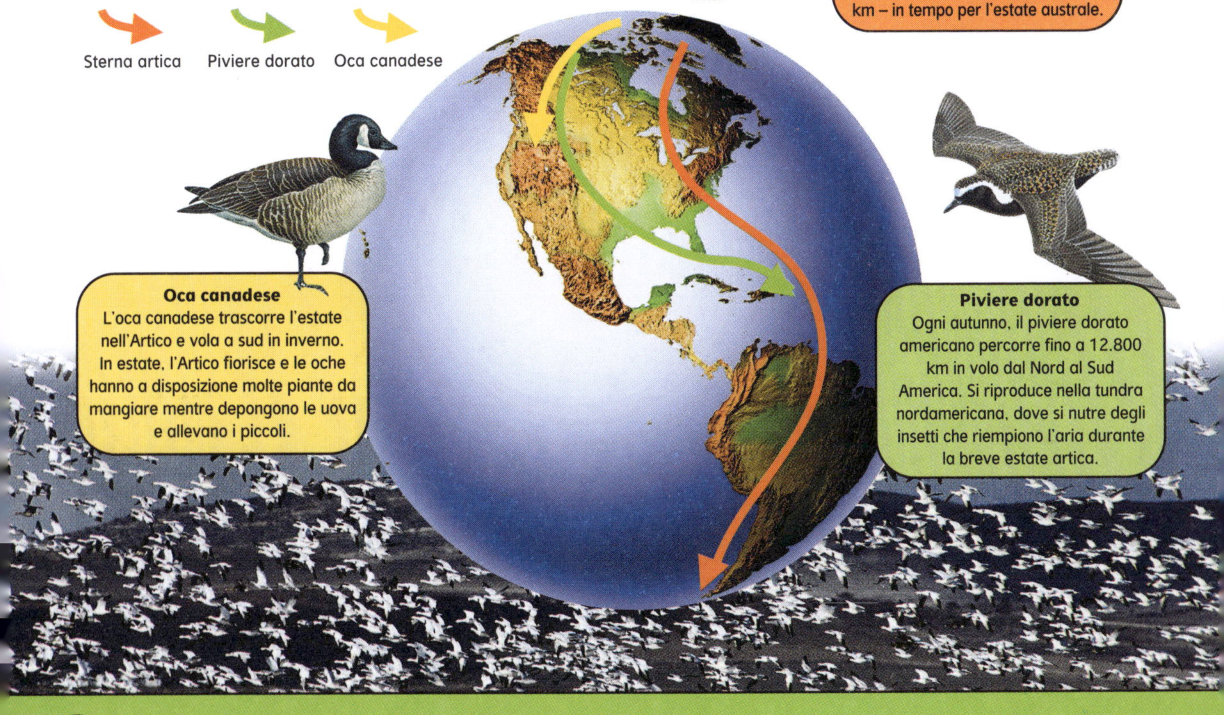

Oca canadese
L'oca canadese trascorre l'estate nell'Artico e vola a sud in inverno. In estate, l'Artico fiorisce e le oche hanno a disposizione molte piante da mangiare mentre depongono le uova e allevano i piccoli.

Piviere dorato
Ogni autunno, il piviere dorato americano percorre fino a 12.800 km in volo dal Nord al Sud America. Si riproduce nella tundra nordamericana, dove si nutre degli insetti che riempiono l'aria durante la breve estate artica.

Una volta che un giovane rondone ha lasciato il nido, può non tornare a terra fino a quando non ha circa due anni ed è pronto a riprodursi. Durante questo periodo, può volare fino a 500.000 km.

La maggior parte dei colibrì non migra molto lontano, ma i minuscoli colibrì golarubino migrano dalle loro aree di riproduzione estiva nel Nord America orientale e volano per quasi 3.000 km per svernare in Messico, nei Caraibi e in America centrale. Pur essendo lunghi solo 9 cm e con ali di appena 12 cm, possono raggiungere una velocità di circa 44 km/h. Alcuni uccelli volano senza sosta per circa 850 km attraverso il Golfo del Messico.

- La quaglia comune si riproduce in Europa e in Asia, ma in inverno migra verso sud, in Africa e in India.
- Il gruccione europeo vola per circa 16.000 km tra l'Europa, dove si riproduce, e l'Africa, dove sverna.

Comune in aperta campagna, la rondine nidifica spesso su cornicioni e travi di edifici e capannoni, tornando ogni anno nello stesso nido. In autunno, gli stormi si radunano sui fili del telefono e sui canneti prima di intraprendere il viaggio migratorio verso l'Africa per l'autunno e l'inverno.

- La rondine riparia si riproduce nell'emisfero settentrionale e in inverno migra verso sud in stormi di migliaia di esemplari.
- Le oche delle nevi nidificano nell'Artico, nell'estremo nord dell'America settentrionale, e depongono le uova ancor prima che la neve si sciolga. Per l'inverno migrano verso le coste più a sud.
- Oche selvatiche e gru volano adottando una forma a V durante la migrazione. Questo può aiutare a risparmiare energia, con uccelli diversi che si alternano in posizione di comando.

Orientamento

Gli uccelli migratori utilizzano diversi metodi per orientarsi. Molti si orientano in base al Sole, alla Luna, alle stelle, ai punti di riferimento, alle coste e ai venti dominanti. Alcuni hanno una bussola incorporata, probabilmente all'interno del cervello, in modo da percepire la direzione del campo magnetico naturale della Terra.

In autunno, la sterna comune si muove in stormi. La maggior parte delle sterne si accoppia per tutta la vita. Anche se non restano insieme tutto l'anno, le coppie si incontrano quando tornano ai siti di riproduzione.

Rondini

Esistono circa 80 specie di rondini in tutto il mondo. La maggior parte migra tra le zone di riproduzione e quelle di svernamento. Il balestruccio vive spesso vicino alle persone, facendo il nido sotto le grondaie degli edifici o sotto i ponti o altre strutture.

Balestruccio

Uccelli in pericolo

Oltre il 10% degli uccelli del mondo è in pericolo di estinzione. Sono minacciati soprattutto dalla distruzione dell'habitat, ma anche altri fattori – tra cui l'inquinamento, la caccia, le specie introdotte e il commercio di uccelli – mettono a rischio la loro sopravvivenza.

Il ritorno delle oche

L'oca delle Hawaii è l'oca più rara al mondo. Cinquant'anni fa ne erano rimaste solo una trentina. Ora è protetta e il numero di esemplari è in aumento.

- Il mamo, un membro della famiglia dei fringillidi hawaiani, si è estinto nel 1899, in parte perché più di 80.000 uccelli vennero uccisi per realizzare un mantello per il re Kamehameha I delle Hawaii.
- Sono rimaste solo circa 600 spatole minori.
- L'ara giacinto – a rischio di estinzione a causa della distruzione dell'habitat e della cattura illegale per il commercio di uccelli – viene ora allevata in cattività per garantirne la sopravvivenza.

Le mesene dal petto bianco sono una specie vulnerabile: si trovano solo sull'isola di Madagascar, dove il loro habitat naturale è minacciato.

Sorprendente!

Più di 80 delle circa 350 specie di pappagalli del mondo sono a rischio di estinzione.

- Il petrello delle Fiji è stato scoperto per la prima volta sull'isola di Gau Fiji nel 1855 e non è stato più avvistato fino al 1984. Si ritiene che sia sull'orlo dell'estinzione.
- Probabilmente in natura rimangono meno di 1.000 cardinalini del Venezuela, dato che, dalla metà del 1800, è stato molto popolare come uccello da gabbia.
- Il tordo di Floreana è scomparso da una delle isole Galápagos a causa dell'introduzione dei ratti.
- L'albatro codacorta è stato a lungo sfruttato per le sue piume. Questo uccello è estremamente raro dal 1930.
- In Nuova Zelanda, la berta di Hutton è predata dagli ermellini introdotti, mentre i cervi calpestano le tane in cui vive.

Questa rara civetta sparviero della Nuova Guinea vive in foreste dove il disboscamento è una delle principali minacce. Ha una lunga coda da falco e ali arrotondate.

Gli uccelli più a rischio

		Ubicazione	Motivo
1	**Poo uli** *Melamprosops phaeosoma*	Hawaii	Perdita di habitat, ubicazione limitata
2	**Cacatua delle Filippine** *Cacatua haematuropygia*	Filippine	Perdita di habitat, commercio di uccelli da gabbia
3	**Francolino di Gibuti** *Francolinus ochropectus*	Gibuti	Caccia, qualità dell'habitat
4	**Rigogolo di Montserrat** *Icterus oberi*	Montserrat	Eruzione vulcanica, ubicazione limitata
5	**Avvoltoio dalla groppa bianca** *Gyps bengalensis*	Asia	Inquinamento
6	**Pitta di Gurney** *Pitta gurneyi*	Myanmar, Thailandia	Perdita di habitat, commercio di uccelli da gabbia
7	**Gru siberiana** *Grus leucogeranus*	Asia	Perdita di habitat, degrado delle zone umide
8	**Berta delle Baleari** *Puffinus mauretanicus*	Europa, Medio Oriente	Predatori introdotti, impigliamento in lenze da pesca
9	**Storno di Bali** *Leucopsar rothschildi*	Indonesia	Commercio di uccelli da gabbia
10	**Aquila delle Filippine** *Pithecophaga jefferyi*	Filippine	Perdita di habitat, inquinamento, caccia

L'otarda maggiore, con i suoi 2,5 m di apertura alare, vive nelle pianure, nelle steppe e nei terreni agricoli dell'Europa e dell'Asia, dove si nutre principalmente di insetti e piante. È considerata vulnerabile.

❍ Chiamato così dalla piccola isola dello stretto di Cook in cui viveva, lo scricciolo dell'isola di Stephens è stato sterminato dal gatto del guardiano del faro. Potrebbe essere stato l'unico uccello canoro incapace di volare.

❍ L'huia, una specie di anthochaera, non è stato più avvistato dal 1907 e probabilmente si è estinto. Era noto per avere un becco di forma diversa nei maschi e nelle femmine: quello del maschio era dritto e robusto, quello della femmina sottile e ricurvo.

❍ La gru americana è uno degli uccelli più minacciati al mondo: nel 2005 ne esistevano solo circa 350 in natura.

❍ L'anatra sposa è stata cacciata quasi fino all'estinzione nel XIX secolo per le piume colorate del maschio, utilizzate come mosche da pesca e decorazioni per cappelli.

❍ Molte specie di uccelli del paradiso sono minacciate dall'abbattimento delle loro foreste pluviali per ricavarne legname (talvolta illegalmente).

Questo fagiano mikado è molto raro. Oggi è protetto dalla legge sull'isola di Taiwan, dove vive, in Asia orientale. È stata creata una riserva speciale per proteggere sia questa specie sia il fagiano di Swinhoe. In molte aree, le uova e i piccoli di fagiano vengono mangiati da animali introdotti, come gatti e ratti.

L'avvoltoio reale vive principalmente nelle foreste pluviali dell'America centrale e meridionale. Sebbene si sappia poco sulla vita degli avvoltoi reali in natura, sappiamo che sono minacciati dalla perdita di habitat e dagli insediamenti umani.

Il fagiano australiano è vulnerabile e potrebbe essere minacciato in modo critico. Il maschio sorveglia costantemente il suo nido.

Aquila rara

Davvero enorme, con i suoi 90 cm dal becco alla coda, l'aquila delle Filippine eguaglia l'arpia come aquila più grande del mondo. Nonostante le sue dimensioni e la sua potenza, è abbastanza agile da strappare le scimmie dalle cime degli alberi della foresta tropicale. È una specie minacciata, solo poche centinaia di queste aquile sopravvivono sulle montagne di alcune isole delle Filippine. Ora sono rigorosamente protette ed esiste un programma di riproduzione in cattività per aumentarne il numero.

Glossario

A sangue caldo Animali, come uccelli e mammiferi, che possono controllare la loro temperatura corporea, mantenendola sempre alla stessa temperatura.

Acido formico Un acido incolore e irritante che le formiche spruzzano come forma di difesa.

Acquatico Che vive in acqua o in prossimità di essa.

Adattato Adatto a un particolare stile di vita o ambiente.

Addomesticati Animali allevati dall'uomo per l'alimentazione o per altri usi.

Affusolato Una forma liscia e sottile che taglia facilmente l'aria o l'acqua.

Antartide Un vasto continente ghiacciato che circonda il Polo Sud.

Apertura alare La distanza tra la punta dell'ala di un uccello e la punta dell'altra ala.

Appollaiarsi Fermarsi su un ramo per dormire o riposare.

Artico L'enorme oceano ghiacciato e le terre fredde intorno al Polo Nord.

Artigli Le estremità delle dita affilate e ricurve degli uccelli rapaci.

Avvoltoio Un uccello rapace che si nutre principalmente di carogne. La testa e il collo dell'avvoltoio sono privi di piume.

Barbe I sottili filamenti che costituiscono la maggior parte delle piume di un uccello. Le barbe sono tenute insieme da piccole strutture simili a uncini, chiamate barbule.

Becco I due apparati boccali duri che gli uccelli usano per catturare e trattenere il cibo, curare le piume e costruire i nidi.

Bosco deciduo Bosco dominato da alberi come la quercia e il faggio, che perdono le foglie durante la fredda stagione invernale.

Carcassa Il corpo morto di un animale.

Carogna Carne morta o in decomposizione di un animale che viene mangiata da animali spazzini, come gli avvoltoi.

Casco Estensione ossea della parte superiore del becco di un uccello, come il casuario.

Cheratina La proteina resistente da cui si formano le piume, i capelli e le unghie umane.

Colonia Un gran numero di uccelli che si riuniscono per riprodursi o per appollaiarsi.

Conservazione Proteggere e conservare le specie in modo che abbiano maggiori possibilità di sopravvivere nel futuro.

Corteggiamento Comportamento e manifestazioni rituali che creano un legame tra un maschio e una femmina prima dell'accoppiamento.

Cova Posizionarsi sulle uova per mantenerle calde in modo che i piccoli si sviluppino al loro interno.

Covata Insieme di uova deposte da una femmina e covate dai genitori.

Dente d'uovo Piccola punta affilata sulla punta del becco di un piccolo di uccello, che lo aiuta a liberarsi dal guscio dell'uovo.

Deserto Un luogo in cui si perde più acqua per evaporazione di quanta ne cade con la pioggia. Di solito in un deserto cadono meno di 25 cm di precipitazioni l'anno.

Embrione Lo stadio iniziale dello sviluppo di un uccello, prima che l'uovo si schiuda.

Emisfero Una delle due metà della Terra. La Terra è divisa lungo l'Equatore in Emisfero Nord (o settentrionale) ed Emisfero Sud (o meridionale).

Estinzione Scomparsa definitiva di una specie.

Evoluzione Il lento processo con cui gli esseri viventi cambiano e si adattano all'ambiente circostante nel corso di molte generazioni.

Foresta di conifere Foresta dominata da conifere, come il pino e l'abete rosso, che producono i loro semi in coni (o pigne).

Foresta pluviale Una foresta vicino all'Equatore dove il clima è caldo e umido tutto l'anno.

Gufo Un uccello rapace che di solito caccia di notte. Molti gufi si appollaiano sugli alberi durante il giorno e hanno piume marroni per mimetizzarsi.

Habitat La casa naturale di un animale.

Impollinatore Animale che trasporta il polline da un fiore all'altro mentre si nutre di nettare.

Imprinting Processo che di solito si verifica subito dopo la nascita di un animale, in cui uno stimolo del genitore viene associato in modo permanente a una particolare risposta. Un esempio è rappresentato dai giovani uccelli che seguono i genitori.

In pericolo di estinzione Che rischia di estinguersi nel prossimo futuro.

Letargo Uno stato di riposo, simile a un sonno molto profondo, che aiuta alcuni animali a risparmiare energia e a sopravvivere all'inverno.

Linfa Alimento zuccherino prodotto dalle piante, in particolare dagli alberi.

Mammifero Animale a sangue caldo dotato di peli, che nutre i suoi piccoli con il latte materno.

Migrazione Lo spostamento regolare di animali da un'area a un'altra, che avviene in determinati periodi dell'anno. Molti uccelli migrano ogni anno tra i loro habitat estivi e invernali.

Mimetizzazione Colori, marcature o disegni che aiutano gli animali a mimetizzarsi con l'ambiente circostante e a nascondersi dai predatori o dalle prede.

Monogamo Che accetta un solo partner alla volta.

Muta Il processo di eliminazione delle piume vecchie e di crescita di quelle nuove. Negli uccelli questo avviene di solito una volta l'anno.

Nettare Un liquido zuccherino prodotto dai fiori per attirare uccelli, insetti e altri animali per l'impollinazione.

Nidiaceo Piccolo di uccello a cui sono appena spuntate le piume.

Notturno Attivo di notte e non durante il giorno.

Orientarsi Trovare un percorso o una rotta particolare da un luogo all'altro.

Pappagallo Un uccello colorato con un grande becco adunco e dita forti per afferrare rami e cibo.

Parassita della covata Uccello, come il cuculo, le cui uova vengono covate e allevate da un'altra specie di uccelli.

Penna lanuginosa Penne molto morbide e soffici, che contribuiscono a trattenere l'aria e a tenere caldo l'uccello.

Penne remiganti Grandi penne che compongono le ali di un uccello e che forniscono potenza e portanza durante il volo.

Pigmento Sostanza che conferisce colore, ad esempio alle uova e alle piume.

Piumaggio Il rivestimento di piume sul corpo di un uccello.

Plancton Creature minuscole che vanno alla deriva con il movimento dell'acqua nel mare o nei laghi.

Preda Un animale che viene cacciato e mangiato da altri animali.

Predatore Un animale che caccia, o preda, altri animali.

Rapaci Uccelli, diurni e notturni, provvisti di becco forte, ricurvo e uncinato, e di artigli atti a ghermire animali vivi.

Rigurgitare Espellere dalla bocca il cibo già ingerito per nutrire i piccoli.

Savana Una prateria aperta con alberi e cespugli sparsi, di solito in aree calde come l'Africa centrale.

Scheletro Struttura ossea che sostiene e protegge il corpo di un animale.

Siringe Organo di produzione del suono (laringe) negli uccelli, situato nel punto in cui la trachea incontra i tubi che portano ai polmoni.

Specie Un gruppo di esseri viventi simili che possono riprodursi insieme per produrre esemplari giovani fertili.

Spulciamento Processo con cui gli uccelli si prendono cura delle loro piume, utilizzando il becco e l'olio dell'uropigio.

Stagione riproduttiva Il periodo dell'anno in cui le coppie di uccelli si riuniscono per formare una famiglia.

Steppa Una prateria aperta dell'Asia centrale con pochi alberi o cespugli. Le estati sono calde, ma gli inverni sono generalmente freddi.

Stormo Un certo numero di uccelli che si nutrono o viaggiano insieme.

Terricolo Uccello che non è in grado di volare.

Territorio Area che un particolare uccello occupa e difende da altri uccelli della stessa specie. Gli uccelli di solito nidificano nel proprio territorio.

Tundra Zone del mondo fredde e senza alberi, intorno alle regioni polari.

Uccello acquatico Un uccello come un'anatra, un'oca o un cigno, che ha zampe palmate e un becco largo e piatto. Gli uccelli acquatici si adattano bene a vivere in acqua o in prossimità di essa.

Vertebra Una delle ossa che compongono la colonna vertebrale, o spina dorsale, negli animali vertebrati, come uccelli, mammiferi, rettili, anfibi e pesci.

MAMMIFERI

Cos'è un mammifero?

I mammiferi hanno scheletri ossei, sono solitamente ricoperti di pelo o pelliccia e nutrono i loro piccoli con il latte. Incredibilmente adattabili, i mammiferi si sono diffusi in una grande varietà di habitat, dai deserti aridi al gelido Artico. Sono animali a sangue caldo e sono in grado di mantenere il corpo a una temperatura costante.

La balenottera azzurra è il più grande mammifero in natura e il più grande animale mai vissuto. Può raggiungere una lunghezza superiore a 33,5 m – pari a sette station wagon parcheggiate una dopo l'altra – e pesare fino a 210 tonnellate. Il cuore può pesare fino a 700 kg. Trascorre tutta la sua vita in mare.

- Esistono circa 4.500 tipi, o specie, di mammiferi, che vanno dalla gigantesca balenottera azzurra ai minuscoli toporagni e pipistrelli. La balenottera azzurra è 100 milioni di volte più grande di quello che forse è il mammifero più piccolo del mondo: il pipistrello calabrone.

- Tutti i mammiferi – tranne l'ornitorinco e l'echidna – danno alla luce i propri piccoli. I due principali gruppi di mammiferi sono i placentati (come i gatti) e i marsupiali (come i canguri), i cui piccoli si sviluppano nelle tasche ventrali.

- La maggior parte dei mammiferi ha vista, olfatto e udito molto sviluppati. Questi sensi li aiutano a trovare il cibo e a proteggersi dai predatori. Molti mammiferi conducono una vita notturna; ciò significa che sono più attivi di notte e hanno quindi sviluppato un'eccellente visione notturna.

I mammiferi si sono adattati a diversi stili di vita. Il caracal africano, per esempio, ha mascelle forti e denti affilati come rasoi per catturare e bloccare la preda.

Il corpo di questa foca leopardo è liscio e affusolato. Con una testa piccola e rotonda, le pinne e il corpo muscoloso, è in grado di attraversare l'acqua a gran velocità. Sulla terraferma però, i suoi movimenti sono goffi.

Sorprendente!

Il mammifero più veloce in acqua è l'orca, che si muove a circa 55 km/h, a volte in gruppi da 30 o più esemplari.

Esseri umani

Gli esseri umani sono il mammifero più numeroso al mondo: ne esistono quasi otto miliardi. Abbiamo corpi pelosi, cervelli grandi e ghiandole mammarie speciali per nutrire i nostri bambini con il latte.

❍ La pelliccia e il grasso proteggono i mammiferi dal freddo. Quando hanno freddo, i mammiferi si raggomitolano, cercano un riparo o tremano. Alcuni risparmiano energia in inverno andando in letargo. I mammiferi sono anche in grado di raffreddare il corpo sudando, ansimando o riposando.

Respirazione

I mammiferi inspirano immettendo aria nei polmoni. L'aria contiene ossigeno, un gas necessario per liberare energia dal cibo. Anche i mammiferi che vivono sott'acqua, come le balene, hanno bisogno di venire in superficie per respirare aria. I corpi dei piccoli mammiferi, come i toporagni, lavorano così velocemente per rimanere caldi che hanno bisogno di 20 volte più ossigeno, rispetto al loro peso corporeo, di un grande mammifero come una zebra.

❍ La maggior parte dei mammiferi si muove su quattro zampe, ma non tutti: i mammiferi che vivono in mare, come le balene e le foche, hanno corpi affusolati che ben si adattano a muoversi nell'acqua. I pipistrelli sono l'unico gruppo di mammiferi volanti.

❍ I mammiferi hanno un cervello più grande, in rapporto alle dimensioni del corpo, rispetto agli altri animali. Esseri umani, scimpanzé, gorilla, oranghi, babbuini e delfini sono le creature più intelligenti del mondo. Grazie ai loro grandi cervelli, i mammiferi sono in grado di imparare e adattare il loro comportamento.

❍ I mammiferi più grandi, come gli elefanti, di solito partoriscono un solo piccolo e se ne prendono cura per diversi anni. I mammiferi più piccoli, come i ratti, possono avere dieci o più piccoli che crescono rapidamente e diventano indipendenti dopo appena poche settimane.

❍ La maggior parte dei mammiferi ha un'alimentazione specializzata. Questo significa che i loro corpi si sono adattati a trovare e mangiare alimenti particolari. Per esempio, gli animali carnivori, che cacciano o predano altri animali, sono spesso dotati di denti affilati, in grado di lacerare la carne. Gli animali erbivori, che si nutrono di materia vegetale, digeriscono gli alimenti duri e fibrosi in stomaci appositamente adattati e lunghi intestini.

❍ Tutti i mammiferi hanno le stesse tre piccole ossa nelle orecchie. Queste ossa, note collettivamente come ossicini, trasferiscono il suono dal timpano all'orecchio interno, da dove i nervi trasportano i segnali al cervello.

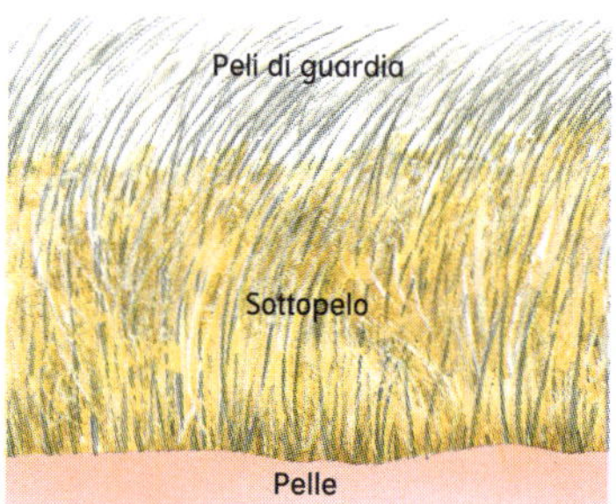

La maggior parte dei mammiferi ha due strati di peli nella pelliccia: uno strato di peli morbidi e lanuginosi vicino alla pelle che trattiene il calore e i peli di guardia, in genere colorati o con dei motivi a scopo di mimetizzazione.

I campioni dei mammiferi

Il roditore più grande	Capibara (grande come una capra)
L'ungulato più grande	Ippopotamo
Il pelo più lungo	Yak (peli fino a 90 cm)
L'orso più grande	Orso polare (500 kg)
Il mammifero più puzzolente	Puzzola
Il mammifero più dormiglione	Ghiro
Il mammifero più lento	Bradipo
Il mammifero arboricolo più pesante	Orangutan (fino a 90 kg)
Il mammifero più a suo agio in montagna	Pika (vive fino a 6.000 m di altitudine)
Il mammifero più corazzato	Armadilli e pangolini

Mammiferi: passato e presente

I mammiferi sono apparsi circa 200 milioni di anni fa, quando i dinosauri dominavano ancora la Terra. A seguito dell'estinzione dei dinosauri, i mammiferi, con i loro grandi cervelli, i corpi caldi e la capacità di imparare, si diversificarono e si diffusero in gran numero.

❍ Prima che emergessero i veri mammiferi, alcuni rettili, come i cinodonti, simili a cani, avevano sviluppato caratteristiche proprie dei mammiferi, come peli e denti specializzati.

❍ Oggi si ritiene che i primi mammiferi si siano evoluti da piccoli rettili carnivori chiamati terapsidi. Gli arti dei terapsidi erano posizionati sotto il corpo, piuttosto che di lato, e questo aiutava i mammiferi a muoversi più velocemente dei rettili.

Mimetizzazione del leopardo

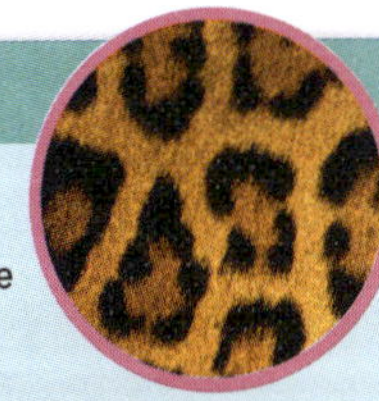

Un primo piano del mantello di un leopardo. Le rosette sul mantello del leopardo aiutano questo grande felino, che ama arrampicarsi sugli alberi, a "scomparire" tra le fronde. Il colore di fondo varia dal paglierino al castagno e, occasionalmente, al nero.

Lo uintaterio era circa della dimensione di un rinoceronte moderno ed è stato uno dei primi grandi mammiferi, vissuto circa 50 milioni di anni fa.

❍ Possiamo immaginare come si sono evoluti e trasformati i mammiferi guardando i fossili. Si tratta di resti, come ossa e denti, che sono stati trasformati in pietra nel corso di milioni di anni. Sfortunatamente, le parti morbide del corpo, come il cervello e la pelliccia – che ci direbbero molto sugli antenati dei mammiferi – raramente si conservano come fossili.

❍ I felini dai denti a sciabola si sono estinti circa 10.000 anni fa. Il più famoso era lo *smilodonte*. Aveva le dimensioni di un grande leone e i suoi canini, che affondava nella carne delle sue prede, erano lunghi ben 25 cm.

❍ Nel corso dell'evoluzione, migliaia di animali si sono estinti naturalmente. La maggior parte delle estinzioni avviene quando gli animali non riescono ad adattarsi ai cambiamenti dell'ambiente.

❍ Circa 38 milioni di anni fa, il mondo cominciò a raffreddarsi e in Antartide si formò il ghiaccio. I mammiferi erano in grado di controllare la loro temperatura corporea, e questo potrebbe averli aiutati a sopravvivere a un così drastico cambiamento di clima.

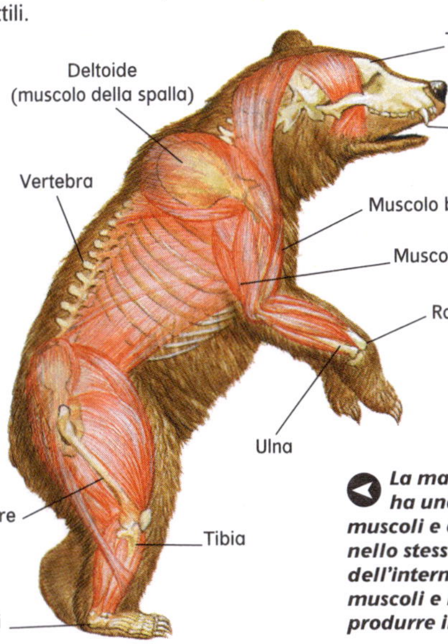

La maggior parte dei mammiferi ha una struttura corporea simile, con muscoli e arti che funzionano e si muovono nello stesso modo. Questa riproduzione dell'interno di un orso mostra come i muscoli e le ossa lavorino insieme per produrre il movimento di un animale.

Sorprendente!

I mammiferi vivono sul nostro pianeta da circa 200 milioni di anni – ma i batteri microscopici esistono da 3,5 miliardi di anni.

I mammut nordamericani avevano enormi zanne ricurve. Erano alti circa 4 m, il che li rendeva più alti di qualsiasi elefante vivente, e avevano uno strato esterno di peli lungo fino a 50 cm. I mammut si estinsero circa 12.500 anni fa.

- Le ghiandole mammarie, con le quali i mammiferi allattano i loro piccoli, si sono evolute dalle ghiandole sudoripare – alcuni rettili simili ai mammiferi potrebbero aver prodotto una sorta di latte dalle ghiandole sudoripare per i loro piccoli.

- Il corpo della maggior parte dei mammiferi è ricoperto da uno strato di peli, detto pelliccia. Alcuni mammiferi hanno spine, corna e pungiglioni, tutti composti da fili di pelo che si sono ispessiti e rinforzati fino a diventare rigidi.

- La pelliccia è utile non solo per mantenere il calore corporeo, ma offre anche protezione – e può fornire mimetizzazione o colori e motivi sgargianti per attirare i partner. I mammiferi marini, come le balene, hanno solo una piccola quantità di setole.

Molti piccoli mammiferi nascono indifesi e dipendono dal latte materno. Questi gattini succhiano i capezzoli della madre per far fluire il latte.

I peli più lunghi

I buoi muschiati, insieme agli yak dell'Asia centrale, hanno la pelliccia più lunga di qualsiasi altro animale. Alcuni dei peli del mantello esterno sono lunghi quasi 100 cm. Questi massicci animali possono rimanere nell'Artico tutto l'anno, sopravvivendo a temperature di -70 °C.

- Molti mammiferi mostrano una gamma di comportamenti più complessa di altre creature. In particolare, hanno una maggiore capacità di imparare dalle proprie esperienze. Alcuni, tra cui scimmie e delfini, possono anche imparare gli uni dagli altri, in particolare dagli esemplari anziani.

Cosa mangiano i mammiferi

Tutti i mammiferi iniziano la loro vita bevendo il latte della madre, ma man mano che crescono e si sviluppano imparano a procacciarsi il cibo. Mentre alcuni mammiferi sono cacciatori e predatori, altri si nutrono di piante, di insetti o dei resti di animali morti.

- Per mantenere il corpo e il cervello caldi e funzionanti, un mammifero ha bisogno di assumere molto cibo che gli fornisca energia. I mammiferi possono passare la maggior parte delle loro ore di veglia alla ricerca di cibo. I cavalli selvaggi, per esempio, possono passare da 16 a 20 ore a nutrirsi ogni giorno, per un totale di circa 30.000 morsi.

- I predatori di mammiferi cacciano spesso all'alba e al tramonto, quando gli animali a sangue freddo, come le lucertole o gli insetti, sono meno attivi e più facili da catturare. I mammiferi che pascolano hanno più probabilità di nutrirsi durante il giorno, quando è più facile per loro individuare un predatore.

Sorprendente!

Le giraffe hanno lingue nere, lunghe quasi 0,5 m, che usano per afferrare foglie e germogli.

Il pika sceglie attentamente il cibo da conservare nella sua tana, evitando le piante che marciscono troppo rapidamente. In questo modo può mettere da parte delle provviste.

- I mammiferi hanno mascelle che possono muoversi da un lato all'altro, così come in alto e in basso. Questo significa che i mammiferi, a differenza di altri animali, possono masticare il cibo.

- I denti di un mammifero sono specializzati per adattarsi al tipo di cibo che mangia. I carnivori, per esempio, hanno denti affilati, perforanti e taglienti. Gli erbivori hanno denti che possono lacerare le piante dure e sminuzzarle.

- Un animale ha bisogno di catturare la preda prima di poterla mangiare e i mammiferi predatori, come i gatti, hanno zampe dotate di artigli affilati come rasoi per afferrare la preda.

- Alcuni carnivori cambiano alimentazione con le stagioni. I pika, parenti dei conigli dalle piccole orecchie, rosicchiano germogli in primavera ed erbe e piante in estate. In autunno immagazzinano foglie ed erba da mangiare durante l'inverno.

Il numbat australiano ha una lingua appiccicosa lunga 10 cm. La usa per raccogliere piccoli invertebrati.

Ricci

I ricci sono più attivi di notte e si affidano al loro senso dell'olfatto per individuare le prede. Hanno denti piccoli e affilati e mangiano insetti, larve, lumache, vermi e altre creature succose.

Le iene sono animali aggressivi che cacciano in branco, ma si nutrono anche di animali morti uccisi da altri predatori.

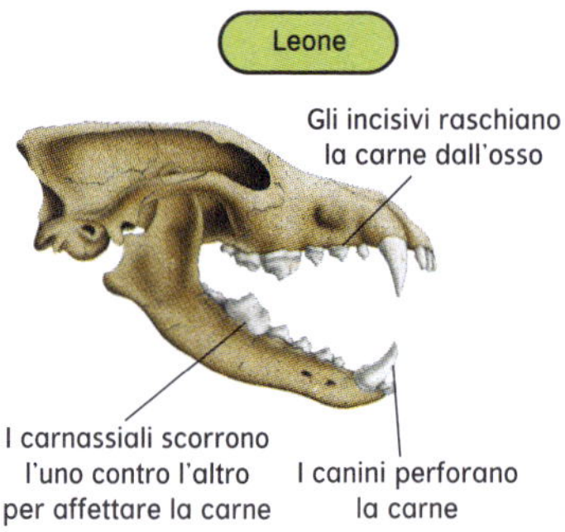

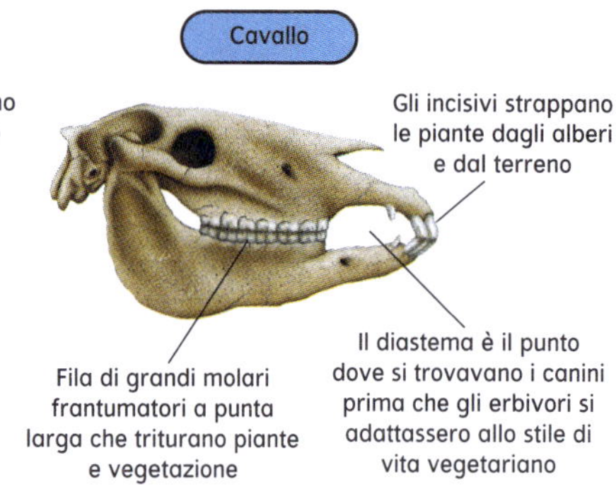

Il leone è un carnivoro, pertanto i suoi denti sono adatti a catturare la preda e a strapparne e masticarne la carne. Il cavallo è un erbivoro, pertanto i suoi denti sono adatti a tagliare e triturare l'erba dura.

Ogni artiglio di questa zampa di leone è curvo e molto affilato – uno strumento perfetto per scavare nella carne della sua preda. Anche un gatto domestico ha artigli come questo.

Piccole balene

Come i mammiferi terrestri, le balene allattano i loro piccoli. Il latte di balena è così ricco che i piccoli crescono incredibilmente in fretta. Un piccolo di balenottera azzurra, per esempio, beve 500 l di latte al giorno. Il latte materno è così ricco di sostanze nutritive che il piccolo crescerà molto rapidamente, e metterà su 100 kg di peso al giorno per circa sette mesi.

- Alcuni mammiferi mangiano solo uno o due tipi di cibo. Il panda gigante si nutre principalmente dei germogli e delle radici della pianta di bambù. Può passare tutto il giorno a mangiarne fino a 12 kg. Alcuni mammiferi, come gli orsi e gli esseri umani, seguono una dieta varia, che include sia materia vegetale che carne. Per questo sono chiamati onnivori.

- Il numbat vive nel sud-ovest dell'Australia. Si apre un varco nei nidi di termiti con gli artigli affilati delle zampe anteriori e poi si nutre di termiti e, occasionalmente, di formiche. Ha 52 denti – più della maggior parte degli altri mammiferi terrestri – e una lingua appiccicosa.

- I suricati attaccano e si nutrono volentieri degli scorpioni velenosi, rendendoli prima inoffensivi strappando a morsi le code. Nutrendosi di queste creature pericolose, i suricati sono in grado di sfruttare una fonte di cibo scartata dalla maggior parte dei predatori.

- Alcuni mammiferi, come iene, cani selvatici e lupi, cacciano in branco per procurarsi il cibo. Collaborando, i mammiferi possono inseguire prede più grandi e hanno più probabilità di successo.

A volte il panda gigante interrompe la sua normale dieta a base di bambù per mangiare piccole creature, come pesci, topi e uova.

Il mondo dei mammiferi

I mammiferi sono in grado di vivere quasi ovunque nel mondo. Possono sopravvivere in tutti i principali habitat perché, come gli uccelli, riescono ad adattarsi ai diversi climi mantenendo costante la loro temperatura corporea.

Sorprendente!

Gli esseri umani si sono probabilmente evoluti in Africa e hanno cominciato a spostarsi in altre aree circa due milioni di anni fa. La nostra specie ora popola quasi ogni parte della superficie terrestre.

Le volpi artiche sono ben mimetizzate nel loro freddo habitat settentrionale. Sfoggiano manti bianchi in inverno, ma sviluppano una pelliccia marrone in estate.

Gli orsi neri americani preferiscono vivere nelle foreste, dove possono trovare frutta, bacche e noci. Inoltre, si procacciano il cibo anche dai bidoni della spazzatura.

Gli elefanti marini meridionali e altri mammiferi sono in grado di sopravvivere alle temperature dell'Antartico grazie ai loro spessi strati di grasso.

Gli oceani e i fiumi del mondo sono diventati la casa di molte specie di mammiferi che sono tornate in acqua e si sono adattate a uno stile di vita marino, come i delfini.

Gli alpaca dalla pelliccia spessa vivono sulle Ande sudamericane. La loro lana densa li mantiene caldi fino a 4.800 m di altezza.

Al tempo dei dinosauri le foreste pluviali tropicali erano comuni. Le poche che rimangono forniscono ancora un habitat per una vasta gamma di vita animale, come questa scimmia scoiattolo.

Il misterioso leopardo nebuloso si nasconde nelle foreste del sud-est asiatico. Man mano che gli alberi vengono abbattuti, diminuisce anche il numero di questa specie in pericolo.

Mantenersi freschi è essenziale per la sopravvivenza quanto mantenersi caldi. I mammiferi delle regioni calde e secche riposano all'ombra e ansimano per abbassare la loro temperatura. I leoni vivono nelle praterie africane. Si riposano durante le ore più calde della giornata.

Il visone europeo, a rischio estinzione, vive nelle zone umide dove può aggirarsi alla ricerca di pesci, rane, uccelli acquatici e gamberi di fiume.

Enormi mandrie di gnu africani migrano per centinaia di chilometri alla ricerca di erba fresca, che cresce solo dopo le piogge stagionali.

I boschi e le foreste offrono molte opportunità ai pipistrelli dalle orecchie lunghe per andare a caccia di insetti.

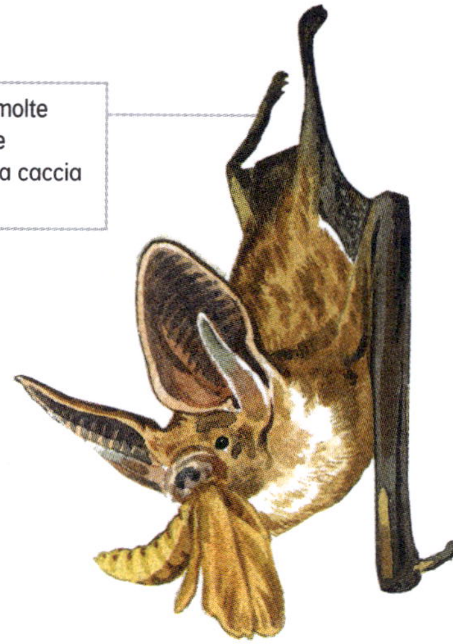

La terra d'Australia si è staccata dal resto dei continenti milioni di anni fa e ha portato all'evoluzione di una diversa gamma di mammiferi, come i wallaby.

Sensi: tenersi in contatto

I mammiferi sono un gruppo di animali di enorme successo, e uno dei motivi è la loro massa cerebrale. Gli animali con grandi cervelli sono in grado di sfruttare le informazioni che provengono dai cinque sensi – vista, udito, olfatto, gusto e tatto – per restare al sicuro, e per trovare cibo, acqua e partner.

Il leopardo più forte, o dominante, mostra le zanne e si erge sull'altro animale, che si sdraia sulla schiena per mostrare che non vuole combattere.

Esibendo la sua forza, un mandrillo maschio, che può pesare fino a 35 kg, può evitare di dover affrontare un concorrente o un intruso.

- I mammiferi comunicano tra loro. Possono usare odori speciali per inviarsi messaggi e, ovviamente, usano suoni, espressioni facciali e posture del corpo.

- Gli odori, secrezioni particolarmente pungenti, sono prodotti dalle ghiandole. Queste aree speciali del corpo si possono trovare sul muso, sulle zampe e sul posteriore. I mammiferi usano i loro odori per marcare il territorio, i partner, il cibo e anche i piccoli.

- I mandrilli maschi hanno marcature rosse e blu brillanti sul muso, e natiche blu-viola, che usano per attirare le femmine. Spaventano gli altri maschi sbadigliando per mostrare le loro enormi zanne, che possono raggiungere quasi 7 cm di lunghezza.

- Come molti mammiferi, i cavalli fanno affidamento su un forte senso dell'olfatto. Si riconoscono dall'odore. Una madre può distinguere il suo puledro in un branco dall'odore e un cavallo maschio può capire se una femmina si trova in un campo vicino annusando l'aria.

- Le balene migrano per grandi distanze attraverso gli oceani del mondo. Si orientano percependo il campo magnetico terrestre, sfruttando particelle del minerale magnetite presenti nei loro corpi.

Sorprendente!

I piccoli topi selvatici emettono richiami di soccorso tramite gli ultrasuoni per chiamare la madre.

Il tatto è uno dei sensi più sviluppati nei cavalli. Possono percepire una mosca che atterra su qualsiasi parte del loro corpo e usare la coda per scacciarla. I cavalli rispondono al tatto su tutto il corpo, specialmente sulle orecchie e sugli occhi.

- I mammiferi carnivori, come le tigri, di solito hanno gli occhi nella parte anteriore della testa. Questo li aiuta a concentrarsi sulla preda prima di attaccare. Gli erbivori, come i conigli, di solito hanno occhi su entrambi i lati della testa, quindi possono individuare un predatore in quasi tutte le direzioni.

- All'alba e al tramonto, quando la luce cala, i mammiferi spesso si affidano ai baffi e al loro senso del tatto per avere informazioni su ciò che li circonda. Le talpe vivono sottoterra, quindi non hanno bisogno di un buon udito o di una buona vista. Si affidano invece all'olfatto e al tatto. Lunghi peli sensoriali, o baffi, coprono il loro muso sensibile.

- Alcuni cani hanno un olfatto così acuto che possono associare una persona all'odore delle sue scarpe, semplicemente annusandole.

- Le balene possono vedere bene fino a 1 m sott'acqua, ma non hanno olfatto. Il loro senso dell'udito, tuttavia, è eccellente e permette loro di comunicare. Molte balene comunicano con dei clic, che possono essere sentiti anche dagli esseri umani.

Mammiferi rumorosi

Gli animali terrestri più rumorosi sono le scimmie urlatrici rosse e nere del Sud America. Vivono in gruppi e ululano, urlano e si chiamano per definire il territorio e spaventare gli intrusi. Il suono è reso più forte dalle camere d'eco sotto il mento e può essere udito a diversi chilometri di distanza.

Orsi polari

Gli orsi polari possono percepire l'odore delle foche fino a 60 km di distanza attraverso il ghiaccio. I loro manti bianchi li mimetizzano tra la neve artica. Catturano le foche quando queste sporgono la testa per respirare attraverso le aperture nel ghiaccio artico. Gli orsi polari spesso nuotano sott'acqua e spuntano in superficie sotto una massa galleggiante di ghiaccio per scovare le foche. Possono anche lanciare enormi pezzi di ghiaccio contro le foche per stordirle.

I capodogli hanno il cervello più grande di qualsiasi mammifero vivente. I depositi di grasso nel loro cranio aiutano a focalizzare i suoni prodotti dall'ecolocalizzazione.

Vita familiare

La maggior parte dei mammiferi partorisce i piccoli. All'interno del corpo della femmina, i piccoli crescono nutriti da un organo speciale, la placenta. La maggior parte dei piccoli dei mammiferi sono piuttosto sviluppati quando nascono, anche se hanno ancora bisogno delle cure dei genitori.

❍ Prima che i mammiferi possano riprodursi, devono trovare un partner adatto. Il corteggiamento è il momento in cui gli animali si riuniscono per accoppiarsi. Di solito il maschio deve dimostrare alla femmina di essere in forma, forte e sano prima che lei si accoppi con lui.

❍ Il periodo in cui un nuovo essere vivente cresce all'interno della madre è chiamato gravidanza, o gestazione. I mammiferi, come i cervi, che potrebbero essere attaccati dai predatori, danno alla luce piccoli ben sviluppati in grado di correre a poche ore dalla nascita.

Nelle sue prime settimane di vita, un puledro rimane sempre vicino alla madre. Man mano che acquista sicurezza, si allontana da lei per esplorare il territorio.

I suricati vivono sottoterra in grandi gruppi familiari di 30 membri o più. In piedi sulle rocce o sui cespugli, le "sentinelle" producono dei suoni per avvertire della presenza di predatori nelle vicinanze.

Gruppi di mammiferi

I mammiferi si dividono in tre gruppi, secondo il modo in cui si riproducono, o hanno dei piccoli. I monotremi, come l'ornitorinco, depongono uova. I marsupiali, come i canguri, danno alla luce piccoli poco sviluppati che vengono nutriti con il latte della madre. I placentati, come gli esseri umani, crescono nel grembo della madre. Ricevono le sostanze nutritive dalla placenta fino a quando sono pronti per nascere.

Un maschio di zebra si accoppia con tutte le femmine del suo gruppo, o harem. In cambio, protegge il gruppo e il loro territorio da potenziali intrusi e predatori.

❍ Uno dei momenti più pericolosi nella vita di un animale è quello immediatamente successivo alla nascita o alla schiusa. Alcune specie, come le rane e gli insetti, depongono centinaia di uova, in modo che alcuni dei piccoli possano avere una possibilità di sopravvivenza. I mammiferi, tuttavia, normalmente hanno pochi piccoli, che i genitori devono proteggere.

❍ Gli unici mammiferi che depongono uova sono l'ornitorinco e le cinque specie esistenti di echidna. Questi curiosi animali vivono in Australia e depongono le uova in tane. Una volta che i piccoli sono nati, si nutrono del latte della madre, proprio come gli altri tipi di mammiferi.

Gestazione più lunga

Ci vuole molto tempo per lo sviluppo di un piccolo di mammifero: 280 giorni (poco più di nove mesi) per un uomo, ma anche di più per altri grandi mammiferi.

Elefante	660 giorni
Balena	500 giorni
Rinoceronte	450 giorni
Tricheco	480 giorni
Giraffa	430 giorni

Solo una femmina può riprodursi in una colonia di ratti talpa. Può avere più di 20 piccoli alla volta.

Sorprendente!

I cuccioli di tigre dipendono interamente dalle loro madri, che portano loro il cibo fino a circa 18 mesi, quando cominciano a uccidere le loro prime prede.

Latte del padre

In alcune specie di pipistrelli sono i maschi a produrre il latte, anche se non è noto se allattino i loro piccoli.

- Molti mammiferi vivono in gruppi o società. Questo stile di vita offre loro protezione e sicurezza. Le zebre di Burchell, per esempio, formano stretti gruppi familiari composti da diverse femmine e la loro prole. Sono guidate da un maschio – lo stallone – che si accoppia con tutte le femmine.

L'ornitorinco vive nei fiumi dell'Australia occidentale. Ha zampe palmate e una coda a paletta per nuotare.

- I giovani suricati si prendono cura dei loro fratelli e sorelle minori mentre la madre cerca il cibo per mantenere la sua riserva di latte. Altri membri della colonia, noti come sentinelle, stanno di guardia su alti tumuli e scrutano l'orizzonte in cerca di predatori.

- Quando gli animali vivono in gruppi sociali, spesso svolgono mansioni diverse. I ratti talpa, per esempio, vivono sottoterra in una colonia di fino a 80 animali guidati da una sola femmina – la regina. Altri membri della colonia scavano tane per trovare cibo, oltre a prendersi cura della regina.

- Per molti animali selvatici il periodo più pericoloso è quello della crescita. I gorilla selvatici possono vivere fino a quarant'anni, ma quasi due su cinque piccoli di gorilla muoiono prima di compiere un anno. Alcuni muoiono di malattia, altri vengono uccisi da gorilla maschi adulti, dai bracconieri o dai leopardi.

Lo scontro tra due mammiferi maschi, come avviene tra le capre selvatiche, determina chi sarà ad accoppiarsi. Il perdente dovrà attendere l'occasione di competere con un altro maschio.

- Mentre i mammiferi più piccoli possono avere un'aspettativa di vita piuttosto breve – di pochi anni – i mammiferi più grandi tendono a vivere più a lungo. Gli elefanti possono raggiungere i 70 anni di età, e quando un esemplare muore gli altri membri del branco ne circondano il corpo e ne piangono la perdita.

Come si muovono i mammiferi

***I** mammiferi vivono in molti habitat diversi, dagli oceani alle cime degli alberi. Questi animali straordinariamente adattabili hanno sviluppato diversi modi di muoversi in tali ambienti: nuotano, strisciano e riescono persino a volare. Gli animali hanno bisogno di muoversi per trovare cibo, riparo e partner, ed essere in grado di muoversi rapidamente può aiutarli a sfuggire ai predatori.*

Sorprendente!

Le giraffe possono camminare o galoppare. Questo perché le loro zampe sono troppo lunghe per il trotto.

Muoversi in acqua

L'acqua è densa e questo significa che ci vuole più energia per muoversi al suo interno. Solo tre gruppi di mammiferi si sono adattati alla vita in acqua: balene e delfini, foche e leoni marini, dugonghi e lamantini.

I mammiferi che vivono sott'acqua di solito hanno pinne al posto delle zampe. La coda di un delfino, composta dai cosiddetti lobi, è simile a quella di un pesce, ma un delfino nuota inarcando il corpo su e giù, non piegandosi da un lato all'altro come un pesce.

La pelliccia di un orso polare intrappola l'aria, aiutando a tenere a galla questo enorme animale. Gli orsi polari si tuffano nell'acqua gelata per cacciare foche e uccelli marini.

Alcune specie di foche e leoni marini possono immergersi fino a 1.500 m di profondità e rimanere sott'acqua per un'ora prima di tornare in superficie per respirare.

I lamantini vivono spesso nei fiumi o vicino alla riva del mare, e possono rimanere sott'acqua fino a 20 minuti.

Le lontre possono vivere in oceani, mari, fiumi e laghi. Hanno zampe palmate e mantelli impermeabili. Le lontre vivono vicino all'acqua e nuotano per trovare le prede, come rane e pesci.

Le megattere sono state viste saltare fuori dall'acqua fino a 100 volte in rapida successione. Possono pesare fino a 30 tonnellate, eppure sono in grado di balzare in aria usando la loro potente coda.

Vita tra gli alberi

Il volo è un'altra forma di movimento ad alta energia. I pipistrelli sono gli unici mammiferi in grado di volare, anche se altri, come lo scoiattolo volante, possono planare. La maggior parte dei mammiferi arboricoli si spostano arrampicandosi o dondolandosi.

La coda pelosa di uno scoiattolo fornisce equilibrio quando si sposta lungo i rami o salta tra gli alberi.

I pipistrelli della frutta volano da un albero all'altro in cerca di cibo, ma a volte vengono spinti fuori rotta dalle tempeste tropicali. Possono anche essere trasportati nelle isole vicine.

I gibboni sono i più agili tra tutte le scimmie. Hanno lunghe braccia con le quali sfrecciano nella foresta, volando fino a 15 m tra un appiglio e l'altro.

Il cusco nano è un marsupiale arboricolo. La sua coda prensile si arriccia intorno ai rami e ha una pelle senza pelo che fornisce una buona presa.

Il bradipo tridattilo è il mammifero più lento del mondo. Si muove a circa 11-16 m/h.

Vita sulla terraferma

La maggior parte dei mammiferi terrestri cammina su quattro zampe. Alcuni, come i canguri e gli umani, camminano su due. La spina dorsale flessibile fa sì che i felini siano veloci per brevi tratti. Antilopi e cervi corrono per lunghe distanze senza stancarsi.

Il ghepardo è il mammifero terrestre più veloce del mondo, in grado di raggiungere una velocità di 105 km/h. In soli due secondi, può raggiungere una velocità di 75 km/h, ma esaurirà le energie dopo soli 30 secondi di sprint.

Il servalo è un campione di salti. Questo felino snello può raggiungere con un balzo 1 m di altezza e percorrere una distanza di 4 m quando si avventa sulla preda.

Nonostante il peso di 2 tonnellate o più, un rinoceronte può correre a 50 km/h.

Il canguro rosso è un campione di rimbalzo. Può saltare a 40 km/h o più, percorrendo una distanza di 9 o 10 m in un solo balzo. La sua coda fornisce equilibrio quando salta e sostiene il canguro quando cammina.

Strani mammiferi

***I** mammiferi più strani sono i monotremi e i marsupiali. I monotremi sono mammiferi che depongono le uova, di cui esistono solo due tipi: l'ornitorinco e l'echidna. I marsupiali nascono in una forma minuscola e non sviluppata. Esistono quasi 300 specie di marsupiali, che comprendono canguri e opossum.*

Diavolo della Tasmania

La Tasmania, una piccola isola al largo della costa meridionale dell'Australia, ospita il più grande carnivoro marsupiale: il diavolo della Tasmania. Questa creatura caccia di notte e mangia quasi tutta la carne, viva o morta, che incontra, compresi insetti, opossum e wallaby. Si infila il cibo in bocca con le zampe anteriori, poi lo sminuzza e lo mastica con denti affilati e mascelle potenti.

Sorprendente!

L'opossum topo appena nato non è più grande di un chicco di riso: il più piccolo mammifero neonato del mondo.

- I marsupiali hanno probabilmente avuto origine in America circa 100 milioni di anni fa, in un momento in cui America e Australia erano ancora unite. La maggior parte dei marsupiali ora vive tra l'Australia e l'Asia, ma alcune specie abitano ancora le Americhe.

- La maggior parte dei marsupiali si sviluppa all'interno della tasca ventrale della madre, dove rimangono attaccati a un capezzolo, succhiando il latte. I piccoli marsupiali, compresi alcuni opossum, non hanno tasche ventrali.

- Un cucciolo di koala passa sei mesi nella tasca ventrale della madre e altri sei mesi sulla sua schiena. I koala adulti passano fino a 18 ore al giorno a dormire. Quando non dormono, è molto probabile che mangino le foglie di eucalipto.

- Altri marsupiali australiani includono i vombati, diversi tipi di wallaby, i bandicoot (simili a ratti), talpe marsupiali e opossum.

Quando nascono, i canguri sono privi di pelo e assomigliano a minuscole gelatine, misurano solo pochi centimetri di lunghezza, con due minuscole zampine anteriori. Eppure, devono tirarsi su subito, attraversare la pelliccia della pancia della madre ed entrare nel marsupio. Qui il piccolo canguro vive e cresce per 6-8 mesi, succhiando i capezzoli all'interno. Solo quando è abbastanza grande e ricoperto di pelo lascerà il marsupio per vivere autonomamente.

L'opossum americano o della Virginia è attivo di notte ed è un buon arrampicatore e nuotatore. I piccoli rimangono attaccati ai capezzoli della madre per circa 50 giorni dopo la nascita.

- Il nome koala deriva da un termine aborigeno che significa 'senza bere', perché i koala ottengono quasi tutta la loro acqua dal cibo.

- Le echidne sono anche conosciute come formichieri spinosi, perché sono ricoperte di spine e mangiano formiche, termiti, vermi e larve. Vivono in una vasta gamma di habitat tra cui boschi, deserti, montagne e praterie in Australia e Nuova Guinea.

Anche se i koala si nutrono principalmente di foglie di eucalipto o di alberi della gomma, sgranocchiano le foglie di altri alberi e ingoiano anche del terreno per ottenere minerali e nutrienti extra.

- Il marsupio del vombato è rivolto all'indietro, così i piccoli sono protetti dalla terra sollevata quando la madre scava. I vombati hanno corpi muscolosi che si adattano al loro modo di vivere. Possono scavare gallerie lunghe fino a 200 m.

- Gli opossum vivono nelle Americhe da circa 55 milioni di anni. Si sono diffusi a nord fino al Canada, ma sono vulnerabili al congelamento delle orecchie e delle dita delle zampe. Quando vengono attaccati, gli opossum si fingono morti.

- Una volta che un cucciolo di opossum si è attaccato a un capezzolo, non lo lascia finché non è completamente sviluppato. Gli opossum intrecciano le loro code attorno a quelle dei loro piccoli quando li trasportano.

- I bandicoot della Nuova Guinea sono grandi quanto un coniglio. Questi marsupiali sono imparentati con i cuschi e gli opossum e si nutrono di piccoli animali, oltre a semi e frutti che trovano nel sottobosco.

Esistono più di 60 specie di opossum e tutte vivono nelle Americhe. La maggior parte degli opossum ha le dimensioni di un gatto domestico, o sono ancora più piccoli. Possono mangiare molti tipi di cibo, tra cui frutta, insetti e uova.

Il tozzo vombato è imparentato con il koala, ma non sa arrampicarsi sugli alberi e scava grandi tane per proteggersi.

Ornitorinco

Gli ornitorinchi hanno zampe palmate e passano molto del loro tempo in acqua. Le femmine depongono le uova in una tana sulla riva di un fiume e quando i piccoli si schiudono leccano il latte che trasuda dalla pelliccia sul ventre della madre. La tana dell'ornitorinco può estendersi per 30 m dall'acqua al nido, per bloccare l'ingresso ai serpenti. Prima della scoperta dei denti fossili di ornitorinco in Argentina, si credeva che l'animale fosse esistito solo in Australia e Nuova Guinea.

Nella stagione della riproduzione, l'echidna femmina sviluppa una tasca ventrale temporanea sullo stomaco. Dopo aver deposto l'uovo, lo trasferisce nella tasca per l'incubazione, dove rimane per 8 o 9 giorni.

Mammiferi insettivori

Toporagni, ricci, talpe e animali simili sono conosciuti come insettivori. Significa "mangiatori di insetti", ma molti di questi mammiferi piccoli e iperattivi si nutrono di una varietà di piccole prede, tra cui vermi, lumache e ragni. Esistono circa 345 specie di insettivori nel mondo.

I desman sono adatti alla vita in acqua e possono nuotare molto velocemente mentre inseguono pesci, girini e insetti acquatici.

Sorprendente!

I ratti lunari sembrano topi. Marcano i loro territori con un odore che sa di cipolle in decomposizione.

- La maggior parte degli insettivori ha nasi lunghi, appuntiti e baffuti, occhi e orecchie piccole e denti molto affilati. Sono attivi principalmente di notte e usano i loro sensi acuti dell'olfatto e del tatto, piuttosto che la vista, per catturare le prede.

- I toporagni pigmei sono i più piccoli di tutti i mammiferi terrestri, pesano solo 2 g e misurano appena 6 cm di lunghezza, coda compresa. Si affidano ai loro riflessi per cacciare e catturare creature più grandi di loro, compresi coleotteri e cavallette.

Il solenodonte di Hispaniola è una specie in pericolo. Ha una pelliccia nera o bruno-rossiccia e un corpo lungo 28-32 cm, con una coda lunga fino a 26 cm.

- Una talpa si vede raramente in superficie, a meno che le inondazioni non la spingano fuori dal terreno. Passa la maggior parte della vita nella sua grande rete di tane, nutrendosi di vermi e larve e altre creature che si trovano nel terreno. Le talpe sono praticamente cieche.

- I desman sono tra i più rari mammiferi insettivori. Ne esistono solo due tipi al mondo: uno vive nei Pirenei, in Europa, e l'altro in Asia. Sono imparentati con le talpe, ma assomigliano più ai toporagni d'acqua, con le zampe palmate e la pelliccia spessa e impermeabile.

Letargo

I ricci, come molti altri mammiferi, risparmiano energia durante i freddi mesi invernali andando in letargo. La temperatura corporea di un riccio scende a circa 6 °C in pieno inverno e sopravvive grazie alle riserve di grasso corporeo. Durante un periodo di tempo mite, un riccio in letargo può svegliarsi per nutrirsi. Il colore marrone screziato degli aculei di un riccio aiuta a mimetizzarlo mentre dorme, nascosto sotto le siepi o annidato tra mucchi di foglie cadute.

I grandi occhi di un toporagno elefante gli danno una vista acuta, anche nel sottobosco scuro del suo habitat africano.

Una tana per le talpe

Le zampe anteriori della talpa sono quasi come delle pale e sono usate per spingere via la terra. Le tane delle talpe sono terreno smosso che la talpa spinge in alto dalle sue gallerie, che possono estendersi per 150 m.

I toporagni pigmei sono così piccoli e attivi, e consumano così tanta energia che devono nutrirsi ogni 4-6 ore, per non morire di fame.

- Si crede che alcune specie di toporagni caccino usando l'ecolocalizzazione. Questo significa che emettono degli strilli acuti, che rimbalzano sugli oggetti vicini, come i piccoli animali. Quando il suono torna indietro, il toporagno riesce a capire quanto è lontano l'oggetto.

- Esistono circa 25 specie di tenrec, tutte si trovano principalmente in Africa centrale, o nell'isola di Madagascar. I tenrec sembrano un incrocio tra un riccio e un toporagno. Anche se sono ricoperti di pelo, alcune specie hanno anche degli aculei che usano per difendersi.

- Il toporagno d'acqua è enorme rispetto agli altri toporagni. Ha una lunghezza testa-corpo di 9 cm e una coda di 5 cm. Nuota nell'acqua per catturare pesci, rane e vermi. È una creatura estremamente attiva e ha bisogno di mangiare il corrispondente del proprio peso quotidianamente. Può cacciare lungo le rive dei fiumi, in cerca di cibo extra, come larve, lumache e ragni.

- I ricci sono comuni predatori dei giardini e si nutrono di vermi, lumache e bruchi. Utili nel giardino, possono finire avvelenati se mangiano lumache che a loro volta hanno ingerito del veleno. Arrotolarsi in una palla lo protegge da predatori come volpi ed ermellini.

- I solenodonti sembrano dei toporagni grandi quanto un topo. Ne esistono solo due tipi: entrambi vivono nei Caraibi ed entrambi sono molto rari. Usano il loro muso flessibile per fiutare gli insetti tra crepe e fessure. Possono anche balzare su prede più grandi, come lucertole e topi, usando i loro lunghi artigli affilati.

- Il toporagno elefante deve il suo nome al muso lungo e flessibile (una proboscide). Anche se simile nell'aspetto ad altri toporagni, i toporagni elefanti sono così insoliti da essere inseriti in un proprio gruppo di mammiferi. Per sfuggire ai predatori corrono velocemente lungo percorsi speciali che mantengono puliti rimuovendo ramoscelli e foglie.

- Il tenrec comune alleva più piccoli di qualsiasi altro mammifero del pianeta, con cucciolate che possono raggiungere le 24 unità.

Si crede che i toporagni d'acqua abbiano una tossina nella loro saliva che li aiuta a catturare e uccidere le prede. Un morso di un toporagno d'acqua può produrre un dolore bruciante che dura diversi giorni.

Gli scandenti non sono toporagni, ma hanno un aspetto e un comportamento simile. Vivono nelle foreste tropicali del sud-est asiatico.

La famiglia dei formichieri

Formichieri, bradipi e armadilli possono non sembrare molto simili, ma appartengono tutti allo stesso gruppo di mammiferi: gli xenartri. Queste creature sono tutte caratterizzate da piccoli cervelli e dall'assenza (o quasi) di denti. Nonostante le loro dimensioni, formichieri, pangolini e armadilli seguono una dieta a base di formiche.

Come altri bradipi, il bradipo tridattilo si muove lentamente nel suo habitat forestale. Anche se i bradipi passano la maggior parte del tempo sugli alberi, possono strisciare a terra e persino nuotare bene.

I bradipi didattili, come questo, non hanno la coda. Hanno una pelliccia lunga e ruvida, un cervello piccolo, occhi e orecchie piccole e pochi denti.

La pelle coriacea e la struttura ossea dell'armadillo a nove fasce rappresentano più di un sesto del suo peso.

- Le formiche e le termiti lottano e mordono quando vengono predate, ma sono così piccole che i grandi mammiferi mangiatori di formiche hanno poco da temere: raccolgono le loro vittime in miniatura a decine alla volta, con le loro lingue lunghe e appiccicose.

- A differenza della maggior parte degli altri xenartri, i bradipi non mangiano formiche, ma seguono una dieta a base di foglie e frutta. Il grande stomaco di un bradipo è diviso in molti compartimenti. Il cibo all'interno può rappresentare fino a un terzo del peso dell'intero animale.

- La pelliccia di un bradipo cresce in direzione opposta a quella della maggior parte dei mammiferi. Quando il bradipo è a testa in giù, la sua pelliccia punta verso il terreno... e la pioggia scorre via dal corpo.

I pangolini arborei assaltano di notte i nidi di formiche e termiti creati in alto nei rami. Di giorno dormono nei loro nidi.

Un salto in bagno

I bradipi passano la maggior parte del tempo sugli alberi, facendo lo sforzo di scendere a terra solo una volta alla settimana circa per svuotare l'intestino.

Sorprendente!

La folta pelliccia di un bradipo ospita un gran numero di alghe (piccoli organismi simili a piante). Le alghe colorano il mantello del bradipo di verde, aiutandolo a rimanere nascosto (mimetizzato) mentre pende dai rami coperti di foglie.

Il tamandua vive soprattutto sugli alberi. Può camminare sul terreno, ma è lento, goffo e rischia di imbattersi nei predatori.

❍ I bradipi vivono nelle foreste del Sud America. Passano quasi tutto il loro tempo appesi a testa in giù sugli alberi. A differenza di altri mammiferi, la temperatura corporea di un bradipo varia. Ogni mattina si crogiolano al sole sulle cime degli alberi della foresta per riscaldarsi.

❍ Gli armadilli hanno un rivestimento duro simile a una corazza. È composto da piccole placche ossee coperte da una pelle pesante. L'armadillo gigante ha 100 denti. I pangolini, tuttavia, hanno un rivestimento fatto di placche di corno sovrapposte e non hanno denti.

La madre trasporta il suo piccolo di bradipo fino a nove mesi sulla pancia, da dove si nutre delle foglie che può raggiungere.

❍ Il pangolino arboreo è uno dei quattro pangolini africani. La lunga e sinuosa coda prensile lo aiuta ad arrampicarsi sui rami degli alberi, usa le squame taglienti per avere una presa ancora migliore sulla corteccia.

❍ Il formichiere gigante è un mammifero dall'aspetto strano, con la coda a spazzola, la pelliccia ispida e il naso lungo e ricurvo. Cresce fino a 2 m di lunghezza, compresa la coda, e si muove nel bosco o nella macchia in America centrale e meridionale.

❍ L'aspetto del formichiere serico è ingannevole. Nonostante la sua morbida pelliccia dorata o argentata, questo mammifero è tutt'altro che coccoloso: può colpire con i suoi temibili artigli affilati e ricurvi. Invece di distruggere un nido, fa un piccolo buco di lato e preleva solo un numero ridotto di abitanti alla volta.

Come gli altri armadilli, l'armadillo rosa ha delle ossa speciali nella spina dorsale, che danno al suo corpo una forza e un sostegno extra quando scava.

❍ Gli armadilli hanno un acuto senso dell'olfatto che permette loro di rilevare il cibo nel terreno, e forti artigli anteriori per scavare rapidamente alla ricerca di radici e insetti. L'armadillo più piccolo, l'armadillo rosa, è lungo solo 15 cm e proviene dal Sud America meridionale.

❍ I tamandua sono versioni più piccole, che vivono sugli alberi, del formichiere gigante. Possono usare la loro coda forte, flessibile e senza pelo per avvolgere i rami come un quinto piede. Vivono nelle foreste dell'America centrale e meridionale.

Il formichiere serico dell'America meridionale e centrale caccia di notte, cercando i nidi delle formiche arboricole.

Formichiere gigante

La bocca di un formichiere gigante è così piccola che non ci si potrebbe inserire nemmeno un dito. I formichieri giganti non hanno denti e si affidano alle loro lingue estremamente lunghe e appiccicose per raccogliere le termiti dopo aver scavato una breccia nei loro durissimi tumuli. La lingua di una di queste straordinarie creature può raggiungere più di 60 cm di lunghezza.

Pipistrelli

Poche persone vedono i pipistrelli perché di solito volano di notte, spesso in habitat densi di foreste o boschi. Eppure, di tutte le specie di mammiferi, circa uno su cinque è un pipistrello. Si trovano in tutti i luoghi della Terra, tranne quelli più freddi. Molti pipistrelli sono piccoli e si nutrono di altre creature volanti, come le falene.

I pipistrelli possono muoversi a velocità considerevole e con grande agilità mentre si lanciano in picchiata verso le loro ignare prede.

Le ali dei pipistrelli sono formate da speciali strati di pelle che formano una membrana, chiamata patagio, che si estende oltre i loro arti.

Pipistrello della frutta

Esistono più di 130 tipi di pipistrelli della frutta in Africa, Asia e Australia.
Il corpo del pipistrello della frutta dal muso striato è lungo circa 20 cm e ha un'apertura alare di 40-45 cm.

❍ I pipistrelli si dividono in due gruppi principali, che probabilmente si sono evoluti da antenati diversi. Il gruppo più grande, i microchirotteri, volano di notte e usano l'ecolocalizzazione per trovare le loro prede. I megachirotteri sono pipistrelli più grandi. Questi pipistrelli hanno musi simili a quelli delle volpi e non sfruttano l'ecolocalizzazione.

❍ La maggior parte dei pipistrelli dorme durante il giorno in luoghi riparati, come alberi cavi o grotte. Alcuni dormono all'aperto, sui rami degli alberi o sulle pareti rocciose. Si affidano all'immobilità o alla mimetizzazione per sfuggire ai predatori.

❍ I pipistrelli della frutta, che appartengono al gruppo dei megachirotteri, hanno musi lunghi che ricordano quelli di cani o volpi, dando loro il nome comune di volpi volanti. Restano appollaiati sugli alberi di giorno e sbattono le ali per mantenersi freschi.

I microchirotteri si affidano spesso all'udito e all'olfatto per localizzare compagni, predatori o prede.

❍ Al crepuscolo, i pipistrelli della frutta diventano più attivi e spesso volano in gruppo a caccia di cibo. Di solito vivono in zone tropicali, dove c'è abbondanza di frutti morbidi e maturi durante tutto l'anno.

❍ I pipistrelli hanno artigli a forma di uncino con i quali si aggrappano a rami o sporgenze rocciose. Di solito si riuniscono in gruppi per avere maggiore calore e protezione. Ogni pipistrello avvolge le sue ali intorno al corpo per proteggersi e conservare il calore corporeo.

❍ Il pipistrello dal naso lungo minore fa eccezione, in quanto si nutre di nettare, lo sciroppo dolce prodotto da molte piante da fiore. Essendo pieno di zucchero, è un carburante ricco di energia.

Scheda

Il più longevo	
Vespertilio bruno	33 anni
La più grande apertura alare	
Volpe volante malese	1,8 m
Il cranio più piccolo	
Pipistrello bombo	11 mm
Il più rapido in volo	
Serotino bruno	64 km/h
Il letargo più lungo	
Vespertilio bruno	7 mesi all'anno

Sorprendente!

I pipistrelli dalla coda libera messicani formano le colonie più grandi di qualsiasi pipistrello (e di quasi tutti gli animali). Fino a 10 milioni di esemplari possono raggrupparsi in una sola grotta.

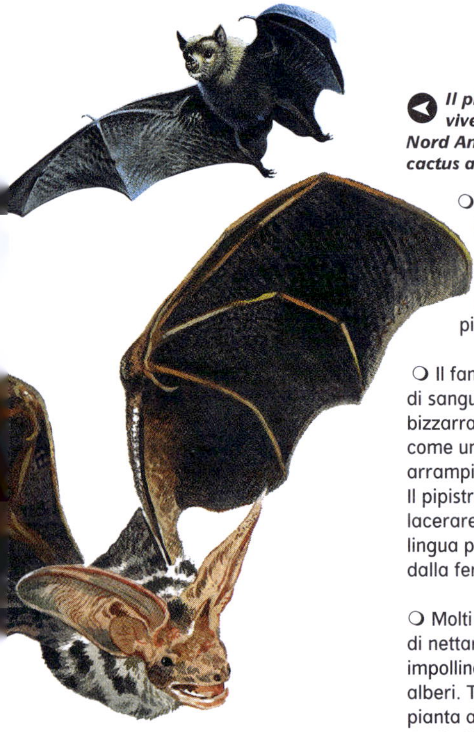

I pipistrelli microchirotteri hanno grandi orecchie e occhi piccoli. Hanno spesso un naso di forma strana, chiamato naso a foglia, che gioca un ruolo fondamentale nell'uso dell'ecolocalizzazione.

Ecolocalizzazione

I pipistrelli che volano di notte fanno affidamento su un senso speciale che li aiuta a orientarsi. Si chiama ecolocalizzazione, ed è simile al metodo che molte balene usano per trovare oggetti nelle profondità dell'oceano. I pipistrelli emettono squittii acuti dai loro nasi dalla forma strana. Quando i suoni colpiscono qualcosa, come una falena, gli echi dei suoni vengono riflessi, e ritornano al pipistrello. Con le loro orecchie enormi, i pipistrelli sono in grado di "catturare" i suoni e capire dove si trova l'oggetto.

Il pipistrello dal naso lungo minore vive nelle regioni desertiche del Nord America. Si nutre di piante come i cactus a canne d'organo e a botte.

- Il pipistrello fantasma australiano è l'unico pipistrello carnivoro del continente. Caccia e si nutre di rane, uccelli, lucertole, piccoli mammiferi e persino altri pipistrelli.

- Il famoso pipistrello vampiro si nutre di sangue, ed è l'unico ad avere questa bizzarra dieta. Di notte cerca una vittima, come una mucca o un cavallo, e si arrampica da una zampa fino al corpo. Il pipistrello sfrutta i denti affilati per lacerare una piccola area di carne e usa la lingua per leccare il sangue che fuoriesce dalla ferita.

- Molti pipistrelli tropicali che si nutrono di nettare e polline sono importanti impollinatori di piante, compresi alcuni alberi. Trasferiscono il polline da una pianta all'altra mentre si nutrono all'interno degli alberi.

I pipistrelli vampiri sono molto agili e possono correre a terra a una certa velocità. La loro saliva contiene sostanze chimiche speciali che impediscono al sangue di coagularsi e spesso impiegano circa 30 minuti a pasto. A parte il danno evidente che causano alla loro vittima, i pipistrelli vampiri diffondono anche la malattia mortale della rabbia.

Visti da vicino

Pipistrello della frutta
Non sfrutta l'ecolocalizzazione, ma usa la vista per cacciare.

Pipistrello ferro di cavallo
La carne dalla forma strana sul naso lo aiuta nell'ecolocalizzazione.

Pipistrello nano
Il muso è nerastro e prominente con orecchie scure e lunghe.

Pipistrello vampiro
I denti incisivi lacerano la carne senza che la vittima se ne accorga.

Roditori

Esistono più di 1.700 tipi, o specie, di roditori, i quali costituiscono il più grande gruppo di mammiferi. I roditori sono di solito piccole creature a quattro zampe con lunghe code e sensi acuti. Hanno quattro lunghi denti incisivi, che continuano a crescere per tutta la vita dell'animale. I roditori sono intelligenti, agili e adattabili, e possono vivere in tutto il mondo, in quasi tutti gli habitat.

La marmotta passa l'inverno in letargo. I maschi combattono tra loro durante la stagione degli amori in primavera e difendono le loro tane agitando la coda e facendo schioccare i denti.

La cavia è il "porcellino d'India" originale da cui sono stati allevati molti tipi di porcellini d'India da compagnia. Vive nella macchia erbosa e rocciosa del Sud America meridionale.

I roditori hanno denti lunghi e forti, e potenti mascelle adatte a rosicchiare. Come questo scoiattolo, la maggior parte dei roditori mangia materia vegetale, come semi, noci e frutta.

Le arvicole sono roditori simili a topi. Si nutrono normalmente di materia vegetale e spesso vivono nei prati e nei terreni agricoli.

Il capibara è il più grande roditore vivente, misura circa 1,3 m di lunghezza. Vive intorno a stagni, laghi e fiumi in Sud America.

I porcospini si muovono con un incedere lento e strascicato. Non hanno bisogno di scappare dai loro nemici perché sono dotati di aculei lunghi e affilati.

Esistono più di 270 tipi diversi di scoiattolo. Aiutano a far nascere gli alberi nei boschi seppellendo le noci per mangiarle in seguito... e poi dimenticando dove le hanno lasciate.

Sorprendente!

I roditori compongono il quaranta percento di tutte le specie di mammiferi. Alcuni sono considerati animali infestanti, poiché mangiano il cibo destinato all'uomo e diffondono malattie.

I ratti neri si sono diffusi in tutto il mondo viaggiando sulle navi. Portano le pulci, che trasmettono la peste, una malattia terribile che ha causato la morte di milioni di persone nel corso dei secoli.

I cani della prateria sono tra i migliori scavatori del mondo dei mammiferi. (Nonostante il loro nome sono scoiattoli di terra.) Le famiglie vivono insieme in gruppi chiamati coterie e le loro tane sotterranee possono estendersi per centinaia di chilometri.

Gli scoiattoli volanti hanno una struttura simile a un aliante. Sono provvisti di una membrana pelosa che si estende tra i loro arti e che agisce come un paracadute. Usano le loro code come un timone, per cambiare direzione in aria.

I castori sono ben adattati al loro stile di vita acquatico. Hanno narici e orecchie che si chiudono quando sono sott'acqua e un mantello lucido e impermeabile. Le famiglie spesso lavorano insieme per costruire dighe sui corsi d'acqua.

I lemming, come molti roditori, preferiscono vivere in gruppo. Costruiscono i loro nidi sotto la neve in inverno e scavano gallerie per trovare erba, bacche e licheni.

I ratti della sabbia evitano di surriscaldarsi nella loro arida casa nel deserto nutrendosi solo di notte. Sono così ben adattati al loro habitat che ottengono tutta la loro acqua dal cibo e non hanno bisogno di bere.

I ratti e i topi sono considerati animali infestanti, perché vivono a stretto contatto con l'uomo. Mangiano le scorte di grano e invadono armadi e cucine.

Il topolino delle risaie si crea un nido con steli d'erba accuratamente intrecciati insieme. Si nutre di germogli, semi e insetti.

Conigli, lepri e pika

I conigli e le lepri vivono in campagne aperte ed erbose. Con enormi orecchie, occhi grandi e nasi molto sensibili, sono sempre attenti al pericolo e pronti a fuggire nelle tane, a nascondersi nel sottobosco o a correre a gran velocità. I pika sono piccoli cugini dei conigli e vivono principalmente in Asia.

Sorprendente!

Con estremità delle zampe lunghe fino a 15 cm, le lepri possono raggiungere velocità di 60 km/h.

- Il coniglio comune proviene originariamente dalla Spagna e dal Nord Africa, ma ha viaggiato in molti altri paesi dove ha spinto gli animali nativi fuori dai loro habitat e ha mangiato le piante locali in grandi quantità.

- Conigli, lepri e pika appartengono a un gruppo di mammiferi chiamati lagomorfi. Sono simili ai roditori, e come loro hanno grandi denti incisivi che crescono continuamente. Hanno udito e vista estremamente sviluppati, e zampe forti e muscolose che li aiutano a muoversi a grande velocità.

- I pika sono piccole creature che assomigliano alle arvicole o ai porcellini d'India, con orecchie arrotondate e quasi senza coda. Come i conigli, si nutrono principalmente di erbe e altre piante.

- I piccoli di lepre sono chiamati leprotti.

- Le zampe pelose della lepre scarpa da neve le permettono di correre sulla neve senza affondare. Vive nelle foreste settentrionali del Nord America ed è una delle prede preferite della lince.

- La lepre artica è conosciuta con altri nomi, come lepre della tundra e lepre di montagna, a seconda di dove vive. In estate questo animale ha un manto marrone, ma in inverno sviluppa un manto bianco, che lo mimetizza sulla neve.

- I conigli scavano tane, le lepri no. I cunicoli possono connettersi per formare un enorme labirinto sotterraneo. Ogni tana è abbastanza larga da permettere il passaggio di un coniglio alla volta, e può terminare in camere dove le femmine partoriscono.

- Le enormi orecchie della lepre del deserto possono percepire i deboli rumori di un predatore che si avvicina, e possono disperdere il calore del corpo, aiutando l'animale a mantenersi fresco. Le lunghe zampe la aiutano a raggiungere velocità considerevoli.

Riproduzione rapida

I conigli sono ben noti per le loro abitudini di riproduzione di grande successo. Le femmine di alcune specie sono in grado di accoppiarsi e rimanere incinte quando hanno solo tre mesi. Il periodo di gestazione (gravidanza) può durare solo quattro o sei settimane. Quando i piccoli nascono, la madre coniglio può già crescere la prossima cucciolata dentro di lei. Una madre può avere fino a 12 piccoli ogni volta, e arrivare a sei cucciolate ogni anno.

Alla nascita

Le lepri nascono con il pelo e gli occhi aperti; i conigli nascono privi di pelo e con gli occhi chiusi.

Durante i periodi di siccità, la lepre del deserto sfida le spine dei cactus e delle yucche per rosicchiare le loro parti carnose in cerca di umidità preziosa.

- Le lepri brune possono saltare una distanza di 3 m quando sono spaventate, ma preferiscono accovacciarsi e aspettare che il pericolo passi. Quando i conigli sono minacciati, battono il terreno per avvertire gli altri membri della loro colonia.

- I pika tendono a vivere nelle regioni montuose del mondo. I pika dalle grandi orecchie vivono più in alto di quasi tutti gli altri mammiferi, a 6.000 m sulle montagne dell'Himalaya.

All'avvicinarsi della primavera, il cervello della lepre scarpa da neve rileva le ore di luce in più e attiva la muta della sua folta pelliccia bianca.

Pika del nord
Vive sui pendii rocciosi delle montagne dell'Asia orientale. La sua pelliccia è bruno-rossiccia in estate ma diventa molto più grigia in inverno.

Lepre scarpa da neve
Le zampe pelose le permettono di correre sulla neve senza affondare. Vive nelle foreste settentrionali del Nord America ed è una delle prede preferite della lince.

Lepre di montagna
Questa lepre pezzata vive principalmente negli habitat artici e di montagna. Più neve cade, più diventa bianco il suo manto in inverno.

Lepre dalla coda nera
Le enormi orecchie di questa lepre nordamericana rilevano rumori molto deboli. Disperdono anche il calore e la aiutano a rimanere fresca sotto il caldo sole estivo.

Coniglio
Le caratteristiche altamente riconoscibili dei conigli, tra cui le orecchie lunghe ed espressive, l'andatura saltellante, il morbido mantello grigio-marrone e la coda corta e soffice, li hanno resi animali domestici molto popolari. Sono molto adattabili e si nutrono di una vasta gamma di materiale vegetale.

Pika rosso
La maggior parte dei pika preferisce i pendii rocciosi. Il pika rosso vive nella catena montuosa del Tien Shan in Asia centrale, fino a un'altitudine di 4.000 m.

Pika della steppa
Il pika della steppa scava un'elaborata rete di tane nelle steppe o praterie dell'Asia. Si ritira sottoterra per sfuggire ai predatori.

Lepre bruna
Presente in molte parti dell'Europa e dell'Asia, può coprire 3 m in un solo balzo. Tuttavia, corre solo come ultima risorsa, preferendo accovacciarsi fino a quando il pericolo è passato.

Mustelidi

Lontre, ermellini, donnole e tassi appartengono tutti al gruppo dei mustelidi. Sono cacciatori dal corpo lungo, dalle zampe corte e dai denti aguzzi. Sono attivi, flessibili, si muovono velocemente e spesso rincorrono le loro prede in buchi o cunicoli. Molte specie sono estremamente feroci e pronte ad attaccare animali più grandi di loro.

Le puzzole sono strettamente imparentate con il furetto domestico. Quando viene minacciata, questa puzzola marmorizzata rilascia un cattivo odore dalle ghiandole sotto la coda.

Il tasso americano è più piccolo del suo cugino eurasiatico e, a differenza di quest'ultimo, vive e caccia da solo piuttosto che in un gruppo, o colonia, con altri tassi.

- Il gruppo dei mustelidi comprende una grande varietà di animali che vivono in diversi habitat. Le martore, per esempio, vivono sugli alberi, i tassi fanno le tane e i visoni vivono vicino ai corsi d'acqua. La maggior parte dei mustelidi ha orecchie corte e cinque dita su ogni estremità della zampa. Di solito hanno lunghe code e corpi sottili.

- I tassi del miele sono condotti ai nidi di api dagli uccelli guida, che li attirano emettendo richiami speciali. Una volta che il tasso del miele ha aperto il nido con i suoi lunghi artigli anteriori, l'uccello può fare il pieno di cera, api e larve, mentre il tasso mangia il miele e le larve. La sua pelle estremamente dura lo protegge dalle punture delle api.

- I tassi sono animali molto forti che escono a caccia di notte. Vivono in gruppi familiari in enormi reti di camere e tunnel sotterranei. I tassi si nutrono di una varietà di cibi, tra cui vermi, insetti, rane, lucertole, uccelli e frutta.

- Le lontre marine salgono raramente sulla terraferma e altrettanto raramente entrano in acque profonde più di 15 m. Vivono lungo le coste del Pacifico settentrionale e occidentale e si nutrono di molluschi, vermi, stelle marine e ricci di mare.

- Una femmina di tasso eurasiatico a volte ha delle aiutanti femmine che fanno da babysitter ai suoi cuccioli mentre lei va alla ricerca il cibo. I tassi sono animali molto puliti: cambiano regolarmente il loro giaciglio e scavano latrine a una certa distanza dalla colonia.

Donnole

Si dice che gli uomini delle tribù in Birmania abbiano usato donnole addestrate per uccidere le oche selvatiche e i piccoli di capra selvatica.

- La lontra più grande è la lontra gigante del Brasile, presente nei fiumi e nelle paludi del Sud America. Cresce fino a 2 m di lunghezza totale e 30 kg di peso.

La donnola americana è il più piccolo mammifero carnivoro del mondo. Misura 15 cm di lunghezza e pesa solo 30 g.

La lontra marina è il mammifero marino più piccolo del mondo. Ha una pelliccia spessa che la mantiene calda e asciutta e una coda forte che usa per avanzare in acqua, come un timone.

Strumenti da lontre

La lontra marina è un mammifero intelligente che ha sviluppato alcuni comportamenti interessanti. Può rompere le conchiglie usando un sasso. Raccoglie la roccia dal fondo del mare, poi si sdraia sulla schiena, appoggia la roccia sul suo ventre e schiaccia la conchiglia contro di essa. Dopo qualche colpo, il guscio si rompe. Per evitare di essere trascinata dalla marea, una lontra marina stanca può avvolgersi nel kelp (un'alga) per ancorarsi prima di dormire.

La pelle di un tasso del miele è così mobile che l'animale può girarsi e mordere il suo aggressore.

❍ Le puzzole hanno in genere teste piccole, code vaporose e una colorazione bianca e nera. Queste vistose strisce colorate agiscono come deterrente per eventuali aggressori. Prima di spruzzare, una puzzola batte le zampe e alza la coda.

❍ Le donnole sono le più piccole tra i mustelidi, anche se i maschi sono spesso due volte più grandi delle femmine e mangiano prede diverse. Cacciano i topi, che possono inseguire nelle tane grazie ai loro crani stretti e ai loro corpi sottili.

Sorprendente!

La lontra marina ha la pelliccia più folta di qualsiasi altro mammifero al mondo. Circa 150.000 peli occupano solo 1 cm quadrato della sua pelle!

Lo spruzzo di una puzzola può estendersi fino a 6 m e consiste in un mix di sette diversi prodotti chimici maleodoranti che possono causare cecità temporanea.

Le lontre sono ben adattate alla vita in acqua, dove predano pesci, rane, molluschi e anche altri mammiferi acquatici, come le arvicole d'acqua.

❍ Gli ermellini sono stati a lungo allevati per la loro pelliccia. Anche se questi mustelidi comuni hanno una pelliccia marrone-rossiccia in estate, il loro manto invernale è bianco. La pelliccia di ermellino bianco è estremamente ricercata.

❍ La puzzola marmorizzata ha delle striature insolite. Ha una pelliccia nera che può essere macchiata, striata o punteggiata di giallo o bianco. Questa puzzola vive in tutta l'Asia centrale e caccia topi, arvicole e lemming al crepuscolo.

Rinoceronti e tapiri

I rinoceronti potrebbero sembrare ippopotami o elefanti, ma in realtà sono più strettamente legati ai tapiri e ai cavalli. I rinoceronti sono creature massicce, con zoccoli, pelle estremamente spessa, corpi voluminosi e forti e almeno un corno sul naso. I tapiri assomigliano ai maiali e sono cambiati molto poco negli ultimi 25 milioni di anni.

I giovani tapiri, come questo del Brasile, hanno spesso un manto bruno-rossiccio che è striato e punteggiato di bianco. Ciò permette loro di mimetizzarsi tra le ombre della foresta.

❍ Il rinoceronte di Giava è uno degli animali più rari e minacciati del mondo. Oggi si trova solo nelle riserve naturali dell'ovest dell'isola di Java, dove la sua popolazione conta solo qualche decina di esemplari. Vive principalmente nelle foreste, ma queste stanno scomparendo perché i loro alberi vengono abbattuti per il legname e per far posto a terreni agricoli.

❍ Il più grande di tutti i rinoceronti, il rinoceronte bianco, è lungo 4,2 m, alto alla spalla 1,9 m e pesa 3,5 tonnellate. Il 'bianco' del suo nome non si riferisce al colore dell'animale, che è grigio, ma deriva dal termine afrikaans "wyd", che significa "largo", in inglese "wide" e non "white", bianco.

Il rinoceronte bianco ha due corni. Quello anteriore è il più grande e può raggiungere 1,3 m di lunghezza.

❍ Il rinoceronte di Sumatra del sud-est asiatico ha due corni, come i due tipi africani. È il rinoceronte più piccolo, e arriva al massimo a 3 m di lunghezza e 750 kg di peso.

❍ Il rinoceronte indiano preferisce la macchia aperta e le praterie alle foreste. La sua pesante pelle, spessa quasi 2 cm, è divisa in piastre distinte, che gli danno l'aspetto di un'armatura.

❍ I rinoceronti neri, che in realtà sono grigio-marroni, sono molto diffusi in tutta l'Africa, ma hanno sofferto molto a causa delle trappole e delle armi dei bracconieri e sono completamente scomparsi in alcune zone. Il labbro superiore del rinoceronte nero, lungo e flessibile, può afferrare foglie e germogli.

❍ Uno dei principali problemi di tutti i rinoceronti è che si riproducono molto lentamente. La femmina di solito ha un piccolo ogni due o quattro anni. Questo significa che il numero di rinoceronti impiega molto tempo per crescere.

Corni di rinoceronte

I rinoceronti sono in grave pericolo di estinzione e si crede che oggi non ce ne siano più di 12.000 esemplari vivi in natura. Questo è dovuto principalmente al grande valore del corno del rinoceronte. I corni di rinoceronte vengono ridotti in polvere e usati nella medicina cinese, o intagliati per realizzare manici ornati per pugnali. Per salvare i rinoceronti dai bracconieri, i loro corni vengono spesso tagliati da personale addestrato. La procedura è indolore.

Animali con gli zoccoli

Gli animali con gli zoccoli sono chiamati ungulati. Il tipo di zoccolo consente di separarli in gruppi diversi.

Equidae	Cavalli e zebre
Rhinocerotidae	Rinoceronti
Tapiridae	Tapiri
Suidea	Maiali
Hippopotamidae	Ippopotami
Camilidae	Cammelli
Cervidae	Cervi
Giraffidae	Giraffe e okapi
Bovidae	Bovini

Il tapiro malese ha delle insolite striature bianche e nere, che lo aiutano a mimetizzarsi nel sottobosco poco illuminato della foresta. Questi mammiferi mangiano ramoscelli e foglie.

- I rinoceronti hanno una vista scarsa e non possono individuare un oggetto immobile a più di 30 m di distanza. Si affidano ai loro sensi dell'udito e dell'olfatto per individuare possibili predatori e intrusi. Difendono i loro territori e caricano altri animali o esseri umani se si sentono minacciati.

Sorprendente!

I corni di rinoceronte non sono fatti di vero corno, ma di peli molto fitti. Il più grande apparteneva a un rinoceronte bianco ed era lungo più di 1,5 m.

- I rinoceronti possono sembrare temibili cacciatori, ma sono timidi erbivori che seguono una dieta a base di rami, foglie, steli ed erba.

- Resti fossili di ossa e denti mostrano che i tapiri vivevano nelle foreste più di 25 milioni di anni fa. Si nutrono di piante e vivono nei boschi e nelle foreste del sud-est asiatico e dell'America centrale.

- Esistono solo quattro specie di tapiro: tapiro sudamericano, tapiro di montagna, tapiro di Baird e tapiro malese. Hanno corpi sottili simili a quelli dei maiali e musi lunghi. Il loro olfatto è eccellente e hanno anche un buon udito.

- I tapiri trascorrono gran parte del giorno sott'acqua per sfuggire ai predatori o al fresco nelle loro case nella foresta. Usano il loro lungo muso come boccaglio.

I rinoceronti di Giava non hanno peli, tranne sulla punta della coda e sulle orecchie. Sono notturni e vivono da soli.

I circa 1.500 esemplari sopravvissuti in India vivono principalmente in Bengala, Assam e Nepal.

Un rinoceronte raro

Il rinoceronte di Sumatra è parzialmente coperto da lunghi peli. È un raro animale della foresta pluviale con un numero totale di soli 100-200 esemplari nel mondo.

I rinoceronti neri sono spesso attivi di notte. Tendono a vivere da soli e passano il giorno a riposare o a sguazzare nel fango.

Maiali e ippopotami

I maiali e i cinghiali formano un gruppo di animali adattabili. Hanno corpi arrotondati e tozzi, teste grandi e zampe sottili. Gli ippopotami passano la maggior parte del tempo sott'acqua, o vicino all'acqua, e si crede che siano più strettamente legati alle balene di qualsiasi altro mammifero ungulato del mondo.

Quando pascolano durante il giorno, gli ippopotami possono surriscaldarsi. Un breve bagno in una pozza vicina li aiuta a rinfrescarsi e lenisce la loro pelle sensibile.

- I pecari sono strettamente imparentati con i maiali. Vivono in Sud America e hanno uno stomaco complesso che può digerire fibre vegetali dure. Vivono in grandi branchi con i maschi adulti e possono, in gruppo, attaccare altri animali più grandi di loro.
- Il cinghiale è ritenuto l'antenato di tutti i maiali domestici. I cinghiali hanno una pelliccia spessa e ruvida che è striata nei piccoli. Le scrofe formano spesso gruppi a scopo di sicurezza e sono molto protettive con i loro piccoli.
- I maiali domestici non meritano la loro reputazione di animali sporchi, si rotolano nel fango solo per rinfrescarsi perché non sono in grado di sudare. Sono anche creature molto intelligenti e possono essere addestrate con la stessa facilità di alcune razze di cani.
- Le femmine sono chiamate scrofe, i maschi verri e i piccoli lattoni. Di solito vivono in gruppi familiari composti da una scrofa e dai suoi piccoli.
- Il facocero è un maiale selvatico che pascola nelle praterie dell'Africa. I facoceri hanno criniere di pelo scuro che corrono lungo la spina dorsale e grandi zanne ricurve usate per combattere.

I piccoli di ippopotamo possono rimanere con le madri fino all'età di quattro o cinque anni. Il gruppo familiare forma un legame stretto.

Anche quando mangia la lattuga acquatica, un ippopotamo resta sempre all'erta, mantenendo gli occhi, le orecchie e le narici fuori dall'acqua.

Protettori feroci

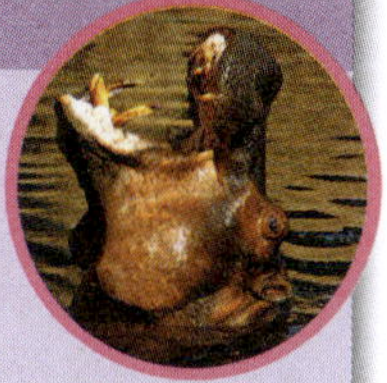

Gli ippopotami sono ampiamente considerati come uno dei mammiferi più pericolosi dell'Africa, nonostante il fatto che non siano predatori né cacciatori. Questo perché sono sempre pronti ad attaccare per proteggere il loro territorio o i loro piccoli. Possono nuotare sotto una barca e rovesciarla se questa si avvicina troppo a un giovane ippopotamo in agguato sott'acqua. Un ippopotamo può uccidere gli esseri umani schiacciandoli con le sue possenti mascelle.

❍ Gli ippopotami restano immersi in acqua con solo le narici, gli occhi e le orecchie visibili in superficie. Ogni branco occupa un tratto di fiume. Gli ippopotami maschi a volte combattono tra loro per il territorio o per le femmine nel periodo della riproduzione. Possono infliggersi ferite mortali con i loro enormi canini.

❍ Gli ippopotami escono dall'acqua di notte e pascolano sulla riva del fiume. La loro dieta è composta principalmente da erba, anche se in alcuni casi possono mangiare piccoli animali o rosicchiare altre piante.

❍ Gli ippopotami si spostano sulla terraferma anche per 30 km a notte in cerca di cibo, ma se sono spaventati corrono in acqua a nascondersi. Passano fino a cinque ore a notte a nutrirsi.

Agili e potenti facoceri vagano per la savana, spesso vivendo in gruppi familiari e cercando rifugio nelle tane.

❍ I piccoli di ippopotamo rimangono con le madri anche dopo lo svezzamento (passaggio dall'alimentazione con solo latte al cibo solido). Gli ippopotami allattano i loro piccoli sott'acqua e spesso dormono sommersi, emergendo regolarmente per respirare mentre sono ancora incoscienti.

❍ L'ippopotamo pigmeo è alto solo circa 90 cm, ma può comunque pesare fino a 250 kg. Vive nelle foreste paludose dell'Africa occidentale, ma è raro – e a rischio di estinzione in natura – ne rimangono infatti solo poche migliaia di esemplari.

Il pecari dal collare ha una striscia chiara intorno al collo. Mangia soprattutto materia vegetale e piccoli animali, come le lucertole.

Mi dai un passaggio?

Il dorso paffuto e stabile di un ippopotamo che sguazza fornisce un luogo di riposo comodo e sicuro per gli uccelli. Alcuni uccelli africani, come i gruccioni e le garzette, hanno l'abitudine di stabilirsi sugli ippopotami, dove possono trovare una buona scorta di insetti da mangiare. Gli ippopotami tollerano questi "autostoppisti" perché sono contenti di liberarsi degli insetti, che irritano e danneggiano la loro pelle.

I maiali sono allevati nelle fattorie per rifornire il commercio di carne, ma stanno diventando sempre più popolari come animali domestici.

Sorprendente!

Un ippopotamo maschio può raggiungere i 4 metri di lunghezza e pesare più di 3 tonnellate.

Giraffe, cammelli e cervi

Con i loro colli lunghissimi e le zampe sgraziate simili a bastoni, le giraffe sono facili da individuare nel loro habitat preferito, la macchia aperta dell'Africa. Qui sfruttano la loro altezza per raggiungere gustosi ramoscelli e germogli a quasi 6 m dal suolo.

❍ Cammelli, cervi e giraffe appartengono tutti a un grande gruppo di ungulati chiamati artiodattili. Sono inseriti in questo gruppo perché hanno un numero pari di dita negli zoccoli. (Le dita possono non essere visibili, ma le ossa sono ancora presenti.)

❍ Esiste una sola specie di giraffa, ma comprende diverse varietà, ognuna con un diverso disegno del mantello. Le giraffe somale dell'Africa orientale hanno macchie triangolari, mentre le giraffe sudafricane hanno macchie meno uniformi. La pelliccia di una giraffa è a chiazze marroni su sfondo crema, e ogni giraffa ha il suo motivo unico.

Con la loro folta pelliccia, i cammelli bactriani possono sopravvivere alle dure e fredde distese della Cina e della Mongolia.

❍ Il collo di una giraffa può essere lungo più di 2 m, ma ha solo sette ossa, come nel collo di un essere umano. La sua lingua lunga è così dura che può avvolgere le spine di un albero di acacia senza ferirsi.

❍ Quando le giraffe camminano muovono due zampe prima da un lato del corpo e poi dall'altro. Le zampe lunghe consentono loro di galoppare alla velocità di 50 km/h.

Alpaca e lama

Gli alpaca e i lama sono parenti stretti dei cammelli. Vivono a grandi altezze nelle Ande sudamericane e sono apprezzati per la qualità della loro lana.

Sorprendente!

Le giraffe sono gli animali più alti del mondo, ma una giraffa è cinque volte più leggera di un elefante.

❍ Si sono viste giraffe femmine con i piccoli scacciare ferocemente i leoni che le attaccavano. Usano gli zoccoli, il collo e la testa come armi. Le giraffe appena nate e quelle giovani sono particolarmente a rischio di essere attaccate da leoni e altri predatori africani.

❍ I cammelli sono specializzati nel vivere in habitat difficili e possono sopportare bene la siccità. Hanno lunghe ciglia che proteggono i loro occhi quando i venti del deserto sollevano la sabbia, narici a fessura ed estremità delle zampe larghe che li mantengono fermi sul terreno instabile.

Le giraffe tendono a formare gruppi sociali, spesso da 15 a 20 esemplari. Generalmente le giraffe non sono animali aggressivi.

Il mantello di una giraffa ingrandito. Le linee incrociate producono un efficace effetto mimetico sotto la luce scintillante della savana africana.

Quando un cervo dalla coda bianca avverte il pericolo, alza la coda evidenziando il pelo bianco per avvertire gli altri cervi nelle vicinanze.

❍ Molti cammelli oggi sono addomesticati e sono usati dalle persone come bestie da soma per trasportare beni per molti chilometri attraverso il deserto. Sono anche utilizzati come fonte di latte, carne, lana e pelli. Quando porta il suo carico, un cammello viaggia a circa 3-8 km/h e può avanzare a questa velocità fino a 18 ore senza riposo.

Le renne sono conosciute come caribù in Nord America. Alcune mandrie migrano per centinaia di chilometri all'anno in cerca di cibo.

❍ I cammelli bactriani hanno due gobbe e una pelliccia ispida, che li aiuta a sopportare il vento freddo pungente delle alte praterie mongole dove vivono. La gobba di un cammello non contiene acqua, ma grasso. Questo grasso viene convertito in energia quando le scorte di cibo fresco sono scarse.

❍ I dromedari sopportano il calore e la siccità dei deserti del Nord Africa, del Medio Oriente e dell'Australia. Mentre la maggior parte dei dromedari è destinata a trasportare carichi, una varietà è allevata per le corse. Come il bactriano, i dromedari si nutrono principalmente di materia vegetale, anche se rosicchiano ossa e carne secca.

Una giraffa appena nata può essere alta 2 m, ma è indifesa contro predatori decisamente più piccoli, come i leoni.

❍ I cervi sono facilmente riconoscibili dai loro palchi. Queste escrescenze emergono direttamente dal cranio dell'animale e sono coperte da una pelle sottile, chiamata velluto. Il velluto scompare durante la stagione dell'accoppiamento, quando i palchi sono usati dai maschi per combattere. I palchi cadono al termine della stagione degli amori.

❍ Il daino maschio ha un palco ampio, a differenza della femmina, che ne è priva. I daini sono comuni negli habitat boschivi, dove vanno in cerca di piante, arbusti ed erba da mangiare. Vivono in grandi gruppi chiamati branchi. Un cervo giovane è chiamato cerbiatto.

❍ La maggior parte delle specie di cervi vive nei boschi e nelle praterie delle regioni fredde, come l'Europa settentrionale e il Nord America. Le renne affrontano i rigidi inverni cercando licheni da mangiare sotto la neve, forse servendosi dell'olfatto.

Il palco di un daino è un buon indicatore della salute generale di un maschio. Un palco ampio, in buone condizioni, indica a una femmina che un maschio sarà un buon compagno e produrrà una prole sana e forte.

Okapi

Il raro okapi delle foreste dell'Africa occidentale è un cugino stretto della giraffa. È timido e si vede raramente, e segue una dieta a base di foglie, frutti, ramoscelli e germogli che trova nelle foreste in cui vive. Raccoglie le foglie con la sua lingua arricciata, di colore blu scuro, lunga quasi 50 cm. Gli okapi sono ricoperti da una morbida pelliccia marrone e hanno delle strisce bianche simili a quelle delle zebre sulle zampe. Vivono così in profondità nelle fitte foreste tropicali che non sono stati scoperti fino al 1900.

La famiglia dei cavalli

Cavalli, pony, zebre e asini appartengono tutti alla stessa famiglia di mammiferi: gli equidi. Hanno lunghe criniere sulla testa e sul collo, e code spesse e a ciuffi. Le lunghe zampe, l'ampio torace e i muscoli possenti permettono loro di correre a lungo, a grande velocità, senza stancarsi.

I cavalli arabi sono purosangue a sangue ardente. Si pensa che siano la più antica razza di cavallo domestico e sono utilizzati per le corse.

❍ Fin dai tempi più antichi i cavalli sono stati utilizzati dagli uomini per aiutarli a trainare carichi, arare i campi e combattere in guerra. Senza l'aiuto dei cavalli, la storia dell'umanità sarebbe stata molto diversa. Ancora oggi molte persone in tutto il mondo si affidano a cavalli, pony, asini e muli per il trasporto.

❍ I cavalli addomesticati, o domestici, sono di tre tipi principali: a sangue ardente, a sangue freddo e a sangue caldo. I primi sono usati per l'equitazione e le corse. Quelli a sangue freddo sono cavalli pesanti usati per trainare carichi, mentre quelli a sangue caldo sono un misto dei due, e i più comuni.

I pony del Connemara vivono nelle brughiere dell'Irlanda occidentale dal XVI secolo. Vengono ora allevati in tutta Europa e sono robusti e intelligenti.

❍ I pony sono di solito più piccoli dei cavalli, con corpi più larghi e zampe più corte. Sono creature resistenti che possono tollerare habitat difficili, compresi i pendii ripidi e rocciosi. Alcune razze di pony selvatici vivono ancora nelle brughiere e nelle praterie del mondo.

❍ L'asino è un equide selvatico capace di sopravvivere in condizioni molto dure. Sono più bassi della maggior parte degli altri membri della famiglia dei cavalli e sono famosi per la loro capacità di vivere in luoghi dove c'è poco cibo o acqua.

❍ I cavalli di Przewalski sono gli unici cavalli veramente selvatici rimasti al mondo. Fino a poco tempo fa esistevano solo negli zoo e nei parchi, ma un piccolo branco è stato rimesso in libertà.

I primi cavalli

Il *Propalaeotherium* è stato uno dei primi antenati del cavallo. Viveva in fitte foreste tra 49 e 43 milioni di anni fa, nel primo periodo terziario. Aveva quattro piccoli zoccoli sulle zampe anteriori e tre zoccoli su quelle posteriori. Camminava sui cuscinetti delle estremità delle zampe, come un cane o un gatto.

I pony Shetland hanno una folta pelliccia e criniere per proteggersi dal freddo. Sono arrivati per la prima volta in Scozia circa 10.000 anni fa, dalla Scandinavia.

Termini associati ai cavalli

Stallone	Maschio oltre i 4 anni
Giumenta	Femmina di oltre 4 anni
Colt	Maschio sotto i 4 anni
Filly	Femmina sotto i 4 anni
Puledro	Maschio o femmina sotto 1 anno di età

❍ I cavalli una volta erano cacciati dai predatori, e hanno sviluppato eccellenti sensi di vista, udito e olfatto per aiutarli a individuare eventuali minacce nelle vicinanze. I cavalli si affidano anche all'olfatto per riconoscersi l'un l'altro, ecco perché si vedono spesso annusarsi.

❍ Gli equidi selvatici vedono bene di notte, quindi spesso continuano a pascolare quando il sole è tramontato. Dormono poco e possono sonnecchiare per pochi minuti alla volta mentre sono ancora in piedi.

❍ Le zebre hanno sorprendenti disegni sul mantello a strisce bianche e nere. Vivono in Africa, dove abitano la savana. Esistono tre tipi di zebra: di Grevy, di Burchell e delle montagne.

❍ I denti di un cavallo continuano a crescere durante la sua vita e consentono di determinarne l'età. Gli equidi hanno denti incisivi appuntiti nella parte anteriore della bocca e molari affilati nella parte posteriore. In età avanzata il cavallo comincia a perdere i molari.

Il manto delle zebre

Ci sono tre tipi, o specie, di zebra: di Grevy, di Burchell e delle montagne. La zebra di Grevy vive più a nord delle altre due specie. È il più alto dei tre tipi e ha strisce molto sottili, in particolare sul muso. La zebra delle montagne ha un muso scuro e spesse strisce nere sulla groppa. È in pericolo di estinzione. Il più comune dei tre tipi è la zebra di Burchell. I tipi di zebra possono essere identificati dal tipo di strisce presenti sul loro manto.

Di Grevy *Di Burchell* *Delle montagne*

Nessuno sa perché le zebre hanno le strisce, ma potrebbero servire a confondere i predatori, come i leoni, o semplicemente aiutare le zebre a identificarsi tra loro.

❍ Gli equidi sono animali altamente sociali e preferiscono vivere in gruppi familiari, chiamati mandrie. Di solito sono guidati da una cavalla e contengono un solo maschio adulto. Se spaventati, i cavalli possono scappare velocemente. Le cavalle restano vicine ai loro piccoli per proteggerli.

❍ I cavalli possono comunicare con gli altri membri della mandria usando sia la voce che il linguaggio del corpo. Puntando le orecchie all'indietro, i cavalli mostrano che si sentono spaventati o ansiosi.

Il cavallo di Przewalski è molto robusto. Ha una testa grande, un collo robusto e zampe corte.

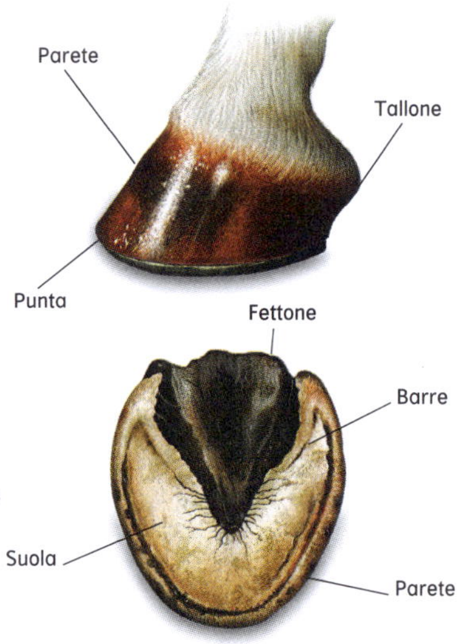

Lo zoccolo di un cavallo è fatto della stessa sostanza delle unghie e dei capelli umani e impiega nove mesi per crescere.

Sorprendente!

Si pensa che il primo animale simile al cavallo sia vissuto circa 50 milioni di anni fa. Viene chiamato *hyracotherium* o *eohippus*.

La famiglia dei bovini

***I** bovini e i loro parenti appartengono a una famiglia di mammiferi chiamata bovidi. Hanno corna che, a differenza di quelle dei cervi, non perdono quasi mai, e i loro zoccoli sono divisi in due. I bovidi sono un grande gruppo di mammiferi composto da circa 40 specie. Anche se si trovano in tutto il mondo, l'Africa ha la più grande varietà di bovidi. La famiglia comprende mucche, bisonti, capre, pecore e antilopi.*

Sorprendente!

L'ultimo bisonte europeo veramente selvatico fu ucciso nel 1919, ma nuove mandrie, allevate da animali provenienti da zoo, sono state stabilite in riserve, in particolare nella foresta di Bialowieza in Polonia.

Le capre di montagna hanno manti fatti di lana per tenerle al caldo nei territori innevati nel Canada occidentale e negli Stati Uniti. I loro zoccoli hanno bordi affilati che scavano nelle fessure della roccia, e suole cave che agiscono come ventose.

Il cobo vive in Africa in tutti i tipi di habitat, ma non si allontana mai dall'acqua, soprattutto dalle paludi. Quando è minacciato dai suoi predatori naturali – leoni e leopardi – si nasconde in acqua.

Le mucche domestiche sono allevate per il latte, che viene impiegato per fare formaggio, burro e yogurt. I bovini domestici maschi sono allevati principalmente per la loro carne, denominata manzo.

La gazzella di Thomson è una delle più piccole, delicate e veloci gazzelle presenti in natura. Cresce fino a soli 100 cm di lunghezza testa-corpo ed è il principale alimento di molti predatori della savana, come leoni e ghepardi.

L'unica antilope presente in America, l'antilocapra americana, abita la prateria aperta. È uno dei corridori più veloci del mondo e, insolitamente per un'antilope, perde le corna ogni anno.

I bighorn bianchi sono ben equipaggiati per la vita in montagna, con manti di lana e zampe agili. Sono sempre attenti ai predatori.

Il bisonte è un mammifero enorme, potente e aggressivo. I bisonti riposano di giorno e pascolano di notte formando mandrie da 2.000 o più esemplari.

Le pecore sono state addomesticate per la prima volta più di 10.000 anni fa. Oggi ci sono più di 700 milioni di pecore nel mondo.

Con il suo pelo esterno lungo e ispido, il bue muschiato è ben protetto dai venti freddi e pungenti della tundra. Gli adulti sono lunghi circa 2 m dalla testa alla groppa. Sia i maschi che le femmine hanno corna larghe e arricciate.

Le pecore bighorn vivono allo stato selvaggio nelle montagne dell'America settentrionale e centrale. I maschi sfoggiano corna enormi e ricurve, che usano per combattere tra di loro durante la stagione degli amori.

L'antilocapra americana può vedere le macchie bianche di avvertimento sulla groppa di un altro esemplare da diversi chilometri di distanza.

Il sitatunga è un'antilope che vive nelle zone paludose dell'Africa. Solo il maschio ha lunghe corna a spirale. Questi mammiferi si gettano in acqua per nascondersi da leoni e iene e affondano sotto la superficie, lasciando fuori solo le loro narici.

Il grazioso gerenuk sta in equilibrio sulle zampe posteriori e allunga il collo verso l'alto per mangiare il fogliame di alberi e cespugli alti. Solo il gerenuk maschio ha le corna. Questa specie abita le praterie dell'Africa orientale.

Orsi e procioni

Esistono otto specie, o tipi, di orso. Tendono a essere mammiferi molto grandi, forti e aggressivi. Mentre gli orsi hanno un eccellente senso dell'udito, la loro vista e l'olfatto sono scarsi. La maggior parte degli orsi ha uno spesso mantello marrone, nero o bianco e zampe immensamente forti, dotate di artigli affilati come pugnali.

Sorprendente!

Il bambù è così povero di nutrienti che un panda gigante può passare fino a 16 ore al giorno a mangiarlo.

❍ Gli orsi vivono generalmente in boschi e foreste. Abitano zone dell'Europa, dell'Asia e del Nord America, e si trovano in numero minore in Sud America e in parti dell'Africa. Gli orsi che vivono in climi freddi si ritirano a riposare per gran parte dell'inverno, così da conservare le loro energie.

L'orso asiatico mangia principalmente frutta, noci, germogli, larve e insetti.

❍ L'orso nero asiatico ha un manto nero formato da una pelliccia morbida e setosa con macchie bianche sul petto. È un agile arrampicatore e spesso sale sui rami per riposare.

❍ Gli orsi bruni sono noti come grizzly in Nord America, dove sono diffusi in aree di foresta selvaggia. Sono i più grandi carnivori terrestri e possono raggiungere i 3,5 m di altezza. Gli orsi bruni si nutrono principalmente di materia vegetale, ma mangiano anche carne e pesce se si presenta l'occasione.

❍ Gli orsi polari sono l'unica specie di orso che si nutre quasi interamente di carne. Le femmine possono restare senza mangiare fino a otto mesi, sopravvivendo solo con il loro grasso corporeo, mentre svernano e nutrono i loro piccoli appena nati.

❍ L'orso malese del sud-est asiatico è l'orso più piccolo, con i suoi circa 100 cm di lunghezza. Vive nelle foreste tropicali e si nutre di germogli, foglie, uccelli, topi e altri piccoli animali, comprese le termiti.

Conosciuto anche come panda minore, il panda rosso è simile a una volpe. Agile arrampicatore, ama prendere il sole in cima agli alberi.

❍ Gli orsi nordamericani che abitano i parchi nazionali hanno imparato a frugare nella spazzatura lasciata dalle persone. Molti hanno superato la loro paura degli esseri umani e si avvicinano molto alle case, alle automobili e alle roulotte. Per precauzione, questi orsi possono essere sedati e trasferiti più lontano.

Orsi in inverno

Gli orsi non vanno in letargo, ma dormono per lunghi periodi in inverno in una tana appositamente preparata. Sopravvivono grazie alle riserve di grasso corporeo, ma la loro temperatura corporea non scende. I cuccioli nascono spesso in questo periodo.

La pelliccia giallo-bianca dell'orso polare si fonde con la neve e il ghiaccio del suo ambiente artico, permettendogli di attaccare le foche senza essere notato. Caccia anche i pesci.

In molte aree suburbane degli Stati Uniti, i procioni colonizzano capannoni e sottotetti, uscendo di notte per razziare i bidoni della spazzatura.

I grizzly catturano i salmoni mentre risalgono la corrente. Un morso o una zampata dell'orso è di solito sufficiente per stordire o uccidere un pesce.

I cercoletti vivono in vari habitat nell'America centrale e meridionale. Hanno code molto forti.

La lingua di un orso malese può estendersi per 25 cm in crepe e fessure per raccogliere api, larve, termiti o miele. I suoi artigli sono insolitamente lunghi per un mammifero che si arrampica sugli alberi.

Gli orsi dagli occhiali si nutrono di frutta, ma occasionalmente si spostano sui terreni agricoli e razziano i raccolti.

❍ L'unico orso presente in Sud America è l'orso dagli occhiali, che costruisce piattaforme in cui mangiare e dormire sui rami degli alberi da frutto.

❍ I procioni sono carnivori di piccole o medie dimensioni con estremità delle zampe piatte, come gli orsi. Hanno uno stile di vita simile a quello degli orsi, ma vivono soprattutto sugli alberi. Vengono dalle Americhe e hanno corpi affusolati, code lunghe e sono attivi di notte.

❍ I procioni si nutrono di un'enorme varietà di cibi, da piccoli animali, come topi, uccelli, rane e pesci, a germogli, frutta e bacche. La maggior parte ha una pelliccia marrone o grigia e spesso ha segni sul muso simili a maschere e code ad anelli. Gli animali, come i procioni, che mangiano quasi ogni tipo di cibo che possono trovare sono chiamati "opportunisti".

❍ Il panda rosso è in realtà più vicino ai procioni che ai panda. Vive in Cina e nei paesi vicini, preferendo le dense foreste di montagna. La sua dieta consiste in bambù, foglie, erba, frutta, noci e piccole creature.

Proteggere il panda gigante

In natura sono rimasti circa 1.600 panda giganti. Sebbene quasi tutti si trovino nella Cina occidentale, si pensa che molte sottopopolazioni contengano meno di 50 esemplari. Questi animali sono diventati un simbolo internazionale della conservazione degli animali. Il governo cinese ha istituito 50 riserve naturali, dove circa 980 dei panda rimasti sono protetti dal bracconaggio e dalla perdita del loro habitat. La popolazione dei panda è così ridotta, e si riproducono così lentamente, che vi sono ancora dubbi sul fatto che possano evitare l'estinzione.

Elefanti

***I** tre tipi di elefante sono i più grandi animali terrestri del mondo. Provengono da un gruppo di mammiferi davvero antico. Vari tipi di elefanti e mammut hanno vissuto sulla Terra per più di 30 milioni di anni.*

Parenti degli elefanti

Le procavie delle rocce possono sembrare conigli o cincillà, ma si crede che siano i parenti viventi più vicini all'elefante. Mangiano erba e altre piante e vivono in Africa, soprattutto sui pendii interni e tra gli affioramenti rocciosi. Esistono in realtà due specie di procavie: le procavie delle rocce e le procavie degli alberi. Quella delle rocce è più piccola di quella degli alberi, e molto più piccola dell'altro suo parente, l'elefante!

❍ Un grande maschio di elefante africano è alto più di 3 m, ha una testa e un corpo lunghi quasi 7 m e pesa oltre 5 tonnellate. Le enormi orecchie dell'elefante africano aiutano a mantenerlo fresco disperdendo il calore sulla loro grande superficie. Un elefante può anche sbattere le orecchie a mo' di ventaglio.

Tutti gli elefanti sono animali socievoli, ma gli elefanti africani formano i gruppi più grandi, o mandrie, composte da diverse centinaia di esemplari, soprattutto quando c'è abbondanza di cibo disponibile.

❍ Gli elefanti asiatici sono di dimensioni leggermente più piccole dei loro cugini africani. Hanno anche orecchie più piccole e zanne più corte. Le femmine possono non avere le zanne. I denti molari (usati per frantumare e masticare) degli elefanti asiatici sono così simili ai denti fossilizzati di mammiferi estinti che si crede che le due specie siano strettamente legate.

❍ Come gli elefanti africani e asiatici, la terza specie di elefante – l'elefante africano delle foreste – è una specie in pericolo. Vive nelle foreste dell'Africa occidentale e centrale.

L'elefante africano (a sinistra) è il più grande delle tre specie di elefanti. L'elefante asiatico (a destra) ha orecchie più piccole del suo parente stretto, e le zanne sono corte o (nelle femmine) del tutto assenti.

Sorprendente!

Un elefante mangia circa 150 kg di cibo al giorno: il peso di due persone adulte.

❍ La proboscide dell'elefante, che è in realtà il suo lunghissimo naso e il labbro superiore, è come un quinto arto multiuso. Può afferrare e tirare foglie e cibo e portarli alla bocca per masticarli. Aspira l'acqua e la spruzza in bocca quando l'elefante beve. La proboscide è anche in grado di annusare l'aria in cerca di odori.

❍ Gli elefanti vivono in piccoli branchi, di solito composti dalle femmine e dai loro piccoli. La femmina più anziana è detta matriarca e guida il gruppo. Gli elefanti maschi si uniscono a un branco solo al momento dell'accoppiamento.

❍ Gli elefanti sono mammiferi molto intelligenti, con il cervello più grande di tutti gli animali terrestri. Hanno anche un'ottima memoria - gli elefanti asiatici addomesticati hanno imparato a seguire semplici istruzioni ed eseguire compiti.

❍ Le zanne degli elefanti sono in realtà denti incisivi superiori molto grandi. Sono composti di una sostanza bianca e dura chiamata avorio. L'elefante li usa per scavare in cerca di cibo e acqua e per difendersi dai predatori, come i leoni (in Africa o in Asia) o le tigri (in Asia).

Quando la matriarca avverte un pericolo, solleva la proboscide e annusa l'aria – poi avverte gli altri usando la proboscide per emettere un forte suono. Se un intruso si avvicina troppo, ritira la proboscide, tira indietro le orecchie, abbassa la testa e carica fino a 50 km/h.

Gli elefanti hanno lunghi denti incisivi, chiamati zanne, ed enormi molari, che possono crescere fino a più di 30 cm di lunghezza.

❍ Gli elefanti comunicano su lunghe distanze usando suoni a bassa frequenza (troppo bassi per gli umani). Sono buoni nuotatori, e alcuni elefanti asiatici sono stati visti nuotare per 10 km.

❍ Gli elefanti a volte entrano nelle grotte per leccare le rocce che contengono minerali essenziali, come il sale, che hanno bisogno di includere nella loro dieta.

I giovani elefanti vengono protetti con cura dalle loro madri e dalle altre femmine del branco.

Elefanti in pericolo

Anche se si stimano circa 30.000 elefanti asiatici nelle foreste del sud-est asiatico, sono una specie a rischio di estinzione. Cacciati di frodo per la carne e l'avorio, la minaccia maggiore è la perdita dell'habitat. Con la crescita della popolazione umana, aumenta la domanda di terra per l'agricoltura e le abitazioni. Nel 1990 la vendita di avorio è stata vietata in tutto il mondo nella speranza che questo fermasse l'uccisione di migliaia di elefanti africani. Nonostante il divieto, gli elefanti vengono ancora uccisi e il loro avorio trova la via del mercato nero. Ci sono circa mezzo milione di elefanti africani, ma con il continuo bracconaggio e la perdita di habitat, si prevede che il loro numero diminuisca.

La famiglia dei felini

I grandi felini sono i più temibili cacciatori del mondo animale. Si muovono in silenzio, caricano in un attimo, balzano e uccidono le loro vittime con denti e artigli affilati come rasoi. Come i felini più piccoli, sono carnivori con sensi acuti, reazioni rapide e grande agilità. I felini appartengono a un gruppo di mammiferi chiamati felidi.

I leoni di solito vivono in branchi di quattro o sei adulti e i loro cuccioli. I maschi adulti rimangono con un branco solo per pochi anni: sono costretti a lasciarlo quando i maschi giovani li combattono per ottenere il comando.

Sorprendente!

Un leone maschio adulto può mangiare fino a 30 kg di carne in una volta sola, e non avrà bisogno di mangiare di nuovo per diversi giorni.

- La tigre non è solo il più grande dei felini, è anche uno dei più grandi carnivori che vivono sulla terraferma. Le tigri siberiane sono la più grande delle cinque varietà di tigre sopravvissute, e possono pesare fino a 350 kg e misurare fino a 3 m di lunghezza.

- Tutti i felini hanno una lingua ruvida: una superficie graffiante è ideale per raschiare la carne dalle ossa. I felini possono trasformare la loro lingua in una paletta, il che permette loro di bere grandi quantità d'acqua alla volta.

- Molti felini sono solitari e abitano un territorio, che difendono dagli intrusi. Di solito i giovani rimangono con le loro madri fino all'età di uno o tre anni. I leoni vivono normalmente in branchi.

- I ghepardi sono gli animali terrestri più veloci del mondo. Questo felino selvatico vive nelle praterie e nei deserti dell'Africa, del Medio Oriente e dell'Asia occidentale. Anche se una femmina può avere da quattro a sei cuccioli alla volta, solo un cucciolo su 20 sopravvive fino all'età adulta, gli altri vengono solitamente uccisi da leoni e iene.

- I leoni maschi badano ai piccoli quando le leonesse sono a caccia. I maschi mangiano prima delle femmine, ma spesso lasciano che siano i piccoli a mangiare per primi. Tutti i leoni hanno ciuffi di pelo sulla coda. Questi ciuffi non hanno alcuno scopo se non... fungere da giocattoli per i cuccioli.

Come tutti i felini, il ghepardo ha una testa arrotondata, un muso corto e occhi rivolti in avanti. Ha una visione eccellente e riesce a vedere bene anche in penombra.

- I puma vivono in America, dalla punta meridionale del Sud America fino all'Alaska. Sono spesso considerati come la specie più aggraziata tra i grandi felini e possono salire su un albero per qualche metro senza fare rumore.

Rimangono solo 6.000 tigri circa che vivono allo stato selvaggio. Vivono nell'Asia meridionale e orientale dove il loro habitat è minacciato. Le tigri vengono anche cacciate di frodo per le loro pelli e le loro ossa, che vengono usate, illegalmente, nella medicina tradizionale cinese.

I puma, conosciuti anche come pantere e leoni di montagna, di solito cacciano piccoli animali, come conigli, scoiattoli e castori.

Lingua ruvida

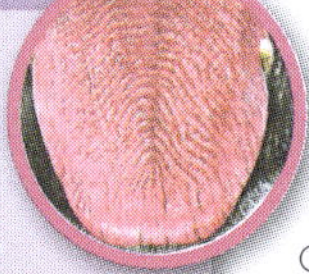

Quando si leccano con la lingua ruvida, i felini diffondono il loro odore su tutto il corpo, mentre si puliscono e si lisciano il pelo. Le piccole escrescenze sulla lingua di un felino, che la rendono ruvida, sono chiamate papille.

I giaguari sono animali possenti, in grado di attaccare e uccidere bestiame e cavalli. Possono anche nutrirsi di tartarughe, che aprono con le loro enormi mascelle.

Passi silenziosi

La parte inferiore della zampa di un felino ha ciuffi di pelo morbido che aiutano ad attutire il suono di questo temibile predatore mentre insegue la preda.

- Di tutti i grandi felini, i giaguari sono quelli che più amano l'acqua. Vivono in zone paludose dell'America centrale e nel bacino amazzonico. Sono stati cacciati spietatamente per la loro bella pelliccia, ma ora il pericolo maggiore per la loro sopravvivenza viene dalla distruzione degli habitat delle foreste.

- I leopardi sono probabilmente i più comuni di tutti i grandi felini. Cacciano di notte e mangiano quasi tutto quello che capita loro a tiro, compresi gli scarabei stercorari. Abitano le foreste dell'Africa e dell'Asia.

- Esistono circa 37 specie di felini nel mondo e 300 razze di gatti domestici. Molti grandi felini sono in pericolo di estinzione, ma uno dei più rari del mondo è la piccola lince iberica.

La lince canadese abita le foreste dove può cacciare la sua preda preferita: la lepre scarpa da neve. Le linci cacciano di solito di notte e restano in agguato per diverse ore prima di piombare sulla loro vittima.

Gli ocelot sono stati cacciati per la loro bella pelliccia. Questa pratica è ora illegale.

- Il corpo di un ocelot misura circa 100 cm di lunghezza. È estremamente agile e può saltare da terra e afferrare un pipistrello che vola basso.

- Le strisce di una tigre aiutano a mimetizzarsi quando si nasconde nell'erba alta e nella vegetazione fitta. Mentre la luce del sole e le ombre tremolano sul manto della tigre, questa si confonde con lo sfondo. Le tigri passano la maggior parte del giorno a riposare, uscendo a cacciare solo quando il sole sta tramontando e il loro mimetismo è al massimo.

La famiglia dei canidi

Tutti i cani, siano essi domestici o selvatici, sono membri della famiglia dei canidi. Esistono 36 specie di canidi, tra cui lupi, volpi, coyote e sciacalli. Sono tutti animali intelligenti con corpi lunghi e magri, zampe sottili e code folte.

Terza palpebra

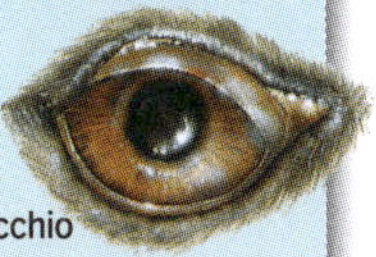

I cani hanno una membrana chiamata "terza palpebra" che protegge i loro bulbi oculari. Scivola sull'occhio per eliminare lo sporco.

❍ I cani selvatici abitano quasi tutte le regioni del mondo, tranne l'isola africana del Madagascar e la Nuova Zelanda. Molte specie di cani selvatici sono in pericolo di estinzione perché vengono cacciate o perché i loro habitat vengono distrutti. I cani domestici, tuttavia, stanno prosperando e si trovano quasi ovunque vivano gli esseri umani.

Conosciuti per la loro astuzia, i coyote vivono spesso vicino agli esseri umani e possono attaccare gli animali da compagnia.

❍ Il cane selvatico più grande è il lupo grigio, che può misurare fino a 1,5 m di lunghezza e può pesare fino a 60 kg. I lupi vivono in gruppi familiari chiamati branchi che contano da otto a dodici esemplari. Cacciano in gruppo e possono uccidere animali, come i caribù, molto più grandi di loro.

❍ I lupi rossi sono più piccoli e più rari dei loro parenti grigi. Vivono solo nella Carolina del Nord, negli Stati Uniti, e si ritiene che ce ne possano essere solo 100 esemplari vivi in natura.

Sorprendente!

I cani domestici sono un milione di volte più bravi degli umani a fiutare il sudore.

❍ Le prime creature simili ai cani si sono evolute circa 30 milioni di anni fa, e i primi lupi sono apparsi circa 300.000 anni fa. Tutti i membri della famiglia dei cani hanno caratteristiche simili – torace ampio e pieno di muscoli, mascelle lunghe e canini affilati, e grandi musi. Hanno un eccellente senso dell'olfatto.

❍ Si ritiene che i cani siano stati addomesticati dall'uomo circa 12.000 anni fa, durante l'ultima era glaciale. Probabilmente nati da lupi e cani selvatici, erano forse utilizzati per la caccia o per scacciare i predatori.

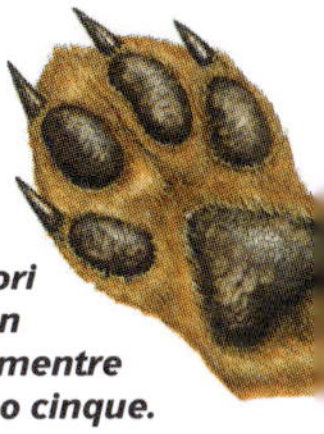

A differenza dei gatti, i cani non possono ritrarre i loro artigli. Le zampe posteriori di un cane terminano con quattro artigli ciascuna, mentre quelle anteriori ne hanno cinque.

Il lupo grigio è l'antenato di tutti i cani domestici. Le somiglianze tra i due sono evidenti.

Fennec

Il canide selvatico più piccolo del mondo è il fennec. Non è più grande di un gatto domestico e vive nelle terre desertiche del Nord Africa, dove caccia lucertole e insetti. Il fennec ha orecchie molto grandi in relazione alle dimensioni del suo corpo e può rilevare suoni molto lievi, anche a grandi distanze.

Come altri membri della famiglia dei canidi, gli sciacalli sono buoni cacciatori. Gli adulti portano il cibo ai loro cuccioli.

❍ I coyote sono corridori molto veloci e possono raggiungere velocità di 65 km/h quando inseguono i conigli. Questi cani selvatici simili a lupi vivono nell'America settentrionale e centrale, e di notte il loro ululato può essere sentito tra montagne e pianure.

❍ I cani selvatici africani vivono in grandi branchi con più di 30 esemplari. Un tempo erano soliti aggirarsi per le pianure africane a caccia di zebre, gnu e antilopi, ma ora il loro numero è molto ridotto.

I cani selvatici africani vivono in enormi branchi da più di 30 esemplari. Hanno perso il loro habitat a causa dell'uomo e di altri animali e sono ora in pericolo di estinzione.

❍ La volpe rossa, un noto appartenente della famiglia dei canidi, è presente in tutta Europa, Asia, America e Australia. Come le altre volpi, le volpi rosse scavano tane sotto terra dove possono proteggere i loro cuccioli.

❍ Gli sciacalli, impavidi difensori dei loro gruppi familiari, sono è in grado di attaccare da soli una iena, cinque volte più pesante. Gli sciacalli sono presenti principalmente nel continente africano e di solito vivono in coppia. Spesso vivono vicino all'uomo e gli rubano il cibo.

Le volpi rosse non sono esigenti in fatto di cibo e cacceranno conigli e lepri, cercheranno coleotteri e larve o mangeranno anche alimenti scartati dall'uomo.

Canidi insoliti

Cane di sant'Uberto
Con le orecchie a sventola e un eccellente senso dell'olfatto.

Cane crestato cinese
Quasi privo di peli, deve indossare la protezione solare.

Chow Chow
Un cane soffice, una delle razze più antiche del mondo.

Shar Pei
Il cane più rugoso, un tempo veniva allevato in Cina per la caccia.

Foche e leoni marini

Le foche e i leoni marini si sono perfettamente adattati alla vita in acqua. La maggior parte vive negli oceani, ma alcuni vivono in grandi laghi e fiumi. Sono sub eccellenti e alcune foche possono rimanere sott'acqua per più di un'ora, anche se, in quanto mammiferi, devono emergere per respirare.

❍ Le foche, i leoni marini e i trichechi appartengono tutti a una famiglia di mammiferi chiamata pinnipedi. I loro corpi hanno la forma di proiettili e sono perfettamente adatti al movimento in acqua. Sono coperti di peli fini e impermeabili e hanno spessi strati di grasso, detto blubber, che li mantiene caldi e funge da riserva di energia per i momenti in cui il cibo è scarso.

❍ I pinnipedi discendono da mammiferi terrestri. I loro arti si sono evoluti, in milioni di anni, per diventare pinne, perfettamente adattate al nuoto.

❍ La foca comune è molto diffusa. Vive negli oceani settentrionali e spesso rimane vicino alla terraferma, recuperando il cibo nei porti e nelle baie. Le foche comuni di solito si nutrono di pesci, calamari e molluschi e possono vivere per 30 anni o più.

❍ Il tricheco è il più grande membro della famiglia dei pinnipedi. Vive lungo le coste artiche e nuota con i suoi arti simili a pinne. Le zanne del tricheco sono canini molto lunghi e possono raggiungere 1 m di lunghezza. Sono usate per combattere durante la stagione degli amori. I trichechi sono animali socievoli e vivono in gruppi, o branchi, di circa 100 esemplari.

Sorprendente!

Il più grande branco di mammiferi del mondo è composto da 1,5 milioni di foche nordiche, che si riproducono su due isole nella regione subartica del Pacifico.

In Australia

I leoni marini australiani si nutrono principalmente di polpi, aragoste e pesci. Vengono cacciati dai grandi squali bianchi.

▲ *Nel XIX secolo le foche da pelliccia antartiche sono state cacciate fino quasi all'estinzione. Ora sono minacciate dalla carenza del loro cibo principale, il krill.*

▼ *Un tricheco ha circa 300 baffi rigidi posti su entrambi i lati del muso, che usa per trovare il cibo in acque torbide.*

❍ Anche se i pinnipedi passano gran parte della loro vita in acqua, rimangono sulla terraferma durante l'accoppiamento e la riproduzione. I maschi stabiliscono e difendono i loro territori sulla terraferma, mentre le femmine si accoppiano con i maschi che hanno i territori migliori. Le femmine tornano a terra quando è il momento di partorire, tra gli otto e i quindici mesi dopo.

❍ I leoni marini australiani sono uno dei pinnipedi più rari, con soli 3.000-5.000 esemplari viventi oggi. I maschi possono raggiungere fino a 2,5 m di lunghezza e pesare fino a 300 kg. Sono mammiferi molto socievoli, vivono in grandi gruppi, e ritornano a terra per accoppiarsi e riprodursi. La gestazione (gravidanza) dura 18 mesi. Tuttavia, molti cuccioli vengono uccisi, principalmente da leoni marini adulti.

Un cucciolo di foca della Groenlandia ha una pelliccia bianca che lo mimetizza tra la neve e il ghiaccio nel suo habitat settentrionale.

❍ Quando una foca si immerge in profondità, il suo battito cardiaco rallenta da 55 a 120 battiti al minuto a soli 4-15 battiti al minuto. Respirando più lentamente, la foca ha bisogno di meno ossigeno e può rimanere più a lungo sott'acqua.

❍ Un terzo del peso totale di un tricheco è costituito da grasso. Questo strato isolante protegge anche il tricheco durante i combattimenti. Nei mesi estivi i trichechi si colorano di rosa perché i loro vasi sanguigni si espandono per disperdere calore e raffreddare il corpo.

I lamantini sono nuotatori aggraziati che si muovono nell'acqua come al rallentatore. Possono nuotare stabilmente a 8 km/h, sterzando con le pinne e muovendo la coda su e giù. In acque poco profonde i lamantini usano le loro pinne per camminare lentamente sul fondo del mare.

❍ Le foche della Groenlandia vengono raramente a terra. Passano la maggior parte della loro vita nuotando in mare o riposando sugli iceberg. I loro cuccioli nascono addirittura sul pack galleggiante. I giovani cuccioli hanno una pelliccia bianca, morbida e setosa, che sviluppa marcature più scure nei mesi successivi.

Le foche della Groenlandia appena nate hanno una pelliccia soffice e giallastra. Questa prima diventa bianca, poi corta e grigia in età adulta.

Le foche comuni sono le più diffuse e numerose di tutte le foche.

Dugonghi e lamantini

Lamantino

Dugonghi e lamantini sono simili per forma del corpo alle foche, ma appartengono a una diversa famiglia di mammiferi: i sireni. I suoi membri sono simili nell'aspetto, ma i lamantini hanno la coda arrotondata, mentre i dugonghi hanno la coda a mezzaluna. Sono gli unici mammiferi marini che si nutrono di piante al mondo. Molto tempo fa, i lamantini venivano scambiati per sirene. I sireni si riproducono molto lentamente e ogni anno ne muoiono più di quanti ne nascano, e ciò avvicina queste insolite creature all'estinzione. I sireni vivono nel mare, negli estuari e nei fiumi. La loro dieta vegetale produce grandi quantità di gas nelle viscere, che li aiuta a galleggiare in acqua.

Balene e delfini

Gli oceani e i mari coprono due terzi del pianeta. Brulicano di vita e di cibo, quindi non c'è da meravigliarsi che, molto tempo fa, i mammiferi siano tornati in acqua. Le foche, i leoni marini e i trichechi sono superbi nuotatori, ma solo le balene e i delfini hanno veramente imparato a vivere in mare.

Canto di balena

Si sa che le balene sono animali intelligenti e che sono in grado di comunicare tra loro in modi complessi, anche se i loro metodi non sono del tutto compresi. Alcune balene comunicano con una gamma di suoni che gli esseri umani non possono sentire, e le megattere maschio cantano elaborate "canzoni" che durano circa 20 minuti, forse per corteggiare le femmine.

Sorprendente!

Un capodoglio può rimanere sott'acqua, trattenendo il respiro, fino a due ore.

❍ Si crede che i primi mammiferi si siano evoluti da animali terrestri che si sono spostati in mare per sfuggire ai predatori. Questo probabilmente accadde circa 50 milioni di anni fa, ma le balene non vissero completamente nell'acqua fino a circa 5-10 milioni di anni fa - un tempo molto breve nell'evoluzione.

❍ Balene, delfini e focene appartengono tutti alla famiglia dei mammiferi chiamati cetacei. Possono sembrare molto diversi dai mammiferi che vivono sulla terraferma, ma hanno tutte le caratteristiche dei mammiferi, come respirare aria, partorire e nutrire i loro piccoli con il latte.

Quando sono spaventati, i lagenodelfini nuotano vicini compiendo molti balzi.

Delfino dell'Indo

Il delfino dell'Indo ha occhi minuscoli ed è quasi cieco. Si sposta nell'acqua fangosa usando l'ecolocalizzazione e trascinando la pinna attraverso il letto del fiume.

❍ Poiché, come tutti i mammiferi, le balene e i delfini hanno i polmoni, tendono a venire in superficie per respirare ogni dieci minuti circa, anche se possono rimanere sott'acqua fino a 40 minuti.

❍ Si pensa che la balenottera azzurra sia la creatura più grande che sia mai vissuta sul pianeta. Nonostante le sue grandi dimensioni, si nutre solo di piccole creature, il krill. Al posto dei denti, ha grandi piastre cornee, chiamate fanoni, che intrappolano le creature come un setaccio. Le balenottere azzurre divorano fino a 4 tonnellate di krill al giorno in estate - 4 milioni di krill al giorno.

Il capodoglio è una delle più grandi balene subacquee e può eseguire questa sequenza ogni volta che si immerge nelle fredde e scure profondità dell'oceano.

1. Il capodoglio affiora in superficie e inspira ed espira più volte
2. Raddrizza il suo corpo e scompare sotto la superficie
3. Poi riappare e comincia a inarcare la schiena

La susa atlantica abita principalmente in acque poco profonde, ma è solita nuotare vicino alle barche da pesca, dove può nutrirsi di ricchi banchi di pesce.

❍ Le balene grigie si nutrono sul fondale marino: si immergono fino a 100 m di profondità sul fondo dell'oceano e solcano il fango con la bocca per raccogliere molluschi, vermi e altri animali del fondale marino.

❍ Per secoli le balene sono state cacciate dall'uomo. Il valore del loro grasso, delle ossa e della carne bilanciava il pericoloso compito di rintracciare e uccidere questi mammiferi. Nell'ultimo secolo, con l'aiuto di navi più sicure ed efficienti, l'uomo ha portato alcune popolazioni di balene sull'orlo dell'estinzione.

❍ La maggior parte dei delfini vive negli oceani o nei mari, ma alcuni si sono adattati alla vita in acqua dolce. Questi delfini di fiume sono timidi e si sa poco di loro, tranne che, a causa della competizione per il cibo e degli effetti dell'inquinamento, sono in pericolo di estinzione.

❍ I gruppi di delfini comuni, che viaggiano e si nutrono insieme, possono contare fino a 2.000 esemplari. Possono seguire le barche e aiutare gli esseri umani nell'acqua tenendoli a galla e allontanando gli squali. Un gruppo di delfini è chiamato pod.

Le megattere si nutrono risalendo attraverso banchi di pesci con la bocca aperta e la pelle della gola che si gonfia. Raccolgono l'acqua, la spingono fuori attraverso i fanoni e mangiano il cibo rimasto all'interno della bocca.

I lagenorinchi scuri preferiscono le acque calde e poco profonde e vivono in gruppi composti da fino a 1.000 esemplari.

❍ Alcune balene e delfini possono trovare e catturare le loro prede usando l'ecolocalizzazione. Trasmettono dei suoni e usano gli echi per capire dove si trova la preda. Anche se non hanno l'olfatto – che sarebbe inutile sott'acqua – le balene hanno un udito eccellente.

Le orche sono grandi predatori delle profondità marine. Sono in realtà un tipo di delfino, piuttosto che una balena, e possono raggiungere i 9 m di lunghezza.

4. Inarcando la schiena e inclinando la testa verso il basso, si prepara a tuffarsi

5. La coda è sollevata dall'acqua mentre comincia a tuffarsi

6. Il capodoglio si immerge nel buio dell'oceano

Lemuri e lori

***L**emuri, lori, tarsi e aye-aye appartengono alla famiglia dei primati, insieme a scimmie ed esseri umani. Come tutti i primati, hanno grandi cervelli e mani ben sviluppate con pollici prensili. Possiedono grandi occhi rivolti in avanti che permettono loro di vedere e cacciare di notte.*

Gli strepsirrini si muovono lentamente e possono rimanere completamente immobili per ore se sono minacciati o spaventati.

❍ Il maki ursino è una proscimmia che si muove lentamente ed è attiva di notte. Vive nelle foreste pluviali dell'Africa centrale dove si nutre principalmente di vermi, bruchi e simili larve. Come altre proscimmie, gli strepsirrini hanno occhi enormi che possono riflettere la luce, migliorando la loro visione durante la notte.

❍ L'aye-aye, un parente stretto del lemure, usa il suo lunghissimo dito medio per battere su tronchi e rami, poi rimane in ascolto per individuare gli insetti all'interno. Ha orecchie enormi e può sentire le larve che masticano il legno sotto la corteccia. L'aye-aye rosicchia il legno per fare un buco e raccoglie le larve con il dito medio.

❍ I lemuri si spulciano a vicenda usando un artiglio speciale su un dito e i loro denti anteriori, che assomigliano a un pettine.

Si credeva che gli aye-aye fossero estinti, ma ora vengono allevati in cattività e poi restituiti alla natura in Madagascar.

I lemuri passano la maggior parte del loro tempo sugli alberi. La varecia salta e si arrampica con facilità, grazia e velocità, afferrando i rami mentre si bilancia con la lunga coda.

❍ Lemuri, lori e aye-aye sono più primitivi delle scimmie e sono collocati in un gruppo a parte, le proscimmie. Questi mammiferi hanno il muso e un senso dell'olfatto molto sviluppato.

❍ La maggior parte delle proscimmie vive sugli alberi e può saltare da un ramo all'altro con grande precisione e agilità. I lemuri sono in grado di muoversi rapidamente, mentre i lori tendono a strisciare più lentamente lungo i rami e i tronchi degli alberi.

Vita sull'isola

Tutti i lemuri vivono sull'isola del Madagascar, dove si sono evoluti in isolamento, separati dalla terraferma africana dal Canale del Mozambico, largo 300 km. I lemuri sono stati in grado di evolversi nelle loro numerose specie del Madagascar principalmente perché non avevano concorrenza da parte di scimmie o altri primati.

Lemuri...

hanno mani e piedi prensili
sono intelligenti e adattabili
hanno gli occhi rivolti in avanti
hanno unghie piatte al posto degli artigli
vivono in gruppi

❍ Nella stagione dell'accoppiamento i lemuri dalla coda ad anelli lottano a colpi di segnali odorosi per conquistare le femmine. Si strofinano i polsi e le code sulle ghiandole odorifere sotto le braccia e il posteriore, poi le agitano contro i rivali per scacciarli.

❍ I tarsi si trovano solo nel sud-est asiatico, comprese alcune parti delle Filippine. Hanno occhi enormi e colli molto flessibili, che permettono loro di ruotare la testa quasi completamente, come fanno i gufi.

❍ Il galagone dalla coda grossa è il più grande di tutti i galagoni, con una lunghezza dal naso alla coda di 75 cm. Vive nella foresta e nel bush dell'Africa orientale e meridionale e ha un'alimentazione varia, che include lucertole e uccelli.

❍ I chirogalei dalla coda grossa dormono durante la stagione secca in luglio e agosto, e utilizzano il grasso immagazzinato alla base della coda.

I lemuri dalla coda ad anelli sono graziosi abitanti delle foreste del Madagascar. Vivono in gruppi fino a 25 esemplari e, come la maggior parte dei lemuri, mangiano frutta, foglie, insetti e fiori.

Colugo delle Filippine

Chiamato impropriamente lemure volante, non è un lemure, né vola. I lemuri volanti (ce ne sono solo due specie) vivono nei boschi e nelle montagne del sud-est asiatico, dove sono comuni. Planano in aria per mezzo di membrane che si estendono dal collo alla punta delle dita delle mani e dei piedi e alla coda. Quando membrane si estendono, funzionano come un aquilone e permettono all'animale di saltare e planare in sicurezza da un albero all'altro, fino a distanze di 130 m.

I galagoni, come questo galagone minore, hanno grandi occhioni simpatici.

Sorprendente!

Il sifaka di Verreaux ha un richiamo di allarme per avvertire della presenza di rapaci e un altro per i serpenti.

❍ Il lori lento si insinua silenziosamente e furtivamente sulla sua preda e si lancia di scatto in avanti per afferrarla. Questo mammifero abita le foreste del sud-est asiatico e ha un'ottima visione notturna grazie ai suoi enormi occhi.

Il tarsio rimane immobile su un ramo e, quando una lucertola, un topo o un insetto gli passa accanto, scatta rapidamente.

I lori sono normalmente più piccoli dei lemuri e hanno occhi più grandi. Tendono anche a muoversi più lentamente dei lemuri.

Piccole scimmie

Le scimmie sono creature dinamiche, attive e curiose che vivono in gruppi, saltano sugli alberi ed emettono vari rumori, fischi e grida. La maggior parte dei tipi di scimmie vive in gruppi sociali, spesso guidati da un maschio dominante e possente. Le scimmie, come tutti i primati, sono intelligenti, imparano velocemente e hanno una buona memoria.

I callicebi grigi si nutrono di larve, frutti e altra materia vegetale. Vivono nella regione del bacino amazzonico del Sud America.

- Le scimmie appartengono al gruppo dei mammiferi primati, ma si dividono ulteriormente in due gruppi: Vecchio Mondo e Nuovo Mondo. Le scimmie del Vecchio Mondo (dall'Africa e dall'Asia) hanno musi più piatti. Le scimmie del Nuovo Mondo (dalle Americhe) hanno code lunghe e prensili e musi più lunghi.

- Il mandrillo è un tipo di babbuino che vive nelle foreste dell'Africa occidentale. Un mandrillo maschio può pesare fino a 90 kg, ma le femmine sono molto più piccole e le loro striature meno brillanti.

- I colobi bianchi e neri orientali sono animali comuni in tutta l'Africa centrale, anche se raramente scendono dagli alberi. La mattina e la sera cercano il cibo nelle cime degli alberi e seguono una dieta a base di piante, soprattutto foglie.

- Alcune femmine di colobo rosso in Gambia si coalizzano per attaccare, e persino uccidere, i maschi diversi dagli altri. Possono anche spostarsi in compagnia dei cercopitechi diana, perché più bravi a individuare gli scimpanzé che predano i colobi.

I colobi che vivono sugli alberi si rilassano durante il caldo di mezzogiorno e si puliscono a vicenda. Vivono in gruppi di quattro o cinque scimmie, guidate da un maschio.

Sorprendente!

Le scimmie ragno usano le loro code per aggrapparsi ai rami bassi e bere.

I cercopitechi verdi sono eccellenti comunicatori ed emettono diversi suoni per avvisare della presenza di predatori.

Primati intelligenti

Le scimmie, come questi macachi giapponesi, hanno crani voluminosi per ospitare i loro grandi cervelli. Vivono in gruppi sociali complessi. I membri del gruppo si guardano le spalle l'un l'altro per trovare cibo e riparo e tutti tengono d'occhio i predatori. Fanno anche squadra per occuparsi dei membri più giovani del gruppo. I primati sono ottimi comunicatori. Possono esprimere stati d'animo – come paura, rabbia o piacere – usando le espressioni facciali, il linguaggio del corpo e i suoni.

I lagothrix hanno corpi robusti e compatti e muscoli potenti. La loro forza è essenziale per saltare e oscillare tra gli alberi.

❍ Tutte le scimmie possono muoversi tra gli alberi con grande facilità, spesso usando una lunga coda prensile come quinto arto. Le estremità delle zampe dei babbuini, tuttavia, sono più adatte a camminare che ad afferrare i rami.

❍ Le scimmie si muovono normalmente con quattro arti, ma possono accovacciarsi, o anche camminare su due zampe. Ciò libera i loro arti anteriori per la raccolta del cibo, la pulizia e per tenere in braccio i loro piccoli.

❍ Mentre molte scimmie del Nuovo Mondo vivono in grandi gruppi, i callicebi grigi formano stretti legami di coppia: un maschio e una femmina rimangono insieme per difendere il loro territorio e badare ai piccoli.

❍ Le scimmie ragno si trovano nelle giungle dell'America centrale e meridionale. Sono famose per le loro code prensili, prive di peli nella parte inferiore in modo da poter afferrare i rami, così come sostenere il loro peso. Vivono in grandi gruppi.

❍ Sottile e con le zampe lunghe, una scimmia di Patas può arrampicarsi molto meglio di un umano e può anche correre più velocemente - raggiungendo i 50 km/h. Un maschio anziano ed esperto guida il suo branco di una decina di femmine e dei loro piccoli. Si nutrono a terra di giorno e dormono di notte.

Colore sano

Si pensa che i colori accesi indichino una buona salute in un animale. Le femmine di macaco preferiscono accoppiarsi con i maschi che hanno il muso roseo, e sono più propense a ignorare i maschi con la carnagione chiara.

❍ Gli uistitì e i tamarini sono piccole scimmie del Nuovo Mondo. Vivono spesso in gruppi sociali in fitte foreste. Le femmine normalmente danno alla luce due gemelli che sono trasportati principalmente dal padre.

I babbuini verdi sono di colore verde oliva e vivono in gruppi sociali molto uniti, fino a 140 esemplari.

Quando le femmine di scimmia ragno raggiungono la maturità, devono lasciare il loro branco e unirsi a un altro.

L'elegante e snello eritrocebo è uno dei primati più veloci e può muoversi rapidamente sulla terra e sugli alberi.

Grandi scimmie

Le grandi scimmie sono i nostri parenti viventi più prossimi. Hanno teste e cervelli grandi, rispetto alle dimensioni del corpo, occhi rivolti in avanti, arti anteriori più lunghi di quelli posteriori e nessuna coda. Gorilla, scimpanzé e oranghi fanno parte delle cosiddette grandi scimmie.

Come gli altri piccoli di scimmia, il giovane orangutan dipende dalla madre per il latte e le cure. Resterà con lei fino a quando avrà circa otto anni. Nonostante le leggi ideate per proteggerli, i giovani oranghi vengono a volte rapiti e venduti come animali domestici.

- Gli scimpanzé sono ormai rari nel loro habitat naturale – le savane, la boscaglia e le foreste dell'Africa centrale. Devono affrontare la distruzione delle loro zone d'origine e la cattura illegale per il commercio di animali domestici.
- Come le altre grandi scimmie, gli scimpanzé seguono una dieta vegetariana, ma mangiano anche termiti, formiche e bruchi. Gruppi di maschi a volte si uniscono per cacciare altri animali, come piccoli cervi o uccelli. Ci sono stati persino casi di attacchi e uccisioni di altri scimpanzé.
- Se uno scimpanzé trova un albero carico di frutta, tamburella su un tronco ed emette forti grida per chiamare altri scimpanzé a condividere il banchetto. Gli scimpanzé possono emettere più di 30 richiami con diversi significati.
- Ci sono due tipi principali di gorilla: occidentale e orientale (che comprende il gorilla di montagna). Entrambi i tipi sono in pericolo a causa del bracconaggio e della distruzione dei loro habitat nella foresta.

In gruppo o no?

La maggior parte delle grandi scimmie vive in gruppi sociali o in coppia, ma gli oranghi vivono soli.

- I gorilla, enormi e muscolosi, sono animali pacifici che trascorrono gran parte del loro tempo a terra, mangiando materiale vegetale nelle fitte foreste africane. Di notte fanno i nidi sugli alberi piegando i rami insieme.
- Un gorilla maschio adulto è riconoscibile per via della pelliccia più grigia, a cui si deve il nome di silverback. I gorilla giocano con i loro piccoli e proteggeranno i loro gruppi familiari, anche fino alla morte. Per catturare i giovani esemplari (destinati agli zoo o come animali domestici illegali), i bracconieri a volte devono uccidere l'intera famiglia.

Con i suoi 80 kg, l'orangutan maschio è due volte più grande della femmina.

Una giovane scimmia dipende dalla madre durante i suoi primi anni, e può morire presto se dovesse essere separata da lei.

La pulizia è una parte essenziale della routine quotidiana di uno scimpanzé. Aiuta a creare forti legami tra gli individui e a stabilire l'ordine gerarchico del gruppo.

Scimmie abili

Le grandi scimmie sono animali altamente intelligenti e sociali con grandi capacità di comunicazione e di apprendimento. Nei test sono stati in grado di risolvere problemi complessi e possono persino imparare il linguaggio dei segni. Scimpanzé, oranghi e gorilla sono stati visti usare strumenti: un tempo era ritenuta una caratteristica esclusivamente umana. Gli oranghi, come gli scimpanzé, usano i bastoni come strumenti per frugare nelle fessure ed estrarre insetti gustosi, o per grattarsi la schiena. I gorilla sono stati osservati mentre testano la profondità di un fiume con un bastone, per poi usarlo per restare in equilibrio mentre attraversano il fiume.

- Gli oranghi vivono solo nelle fitte foreste di Sumatra e del Borneo. Sono rari, timidi e difficili da avvistare. I loro menti bruno-rossastri brillanti diventano lunghi e ispidi con l'età. Passano molte ore a mangiare frutti morbidi, come fichi e manghi, ma si nutrono anche di foglie, germogli, noci e, occasionalmente, piccoli animali.

- Gli oranghi passano molto più tempo sugli alberi rispetto alle altre grandi scimmie e sono i più grandi mammiferi arboricoli del mondo. Vengono cacciati dalle tigri e dai leopardi nebulosi, ma la più grande minaccia alla loro sopravvivenza è il taglio degli alberi nelle loro foreste.

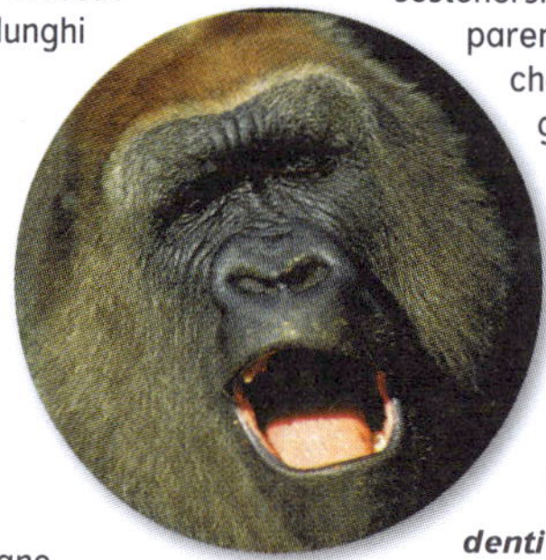

- I gibboni hanno le braccia più lunghe rispetto alle dimensioni del corpo tra tutti i primati e possono sostenersi con un braccio solo. Sono parenti stretti degli oranghi più che degli scimpanzé e dei gorilla. Alcuni gibboni vivono in coppie composte da un maschio e una femmina e "cantano" l'uno all'altro per rafforzare la loro relazione.

Nonostante le loro dimensioni e gli enormi denti canini, i gorilla non sono normalmente animali aggressivi, a meno che non vengano attaccati.

Sorprendente!

La popolazione dei gorilla di montagna sta lentamente crescendo grazie al lavoro di conservazione. Gli ultimi rapporti suggeriscono l'esistenza di circa 700 esemplari.

Le scimmie e la maggior parte dei primati si muovono rapidamente tra gli alberi con le braccia e dondolandosi in avanti da un ramo all'altro. Questo metodo di locomozione è chiamato brachiazione.

Glossario

Accoppiamento Il modo in cui un esemplare maschio e un esemplare femmina della stessa specie si uniscono per riprodursi.

Acquatico In acqua, o che ha a che fare con l'acqua.

Addomesticato Animale abituato alla presenza all'uomo, come gli animali domestici e da fattoria.

Antenato Un animale vissuto molto tempo fa, da cui discende uno degli animali odierni.

Artiodattili Mammiferi ungulati con un numero pari di dita su ogni zoccolo.

Avorio Dura sostanza bianca di cui si compongono le zanne di elefanti e trichechi.

Babbuino Scimmia con un muso che ricorda quello dei cani.

Bestie da soma Animali che vengono utilizzati per trasportare carichi.

Blubber Strato spesso di grasso che tiene caldi i mammiferi marini.

Bovidi Membri della famiglia dei bovini.

Brachiazione Il modo in cui le scimmie si dondolano sugli alberi usando le braccia per passare da un ramo all'altro.

Branco Gruppo di mammiferi, come i cavalli o gli elefanti.

Canide Membro della famiglia dei cani.

Canino Dente a forma di zanna, usato per affondare nella carne e strappare il cibo.

Carnivoro Animale che mangia principalmente o unicamente carne.

Cetaceo Membro della famiglia delle balene.

Colonia Un gruppo di animali che vivono insieme.

Conservazione Protezione attenta degli animali, delle piante e dei loro habitat.

Continente Grande area di terra circondata da acqua, come l'Africa.

Corteggiamento Comportamento che avviene prima dell'accoppiamento.

Ecolocalizzazione Un metodo usato da alcuni animali per trovare la preda o la propria posizione.

Endotermico A sangue caldo; si dice di un animale che può mantenere costante la sua temperatura corporea.

Equide Membro della famiglia dei cavalli.

Era glaciale Un lungo periodo di tempo in cui la Terra è fredda e i ghiacciai coprono gran parte della sua superficie.

Erbivoro Animale che si nutre principalmente o unicamente di piante.

Esotermico A sangue freddo; si dice di un animale che non può controllare la sua temperatura corporea.

Estinzione Avviene quando tutti gli esemplari di una specie animale muoiono.

Estuario L'habitat dove l'acqua dolce di un fiume incontra l'acqua salata di un mare o di un oceano.

Evoluzione Processo attraverso il quale animali e piante cambiano e si sviluppano per lunghi periodi di tempo.

Fanone Materiale corneo nelle mascelle superiori di alcune balene.

Felidi La famiglia dei gatti.

Fogliame Foglie e rametti di un albero.

Foraggiamento Ricerca di cibo.

Foresta pluviale Un grande habitat con alberi che riceve molta pioggia durante l'anno.

Fossile Resti di un animale o di una pianta che si sono conservati come pietra nel tempo.

Geni Istruzioni o informazioni, sotto forma di DNA chimico, su come il corpo si sviluppa, cresce e funziona.

Gestazione Il tempo necessario a un essere vivente per crescere all'interno della madre (o all'interno di un uovo).

Ghiandola Parte del corpo che produce ormoni o altre sostanze necessarie al corpo.

Gibbone Scimmia che vive sugli alberi con lunghi arti e senza coda.

Grandi scimmie Scimmie senza coda o con una coda molto corta.

Habitat Il luogo in cui vive un animale o una pianta.

In via di estinzione Una specie animale o vegetale che potrebbe non esistere più.

Incisivo Dente da taglio.

Incubazione Periodo in cui un giovane animale resta al caldo per svilupparsi.

Insettivoro Animale che si nutre principalmente o unicamente di insetti.

Invertebrati Animali senza spina dorsale.

Krill Piccole creature simili a gamberi che vivono negli oceani.

Lagomorfo Un membro della famiglia dei conigli e delle lepri.

Letargo Un periodo di riposo e di sonno profondo che si verifica durante l'inverno.

Lichene Un tipo di pianta che cresce come macchie crostose, o piccoli cespugli, su rocce o alberi.

Mammut Un parente estinto dell'elefante.

Mandria Gruppo di maiali o pecari.

Matriarca La femmina leader di un gruppo di animali.

Migrazione Spostamento degli animali per trovare condizioni migliori in fatto di cibo o clima.

Mimetizzazione Disegno o colore che si confonde con l'ambiente circostante.

Molare Dente che tritura il cibo.

Monotremo Mammifero che depone le uova e può avere una tasca ventrale.

Muso L'insieme delle mascelle e del naso di alcuni animali, come i cani.

Mustelidi Membri della famiglia delle lontre.

Nativo Che appartiene a, o proviene da, una certa zona.

Nettare Liquido dolce prodotto dai fiori.

Notturno Attivo di notte.

Nutrienti Elementi contenuti negli alimenti ed essenziali per una vita sana.

Onnivoro Animale che segue una dieta varia.

Opportunisti Animali che mangiano quasi tutto quello che trovano, come i ratti.

Ormone Una sostanza chimica che trasporta messaggi nel corpo.

Ossigeno Il gas di cui gli animali hanno bisogno per respirare.

Palco Le corna di un membro della famiglia dei cervi.

Palude Terra umida, di solito tra la terraferma e un fiume o un lago.

Pascolare Nutrirsi in pascoli o prati.

Pinna pettorale Gli arti dei mammiferi marini adattati al movimento in acqua.

Pinnipede Membro della famiglia delle foche.

Placenta Organo speciale che fornisce il nutrimento alla nuova vita presente in un animale durante la gravidanza.

Pod Gruppo di balene o delfini.

Posatoio Sistemazione per riposare o dormire – un posto dove dormono i pipistrelli.

Preda Un animale che viene cacciato da un altro.

Predatore Un animale che caccia, o preda, altri animali.

Prensile In grado di afferrare.

Primate Membro della famiglia delle scimmie.

Respirazione Scambio di gas che avviene tramite i polmoni quando respiriamo.

Riproduzione Metodo con il quale gli animali o le piante creano altri esemplari della loro specie.

Roditore Piccolo animale che rosicchia, come un topo o un ratto.

Rovistare Scavare tra i rifiuti alla ricerca di cibo scartato o avanzato.

Savana Praterie in Africa.

Siccità Lungo periodo di clima secco, che spesso porta a una carenza d'acqua.

Specie Un tipo di animale o di pianta che si riproduce unicamente con altri simili.

Tana Covo o nascondiglio sotterraneo di animali selvatici, come il tasso.

Terapside Probabile antenato dei mammiferi.

Territorio Un'area o un luogo dove un animale vive e si nutre, e che difende scacciando gli altri esemplari della sua specie.

Tundra Enorme area di terra priva di alberi vicino all'Artico.

Ungulato Animale con gli zoccoli.

Vertebrato Animale con una spina dorsale.

Indice

I numeri di pagina in grassetto si riferiscono alle voci principali; i numeri di pagina in corsivo si riferiscono alle illustrazioni e alle didascalie.

A

B

C

D

Q

R

Vorwort

Wenn der verführerische Duft eines frischen, knackigen Brotes aus dem Ofen weht, läuft einem sofort das Wasser im Munde zusammen. Dass Brotbacken nicht aufwendig sein muss, beweist das 5-Zutaten-Prinzip. Mit maximal fünf Hauptzutaten, ergänzt durch einige Basics wie z. B. Gewürze, zaubern Sie köstliche Brote, Brötchen und Co. auf den Tisch, die mit Knusperkrusten und leckeren, weichen Krumen punkten. Für die Brotrezepte in diesem Buch müssen Sie keine lange Einkaufszettel „abarbeiten" oder mit vielen Zutaten und komplizierten Zubereitungsschritten lange in der Küche hantieren, sondern können sich voll und ganz dem Backspaß und dem anschließenden Brotgenuss widmen. Und anstatt an ein bestimmtes Angebot gebunden zu sein, können Sie die Rezepte ganz nach eigenem Geschmack abwandeln und variieren.

Ob zum Frühstück, zum Brunch, als Pausensnack oder für ein festliches Partybüfett: Aus der eigenen Backstube schmeckt es einfach am besten! Wie wäre es z. B. mit herzhaften Knoblauchknoten, einer mediterranen Rosmarin-Focaccia, einem würzigen Zwiebelbaguette oder einem fluffigen Hefezopf? Probieren Sie doch auch einmal ein trendiges No-Knead-Brot, das ganz ohne mühsames Kneten gelingt. Oder servieren Sie ein leckeres Pull-Apart-Brot, Käse-Cracker oder italienische Knabberkringel zur nächsten Party! Und selbst süße Desserts wie French Toast mit Erdbeeren oder Brotpudding gelingen mit diesen Rezepten mühelos.

Dass es sich lohnt, selbst zum Brotbäcker zu werden, werden Sie dabei schnell merken. Denn Geruch, Geschmack und Konsistenz von Selbstgebackenem sind einfach unverwechselbar! Worauf warten Sie also? Nichts wie ran an den Teig!

Viel Spaß beim Backen und Genießen!

Einleitung

Brot gehört zu den grundlegenden Nahrungsmitteln unserer heutigen Ernährung. Bei vielen fertig zu kaufenden Backwaren bleiben jedoch Geschmack und Konsistenz oftmals auf der Strecke. Inzwischen heißt es daher vermehrt: Zurück zu den Wurzeln und Besinnung auf das Traditionelle. Daher setzen immer mehr Backwaren-Fans auf Brote, die handwerklich gefertigt sind – Brot, das noch nach Brot duftet, satt macht und dem Körper guttut. Was liegt da näher, als selbst den „Kochlöffel“ in die Hand zu nehmen? Und das geht mit dem 5-Zutaten-Prinzip ganz einfach! Jedes der Rezepte in diesem Buch kommt mit maximal fünf Zutaten aus – einige davon sogar mit weniger! Sie müssen vor dem Backen also keinen Großeinkauf erledigen. Zu den Hauptzutaten kommen dann noch einige wenige Standardzutaten wie z. B. Salz, Zucker oder Öl hinzu, die nur in geringen Mengen verwendet werden und die Sie meist ohnehin schon im Haus haben. So steht dem unkomplizierten Backvergnügen nichts mehr im Weg!

Kleine Brotgeschichte

„Erfunden“ wurde das „Brot“ (von althochdeutsch: prôt) schon vor rund 10.000 Jahren, als unsere Vorfahren begannen, Getreide anzubauen. Mischten sie anfangs noch zerstoßene Einkorn- und Emmer-Körner mit Wasser, um diese anschließend als nahrhaften Brei zu essen, kam ein kluger Kopf irgendwann auf die glorreiche Idee, diesen Brei auf einem heißen Stein oder in Asche zu backen. Das harte „Fladenbrot“ sättigte genauso gut, war aber länger haltbar als der Getreidebrei. Das erste lockere Brot, das unserem ähnelte, bereiteten vor rund 6000 Jahren die alten Ägypter in Steinöfen zu. Sie verstanden sich auch schon auf den Prozess der Gärung mithilfe von Hefepilzen und Milchsäurebakterien aus der Luft. Letz-

tere vermehren sich im Teig, setzen dabei Kohlendioxid frei und lockern den Teig. Die Römer perfektionierten die Brotbackkunst in „Großbäckereien" und machten sie schließlich auf ihren Eroberungszügen in ganz Europa bekannt. Bereits vor 1300 Jahren wurden in den mittelalterlichen Städten Deutschlands die ersten Bäckereien eröffnet. Besonders geschätzt war zu dieser Zeit das Weißbrot. Dementsprechend teuer war es auch, sodass die einfache Bevölkerung es sich nicht leisten konnte. Stattdessen mussten die weniger Wohlhabenden sich mit dunklem Brot begnügen. Aus diesen Anfängen hat sich Brot zu einem wichtigen Bestandteil unserer Ernährung entwickelt. „Brot und Salz, Gott erhalt's", sagt man, wenn man lieben Menschen zum Einzug in ihr neues Heim traditionell eben dieses überreicht und ihnen damit viel Glück in ihren neuen vier Wänden wünscht.

Klassiker und Trend-Brote

Bei vielen Menschen stehen Brot und Brötchen jeden Tag auf dem Speiseplan – ob zum Frühstück, als Zwischenmahlzeit, zum Abendbrot oder auf dem Partybüfett. Doch wie so vieles andere unterliegt auch unser Brotgeschmack einem steten Wandel. Und so kommen auch beim Brotbacken immer wieder neue Trends auf. Schon längst haben internationale Brotklassiker wie z. B. Knäckebrot, Baguette, Focaccia, Ciabatta, Pita-Brot, Naan-Brot oder Brioches auch in unsere Küchen Einzug gehalten. Und inzwischen haben auch „Fitnessbrote" wie Chia- und Eiweißbrot unsere Gaumen erobert. Sie können zu einer bewussten Ernährung beitragen, indem sie unseren Körper mit wichtigen Nährstoffen versorgen und teilweise sogar Diäten unterstützen. Letzteres gilt z. B. für gesunde Low-Carb-Brote oder -Brötchen. Sie enthalten viel Eiweiß und wenige Kohlenhydrate und fügen sich damit in die Diätpläne vieler Abnehmwilliger ein.

Trendige Partybrote

Dass jedoch nicht nur Gesundheitsbewusstsein beim Brotbacken im Vordergrund steht, beweisen die trendigen Partybrote. So haben z. B. Zupfbrote bzw. Pull-Apart-Breads schon vor einigen Jahren ihren Siegeszug angetreten. Sie sind ein

absoluter Hingucker auf jedem Partytisch oder -büfett und machen immer wieder etwas her. Außerdem sind sie kinderleicht zuzubereiten: Alles, was Sie dafür benötigen, ist ein Laib Brot, den Sie rautenförmig einschneiden. Die Zwischenräume füllen Sie dann nach Belieben, z. B. mit Kräuterbutter, Pesto, Schinken und Käse. Das so gespickte Brot kommt anschließend in den Ofen, bis der Käse geschmolzen ist. Danach kann nach Herzenslust gezupft werden. Und auch extravagante Brotvarianten gibt es mittlerweile zuhauf: Mit Rote-Bete-Saft oder Spinatpigmenten eingefärbt, werden die Brote optisch zu einem echten Highlight.

No-Knead-Bread – Brote ohne Kneten

Wer es sich besonders leicht machen möchte, setzt auf den „No-Knead-Bread"-Backtrend, mit dem knusprige Brote ganz ohne mühsames Kneten gelingen. Verantwortlich hierfür ist die extralange Gehzeit, nach der der Teig nur noch mehrmals gefaltet werden muss. Danach kommt er klassischerweise in einen vorgeheizten ofenfesten Topf mit Deckel. Der Deckel hält das beim Backen verdampfende Wasser im Gefäß. Dadurch bleibt das Brot innen weich, während es außen herrlich knusprig wird. Am besten eignet sich dafür ein gusseiserner Schmortopf, aber auch im Römertopf oder in einem hochwertigen Edelstahltopf können die No-Knead-Breads gebacken werden. Wer sich das Kneten sparen möchte und keinen geeigneten Topf besitzt, kann z. B. Bagels oder Brötchen ohne Kneten herstellen und diese einfach auf dem Backblech backen.

Alles, was ein gutes Brot braucht

Damit Brote und Brötchen gut aufgehen, eine leckere Kruste und eine weiche Krume – so nennt man das Innere des Brotes – bekommen, benötigen Sie nichts weiter als Mehl, Salz, Wasser sowie Hefe, Sauerteig oder Backpulver. Vor allem wer gern und regelmäßig backt, kann sich gleich einen kleinen Vorrat an Backzutaten anlegen. Zu den wichtigsten gehören neben Mehl (z. B. Weizenmehl Type 405), Trockenhefe und Backpulver auch Salz, Öl, Butter oder Margarine. Wer gern süße Brote backt, sollte auch immer Zucker, Honig, Kakaopulver, Vanillezucker oder Vanilleschoten parat haben. Hinzu kommen je nach Belieben Nüsse, Mandeln, Samen und Kerne, Rosinen und Kokosraspel, die den Teig aromatisch verfeinern. Haltbare Vollmilch und Sahne kann man je nach Bedarf hinzukaufen. Wer es hingegen herzhaft mag, ergänzt seinen Vorrat z. B. durch geriebenen Käse, Pesto, getrocknete oder tiefgekühlte Kräuter, Zwiebel und Schinkenwürfel. Die wichtigsten der genannten Basics lernen Sie im Folgenden näher kennen.

Verschiedene Mehlsorten und -typen

Die Basiszutat fürs Brotbacken ist Mehl – und das ist im Handel in verschiedenen Sorten und Typen erhältlich. Die Mehltype gibt dabei die Menge an Mineralstoffen in Milligramm an, die beim Verbrennen von 100 Gramm Mehl übrig bleiben. Ein Mehl der Type 405 –das gängige Haushaltsmehl, das in jedem Vorratsschrank steht und auch für die meisten der Rezepte in diesem Buch geeignet ist – enthält also im Durchschnitt 405 Milligramm Mineralstoffe. Je höher die Typenzahl ist, desto höher ist auch der Mineralstoffgehalt. Vollkornmehl und Vollkornschrot werden nicht typisiert, da in ihnen die maximale Mineralstoffmenge enthalten ist.

Zwischen den Mehlsorten und -typen gibt es durchaus Unterschiede. Wer regelmäßig Brot backt, sollte daher mehr als nur eine kennen. So eignet sich z. B. Weizenmehl Type 405 für Weißbrote, Fladenbrote oder Baguette. Die Type 550 ist etwas kräftiger im Geschmack und ist sowohl für Weißbrot als auch für Brötchen geeignet. Das dunklere Mehl der Type 812 ist hingegen ideal für helle Misch- und Mehrkornbrote. Und Mehl Type 1050 ist ein dunkles Mehl mit kräftigem Geschmack, das sich gut für Mischbrot und andere herzhafte Brote und Brötchen verwenden lässt. Ebenfalls typisiert im Handel erhältlich sind Dinkelmehle. Am häufigsten verwendet wird die Type 630: Dieses Mehl hat einen nussigen Geschmack und lässt sich wie Weizenmehl verwenden. Gleiches gilt für die Typen 812 und 1050.

Glutenfreies Mehl

Gluten findet sich nicht nur in vielen Getreidearten, auch in alten Urkornsorten. Wenn Sie glutenfrei backen wollen oder müssen, weil Sie z. B. an Zöliakie leiden, sollten Sie daher nicht nur Weizen- und Roggenmehl, sondern auch Mehlsorten wie Dinkel, Emmer, Gerste, Grünkern, Hafer und Kamut meiden. Wer glutenhaltiges Mehl nicht verträgt, kann zu einer Allzweck-Mehlmischung aus zwei Teilen glutenfreiem Mehl, einem Teil glutenfreiem Stärkemehl (z. B. Kartoffelstärke) und einem Bindemittel (z. B. Tapioka) greifen. Zu den glutenfreien Mehlen gehören u. a. Buchweizen-, Kastanien- und Amaranthmehl, aber auch Kichererbsen-, Hirse-, Mandel- und Reismehl. Im Handel gibt es auch fertige glutenfreie Mehlmischungen zu kaufen, die sich wie herkömmliches Weizenmehl verarbeiten lassen. Ebenfalls erhältlich, etwa in Reformhäusern, sind glutenfreie Mehlmischungen für dunkles Brot und dunkle Brötchen. Ein Beispiel für ein einfaches glutenfreies Brot mit einer glutenfreien Mehlmischung finden Sie auf Seite 32.

Ohne Triebmittel geht's nicht

Triebmittel, auch Lockerungsmittel genannt, sind Stoffe oder Stoffgemische, die im Zusammenspiel mit Feuchtigkeit und Hitze Gase bilden und so den Teig lockern und ihn an Volumen zunehmen lassen. Sie sorgen dafür, dass der Teig gut aufgeht und Brot oder Brötchen locker und fluffig werden.
Häufig verwendet man als Triebmittel frische und Trockenhefe. Sie werden in warmem Wasser oder in warmer Milch aufgelöst und danach mit Mehl zu einem Teig verrührt. Dieser wird anschließend geknetet, bevor man ihn abgedeckt an

einem warmen, zugfreien Ort gehen lässt. Die Hefepilze lösen einen Gärungsprozess aus und der Teig wird mit zahlreichen Luftbläschen durchsetzt. Dadurch lockert er sich und bläht sich auf. Danach wird er nochmals geknetet, um noch mehr Luft in den Teig zu bekommen und damit sich ein Gluten-(Klebereiweiß-)Netzwerk ausbildet, das den Teig elastisch macht. Wenn der Teig um das Doppelte seines ursprünglichen Volumens aufgegangen ist, ist er bereit für die weitere Verarbeitung.
Besonders für Roggenbrote eignet sich hingegen Sauerteig als Triebmittel, da Roggen im Gegensatz zu Weizen kein elastisches Klebereiweiß enthält. Sauerteig besteht aus Mehl, Wasser, Hefen und Milchsäurebakterien. Letztere machen die Backwaren schön locker und das Brot erhält beim Backen eine saftige Krume.
Da die Herstellung von Sauerteig recht aufwendig ist, kann man sich das Leben erleichtern, indem man zu „Natursauer“ greift, der fertig im Supermarkt, im Reformhaus oder beim Bäcker erhältlich ist.
Mit Backpulver zu backen ist hingegen kinderleicht. Das Teiglockerungsmittel aus Natriumbicarbonat, einem Säureträger und einem Trennmittel sorgt dafür, dass während des Backens Kohlensäure entweicht, die den Teig lockert.

Zutaten zum Verfeinern

Mit Gewürzen, Samen, Nüssen und Trockenobst oder herzhaften Zutaten wie etwa Röstzwiebeln, Chiliflocken, Oliven, getrockneten Tomaten, Käse oder Schinken lassen sich viele Brotrezepte verfeinern oder abwandeln. Auch Kräuter wie Thymian, Oregano und Rosmarin geben vielen Broten das gewisse Etwas.
Ob süß oder herzhaft und pikant: Probieren Sie einfach aus, wonach Ihnen der Sinn steht. Möchten Sie Ihr Brot z. B. mit Gewürzen abwandeln, haben Sie eine große Auswahl. Die Grundgewürze für würziges Brot sind Anis, Fenchel, Kümmel und Koriandersamen. Aber auch der feine Geschmack von Muskatnuss, Nelken, Ingwer, Chilipulver, Bockshornklee, Zimt, Kardamom oder Vanille sind beim Backen sehr beliebt – nicht zu vergessen der kostbare Safran!

Und auch Nüsse, Samen und Kerne sind ein Dauerbrenner beim Brotbacken.
So werden beispielsweise Haselnüsse als Backzutat ganz, gehackt, gehobelt oder gemahlen verwendet, Gleiches gilt für Walnüsse, Mandeln und Pistazien. Samen wie z. B. die ölhaltigen Samen des Mohns oder die Samen der Sesampflanze bringen Abwechslung ins Spiel. Zum Backen geeignet sind zudem Leinsamen, Kürbiskerne, Schwarzkümmel, Haferflocken, Sonnenblumenkerne, Chia- und Hanfsamen.
Wer es hingegen süß und gehaltvoll mag, dem bietet Trockenobst viele Möglichkeiten. Zu den bekanntesten Trockenfrüchten, die sich für süße Brote verwenden lassen, zählen Rosinen, Feigen, Datteln, Pflaumen, Aprikosen und Äpfel. Sie werden meist klein gehackt unter den Teig gezogen und verleihen den fertigen Backwaren ein unverwechselbares Aroma.

Nützliche Brotbackutensilien

Keine Angst: Als Hobbybäcker oder -bäckerin benötigen Sie kein ausgefeiltes Equipment. Utensilien wie Rührschüsseln, Teigschaber, Sieb, Teigrolle oder Schneebesen haben Sie mit Sicherheit ohnehin im Haushalt. Auch eine Küchenwaage gehört in jedem Fall dazu. Am besten eignen sich Digitalwaagen, denn diese wiegen auf das

Gramm genau. Viele Brote werden einfach von Hand geformt und dann auf einem mit Backpapier belegten Backblech gebacken. Andere lassen sich z. B. in einfachen Kastenformen backen. Dies gilt vor allem für weiche, klebrige Teige. Wer sich hingegen für ein No-Knead-Bread entscheidet, benötigt einen ausreichend großen, ofenfesten Topf mit Deckel. Aber auch den haben Sie wahrscheinlich ohnehin im Haus.

Tipps für gutes Gelingen

Brotbacken ist kein Hexenwerk. Einiges gibt es jedoch zu beachten, damit alles gut gelingt und sich keine unliebsamen Überraschungen einstellen. Wenn Sie die folgenden Tipps beherzigen, kann schon fast nichts mehr schiefgehen:

- Bevor Sie loslegen, sollten Sie das Rezept von Anfang bis Ende durchlesen und alle benötigten Utensilien und Zutaten bereitstellen. Braucht der Teig Zeit zum Kühlen oder Aufgehen? Sind alle benötigten Backutensilien und Zutaten vorhanden? Auf wie viel Grad muss der Ofen vorgeheizt werden? Erst wenn alles klar ist und bereitliegt, fangen Sie mit der eigentlichen „Arbeit“ an. Halten Sie sich dabei exakt ans Rezept. Denn beim Brotbacken kommt es auf Genauigkeit an!
- Außer Roggen- und Weizenvollkornmehl sollten alle Mehle immer gesiebt werden. So bilden sich keine Klümpchen, die hinterher zu Luft im Teig führen und Löcher im Brot hinterlassen. Außerdem verbindet sich gesiebtes Mehl leichter mit der zugesetzten Flüssigkeit.
- Viele scheuen sich davor, Hefeteig zuzubereiten, weil sie unsicher sind, was das Gehen des Teigs betrifft. Dabei ist dies gar nicht so schwer: Legen Sie den Teig in eine Schüssel oder einen Gärkorb, decken Sie ihn mit einem sauberen Küchentuch ab und stellen Sie die Schüssel dann an einen warmen Ort (mindestens 25 °C). Im Winter können Sie sie z. B. auf oder in die Nähe einer Heizung stellen. Wenn der Teig dennoch nicht richtig aufgehen will, stellen Sie die Schüssel einfach in den auf 50 °C vorgeheizten Backofen.
- Während bei einem Roggenteig ein bis zwei Minuten Kneten vollkommen ausreichen, sollten Weizenteige mindestens zehn Minuten geknetet werden,

damit sich die Klebereiweiße gut vernetzen können. So verhindert man, dass sich später Lufttaschen im Brot bilden. Ob der Teig ausreichend geknetet wurde, zeigt der „Fenstertest": Dafür einfach ein tischtennisballgroßes Stück Teig vorsichtig auseinanderziehen, bis man durch den Teig sehen kann. Wenn der Teig dabei zerreißt, muss er noch länger geknetet werden.

- Beim Backen ist es wichtig, dass eine konstante Temperatur im Ofen herrscht. Das Öffnen der Backofentür sollte daher absolut tabu sein.
- Dampf hält die Teigoberfläche kühl und elastisch und ermöglicht ein optimales Gebäckvolumen. Stellen Sie dazu einfach eine Tasse Wasser in den Backofen. Durch das Verdampfen bekommen Brot und Brötchen eine schöne Kruste.
- Wenn Sie ein No Knead Bread backen, sollten Sie nicht vergessen, dass der aufgeheizte Topf aus dem Ofen sehr heiß werden kann! Verwenden Sie daher nach dem Vorheizen des Topfes sowie beim Herausnehmen des Brotes nach dem Backen unbedingt Topflappen oder Küchenhandschuhe!
- Ist das Brot fertig gebacken? Prüfen Sie es mit dem Klopftest! Nehmen Sie dazu den Brotlaib vom Blech oder aus der Form und klopfen Sie mit den

Fingern auf die Unterseite. Klingt es dabei hohl, ist das Brot fertig. Hört es sich hingegen ein wenig dumpf an, braucht das Brot noch eine Weile.

- Sind Brot oder Brötchen fertig, heißt es abwarten. Beides backt während des Abkühlens noch nach. Also erst an- oder aufschneiden, wenn das Selbstgebackene vollständig abgekühlt ist.
- Unverpacktes Brot, das nicht sofort verzehrt wird, hält sich in sauberen, trockenen und belüfteten Behältnissen bei 12 bis 18 °C am besten. Dazu gehören Brottöpfe aus Keramik, Brotkästen aus Holz oder Plastik sowie Brotsäcke aus Stoff oder Plastik.

Einfach – aber gut!

In der eigenen Küche Brot oder Brötchen zu backen ist einfacher, als viele denken. Außerdem bereitet es viel Freude, zu beobachten, wie aus einem kleinen Teigling nach der Gehzeit ein großer und daraus nach dem Backen knusprige Brötchen oder ein leckeres Brot werden. Das gute Gefühl, etwas selbst zuzubereiten, das allen schmeckt, ist unvergleichlich.
Dieses Buch macht es Ihnen leicht. Mit nur fünf Zutaten sind Sie für alle Zwecke gewappnet. Neben Klassikern wie Weiß-, Misch- und Vollkornbrot warten auch Trendbrote wie Low-carb- oder Paleo-Brote darauf, ausprobiert zu werden. Wer lieber kleinere Portionen hat, setzt auf Brötchen und Kleingebäck wie z. B. Milchbrötchen oder Brezen. Knabbergebäck wie Cracker und Grissini rundet jeden gemütlichen Abend mit Freunden und Familie ab und ist im Nu zubereitet. Und auch die Partybrote kommen in diesem Buch nicht zu kurz: Ob Zupfbrot, Würstchen im Brotteig, Stockbrot oder selbst gemachte Beilagen für die nächste Grillparty wie Baguette oder Ciabatta – hier bleibt garantiert nichts übrig. Dass es nicht immer herzhaft sein muss, beweisen süße Brote und Brotdesserts wie Bananenbrot und Schokobrötchen, French Toast, Brotauflauf und Scheiterhaufen. Mit den einfachen Rezepten in diesem Buch gelingt das Backen selbst Anfängern und Anfängerinnen problemlos. Also ab an den Herd und nichts wie losbacken!

Klassiker & Spezialbrote

Urkornbrot

Zutaten für 1 Brot

½ Würfel Hefe

500 g Emmermehl

300 ml Milch

5 EL gemischte Kerne und Samen sowie einige zum Bestreuen

außerdem: 1 ½ TL Salz

Pro Brot: ca. 2354 kcal, 92 g EW, 60 g F, 338 g KH
Zubereitung: ca. 15 Min. + Backzeit ca. 1 Std.

1. Hefe in 150 Milliliter lauwarmem Wasser auflösen. Mehl in eine Schüssel geben und mit Milch, Kernen und Samen sowie Salz und Hefewasser in der Küchenmaschine zu einem Teig verkneten. Teig abgedeckt an einem warmen Ort ca. 1 Stunde ruhen lassen.

2. Backofen auf 220 °C (Umluft: 200 °C) vorheizen. Teig in die Backform geben, mit Kernen und Samen bestreuen und ca. 15 Minuten ruhen lassen. Urkornbrot im vorgeheizten Backofen ca. 50–60 Minuten backen.

Bauernbrot
aus dem Topf

Zutaten für 1 Brot

800 g Weizenmehl (Type 550) und etwas Mehl zum Arbeiten

¼ Würfel Hefe

außerdem:
1 EL Salz,
1 TL Zucker

Pro Brot: ca. 2816 kcal, 82 g EW, 8 g F, 584 g KH
Zubereitung: ca. 15 Min. + Backzeit ca. 2 Std. 5 Min.

1. Mehl in einer Schüssel mit Salz und Zucker mischen. Hefe mit 650 Milliliter lauwarmem Wasser verrühren, bis sie sich aufgelöst hat. Hefewasser und Mehl mit der Hand oder dem Teigschaber grob zu einem Teig vermengen. Schüssel abdecken und Teig ca. 12–20 Stunden bei Raumtemperatur gehen lassen.

2. Ofen auf 200 °C (Umluft: 180 °C) vorheizen. Ofenfesten Topf im Ofen aufheizen lassen. Teig auf eine bemehlte Arbeitsfläche geben und mit einer Teigkarte locker von oben und unten je zu einem Drittel wie einen Brief zusammenklappen. Danach mittig von rechts nach links falten. Teig dabei nicht drücken oder kneten.

3. Topf vorsichtig aus dem Ofen nehmen (heiß!), Teig mit der Naht nach oben in den Topf gleiten lassen und kreuzförmig einschneiden. Mit einem Deckel zugedeckt ca. 1 Stunde und 20 Minuten im vorgeheizten Ofen backen. Deckel entfernen (heiß!) und ca. 45 Minuten backen, bis das Brot eine schöne Kruste gebildet hat. Topf aus dem Ofen holen, Brot vorsichtig herausnehmen und auskühlen lassen.

Toastbrot

Zutaten für 2 Brote

500 g Weizenmehl und etwas Mehl zum Arbeiten

½ Würfel Hefe

10 g weiche Butter und etwas Butter für die Formen

50 ml Milch

außerdem:
1 gehäufter TL Salz

Pro Brot: ca. 1940 kcal, 56 g EW, 24 g F, 364 g KH
Zubereitung: ca. 10 Min. + Backzeit ca. 30 Min.

1. Mehl in eine Schüssel geben und Hefe hineinbröckeln. Weiche Butter, Milch, Salz und 300 Milliliter Wasser zugeben und alles zu einem Teig verkneten. Teig abgedeckt an einem warmen Ort ca. 1 Stunde ruhen lassen.

2. Teig auf eine bemehlte Arbeitsfläche legen, kurz durchkneten und Teig halbieren. 2 Kastenformen mit Butter ausstreichen. Teig einfüllen und abgedeckt nochmals ca. 1 Stunde ruhen lassen. Backofen auf 220 °C (Umluft: 200 °C) vorheizen.

3. Kastenformen mit Backpapier abdecken und im vorgeheizten Backofen ca. 25 Minuten backen. Abdeckung entfernen und weitere ca. 5 Minuten backen. Herausnehmen, aus den Formen stürzen und auf einem Kuchenrost auskühlen lassen.

Das Toastbrot kann in Scheiben geschnitten prima eingefroren werden. So haben Sie immer einen Vorrat im Haus und brauchen die Scheiben bei Bedarf nur noch kurz im Toaster bräunen.

Roggenbrot

Zutaten für 1 Brot

700 g Roggenmehl
und etwas Mehl für
die Form

1 Pck.
Trockenhefe

2 TL
Apfelessig

außerdem:
2 TL Salz

Pro Brot: ca. 2280 kcal, 61 g EW, 9 g F, 473 g KH
Zubereitung: ca. 10 Min. + Backzeit ca. 50 Min.

1. Roggenmehl, Hefe und Salz in eine große Schüssel geben und vermischen. Apfelessig und 500 Milliliter lauwarmes Wasser zugeben und alles mit den Händen zu einem gleichmäßigen Teig verkneten. Teig mindestens 2 Stunden an einem warmen Ort ruhen lassen.

2. Backofen auf 170 °C (Umluft: 150 °C) vorheizen. Teig in eine bemehlte Kastenform geben und im vorgeheizten Backofen ca. 50 Minuten backen. Roggenbrot in der Form abkühlen lassen.

Sind Sie unsicher, ob das Brot gut durchgebacken ist? Hier hilft die Klopfprobe: Einfach mit den Fingerknöcheln auf die Unterseite des Brotes klopfen. Klingt es hohl, ist es durchgebacken. Hört es sich eher dumpf an, sollte das Brot noch einige Minuten im Backofen verbleiben.

Mischbrot

Zutaten für 1 Brot

250 g Weizenmehl und etwas Mehl zum Arbeiten

250 g Dinkelmehl

250 g Roggenvollkornmehl

14 g Trockenhefe

außerdem:
2 ½ EL Essig, 1 TL Zucker, 2 TL Salz

Pro Brot: ca. 2636 kcal, 88 g EW, 11 g F, 517 g KH
Zubereitung: ca. 15 Min. + Backzeit ca. 50 Min.

1. Weizen- und Dinkelmehl in eine Rührschüssel sieben. Roggenvollkornmehl, Hefe, Essig, Zucker und Salz zufügen und alles gut vermischen.

2. 450 Milliliter lauwarmes Wasser zugießen und alles ca. 5 Minuten mit den Händen oder mit den Knethaken des Handrührgeräts zu einem homogenen Teig verkneten. Mit einem sauberen Küchentuch bedecken und ca. 40 Minuten gehen lassen, bis sich das Teigvolumen verdoppelt hat.

3. Backofen auf 175 °C (Umluft: 155 °C) vorheizen. Teig auf einer bemehlten Arbeitsfläche nochmals durchkneten, zu einem Laib formen und auf ein mit Backpapier belegtes Backblech setzen. Ein ofenfestes Gefäß mit Wasser füllen und auf den Boden des Backofens stellen. Brot im vorgeheizten Backofen ca. 50 Minuten backen.

— Das Brot bekommt eine schöne glänzende Kruste, wenn man es ca. 10 Minuten vor Ende der Backzeit mit Wasser einpinselt.

Malzbrot

Zutaten für 1 Brot

500 g Weizenmehl

500 ml Malzbier

125 g Röstzwiebeln

außerdem:
1 TL Salz, 1 Pck. Backpulver

Pro Brot: ca. 2486 kcal, 71 g EW, 29 g F, 476 g KH
Zubereitung: ca. 10 Min. + Backzeit ca. 50 Min.

1. Backofen auf 210 °C (Umluft: 190 °C) vorheizen. Alle Zutaten in eine Schüssel geben und mit den Knethaken des Handrührgerätes oder in einer Küchenmaschine zu einem Teig verrühren. Kastenform mit Backpapier auslegen und Teig einfüllen.

2. Malzbrot im vorgeheizten Backofen ca. 30 Minuten backen. Temperatur auf 190 °C (Umluft: 170 °C) reduzieren und weitere ca. 20 Minuten backen.

Der Teig wirkt sehr weich, nach dem Backen in der Kastenform wird das Brot aber fest und saftig.

Glutenfreies Brot
ohne Kneten

Zutaten für 1 Brot

350 g glutenfreies Mehl und etwas Mehl zum Arbeiten

150 g gemahlener Buchweizen

1 Pck. Trockenhefe

Samen nach Belieben (z. B. Sesam, Mohn)

außerdem:
1 TL Salz, Fett für die Form

Pro Brot: ca. 1909 kcal, 36 g EW, 16 g F, 399 g KH
Zubereitung: ca. 15 Min. + Backzeit ca. 45 Min.

1. Mehl, Buchweizen, Salz und Hefe in eine große Schüssel geben. Nach Belieben Samen untermischen. 500 Milliliter lauwarmes Wasser unterrühren und zugedeckt ca. 18 Stunden bei Raumtemperatur gehen lassen.

2. Teig auf eine bemehlte Arbeitsfläche geben und mit einer Teigkarte locker von oben und unten je zu einem Drittel wie einen Brief zusammenklappen. Danach mittig von rechts nach links falten. Teig dabei nicht drücken oder kneten. Teig mit der Naht nach unten in ein gut bemehltes Gärkörbchen geben und zugedeckt ca. 3 Stunden gehen lassen.

3. Backofen auf 250 °C (Umluft: 230 °C) vorheizen. Eine Kastenform einfetten und Teig mit der Naht nach oben in die gefettete Kastenform geben. Nach Belieben Brot einschneiden. Eine zweite Kastenform als Deckel daraufsetzen. Zugedeckt ca. 30 Minuten im vorgeheizten Backofen backen. Obere Kastenform vorsichtig abnehmen (heiß!) und Brot ca. 15 Minuten fertig backen.

Gewürzbrot

Zutaten für 1 Brot

700 g
Roggenmehl

1 Pck.
Trockenhefe

2 TL
Apfelessig

3 EL
Koriandersamen

außerdem: 2 TL Salz

Pro Brot: ca. 2369 kcal, 61 g EW, 9 g F, 489 g KH
Zubereitung: ca. 15 Min. + Backzeit ca. 50 Min.

1. Mehl, Hefe und Salz in eine große Schüssel geben und vermischen. Apfelessig und 500 Milliliter lauwarmes Wasser zugeben und alles mit den Händen zu einem gleichmäßigen Teig verkneten. Teig abgedeckt an einem warmen Ort ca. 2 Stunden ruhen lassen.

2. Backofen auf 170 °C (Umluft: 150 °C) vorheizen. 2 Esslöffel Koriandersamen in einem Mörser grob zerstoßen und unter den Teig kneten. Kastenform mit Backpapier auslegen. Teig einfüllen und mit restlichen Koriandersamen bestreuen.

3. Gewürzbrot im vorgeheizten Backofen ca. 50 Minuten backen. Herausnehmen und in der Form auskühlen lassen.

Kartoffelbrot

Zutaten für 1 Brot

300 g mehligkochende Kartoffeln

600 g Weizenmehl und etwas Mehl zum Arbeiten

1 Würfel Hefe

1 Ei

60 ml Olivenöl

außerdem:
1 TL Zucker,
1 TL Salz

Pro Brot: ca. 2966 kcal, 80 g EW, 67 g F, 488 g KH
Zubereitung: ca. 50 Min. + Backzeit ca. 30 Min.

1. Ausreichend Salzwasser zum Kochen bringen und Kartoffeln ca. 15–20 Minuten bei geringer Hitze weich kochen. In ein Sieb abgießen, kurz abkühlen lassen und noch warm pellen. Durch eine Kartoffelpresse in eine Schüssel drücken oder mit einem Kartoffelstampfer pürieren.

2. Mehl in eine Schüssel geben, in die Mitte eine Mulde drücken. Hefe hineinbröckeln. Mit Zucker und 175 Milliliter lauwarmem Wasser verrühren. Mit Mehl bestäuben, mit einem Küchentuch bedecken und an einem warmen Ort ca. 10 Minuten gehen lassen. Ei, Öl, Salz und Kartoffelmasse zugeben und alles gut verkneten. Abgedeckt ca. 45 Minuten gehen lassen, bis das Teigvolumen deutlich erhöht ist.

3. Teig auf einer bemehlten Arbeitsfläche kurz verkneten. Zu einem Laib formen und auf ein mit Backpapier belegtes Backblech setzen. Kreuzweise einschneiden und abgedeckt ca. 30 Minuten gehen lassen. Ofen auf 200 °C (Umluft: 180 °C) vorheizen. Brot im vorgeheizten Ofen ca. 30 Minuten goldbraun backen.

Low-Carb-Brot

Zutaten für 1 Brot

60 g gemahlene Mandeln

60 g geschrotete Leinsamen

4 Eier

150 g Magerquark

außerdem:
½ TL Salz, ½ Pck. Backpulver,
Fett für die Form

Pro Brot: ca. 1030 kcal, 76 g EW, 71 g F, 14 g KH
Zubereitung: ca. 10 Min. + Backzeit ca. 45 Min.

1. Backofen auf 150 °C (Umluft: 130 °C) vorheizen. Backform mit Fett ausstreichen. Mandeln, Leinsamen, Salz und Backpulver in einer Schüssel vermischen. Nach und nach Eier zugeben und Quark zufügen. Alle Zutaten zu einem glatten Teig verrühren.

2. Teig in die Form füllen und im vorgeheizten Backofen ca. 45 Minuten backen.

Die Brotscheiben schmecken auch getoastet sehr gut.

Weizenbrot

Zutaten für 1 Brot

½ Würfel Hefe

500 g Weizenmehl (Type 1050) und etwas Mehl zum Arbeiten

außerdem:
1 ½ TL Salz,
2 EL Zucker

Pro Brot: ca. 1873 kcal, 54 g EW, 5 g F, 390 g KH
Zubereitung: ca. 20 Min. + Backzeit ca. 45 Min.

1. Hefe in 250 Milliliter lauwarmem Wasser auflösen. Mehl in eine große Schüssel geben und Hefewasser, Salz und Zucker zugeben. Mit den Knethaken des Handrührgerätes zu einem Teig verkneten und mit den Händen zu einem geschmeidigen Teig formen. Teig abgedeckt ca. 45 Minuten an einem warmen Ort ruhen lassen.

2. Teig auf eine bemehlte Arbeitsfläche legen und kurz durchkneten. Zu einem länglichen Brotlaib formen und mit einem Messer mehrmals einschneiden. Weitere ca. 20 Minuten ruhen lassen. Backofen auf 200 °C (Umluft: 180 °C) vorheizen. Backblech mit Backpapier auslegen. Brotlaib auf Backpapier legen und im vorgeheizten Backofen ca. 40–45 Minuten backen.

Linsenbrot

Zutaten für 1 Brot

200 g Linsenmehl

100 g Butter und etwas Butter für die Form

5 Eier

außerdem:
½ TL Salz, 1 Pck. Backpulver

Pro Brot: ca. 1806 kcal, 85 g EW, 111 g F, 107 g KH
Zubereitung: ca. 10 Min. + Backzeit ca. 30 Min.

1. Backofen auf 180 °C (Umluft: 160 °C) vorheizen. Linsenmehl mit Salz und Backpulver in eine Schüssel geben. Butter schmelzen und mit den Eiern zum Linsenmehl geben. Alles gut vermengen.

2. Teig in eine gefettete Kastenform füllen und im vorgeheizten Backofen ca. 30 Minuten backen. Stäbchenprobe machen. Brot aus der Form nehmen und auskühlen lassen.

Fladenbrot

Zutaten für 2 Brote

1 Würfel Hefe

500 g Weizenmehl und etwas Mehl zum Arbeiten

50 g weiche Butter

1 Ei

2 EL Sesam

außerdem:
2 TL Salz,
1 TL Zucker

Pro Brot: ca. 1179 kcal, 34 g EW, 31 g F, 185 g KH
Zubereitung: ca. 30 Min. + Backzeit ca. 20 Min.

1. Hefe und Zucker in 250 Milliliter lauwarmem Wasser auflösen. Mehl in eine große Schüssel geben und in die Mitte eine Mulde drücken. Hefewasser hineingießen. Butter, Ei und Salz zugeben und alles mit den Knethaken der Küchenmaschine mindestens ca. 5 Minuten kneten. Mit den Händen zu einem Teig verkneten und zu einer Kugel formen. Abgedeckt ca. 40 Minuten ruhen lassen.

2. Teig auf eine bemehlte Arbeitsfläche legen und kurz durchkneten. Teig halbieren. Jedes Teigstück zu einem runden Fladen (ca. 25 Zentimeter im Durchmesser) ausrollen. Backblech mit Backpapier auslegen und Fladen darauflegen. Abgedeckt weitere ca. 10 Minuten ruhen lassen. Mit nassen Fingern oder einem Messer Kerben in den Teig drücken. Fladen abgedeckt ca. 1 Stunde ruhen lassen. Backofen auf 200 °C (Umluft: 180 °C) vorheizen.

3. Fladenbrote mit jeweils ca. 1 Esslöffel Wasser bestreichen und gleichmäßig mit Sesam bestreuen. Im vorgeheizten Backofen ca. 20 Minuten backen.

Chiabrot
aus dem Topf

Zutaten für 1 Brot

400 g Dinkelmehl (Type 630) und etwas Mehl zum Arbeiten

½ Pck. Trockenhefe

2 EL Chiasamen

3 EL gehackte Nüsse nach Belieben

2 EL Leinsamen

außerdem:
1 ½ TL Salz

Pro Brot: ca. 1943 kcal, 66 g EW, 52 g F, 290 g KH
Zubereitung: ca. 15 Min. + Backzeit ca. 55 Min.

1. Alle Zutaten in einer großen Schüssel vermischen. 340 Milliliter Wasser zugeben und alles verrühren. Zudecken und bei Raumtemperatur ca. 18 Stunden gehen lassen.

2. Backofen auf 250 °C (Umluft: 230 °C) vorheizen. Teig auf eine bemehlte Arbeitsfläche geben und mit einer Teigkarte locker von oben und unten je zu einem Drittel wie einen Brief zusammenklappen. Danach mittig von rechts nach links falten. Teig dabei nicht drücken oder kneten. Teig mit der Naht nach unten in ein gut bemehltes Gärkörbchen geben und zugedeckt ca. 30 Minuten gehen lassen.

3. Topfboden mit einem kreisförmig in Topfbodengröße zugeschnittenen Stück Backpapier belegen, Topfrand mit einem Streifen Backpapier auslegen. Brot hineingeben und im vorgeheizten Backofen zugedeckt ca. 5 Minuten backen. Ofentemperatur auf 230 °C (Umluft: 210 °C) reduzieren und ca. 30 Minuten weiterbacken. Deckel vorsichtig abnehmen (heiß!) und Brot ca. 20 Minuten fertig backen.

No-Knead-Wurzelbrot

Zutaten für 2 Brote

400 g Weizenmehl (Type 550) und etwas Mehl zum Arbeiten

25 ml Olivenöl

¼ Würfel Hefe

außerdem:
1 TL Salz

Pro Brot: ca. 808 kcal, 21 g EW, 14 g F, 145 g KH
Zubereitung: ca. 15 Min. + Backzeit ca. 25 Min.

1. Mehl, Salz und Öl in eine große Schüssel geben und vermischen. Hefe in einer Schüssel in 250 Millilitern lauwarmem Wasser auflösen. Hefewasser zur Mehlmischung geben und alles verrühren. Zugedeckt ca. 24 Stunden bei Raumtemperatur gehen lassen. Nach ca. 8 Stunden sowie nach ca. 16 Stunden den Teig mit feuchten Händen an den Rändern nach oben dehnen und mittig falten.

2. Backofen auf 250 °C (Umluft: 230 °C) vorheizen und zwei Backbleche in den Ofen schieben. Teig auf eine bemehlte Arbeitsfläche geben, in zwei Portionen teilen und zu länglichen Stangen formen. Jede Teigportion mit beiden Händen an den Enden fassen und gegeneinander verdrehen.

3. Backbleche vorsichtig aus dem Ofen nehmen (heiß!) und mit Backpapier auslegen. Teigstangen auf ein Backblech legen und mit dem zweiten Backblech bedecken. Ofentemperatur auf 230 °C (Umluft: 210 °C) reduzieren und Wurzelbrot ca. 25 Minuten im vorgeheizten Backofen backen.

Vollkornbrot

Zutaten für 1 Brot

500 g Dinkel-Vollkornmehl

150 g gemischte Kerne (z. B. Sonnenblumenkerne, Kürbiskerne, Leinsamen)

1 Würfel Hefe

2 EL Apfelessig

außerdem: 2 TL Salz

Pro Brot: ca. 2642 kcal, 115 g EW, 91 g F, 333 g KH
Zubereitung: ca. 10 Min. + Backzeit ca. 1 Std.

1. Mehl in eine große Schüssel geben und mit Kernen, Hefe, Salz, Apfelessig und 500 Milliliter Wasser in der Küchenmaschine oder mit den Knethaken des Handrührgerätes zu einem relativ flüssigen Teig verarbeiten.

2. Kastenform mit Backpapier auslegen. Teig einfüllen und glatt streichen. Backofen nicht vorheizen! Vollkornbrot im Backofen auf der mittleren Schiene bei 200 °C (Umluft: 180 °C) ca. 1 Stunde backen.

Paleo-Brot

Zutaten für 1 Brot

400 g Mandelmehl (teilentölt)

40 g Flohsamenschalen

100 g Kürbiskerne und Kürbiskerne zum Bestreuen

6 Eiweiß

außerdem:
1 Pck. Weinstein-Backpulver, 3 TL Salz

Pro Brot: ca. 2385 kcal, 245 g EW, 102 g F, 59 g KH
Zubereitung: ca. 15 Min. + Backzeit ca. 1 Std. und 10 Min.

1. Backofen auf 170 °C (Umluft: 150 °C) vorheizen. Mandelmehl, Flohsamenschalen und Backpulver in eine Schüssel geben und vermischen. Kürbiskerne untermischen. 350 Milliliter heißes Wasser zugeben und zu einem festen Teig verrühren. Salz und Eiweiße zugeben und alles mit den Knethaken des Handrührgerätes zu einem Teig verkneten.

2. Backform mit Backpapier auslegen. Teig einfüllen, glatt streichen und mit Kürbiskernen bestreuen. Paleo-Brot im vorgeheizten Backofen ca. 60–70 Minuten backen.

Olivenbrot

Zutaten für 1 Brot

600 g Weizenmehl und
etwas Mehl zum Arbeiten

½ Würfel
Hefe

30 ml
Olivenöl

2 EL gehackter Rosmarin
nach Belieben

150 g schwarze
Oliven ohne Kerne

außerdem:
1 TL Zucker,
1 ½ EL Salz

Pro Brot: ca. 2731 kcal, 67 g EW, 87 g F, 447 g KH
Zubereitung: ca. 15 Min. + Backzeit ca. 40 Min.

1. Mehl in eine Schüssel geben, Zucker und Salz zufügen und vermischen. Hefe hineinbröckeln. Olivenöl und ca. 300 Milliliter lauwarmes Wasser zugeben. Mit den Knethaken des Handrührgerätes ca. 5 Minuten zu einem glatten Teig verkneten. Nach Belieben Rosmarin unterkneten. Teig abgedeckt an einem warmen Ort ca. 1 Stunde ruhen lassen.

2. Backblech mit Backpapier auslegen. Oliven grob hacken. Teig auf eine bemehlte Arbeitsfläche legen und kurz durchkneten. Oliven unterkneten. Teig zu einem Laib formen und auf das Backpapier legen. Abgedeckt ca. 30 Minuten ruhen lassen. Backofen auf 220 °C (Umluft: 200 °C) vorheizen.

3. Teigoberfläche mit einem Messer drei- bis viermal leicht einschneiden und mit Wasser bestreichen. Eine ofenfeste Schüssel mit Wasser auf den Boden des Backofens stellen. Olivenbrot im vorgeheizten Backofen ca. 10 Minuten backen. Temperatur auf 180 °C (Umluft: 160 °C) reduzieren und weitere ca. 30 Minuten backen.

Brötchen & Kleingebäck

Knetfreie
Weizenbrötchen

Zutaten für 8 Stück

600 g Weizenmehl (Type 550) und etwas Mehl zum Arbeiten

½ Würfel Hefe

außerdem: 2 TL Salz

Pro Stück: ca. 264 kcal, 8 g EW, 1 g F, 54 g KH
Zubereitung: ca. 10 Min. + Backzeit ca. 15 Min.

1. Mehl und Salz in eine große Schüssel geben. Hefe in 500 Milliliter Wasser auflösen und zum Mehl geben. Alles verrühren und zugedeckt ca. 10 Stunden bei Raumtemperatur gehen lassen.

2. Teig auf eine bemehlte Arbeitsfläche geben und mit einer Teigkarte locker von oben und unten je zu einem Drittel wie einen Brief zusammenklappen. Mittig von rechts nach links falten. Teig dabei nicht drücken oder kneten. Teig in 8 gleich große Portionen teilen, zu Brötchen formen und gut mit Mehl bestäuben. Zugedeckt ca. 30 Minuten gehen lassen.

3. Ein mit Backpapier ausgelegtes Backblech in den Ofen schieben und Backofen auf 250 °C (Umluft nicht geeignet) vorheizen. Backblech vorsichtig aus dem Ofen nehmen (heiß!) und Teiglinge auf das Backblech legen. Eine feuerfeste Schale mit Wasser in den Backofen stellen. Im vorgeheizten Backofen ca. 10 Minuten backen, Schale mit Wasser entfernen und Brötchen ca. 5 Minuten fertig backen lassen.

Brezen

Zutaten für ca. 6 Stück

½ Würfel
Hefe

150 ml lauwarme
Milch

250 g Weizenmehl
und etwas Mehl zum
Arbeiten

20 g
Butter

3 EL
Natron

außerdem:
½ TL Zucker,
½ TL Salz,
grobes Salz zum
Bestreuen, Fett für
das Backblech

Pro Stück: ca. 191 kcal, 6 g EW, 4 g F, 32 g KH
Zubereitung: ca. 45 Min. + Backzeit ca. 20 Min.

1. Hefe mit etwas Milch und Zucker verrühren und ca. 15 Minuten bei Zimmertemperatur ruhen lassen. Mehl in eine Schüssel geben und mit Hefemilch, restlicher Milch, Salz und Butter zu einem elastischen Teig verkneten. Teig abgedeckt an einem warmen Ort ca. 30 Minuten ruhen lassen.

2. Teig auf eine bemehlte Arbeitsfläche legen und kräftig durchkneten. Aus dem Teig eine Rolle formen und diese in 6 gleiche Teile teilen. Aus jedem Teigstück eine ca. 30 Zentimeter lange Rolle formen, die in der Mitte etwas dicker ist. Daraus Brezen formen. Brezen abgedeckt ca. 15 Minuten ruhen lassen.

3. Brezen ca. 1 Stunde kalt stellen. Backblech einfetten. 1 Liter Wasser zum Kochen bringen und Natron (langsam!) einrieseln lassen. Brezen portionsweise mit einer Schaumkelle ca. 30 Sekunden ins Wasser tauchen, abtropfen lassen und mit grobem Salz bestreuen. Ofen nicht vorheizen! Brezen auf das Backblech legen und im Backofen bei 220 °C (Umluft: 200 °C) ca. 18–20 Minuten backen.

Burger Buns

Zutaten für 8 Stück

45 g Butter

300 ml Milch

½ Würfel Hefe

500 g Weizenmehl und etwas Mehl um Arbeiten

2 Eier

außerdem:
1 ½ TL Zucker,
1 TL Salz, Sesam
zum Bestreuen

Pro Stück: ca. 316 kcal, 10 g EW, 8 g F, 49 g KH
Zubereitung: ca. 30 Min. + Backzeit ca. 20 Min.

1. Butter in einem Topf zerlassen, Milch zugeben und lauwarm erwärmen. Mit Zucker und zerbröckelter Hefe in eine Rührschüssel geben. Ca. 10 Minuten ruhen lassen, bis die Mischung leicht aufschäumt.

2. In einer zweiten Schüssel Mehl und Salz mischen. Hefemilch und 1 Ei zugeben und alles mit den Knethaken des Handrührgeräts ca. 5 Minuten zu einem glatten Teig verkneten. Mit einem Küchentuch bedecken und ca. 30 Minuten an einem warmen Ort gehen lassen, bis der Teig sein Volumen deutlich erhöht hat.

3. Teig auf einer bemehlten Arbeitsfläche kurz durchkneten, bis er nicht mehr klebt (gegebenenfalls etwas Mehl zugeben). In 8 Portionen teilen und zu Brötchen formen. Auf ein mit Backpapier belegtes Blech legen, mit einem Küchentuch bedecken und ca. 45 Minuten gehen lassen. Ofen auf 190 °C (Umluft: 170 °C) vorheizen.

4. Übriges Ei mit 2 Esslöffeln Wasser verschlagen, Burger Buns damit bestreichen und mit Sesam bestreuen. Im vorgeheizten Ofen ca. 20 Minuten goldbraun backen.

Cloud Bread

Zutaten für 6 Stück

3 Eier

100 g Doppelrahmfrischkäse

1 TL Weißweinessig

außerdem:
1 TL Backpulver, 1 Prise Salz

Pro Stück: ca. 80 kcal, 4 g EW, 7 g F, 1 g KH
Zubereitung: ca. 10 Min. + Backzeit ca. 30 Min.

1. Backofen auf 150 °C (Umluft: 130 °C) vorheizen. 2 Backbleche mit Backpapier auslegen. Eier trennen. Eigelbe mit Frischkäse verrühren. Backpulver unterrühren. Eiweiße mit Weißweinessig und 1 Prise Salz steif schlagen und in zwei Portionen vorsichtig unterheben.

2. Mit einem Esslöffel jeweils 6 Kleckse mit ausreichend Abstand auf das Backpapier geben, etwas flach drücken und im vorgeheizten Backofen ca. 25–30 Minuten goldbraun backen.

Cloud Bread kann prima variiert werden. Mit Kräutern wie Rosmarin oder Thymian erhalten Sie im Nu eine andere Geschmacksnote.

Bagels
ohne Kneten

Zutaten für 12 Stück

600 g Weizenmehl (Type 550) und etwas Mehl zum Arbeiten

½ Pck. Trockenhefe

Samen nach Belieben (z. B. Sesam, Mohn)

80 g Zucker

außerdem: 2 TL Salz

Pro Stück: ca. 213 kcal, 6 g EW, 1 g F, 43 g KH
Zubereitung: ca. 35 Min. + Backzeit ca. 25 Min.

1. Mehl, Hefe, Salz und 2 Esslöffel Zucker in eine Schüssel geben und vermischen. 600 Milliliter Wasser zugeben und alles gut verrühren. Zudecken und bei Raumtemperatur ca. 20 Stunden gehen lassen.

2. Teig auf einer bemehlten Arbeitsfläche mit einer Teigkarte von oben und unten je zu einem Drittel wie einen Brief zusammenklappen und mittig von rechts nach links falten. Ein- bis zweimal wiederholen. Zugedeckt ca. 10 Minuten gehen lassen. Teig in zwölf Portionen teilen und zu Kugeln formen. Leicht flach drücken und ein Loch in die Mitte stechen. Weitere ca. 20 Minuten gehen lassen. Backofen auf 220 °C (Umluft nicht geeignet) vorheizen.

3. Ausreichend Wasser mit restlichem Zucker aufkochen. Bagels nacheinander ca. 1 Minute hineingeben, dabei einmal wenden. Herausnehmen und abtropfen lassen. Mit Samen bestreuen und auf einem mit Backpapier belegten Blech im vorgeheizten Ofen ca. 25 Minuten backen. Nach der Hälfte der Backzeit wenden.

Quarkbrötchen
ohne Kneten

Zutaten für ca. 8 Stück

400 g Weizenmehl (Type 1050) und etwas Mehl zum Arbeiten

¼ Würfel Hefe

100 ml Milch

300 g Quark

Sesam zum Bestreuen

außerdem:
1 ½ TL Salz

Pro Stück: ca. 331 kcal, 13 g EW, 6 g F, 56 g KH
Zubereitung: ca. 15 Min. + Backzeit ca. 18 Min.

1. 100 Gramm Mehl in einer Schüssel mit 100 Milliliter Wasser und Hälfte der Hefe mischen. Zugedeckt bei Raumtemperatur ca. 12 Stunden gehen lassen. Übrige Hefe in Milch auflösen und mit übrigem Mehl, Quark und Salz zur Mehlmischung geben. Gut verrühren und zugedeckt ca. 30 Minuten gehen lassen. Teig dehnen, in die Mitte falten und weitere ca. 30 Minuten gehen lassen. Vorgang noch zweimal wiederholen. Teig zugedeckt weitere ca. 12 Stunden gehen lassen.

2. Backofen auf 250 °C (Umluft nicht geeignet) vorheizen. Backblech mit Backpapier belegen und in den Backofen schieben. Teig auf eine bemehlte Arbeitsfläche geben und mit einer Teigkarte erst von rechts und links, dann von oben und unten einschlagen (nicht kneten). Vorgang ein- bis zweimal wiederholen.

3. Blech vorsichtig aus dem Ofen nehmen (heiß!). Teig in 8 gleich große Portionen teilen, mit feuchten Händen zu Brötchen formen, mit Sesam bestreuen und auf das Blech legen. Quarkbrötchen im vorgeheizten Backofen ca. 18 Minuten backen.

Pfannenbrot

Zutaten für 4 Stück

185 ml Milch

50 g Butter

300 g Weizenmehl und etwas Mehl zum Arbeiten

außerdem:
1 TL Backpulver, 1 TL Salz, Öl

Pro Stück: ca. 418 kcal, 9 g EW, 16 g F, 57 g KH
Zubereitung: ca. 30 Min.

1. Milch in einem kleinen Topf erhitzen und Butter darin schmelzen. Mehl in eine Schüssel geben und mit Backpulver vermischen. Milch-Butter-Gemisch unterrühren, Salz zugeben und alles zu einem geschmeidigen Teig verkneten. Teig in vier Teile teilen und auf einer bemehlten Arbeitsfläche dünn ausrollen.

2. Öl in einer Pfanne erhitzen und Teigfladen ca. 1–2 Minuten braten. Sobald sich Blasen auf der Oberfläche bilden, den Fladen wenden und weitere 1–2 Minuten von der anderen Seite braten. Mit den restlichen Teigfladen ebenso verfahren. Die bereits gebackenen Fladen können im Backofen bei niedriger Temperatur warm gehalten werden.

Lauwarm schmeckt das Pfannenbrot besonders gut.

Rosmarin-Grissini

Zutaten für ca. 20 Stück

250 g Weizenmehl und etwas Mehl zum Arbeiten

¼ Würfel Hefe

4 Stängel Rosmarin

50 ml Olivenöl

außerdem:
1 EL Zucker, 1 TL Salz

Pro Stück: ca. 71 kcal, 1 g EW, 3 g F, 10 g KH
Zubereitung: ca. 25 Min. + Backzeit ca. 15 Min.

1. Mehl in eine Schüssel geben und in die Mitte eine Mulde drücken. Hefe hineinbröckeln, mit 100 Millilitern lauwarmem Wasser und Zucker verrühren und ca. 15 Minuten ruhen lassen.

2. Rosmarin waschen, trocken schütteln, Nadeln abzupfen und fein hacken. Rosmarin, Salz und Öl zum Mehl geben und mit den Knethaken des Handrührgeräts in ca. 5 Minuten zu einem glatten Teig verarbeiten. Zu einer Kugel formen, mit Mehl bestäuben und, mit einem sauberen Küchentuch bedeckt, an einem warmen Ort ca. 30 Minuten gehen lassen, bis der Teig sein Volumen deutlich erhöht hat.

3. Ofen auf 200 °C (Umluft: 180 °C) vorheizen. Teig auf einer bemehlten Arbeitsfläche ca. 5 Millimeter dick zu einem Rechteck ausrollen und in 20 Streifen schneiden. Auf ein mit Backpapier belegtes Backblech legen und zugedeckt nochmals ca. 10 Minuten gehen lassen. Im vorgeheizten Ofen ca. 13–15 Minuten goldbraun backen und abkühlen lassen.

Käse-Cracker

Zutaten für 1 Blech

200 g Weizenmehl und etwas Mehl zum Arbeiten

100 g geriebener Käse

70 g weiche Butter

außerdem:
½ TL Salz, ½ TL Knoblauchpulver, ½ TL edelsüßes Paprikapulver

Pro Blech: ca. 1609 kcal, 49 g EW, 88 g F, 152 g KH
Zubereitung: ca. 20 Min. + Backzeit ca. 15 Min.

1. Mehl, Käse, Salz, Knoblauch- und Paprikapulver in eine Rührschüssel geben und alles vermischen. Butter zufügen, 80 Milliliter kaltes Wasser zugeben und alles mit den Knethaken des Handrührgeräts zu einem glatten Teig verkneten. Teig zu einer Kugel formen, in Frischhaltefolie wickeln und ca. 30 Minuten kalt stellen.

2. Backofen auf 200 °C (Umluft: 180 °C) vorheizen. Teig auf einer bemehlten Arbeitsfläche ca. 2–3 Millimeter dick ausrollen, in kleine Quadrate oder Rechtecke schneiden und auf ein mit Backpapier belegtes Backblech legen.

3. Mit einem Holzspieß kleine Löcher in die Cracker stechen, damit der Teig gleichmäßig aufgeht. Im vorgeheizten Backofen in ca. 15 Minuten goldbraun backen. Vollständig abkühlen lassen und servieren.

Die Cracker können Sie einfach so knabbern oder mit einem Aufstrich, z. B. Frischkäse mit Räucherlachs, bestreichen und servieren.

Roggenbrötchen

Zutaten für 12 Stück

250 g Roggenvollkornmehl und etwas Mehl zum Arbeiten

7 g Trockenhefe

1 Eigelb

2 EL gemischte Samen

außerdem:
2 TL Salz, 1 EL Öl

Pro Stück: ca. 95 kcal, 3 g EW, 3 g F, 13 g KH
Zubereitung: ca. 15 Min. + Backzeit ca. 25 Min.

1. Mehl in eine Rührschüssel geben. Hefe, Salz, Öl und 375 Milliliter lauwarmes Wasser zufügen. Alles mit den Knethaken des Handrührgeräts ca. 5 Minuten zu einem glatten Teig verkneten. Teig mit einem sauberen Küchentuch bedecken und an einem warmen Ort ca. 1 Stunde gehen lassen, bis sich das Volumen deutlich erhöht hat.

2. Teig auf einer bemehlten Arbeitsfläche nochmals gut durchkneten. In 12 Portionen teilen und jeweils zu Brötchen formen. Brötchen auf ein mit Backpapier belegtes Backblech setzen und, mit einem sauberen Küchentuch bedeckt, nochmals ca. 30 Minuten gehen lassen.

3. Backofen auf 180 °C (Umluft: 160 °C) vorheizen. Eigelb in einer Schüssel verschlagen, Brötchen damit bestreichen und mit den Samen bestreuen. Im vorgeheizten Backofen ca. 25 Minuten backen und auf einem Kuchengitter abkühlen lassen.

Keto-Knäckebrot

Zutaten für 1 Blech

40 g Leinsamen

40 g Chiasamen

40 g Mohn

20 g Flohsamen-schalenmehl

20 g Leinsamen-mehl

außerdem:
2 Prisen Salz

Pro Blech: ca. 638 kcal, 32 g EW, 44 g F, 6 g KH
Zubereitung: ca. 10 Min. + Backzeit ca. 1 Std.

1. Alle Zutaten in eine Schüssel geben und gut verrühren. 150 Milliliter Wasser nach und nach unterrühren. Teig ca. 15 Minuten quellen lassen. Backofen auf 170 °C (Umluft: 150 °C) vorheizen. Backblech mit Backpapier auslegen.

2. Teig auf das Backpapier geben und mit einem Bogen Backpapier bedecken. Mit einem Nudelholz flach ausrollen und oberes Backpapier entfernen. Im vorgeheizten Backofen ca. 15 Minuten backen, Teigplatte mit einem Messer oder einem Pizzaschneider in gewünschte Stücke schneiden und weitere ca. 45 Minuten backen.

Italienische

Knabberkringel

Zutaten für ca. 45 Stück

250 g Weizenmehl und etwas Mehl zum Arbeiten

65 ml Olivenöl

50 ml Weißwein

außerdem:
1 TL Salz, 2 EL Kümmel

Pro Stück: ca. 34 kcal, 1 g EW, 1 g F, 4 g KH
Zubereitung: ca. 30 Min. + Backzeit ca. 30 Min.

1. Mehl in eine Rührschüssel geben. 100 Milliliter lauwarmes Wasser, Olivenöl, Weißwein und Salz zufügen. Alles in ca. 5 Minuten mit den Knethaken des Handrührgeräts zu einem glatten Teig verkneten.

2. Teig mit einem sauberen Küchentuch bedecken und ca. 30 Minuten ruhen lassen. Auf einer bemehlten Arbeitsfläche nochmals kräftig durchkneten. Teig zu 2–3 Zentimeter langen Rollen formen und diese jeweils zu Kringeln schließen. Enden dabei überkreuzen und leicht andrücken.

3. Backofen auf 190 °C (Umluft: 170 °C) vorheizen. Ausreichend Wasser in einem großen Topf zum Kochen bringen. Temperatur reduzieren und Teigkringel portionsweise ins heiße Wasser geben. Sobald sie an der Oberfläche schwimmen, mit einem Schaumlöffel herausnehmen, in einem Sieb abtropfen lassen, auf ein mit Backpapier belegtes Backblech legen und mit Kümmel bestreuen. Kringel im vorgeheizten Backofen in ca. 25–30 Minuten goldbraun backen und abkühlen lassen.

Käse-Scones

Zutaten für ca. 10 Stück

150 g Weizenmehl und etwas Mehl zum Arbeiten

2 TL Backpulver

40 g kalte Butter und etwas Butter zum Bestreichen

100 ml Milch

80 g geriebener Käse

außerdem:
½ TL Salz, frisch gemahlener Pfeffer, gehackte Kräuter (z. B. Thymian) nach Belieben

Pro Stück: ca. 121 kcal, 4 g EW, 6 g F, 12 g KH
Zubereitung: ca. 30 Min. + Backzeit ca. 15 Min.

1. Mehl, Backpulver, Salz und etwas Pfeffer in eine Rührschüssel geben und vermischen. Butter in Würfel schneiden und zufügen. Alles grob verkneten.

2. 80 Milliliter Milch zugeben und alles zu einem glatten Teig verarbeiten. Käse und Kräuter nach Belieben unterkneten. Backofen auf 180 °C (Umluft: 160 °C) vorheizen.

3. Teig auf einer bemehlten Arbeitsfläche ca. 2 Zentimeter dick ausrollen und mit einem runden Ausstecher Teigkreise ausstechen.

4. Scones auf ein mit Backpapier belegtes Backblech legen. Mit restlicher Milch bestreichen und im vorgeheizten Backofen in ca. 15 Minuten goldbraun backen. Noch lauwarm mit Butter bestreichen und servieren.

Pita-Brot

Zutaten für 6 Stück

400 g Weizenmehl und etwas Mehl zum Arbeiten

1 Würfel Hefe

10 EL Olivenöl

außerdem:
1 EL Zucker, 2 TL Salz

Pro Stück: ca. 396 kcal, 8 g EW, 16 g F, 52 g KH
Zubereitung: ca. 20 Min. + Backzeit ca. 15 Min.

1. Mehl in eine Rührschüssel geben, in die Mitte eine Mulde drücken. Hefe hineinbröckeln, mit Zucker und 125 Milliliter lauwarmem Wasser verrühren und ca. 10 Minuten ruhen lassen.

2. 125 Milliliter lauwarmes Wasser, 8 Esslöffel Öl und Salz zufügen. Alles mit den Knethaken des Handrührgeräts zu einem glatten Teig verarbeiten. Teig mit etwas Mehl bestäuben, mit einem sauberen Küchentuch bedecken und an einem warmen Ort ca. 30 Minuten gehen lassen, bis sich sein Volumen deutlich erhöht hat.

3. Teig auf einer bemehlten Arbeitsfläche nochmals durchkneten und in 6 Portionen teilen. Teigstücke mit bemehlten Händen zu runden Fladen formen und auf mit Backpapier belegte Backbleche legen. Mit restlichem Olivenöl bestreichen und mit einer Gabel mehrmals einstechen. Abgedeckt nochmals ca. 30 Minuten gehen lassen. Backofen auf 220 °C (Umluft: 200 °C) vorheizen. Im vorgeheizten Ofen nacheinander ca. 15 Minuten backen und auf Kuchengittern abkühlen lassen.

Knoblauchknoten

Zutaten für ca. 30 Stück

½ Würfel Hefe

480 g Weizenmehl und etwas Mehl zum Arbeiten

60 ml Olivenöl

100 g Knoblauchbutter

außerdem:
1 TL Zucker, 2 TL Salz,
2 EL getrocknete italienische Kräuter

Pro Stück: ca. 95 kcal, 2 g EW, 4 g F, 12 g KH
Zubereitung: ca. 25 Min. + Backzeit ca. 30 Min.

1. 220 Milliliter lauwarmes Wasser mit zerbröckelter Hefe und Zucker in einer Rührschüssel vermischen. Ca. 10 Minuten ruhen lassen.

2. Mehl, Salz und Olivenöl zufügen und alles mit den Knethaken des Handrührgeräts zu einem glatten Teig verarbeiten. Mit einem sauberen Küchentuch bedecken und ca. 1 Stunde gehen lassen, bis der Teig sein Volumen deutlich erhöht hat.

3. Teig auf einer bemehlten Arbeitsfläche durchkneten, in 25–30 Portionen teilen und jeweils zu einem Strang rollen. Aus dem Strang jeweils einen „Knoten" formen. Knoten auf zwei mit Backpapier belegte Backbleche legen. Knoblauchbutter in einem Topf zerlassen. Backofen auf 220 °C (Umluft: 200 °C) vorheizen.

4. Knoten mit Knoblauchbutter bestreichen, mit Kräutern bestreuen und nochmals ca. 20 Minuten gehen lassen. Im vorgeheizten Backofen nacheinander in ca. 12–15 Minuten goldgelb backen.

Zwieback

Zutaten für 2 Brote

500 g Weizenmehl und etwas Mehl zum Arbeiten

7 g Trockenhefe

250 ml Milch

1 Ei

75 g weiche Butter

außerdem:
½ TL Salz,
3 EL Zucker

Pro Brot: ca. 1377 kcal, 35 g EW, 41 g F, 211 g KH
Zubereitung: ca. 25 Min. + Backzeit ca. 45 Min.

1. Mehl in eine Rührschüssel geben, Hefe zugeben und untermischen. Salz, Zucker, Milch, Ei und Butter zufügen und alles ca. 5 Minuten mit den Knethaken des Handrührgeräts zu einem glatten Teig verkneten. Mit einem Küchentuch bedecken und an einem warmen Ort ca. 30 Minuten gehen lassen, bis sich das Volumen deutlich erhöht hat. Teig auf einer bemehlten Arbeitsfläche kurz durchkneten, halbieren und jede Teigportion zu einer Rolle formen (ca. 20–25 cm lang).

2. Rollen jeweils in eine mit Backpapier ausgelegte Kastenform geben und abgedeckt ca. 20 Minuten gehen lassen. Ofen auf 180 °C (Umluft: 160 °C) vorheizen. Auf den Rost stellen und Brote ca. 15–20 Minuten im vorgeheizten Ofen backen. Auf mit Backpapier belegte Kuchenroste stürzen und über Nacht erkalten lassen.

3. Ofen auf 180 °C (Umluft: 160 °C) vorheizen. Brote in ca. 1 Zentimeter dicke Scheiben schneiden und auf zwei mit Backpapier belegten Blechen im vorgeheizten Ofen ca. 15 Minuten rösten, wenden und ca. 10 Minuten fertig rösten.

Brasilianische

Käsebällchen

Zutaten für ca. 35 Stück

200 ml Milch

100 ml Öl

500 g Weizenmehl und etwas Mehl zum Arbeiten

2 Eier

250 g geriebener Käse

außerdem:
1 TL Salz

Pro Stück: ca. 108 kcal, 4 g EW, 5 g F, 11 g KH
Zubereitung: ca. 25 Min. + Backzeit ca. 25 Min.

1. Milch in einen großen Topf gießen. Öl, Salz und 60 Milliliter Wasser zugeben und alles zum Kochen bringen. Sobald die Flüssigkeit kocht, den Topf vom Herd nehmen.

2. Mehl nach und nach zugeben und unterrühren. Eier in einer Schüssel verschlagen und zufügen. Alles gut verrühren, sodass sich die Zutaten verbinden und ein glatter Teig entsteht. Käse zugeben und unterrühren. Teig auf einer bemehlten Arbeitsfläche nochmals durchkneten, zu einer Kugel formen und, in Frischhaltefolie gewickelt, ca. 1 Stunde in den Kühlschrank legen.

3. Backofen auf 220 °C (Umluft: 200 °C) vorheizen. Mithilfe eines Esslöffels kleine Teigportionen abstechen und mit den Händen zu Kugeln formen. Mit etwas Abstand auf mit Backpapier belegte Backbleche legen und im vorgeheizten Backofen nacheinander in ca. 20–25 Minuten goldgelb backen. Abkühlen lassen und servieren.

Süße Brote & Brotgerichte

Honig-Lavendel-Brot

Zutaten für 1 Brot

600 g Roggenmehl und etwas Mehl zum Arbeiten

10 g Trockenhefe

30 g Honig

2 TL getrocknete Lavendelblüten

außerdem:
1 Prise Salz, Fett für die Form

Pro Brot: ca. 2123 kcal, 56 g EW, 13 g F, 432 g KH
Zubereitung: ca. 30 Min. + Backzeit ca. 40 Min.

1. Mehl in eine Rührschüssel geben. Hefe, Salz, Honig, 1 Teelöffel Lavendelblüten und 350 Milliliter lauwarmes Wasser zufügen. Alles mit den Händen oder mit den Knethaken des Handrührgeräts zu einem glatten Teig verkneten.

2. Auf einer bemehlten Arbeitsfläche nochmals durchkneten. Mit einem sauberen Küchentuch bedecken und ca. 1 ½ Stunden gehen lassen, bis sich das Volumen deutlich erhöht hat.

3. Teig nochmals auf einer bemehlten Arbeitsfläche durchkneten und in eine gefettete Form geben. Mit einem sauberen Küchentuch bedecken und nochmals ca. 1 ½ Stunden gehen lassen.

4. Backofen auf 240 °C (Umluft: 220 °C) vorheizen. Brot mehrmals mit einem scharfen Messer einschneiden, mit restlichen Lavendelblüten bestreuen und im vorgeheizten Backofen ca. 10 Minuten backen. Ofentemperatur auf 220 °C (Umluft: 200 °C) reduzieren und in ca. 30 Minuten fertig backen.

Schoko-Brötchen

Zutaten für 10 Stück

500 g Weizenmehl und etwas Mehl zum Arbeiten

2 Pck. Trockenhefe

300 ml lauwarme Milch und etwas Milch zum Bestreichen

3 Eier

100 g backfeste Schokotropfen

außerdem:
4 EL Zucker,
1 Prise Salz, Öl

Pro Stück: ca. 301 kcal, 9 g EW, 7 g F, 50 g KH
Zubereitung: ca. 25 Min. + Backzeit ca. 25 Min.

1. Mehl in eine Schüssel geben und mit Hefe, Zucker und Salz vermischen. Milch und 2 Eier verschlagen und zur Mehlmischung geben. Mit den Knethaken des Handrührgerätes zu einem glatten Teig verkneten. Schokotropfen unterkneten. Teig auf eine bemehlte Arbeitsfläche legen und mit den Händen zu einem elastischen Teig verkneten. Zu einer Kugel formen und in eine Schüssel geben. Oberfläche mit etwas Öl bestreichen und Teig abgedeckt ca. 1 Stunde an einem warmen Ort ruhen lassen.

2. Backofen auf 200 °C (Umluft: 180 °C) vorheizen, Backblech mit Backpapier auslegen. Teig auf eine bemehlte Arbeitsfläche legen und kurz durchkneten. Teig in 10 Portionen teilen, zu Brötchen formen und auf das Backpapier legen. Restliches Ei trennen (Eiweiß anderweitig verwenden). Eigelb mit 1 Esslöffel Milch verschlagen und Teiglinge damit bestreichen. Im vorgeheizten Backofen ca. 20–25 Minuten goldbraun backen.

Pain au chocolat

Zutaten für 4 Stück

250 g Blätterteig (aus dem Kühlregal)

20 g Butter

Puderzucker zum Bestäuben

4 Riegel Zartbitter-schokolade

1 Ei

Pro Stück: ca. 366 kcal, 6 g EW, 24 g F, 32 g KH
Zubereitung: ca. 15 Min. + Backzeit ca. 25 Min.

1. Backofen auf 180 °C (Umluft: 160 °C) vorheizen. Backblech mit Backpapier auslegen. Blätterteig auf der Arbeitsfläche ausrollen. Butter schmelzen und Blätterteig damit bestreichen. Mit Puderzucker bestäuben. Blätterteig in 4 gleich breite lange Streifen schneiden. Jeweils 2 Streifen aufeinanderlegen und in der Mitte durchschneiden, sodass 4 kleinere rechteckige Stücke entstehen. Die Schokoladenriegel der Länge nach halbieren.

2. An den Teigrand jeweils einen halben Schokoladenriegel legen und in dem Teig einrollen. Gut andrücken. Die andere Hälfte des Schokoladenriegels auf den Teig legen und fertig aufrollen. Auf das Backpapier legen. Ei verschlagen und Pain au chocolat damit bestreichen. Im vorgeheizten Backofen ca. 25 Minuten goldgelb backen.

Hefezopf

Zutaten für 1 Zopf

500 g Weizenmehl und etwas Mehl zum Arbeiten

50 g Zucker

300 ml Milch

80 g Butter

1 Würfel Hefe

außerdem:
1 Prise Salz

Pro Zopf: ca. 2785 kcal, 69 g EW, 83 g F, 430 g KH
Zubereitung: ca. 25 Min. + Backzeit ca. 35 Min.

1. Mehl in eine Rührschüssel geben, Salz und Zucker zufügen und alles vermischen. In die Mitte eine Mulde drücken.

2. 250 Milliliter Milch in einem Topf erhitzen und Butter darin zerlassen. Vom Herd nehmen, lauwarm abkühlen lassen und Hefe hineinbröckeln. Alles verrühren, bis sich die Hefe aufgelöst hat, und ca. 5 Minuten gehen lassen. Hefemilch in die Mulde der Mehlmischung geben, alles gut vermengen und zu einem homogenen Teig verkneten. Mit einem sauberen Küchentuch bedecken und ca. 1 Stunde gehen lassen, bis der Teig sein Volumen deutlich erhöht hat.

3. Backofen auf 200 °C (Umluft: 180 °C) vorheizen. Teig auf einer bemehlten Arbeitsfläche nochmals durchkneten und dritteln. Jedes Drittel zu einer Rolle formen. Teigrollen zu einem Zopf flechten und auf ein mit Backpapier belegtes Backblech setzen. Enden unter den Zopf schlagen. Hefezopf mit restlicher Milch bestreichen und im vorgeheizten Backofen ca. 30–35 Minuten backen.

Brioche

Zutaten für ca. 8 Stück

380 g Weizenmehl und etwas Mehl zum Arbeiten

½ Würfel Hefe

100 ml lauwarme Milch und etwas Milch zum Bestreichen

3 Eier

150 g weiche Butter und etwas Butter für die Förmchen

außerdem:
3 EL Zucker,
1 Prise Salz

Pro Stück: ca. 364 kcal, 8 g EW, 18 g F, 41 g KH
Zubereitung: ca. 40 Min. + Backzeit ca. 20 Min.

1. Mehl in einer Schüssel mit Zucker und Salz mischen. Hefe darüberbröckeln. Milch, 2 Eier und 50 Gramm Butter zugeben. Alles mit den Knethaken des Handrührgerätes ca. 5 Minuten verkneten. Restliche Butter in Würfeln unterkneten, bis der Teig glatt und geschmeidig ist. Abgedeckt ca. 2 Stunden kalt stellen.

2. Förmchen (Brioche- oder Muffinförmchen) einfetten. Teig auf eine bemehlte Arbeitsfläche geben und in 10 Portionen teilen. 2 Portionen in jeweils 4 kleine Stückchen teilen und zu kleinen Kugeln formen. Restliche Teigportionen zu jeweils einer Kugel formen und in die Förmchen geben. Mit dem Finger eine kleine Mulde in die Kugeln drücken, die kleinen Kugeln hineinsetzen und etwas andrücken. Abgedeckt ca. 30 Minuten ruhen lassen.

3. Backofen auf 180 °C (Umluft: 160 °C) vorheizen. Übriges Ei mit ca. 1 Esslöffel Milch verschlagen und Brioches damit bestreichen. Im vorgeheizten Ofen ca. 18–20 Minuten goldgelb backen. Abkühlen lassen und aus den Formen lösen.

Butter-Stuten

Zutaten für 1 Brot

500 g Weizenmehl und
etwas Mehl zum Arbeiten

1 Würfel
Hefe

250 ml
lauwarme Milch

60 g Butter und etwas
Butter für die Form und
zum Bestreichen

außerdem:
3½ EL Zucker, 1 EL Salz

Pro Brot: ca. 2609 kcal, 66 g EW, 77 g F, 402 g KH
Zubereitung: ca. 20 Min. + Backzeit ca. 35 Min.

1. Mehl in eine große Schüssel sieben und in die Mitte eine Mulde drücken. Hefe hineinbröckeln, ½ Esslöffel Zucker darüberstreuen und mit 3–4 Esslöffeln lauwarmer Milch vorsichtig verrühren. Abgedeckt an einem warmen Ort ca. 30 Minuten ruhen lassen.

2. Restliche Zutaten zugeben und alles mit den Knethaken des Handrührgerätes zu einem mittelfesten Teig verkneten. Mit den Händen zu einer Kugel formen und Teig abgedeckt weitere ca. 30 Minuten ruhen lassen. Backofen auf 190 °C (Umluft: 170 °C) vorheizen. Backform mit Butter ausstreichen.

3. Teig auf eine bemehlte Arbeitsfläche legen und kurz durchkneten. Teig in die Form füllen und auf der Oberseite ca. sechsmal schräg einschneiden. Im vorgeheizten Backofen ca. 35 Minuten goldgelb backen. Leicht abkühlen lassen und noch warm mit flüssiger Butter bestreichen.

Süßes Monkey Bread
ohne Kneten

Zutaten für 1 Brot

250 g Weizenmehl (Type 550) und etwas Mehl zum Arbeiten

½ Pck. Trockenhefe

100 g Zucker

20 g Milchpulver

20 g Butter und etwas Fett für die Form

außerdem:
2 TL Zimt

Pro Brot: ca. 1480 kcal, 27 g EW, 24 g F, 282 g KH
Zubereitung: ca. 20 Min. + Backzeit ca. 30 Min.

1. Mehl, Hefe, 20 Gramm Zucker und Milchpulver in eine große Schüssel geben. Butter schmelzen und mit 200 Millilitern Wasser vermischen. Zur Mehlmischung geben und gut verrühren. Abgedeckt ca. 12 Stunden im Kühlschrank gehen lassen.

2. Teig auf eine bemehlte Arbeitsfläche geben und mit einer Teigkarte locker von oben und unten je zu einem Drittel wie einen Brief zusammenklappen. Danach mittig von rechts nach links falten. Teig dabei nicht drücken oder kneten. Teig mit der Naht nach unten in ein gut bemehltes Gärkörbchen geben und zugedeckt ca. 1 Stunde bei Raumtemperatur gehen lassen.

3. Backofen auf 190 °C (Umluft nicht geeignet) vorheizen. Restlichen Zucker und Zimt in einer Schüssel mischen. Aus dem Teig mit feuchten Händen kleine Kugeln formen und Zuckermischung darübergeben. Kleine Gugelhupfform einfetten und Teigkugeln in die Form setzen. Teig zudecken und ca. 30 Minuten gehen lassen. Monkey Bread im vorgeheizten Backofen ca. 30 Minuten backen.

Quick Bread

Zutaten für 1 Brot

50 g Butter und etwas Butter für die Form

125 g Weizenmehl

125 g Maismehl

2 Eier

300 ml Milch

außerdem:
3 TL Zucker,
1 TL Backpulver,
1 Prise Salz

Pro Brot: ca. 1645 kcal, 47 g EW, 67 g F, 205 g KH
Zubereitung: ca. 10 Min. + Backzeit ca. 25 Min.

1. Backofen auf 220 °C (Umluft: 200 °C) vorheizen. Butter in einem kleinen Topf schmelzen. Mehle in eine Schüssel geben und mit Zucker, Backpulver und Salz vermischen. Eier, Milch und geschmolzene Butter zufügen und alles zu einem Teig verrühren.

2. Backform mit etwas Butter ausstreichen. Teig in die Backform füllen und im vorgeheizten Backofen ca. 20–25 Minuten backen.

Süßes Zupfbrot

Zutaten für 1 Brot

375 g Weizenmehl und etwas Mehl zum Arbeiten

1 Pck. Trockenhefe

280 g Zucker

2 Eier

120 g Butter

außerdem: ½ TL Salz, 2 TL Zimt

Pro Brot: ca. 3575 kcal, 54 g EW, 122 g F, 555 g KH
Zubereitung: ca. 45 Min. + Backzeit ca. 35 Min.

1. 275 Gramm Mehl mit Hefe, 50 Gramm Zucker und Salz vermischen. Eier verschlagen. 60 Gramm Butter zerlassen und mit 150 Milliliter Wasser unter die Mehlmischung rühren. Verschlagene Eier zugeben und verrühren. Nach und nach restliches Mehl zugeben und alles zu einem glatten, etwas klebrigen Teig verkneten. Teig ca. 1 Stunde abgedeckt an einem warmen Ort ruhen lassen.

2. Restliche Butter leicht braun schmelzen. Restlichen Zucker mit Zimt vermischen und beiseitestellen. Kastenform mit Backpapier auslegen. Teig mit ca. 2 Esslöffeln Mehl bestäuben und verkneten. Abdecken und ca. 5 Minuten ruhen lassen.

3. Teig auf einer bemehlten Arbeitsfläche kurz durchkneten. Auf ca. 30 x 50 Zentimeter Größe ausrollen, mit geschmolzener Butter bestreichen und mit Zimtzucker bestreuen. In Rechtecke schneiden und diese dicht aneinander in die Form stellen. Abgedeckt ca. 30 Minuten ruhen lassen. Backofen auf 170 °C (Umluft: 150 °C) vorheizen. Im vorgeheizten Backofen ca. 30–35 Minuten goldbraun backen.

Milchbrötchen

Zutaten für 8 Stück

¼ Würfel Hefe

115 ml Milch und etwas Milch zum Bestreichen

250 g Weizenmehl und etwas Mehl zum Arbeiten

60 g weiche Butter und etwas Butter zum Bestreichen

1 Ei

außerdem:
3 EL Zucker,
1 Prise Salz

Pro Stück: ca. 215 kcal, 5 g EW, 9 g F, 29 g KH
Zubereitung: ca. 30 Min. + Backzeit ca. 10 Min.

1. Hefe in lauwarmer Milch auflösen. Mehl in eine Schüssel sieben und mit Zucker und Salz vermischen. Hefemilch, Butter und Ei zugeben und alles gut verkneten. Nach Bedarf Mehl zugeben, bis sich der Teig vom Boden der Schüssel löst. Teig abgedeckt ca. 1 Stunde und 30 Minuten an einem warmen Ort ruhen lassen.

2. Teig auf eine bemehlte Arbeitsfläche legen, kurz durchkneten und in 8 Portionen teilen. Teigportionen zu Brötchen formen. Backblech mit Backpapier auslegen. Teiglinge darauflegen und ca. 45 Minuten an einem warmen Ort ruhen lassen.

3. Backofen auf 200 °C (Umluft: 180 °C) vorheizen. Teiglinge mit Milch bestreichen und im vorgeheizten Backofen ca. 8–10 Minuten goldbraun backen. Herausnehmen und noch heiß mit flüssiger Butter bestreichen.

Bananenbrot

Zutaten für 1 Brot

150 g Butter und etwas Butter für die Form

3 reife Bananen

150 g brauner Zucker

2 Eier

280 g Weizenmehl und etwas Mehl für die Form

außerdem:
1 ½ TL Backpulver,
1 Prise Salz,
1 Msp. Zimt

Pro Brot: ca. 3155 kcal, 46 g EW, 138 g F, 422 g KH

Zubereitung: ca. 15 Min. + Backzeit ca. 50 Min.

1. Backofen auf 180 °C (Umluft: 160 °C) vorheizen. Backform mit Butter ausstreichen und mit Mehl ausstäuben. Butter in einem kleinen Topf schmelzen. Bananen schälen und mit einer Gabel zerdrücken.

2. Bananen, Zucker und Eier verrühren. Geschmolzene Butter zugeben und unterrühren. Mehl mit Backpulver, Salz und Zimt vermischen und mit der Bananenmischung zu einem glatten Teig verkneten.

3. Teig in die Form füllen und im vorgeheizten Backofen ca. 50 Minuten backen (Stäbchenprobe machen!). Bananenbrot aus dem Backofen nehmen und ca. 10 Minuten in der Form abkühlen lassen. Herausnehmen und auf einem Kuchenrost vollständig auskühlen lassen.

Dattelbrot

Zutaten für 1 Brot

½ Tasse Kaffee

350 g Datteln ohne Kern

120 g Weizenmehl

1 Banane

100 g gehackte Walnüsse

außerdem:
1–2 TL Backpulver,
1 TL Zimt

Pro Brot: ca. 2229 kcal, 36 g EW, 70 g F, 350 g KH
Zubereitung: ca. 15 Min. + Backzeit ca. 40 Min.

1. 200 Milliliter heißes Wasser mit frisch gekochtem Kaffee vermischen und Datteln darin ca. 12 Stunden einweichen.

2. Backofen auf 200 °C (Umluft: 180 °C) vorheizen. Kleine Backform mit Backpapier auslegen. Dattel-Kaffee-Mischung pürieren und mit Mehl, Backpulver und Zimt vermischen. Banane schälen, mit einer Gabel zerdrücken und untermischen. Die Hälfte der gehackten Walnüsse unterheben.

3. Teig in die Backform geben und restliche Walnüsse darüberstreuen. Im vorgeheizten Backofen ca. 35–40 Minuten backen.

Scheiterhaufen

Zutaten für 2–3 Portionen

200 g altbackenes Weißbrot

375 ml Milch

2 Eier

100 g Zucker

500 g Äpfel

außerdem:
Fett für die Form,
1 TL Zimt

Pro Portion: ca. 529 kcal, 14 g EW, 10 g F, 96 g KH
Zubereitung: ca. 20 Min. + Backzeit ca. 30 Min.

1. Weißbrot in Scheiben schneiden und Hälfte der Scheiben in eine gefettete Auflaufform schichten. Backofen auf 180 °C (Umluft: 160 °C) vorheizen.

2. Milch, Eier und Hälfte des Zuckers in einer Schüssel verrühren. Hälfte der Mischung auf den Brotscheiben in der Form verteilen. Äpfel schälen, entkernen und in dünne Scheiben schneiden. In einer Schüssel mit restlichem Zucker und Zimt vermischen.

3. Äpfel in der Form verteilen, restliche Brotscheiben daraufschichten und restliche Eiermilch darübergießen. Im vorgeheizten Backofen ca. 30 Minuten backen und noch warm servieren.

Zusätzlich noch eine gute Handvoll Sultaninen unter die Äpfel mischen.

French Toast
mit Erdbeeren

Zutaten für 2 Portionen

200 g Erdbeeren

2 Eier

125 ml Milch

½ TL Zimt

4 Scheiben Toast

außerdem:
3 EL Öl,
Puderzucker
zum Bestäuben

Pro Portion: ca. 412 kcal, 15 g EW, 23 g F, 37 g KH
Zubereitung: ca. 20 Min.

1. Erdbeeren waschen, putzen, trocken tupfen und in Scheiben schneiden. Eier, Milch und Zimt in einer Schüssel verschlagen.

2. Öl in einer Pfanne erhitzen. Toastscheiben in der Eiermischung wenden und abtropfen lassen. Sofort in die Pfanne geben und Toasts bei mittlerer Hitze von beiden Seiten goldbraun braten.

3. Toastscheiben mit Puderzucker bestäuben, je 2 Scheiben übereinander auf Tellern anrichten und mit Erdbeeren garniert servieren.

Dazu nach Belieben Ahornsirup zum Beträufeln reichen. Die French Toasts schmecken auch mit Erdbeerkompott oder Beerengrütze lecker.

Brotpudding

Zutaten für 4 Portionen

300 g altbackenes Weißbrot oder Brötchen

100 g Rosinen

275 ml Milch

1 Pck. Vanillepuddingpulver

80 g Puderzucker

außerdem:
Fett für die Form

Pro Portion: ca. 428 kcal, 9 g EW, 5 g F, 86 g KH
Zubereitung: ca. 15 Min. + Backzeit ca. 20 Min.

1. Backofen auf 180 °C (Umluft: 160 °C) vorheizen. Weißbrot oder Brötchen in Würfel schneiden. Eine Auflaufform fetten und Hälfte der Brotwürfel hineingeben. Rosinen darauf verteilen und restliche Brotwürfel daraufgeben.

2. Milch in einem Topf erwärmen, Puddingpulver und Puderzucker mit dem Schneebesen unterrühren, bis sich Puddingpulver und Zucker aufgelöst haben, und Mischung in die Auflaufform gießen. Im vorgeheizten Backofen in ca. 20 Minuten goldgelb backen und noch warm servieren.

Zum Servieren mit Zimtzucker bestreuen. Alternativ 2 Eier mit 250 Milliliter Milch, 70 Gramm Puderzucker und 50 Gramm Sahne verrühren und vor dem Backen über das Brot gießen.

Brotauflauf
mit Himbeeren

Zutaten für 4 Portionen

250 g Weißbrot vom Vortag

200 g Himbeeren

350 ml Milch

2 Eier

30 g Zucker

außerdem:
Fett für die Form,
Puderzucker zum Bestäuben

Pro Portion: ca. 311 kcal, 12 g EW, 8 g F, 46 g KH
Zubereitung: ca. 15 Min. + Backzeit ca. 25 Min.

1. Backofen auf 180 °C (Umluft: 160 °C) vorheizen. Brot in Würfel schneiden und in einer gefetteten Auflaufform verteilen. Himbeeren waschen, verlesen und trocken tupfen. Einige Himbeeren zum Garnieren beiseitelegen, restliche Himbeeren auf dem Brot verteilen.

2. Milch, Eier und Zucker in einer Rührschüssel gut verschlagen und über die Himbeeren gießen. Im vorgeheizten Backofen ca. 20–25 Minuten backen. Leicht abkühlen lassen und, mit Puderzucker bestäubt, lauwarm servieren.

Nach Belieben Auflauf vor dem Backen zusätzlich mit Mandelblättchen bestreuen. Der Auflauf schmeckt auch lecker mit Kirschen aus dem Glas.

Für Partys und Gäste

Rosmarin-Focaccia

Zutaten für 6–8 Portionen

½ Würfel Hefe

400 g Weizenmehl und
etwas Mehl zum Arbeiten

1 Knoblauchzehe

3 Zweige Rosmarin

außerdem:
½ TL Salz, 7 EL Olivenöl,
grobes Meersalz zum Bestreuen

Pro Portion: ca. 254 kcal, 6 g EW, 9 g F, 37 g KH
Zubereitung: ca. 30 Min. + Backzeit ca. 20 Min.

1. Zerbröckelte Hefe in einer Schüssel in 200 Milliliter lauwarmem Wasser auflösen. In einer zweiten Schüssel Mehl und Salz mischen. Knoblauch schälen und durch eine Knoblauchpresse zugeben. Aufgelöste Hefe und 4 Esslöffel Öl zur Mehlmischung geben und alles mit den Knethaken des Handrührgeräts in wenigen Minuten zu einem geschmeidigen Teig verarbeiten.

2. Teig mit einem Küchentuch bedecken und an einem warmen Ort ca. 45 Minuten gehen lassen, bis sich das Volumen erhöht hat. Rosmarin waschen, trocken schütteln und Nadeln abzupfen.Teig auf einer bemehlten Arbeitsfläche kneten und zu einem Fladen ausrollen. Auf ein mit Backpapier belegtes Blech legen, mit einem Küchentuch bedecken und ca. 15 Minuten gehen lassen.

3. Ofen auf 200 °C (Umluft: 180 °C) vorheizen. Mulden in den Teig drücken und Teig mehrmals mit einer Gabel einstechen. Mit übrigem Öl beträufeln, mit Meersalz und Rosmarin bestreuen und im vorgeheizten Ofen ca. 20 Minuten backen.

Ciabatta

Zutaten für 1 Brot

500 g Weizenmehl und etwas Mehl zum Bestäuben

1 Pck. Trockenhefe

30 ml Olivenöl

außerdem:
2 TL Salz,1 TL Zucker

Pro Brot: ca. 2040 kcal, 53 g EW, 33 g F, 369 g KH
Zubereitung: ca. 10 Min. + Backzeit ca. 25 Min.

1. Mehl, Hefe, Salz und Zucker in eine große Schüssel geben und vermischen. Olivenöl und 300 Milliliter lauwarmes Wasser zugeben und mit den Knethaken des Handrührgerätes zu einem gleichmäßigen Teig verkneten. Teig abgedeckt ca. 45 Minuten an einem warmen Ort ruhen lassen. Backofen auf 200 °C (Umluft: 180 °C) vorheizen. Backblech mit Backpapier auslegen.

2. Teig in Form bringen, mit Mehl bestäuben und auf das Backpapier legen. Im vorgeheizten Backofen ca. 25 Minuten backen.

Brötchenkranz

Zutaten für 1 Kranz (10 Brötchen)

500 g Weizenmehl und etwas Mehl zum Arbeiten

70 g weiche Butter

50 g Zucker

2 Würfel Hefe

2 Eier

außerdem:
1 TL Salz

Pro Brötchen: ca. 270 kcal, 8 g EW, 7 g F, 42 g KH
Zubereitung: ca. 25 Min. + Backzeit ca. 25 Min.

1. Mehl, Butter in Würfeln, Zucker und Salz in eine Rührschüssel geben. Hefe dazubröckeln, 1 Ei und 225 Milliliter lauwarmes Wasser zufügen. Alles mit den Händen oder mit den Knethaken des Handrührgeräts in ca. 5 Minuten zu einem glatten Teig verarbeiten. Mit einem sauberen Küchentuch bedecken und an einem warmen Ort ca. 30 Minuten gehen lassen, bis sich das Volumen deutlich erhöht hat.

2. Auf einer bemehlten Arbeitsfläche nochmals durchkneten. Backofen auf 200 °C (Umluft: 180 °C) vorheizen. Teig zu einer Rolle formen und in 10 Portionen teilen. Teigportionen zu Brötchen formen und kranzförmig auf ein mit Backpapier belegtes Backblech setzen, sodass sich die Brötchen leicht berühren.

3. Restliches Ei verschlagen und Brötchen damit bestreichen. Im vorgeheizten Backofen ca. 20–25 Minuten backen, abkühlen lassen und servieren.

Baguette

Zutaten für 2 Baguettes

500 g Weizenmehl und
etwas Mehl zum Arbeiten

¾ Würfel
Hefe

250 ml lauwarme
Milch

außerdem:
1 TL Salz

Pro Baguette: ca. 965 kcal, 32 g EW, 7 g F, 187 g KH
Zubereitung: ca. 25 Min. + Backzeit ca. 20 Min.

1. Mehl und Salz in eine Schüssel geben und vermischen. Hefe in Milch auflösen und unter Rühren zugeben. Mit den Knethaken des Handrührgerätes alles zu einem glatten, nicht klebenden Teig verkneten. Nach Bedarf noch etwas Mehl oder Milch zugeben.

2. Teig auf eine bemehlte Arbeitsfläche legen und ca. 10 Minuten mit den Händen kräftig zu einem glänzenden, elastischen Teig verkneten. Teig abgedeckt an einem warmen Ort ca. 45 Minuten ruhen lassen.

3. Teig auf einer bemehlten Arbeitsfläche kurz durchkneten, halbieren und jeweils zu Baguettes formen. Backblech mit Backpapier auslegen und Baguettes darauflegen. Ca. 15 Minuten ruhen lassen. Backofen auf 200 °C (Umluft: 180 °C) vorheizen. Für eine knusprige Kruste die Baguettes vor dem Backen mit etwas Wasser bestreichen und leicht mit Mehl bestäuben. Baguettes jeweils mit dem Messer längs einritzen und im vorgeheizten Backofen ca. 20 Minuten goldbraun backen.

Zupfbrot
mit Kräuterbutter

Zutaten für 1 Brot

500 g Weizenmehl und etwas Mehl zum Arbeiten

1 Würfel Hefe

150 g weiche Kräuterbutter

außerdem:
1 TL Salz, 1 EL Zucker, Fett für die Form

Pro Brot: ca. 2701 kcal, 59 g EW, 99 g F, 381 g KH
Zubereitung: ca. 20 Min. + Backzeit ca. 35 Min.

1. Mehl in eine Schüssel geben und mit Salz und Zucker vermischen. Hefe in 300 Milliliter lauwarmem Wasser auflösen und zum Mehl geben. Alles mit den Knethaken des Handrührgerätes zu einem glatten Teig verkneten. Abgedeckt an einem warmen Ort ca. 1 Stunde ruhen lassen.

2. Teig auf eine bemehlte Arbeitsfläche legen und kurz durchkneten. Zum Quadrat (ca. 48 x 48 Zentimeter) ausrollen. Ausgerollte Teigplatte mit Kräuterbutter bestreichen und in 6 Streifen à ca. 8 Zentimeter schneiden. Teigstreifen quer in je 8 Stücke schneiden.

3. Kastenform mit Fett ausstreichen und Teigstücke senkrecht dicht aneinander in die Form stellen. Abgedeckt weitere ca. 30 Minuten ruhen lassen. Backofen auf 175 °C (Umluft: 155 °C) vorheizen. Zupfbrot mit Kräuterbutter im vorgeheizten Backofen ca. 35 Minuten backen.

Pull-Apart-Brot
mit Käse und Kräutern

Zutaten für 1 Brot

100 g Parmesan

125 g Mozzarella

40 g Butter

2 EL Kräuter der Provence (TK-Produkt)

1 rundes Mischbrot

außerdem:
frisch gemahlener Pfeffer

Pro Brot: ca. 2851 kcal, 117 g EW, 91 g F, 416 g KH
Zubereitung: ca. 20 Min. + Backzeit ca. 10 Min.

1. Parmesan und Mozzarella grob reiben. Butter in einem Topf erhitzen, Kräuter zugeben und unterrühren. Mit Pfeffer würzen.

2. Backofen auf 180 °C (Umluft: 160 °C) vorheizen. Brot auf ein mit Backpapier belegtes Backblech legen und mit einem scharfen Messer bis auf einen ca. 2 Zentimeter hohen Boden rautenförmig einschneiden.

3. Parmesan und Mozzarella in die Zwischenräume geben und Brot vollständig mit Kräuterbutter beträufeln. Mit Alufolie bedeckt im vorgeheizten Backofen ca. 10 Minuten backen. Aus dem Ofen nehmen, Alufolie entfernen, etwas abkühlen lassen und warm servieren.

___Nach Belieben können Sie auch einen Bund frisch gehackte Kräuter verwenden.

Monkey Bread
mit Käse und Knoblauch

Zutaten für 1 Brot

400 g Weizenmehl und etwas Mehl zum Arbeiten

1 Pck. Trockenhefe

3 EL Olivenöl

75 g Knoblauchbutter

200 g geriebener Käse

außerdem:
½ TL Zucker,
1 ½ TL Salz

Pro Brot: ca. 2993 kcal, 96 g EW, 148 g F, 304 g KH
Zubereitung: ca. 45 Min. + Backzeit ca. 40 Min.

1. Mehl in eine Schüssel sieben. Zucker in 250 Milliliter lauwarmem Wasser auflösen und Trockenhefe unterrühren. Ca. 5 Minuten ruhen lassen. Olivenöl und Salz zum Hefewasser geben und unterrühren. Flüssigkeit nach und nach zum Mehl geben und alles zu einem glatten Teig verkneten. Teig zu einer Kugel formen und abgedeckt an einem warmen Ort ca. 1 Stunde und 30 Minuten ruhen lassen.

2. Knoblauchbutter zerlassen. Gugelhupfform mit etwas flüssiger Knoblauchbutter ausstreichen. Teig auf einer bemehlten Arbeitsfläche kurz durchkneten. In ca. 25 gleich große Stücke teilen und zu Kugeln formen. In der Knoblauchbutter wälzen, etwas abtropfen lassen und locker in die Backform schichten. Zwischendurch und die letzte Schicht mit geriebenem Käse bestreuen. Teig in der Form weitere ca. 30 Minuten ruhen lassen. Ofen auf 175 °C (Umluft: 155 °C) vorheizen.

3. Monkey Bread im vorgeheizten Backofen ca. 30–40 Minuten backen. Kurz abkühlen lassen und warm servieren. Dazu passt ein Dip aus Sauerrahm oder Quark.

Würstchen
im Brotteig

Zutaten für 6 Portionen

250 g Weizenmehl

10 g Trockenhefe

3 Bockwürstchen

50 ml Öl

1 Ei

außerdem:
½ TL Salz

Pro Portion: ca. 289 kcal, 9 g EW, 14 g F, 31 g KH
Zubereitung: ca. 25 Min. + Backzeit ca. 30 Min.

1. Mehl, Trockenhefe, Salz und Öl in eine Rührschüssel geben. 100 Milliliter lauwarmes Wasser zugießen und alles kurz vermischen. Ca. 5 Minuten mit den Knethaken des Handrührgeräts zu einem glatten Teig verarbeiten. Teig mit einem sauberen Küchentuch bedecken und an einem warmen Ort ca. 30 Minuten gehen lassen, bis sich das Volumen deutlich erhöht hat.

2. Backofen auf 180 °C (Umluft: 160 °C) vorheizen. Würstchen halbieren und zweimal diagonal einschneiden. Teig in 6 Portionen teilen und jeweils zu langen Rollen oder Streifen formen.

3. Jeweils ein halbes Würstchen mit Teig umwickeln und Teig flach drücken. Auf ein mit Backpapier belegtes Backblech legen und nochmals ca. 10 Minuten gehen lassen.

4. Ei verschlagen und Brotrollen damit bestreichen. Im vorgeheizten Backofen ca. 30 Minuten backen, etwas abkühlen lassen und servieren.

Party-Kranz
mit Pesto

Zutaten für 1 Kranz

450 g Weizenmehl und etwas Mehl zum Arbeiten

15 g frische Hefe

100 g Basilikumpesto

außerdem:
1 Prise Salz, 2 EL Zucker, 1 EL Olivenöl

Pro Kranz: ca. 2360 kcal, 59 g EW, 71 g F, 359 g KH
Zubereitung: ca. 20 Min. + Backzeit ca. 30 Min.

1. Mehl und Salz in eine Schüssel geben und vermischen. In die Mitte eine Mulde drücken. Hefe in eine kleine Schüssel bröckeln, 300 Milliliter lauwarmes Wasser und Zucker zugeben und alles gut verrühren, bis sich die Hefe aufgelöst hat.

2. Aufgelöste Hefe und Öl in die Mulde der Mehlmischung geben und alles mit den Knethaken des Handrührgeräts zu einem glatten Teig verarbeiten. Teig mit einem sauberen Küchentuch bedecken und ca. 50 Minuten gehen lassen, bis sich das Volumen deutlich erhöht hat. Backofen auf 220 °C (Umluft: 200 °C) vorheizen.

3. Teig auf einer bemehlten Arbeitsfläche durchkneten und zu einem ca. 1 Zentimeter hohen Quadrat ausrollen. Pesto darauf verstreichen und Teig von einer Seite her aufrollen. Teigrolle längs halbieren, Teigstränge zu einem Kranz flechten und auf ein mit Backpapier belegtes Backblech setzen. Im vorgeheizten Backofen ca. 30 Minuten backen. Herausnehmen, etwas abkühlen lassen und noch warm servieren.

Stockbrot

Zutaten für 6 Brote

500 g Weizenmehl

7 g Trockenhefe

250 ml lauwarme Milch

75 g weiche Butter

außerdem:
½ TL Zucker, 1 TL Salz, 6 Stöcke

Pro Brot: ca. 416 kcal, 10 g EW, 13 g F, 63 g KH
Zubereitung: ca. 30 Min.

1. Mehl und Trockenhefe in eine Rührschüssel geben und vermischen. Zucker, Salz, lauwarme Milch und Butter in Würfeln zufügen. Alles mit den Knethaken des Handrührgeräts erst kurz auf niedrigster, dann auf höchster Stufe in ca. 5 Minuten zu einem glatten Teig verarbeiten.

2. Teig mit einem sauberen Küchentuch bedecken und an einem warmen Ort ca. 30 Minuten gehen lassen, bis sich das Volumen deutlich erhöht hat.

3. Teig in 6 Portionen teilen und zu langen, dünnen Rollen formen. Rollen jeweils spiralförmig, an der Spitze beginnend, um die Stöcke wickeln. Grill oder Lagerfeuer anfachen.

4. Stockbrote unter ständigem Drehen ca. 12–15 Minuten über dem Grill oder dem Lagerfeuer knusprig grillen, etwas abkühlen lassen und genießen.

Pull-Apart-Brot
mit Käse und Schinken

Zutaten für 1 Brot

120 g Butter

150 g junger Gouda

125 g Mozzarella

180 g gekochter Schinken (in Scheiben)

1 rundes helles Weizenbrot

außerdem:
gehackte Petersilie zum Bestreuen

Pro Brot: ca. 4351 kcal, 155 g EW, 206 g F, 458 g KH
Zubereitung: ca. 25 Min. + Backzeit ca. 30 Min.

1. Butter in einem kleinen Topf zerlassen und vom Herd nehmen. Gouda und Mozzarella reiben. Schinken in kleine Stücke schneiden.

2. Backofen auf 180 °C (Umluft: 160 °C) vorheizen. Brot auf ein mit Backpapier belegtes Backblech setzen. Mit einem scharfen Messer bis auf einen ca. 2 Zentimeter hohen Boden rautenförmig einschneiden.

3. Zwischenräume mit Gouda, Mozzarella und Schinken füllen. Brot vollständig mit zerlassener Butter beträufeln, mit Alufolie bedecken und im vorgeheizten Backofen ca. 20 Minuten backen.

4. Alufolie entfernen und Brot ca. 10 Minuten fertig backen. Herausnehmen, mit Petersilie bestreuen, etwas abkühlen lassen und noch warm servieren.

Schinken
im Brotteig

Zutaten für 1 Schinken

1 ½ kg gepökelter Schinken (ohne Schwarte)

500 g Weizenmehl und etwas Mehl zum Arbeiten

7 g Trockenhefe

400 ml Buttermilch

außerdem:
2 EL Öl, 2 EL Senf, Salz, frisch gemahlener Pfeffer, 1 TL Zucker

Pro Schinken: ca. 4830 kcal, 396 g EW, 176 g F, 447 g KH
Zubereitung: ca. 25 Min. + Backzeit ca. 1 Std. 30 Min.

1. Schinken trocken tupfen. Öl in einer Schüssel mit Senf, Salz und Pfeffer verrühren und Schinken damit einstreichen. Ca. 30 Minuten ruhen lassen.Mehl und Hefe mischen. 1 ½ Teelöffel Salz, Zucker und Buttermilch zufügen und mit den Knethaken des Handrührgeräts in ca. 5 Minuten zu einem glatten Teig verkneten. Teig mit einem Küchentuch bedecken und an einem warmen Ort gehen lassen, bis sich das Volumen deutlich erhöht hat. Backofen auf 220 °C (Umluft: 200 °C) vorheizen.

2. Teig auf einer bemehlten Arbeitsfläche durchkneten. Auf einem mit Backpapier belegten Blech zu einem Rechteck (ca. 30 x 40 cm) ausrollen. Schinken daraufsetzen, Teig mit Wasser bestreichen, darüberklappen und andrücken. Ca. 20 Minuten gehen lassen und im vorgeheizten Ofen auf unterster Schiene ca. 30 Minuten backen.

3. Temperatur auf 180 °C (Umluft: 160 °C) reduzieren und ca. 30 Minuten backen, auf 100 °C (Umluft: 80 °C) herabschalten und ca. 30 Minuten backen. Vor dem Aufschneiden einige Minuten ruhen lassen.

Zwiebelbaguette

Zutaten für 2 Baguettes

500 g Weizenmehl und etwas Mehl zum Arbeiten

1 Würfel Hefe

3 große Zwiebeln

außerdem: 2 TL Salz

Pro Baguette: ca. 1002 kcal, 33 g EW, 4 g F, 201 g KH
Zubereitung: ca. 30 Min. + Backzeit ca. 25 Min.

1. Mehl in eine Rührschüssel geben und Salz untermischen. Hefe in die Schüssel bröckeln und ebenfalls unterrühren.

2. Zwiebeln schälen, sehr fein hacken und zur Mehlmischung geben. 350 Milliliter lauwarmes Wasser unter ständigem Rühren zugießen. Teig ca. 10–15 Minuten mit den Händen verkneten. Mit einem sauberen Küchentuch bedecken und an einem warmen Ort ca. 1 Stunde gehen lassen, bis sich das Volumen deutlich erhöht hat.

3. Backofen auf 180 °C (Umluft: 160 °C) vorheizen. Teig auf einer bemehlten Arbeitsfläche nochmals durchkneten und halbieren. Teighälften jeweils zu Baguettes formen und mehrmals diagonal einschneiden. Baguettes auf ein mit Backpapier belegtes Backblech setzen und im vorgeheizten Backofen ca. 20–25 Minuten backen.

Alternativ statt der frischen Zwiebeln 50 Gramm Röstzwiebeln zum Teig geben.

Feta-Hefeschnecken

Zutaten für 16 Stück

250 g Weizenmehl und etwas Mehl zum Arbeiten

15 g frische Hefe

200 g stückige Tomaten (aus der Dose)

200 g Feta

außerdem:
½ TL Zucker, 1 TL Salz, 1 EL Öl, 1 TL getrocknete italienische Kräuter, frisch gemahlener Pfeffer

Pro Stück: ca. 95 kcal, 4 g EW, 3 g F, 12 g KH
Zubereitung: ca. 25 Min. + Backzeit ca. 25 Min.

1. Mehl in eine Rührschüssel geben. Hefe hineinbröckeln. Zucker, Salz, 150 Milliliter lauwarmes Wasser und Öl zufügen. Alles mit den Händen oder mit den Knethaken des Handrührgeräts zu einem glatten Teig verkneten. Mit einem sauberen Küchentuch bedecken und an einem warmen Ort ca. 30 Minuten gehen lassen, bis sich das Volumen deutlich erhöht hat.

2. Backofen auf 180 °C (Umluft: 160 °C) vorheizen. Tomaten und Kräuter in einer Schüssel verrühren und mit Salz und Pfeffer abschmecken.

3. Teig auf einer bemehlten Arbeitsfläche nochmals durchkneten und zu einem dünnen Rechteck ausrollen. Mit der Tomatenmischung bestreichen und Feta darüberbröckeln. Teig von der Längsseite her aufrollen und in ca. 1,5 Zentimeter dicke Scheiben schneiden. Auf ein mit Backpapier belegtes Backblech legen und im vorgeheizten Backofen ca. 25 Minuten backen. Etwas abkühlen lassen und noch warm servieren.

Zupfbrot
mit Pesto und Parmesan

Zutaten für 1 Brot

500 g Weizenmehl und etwas Mehl zum Arbeiten

1 Würfel Hefe

100 g Parmesan

100 g grünes Pesto

außerdem:
1 TL Salz, 1 EL Zucker, Fett für die Form

Pro Brot: ca. 2628 kcal, 100 g EW, 69 g F, 384 g KH
Zubereitung: ca. 20 Min. + Backzeit ca. 35 Min.

1. Mehl in eine Schüssel geben und mit Salz und Zucker vermischen. Hefe in 300 Milliliter lauwarmem Wasser auflösen und zum Mehl geben. Alles mit den Knethaken des Handrührgerätes zu einem glatten Teig verkneten. Abgedeckt an einem warmen Ort ca. 1 Stunde ruhen lassen.

2. Parmesan reiben. Teig auf eine bemehlte Arbeitsfläche legen und kurz durchkneten. Zum Quadrat (ca. 48 x 48 Zentimeter) ausrollen. Ausgerollte Teigplatte mit Pesto bestreichen und mit der Hälfte des Parmesans bestreuen. In 6 Streifen à ca. 8 Zentimeter schneiden. Teigstreifen quer in je 8 Stücke schneiden.

3. Kastenform mit Fett ausstreichen und Teigstücke senkrecht dicht aneinander in die Form stellen. Mit restlichem Parmesan bestreuen. Abgedeckt weitere ca. 30 Minuten ruhen lassen. Backofen auf 175 °C (Umluft: 155 °C) vorheizen. Zupfbrot im vorgeheizten Backofen ca. 35 Minuten backen.

Register

Bildnachweis

Rezeptbilder/Adobe Stock: 151 A_Lein; Rezeptbilder/Shutterstock:, 3 Goskova Tatiana, 4 casanisa, 7 Natasha Breen, 9 Natasha Breen, 12 Sentelia, 15 Alena Kazlouskaya, 16 Gajus, 21 Anna Shepulova, 23 Gajus, 25 Marina Onokhina, 27 Glushchenko Nataliia, 29 Medvedeva Oxana, 31 gostua, 33 KOMAR_STUDIOS, 35 vovidzha, 37 Laura Adamache, 39 Red Che, 41 Goskova Tatiana, 43 Denisa V, 45 Lucia Pescaru, 47 Maria Loginova, 49 Sebastiana, 51 beats1, 53 Ksenija Toyechkina, 55 Laura Adamache, 59 Corinna Haselmayer, 61 FoodAndPhoto, 63 Sandy Randy, 65 SewCream, 67 Foodio, 69 Maslova Valentina, 71 Aleoks, 73 Chursina Viktoriia, 75 Oksana Mizina, 77 TYNZA, 79 Geshas, 81 TTL media, 83 Maslova Valentina, 85 Natasha Breen, 87 hadasit, 89 marylooo, 91 Matias Fabbri, 95 angelbandala, 97 Miti74, 99 Y_L, 101 Christian Jung, 103 Riana Ambarsari, 105 margouillat photo, 107 Olga Bilobram, 109 Ildi Papp, 111 Liliya Kandrashevich, 113 chaechaebyv, 115 Africa Studio, 117 Elena Zajchikova, 119 D. Pimborough, 121 sarsmis, 123 MShev, 125 NADKI, 129 AGfoto, 131 Duygu Tugcu, 133 Anna Shepulova, 135 AnjelikaGr, 137 A_Lein, 139 Elisabeth Coelfen, 141 Chudovska, 143 Rimma Bondarenko, 145 Anna Shepulova, 147 stockcreations, 149 margouillat photo, 153 Medvedeva Oxana, 155 MariaKovaleva, 157 Katarzyna Hurova; Coverabbildungen: oben 2. von rechts soeka/Shutterstock, restliche Abbildungen siehe Innenteil

Zutatenbilder/Shutterstock: 5 second Studio, Africa Studio, Alex Staroseltsev, Alex Streinu, Alter-ego, Andrii Horulko, Angel Simon, Anton Starikov, ArTDi101, Artem Kutsenko, bergamont, bigacis, Birgit Reitz-Hofmann, bjphotographs, Blan-k, bonchan, Danny Smythe, Diana Taliun, Eivaisla, Elovich, geniuscook_com, Gl0ck, GSDesign, HandmadePictures, Heliosphile, hlphoto, Hong Vo, hsagencia, Indian Food Images, indigolotos, jocic, Khumthong, Kim Reinick, Kovaleva_Ka, M. Unal Ozmen, Madlen, MaraZe, margouillat photo, maryo, monticello, Moving Moment, mtphoto19, Nataliia K, Nattika, New Africa, NIPAPORN PANYACHAROEN, Oliver Hoffmann, oriori, Oxie99, paulista, Picsfive, Rudy Balasko, S.SITTA H, Seregam, Sergiy Kuzmin, Silvy78, siriwat srinuroht, smikeymikey1, Spalnic, spline_x, sripfoto, Tanya Sid, topseller, Valentyn Volkov, Valery121283, virtu studio, Volosina, Yeti studio

Impressum

Genehmigte Sonderausgabe

ISBN 978-3-7359-2087-4

Komplettproducing: twinbooks, München
Text und Lektorat: Annerose Sieck, Jana Lösch, Melanie Goldmann, Eva Hutter für twinbooks, München